Ullstein Sachbuch

ÜBER DAS BUCH:

Friedrich Wilhelm I. erschien immer als Antipode seines Sohnes Friedrich des Großen: Der Despot stand gegen den Aufklärer, der Prügelfetischist gegen den Humanisten.

Doch Venohr verweist diese Vorstellungen in den Bereich der Vorurteile. Er zeichnet Friedrich Wilhelm I. als widersprüchlichste, originellste und verblüffendste Figur Preußens.

»Ideologische Borniertheit verstellt den Historikern von heute den Blick für diese einmalige geschichtliche Leistung des preußischen Soldatenkönigs. Wenn man die französische Revolution von 1789 eine *juristische,* die russische von 1917 eine *soziale* genannt hat, so muß man die preußische Revolution von oben, die Friedrich Wilhelm I. praktizierte, eine *pädagogische* nennen. Und das ist mehr!... In Preußen jedoch entstand durch Friedrich Wilhelm I. eine Art von ›neuem Menschen‹. Wem sonst ist das schon in der Geschichte gelungen?«
(Wolfgang Venohr)

DER AUTOR:

Wolfgang Venohr, Dr. phil., geb. 1925 in Berlin, freier Schriftsteller und Publizist. Fernsehfilme u. a.:
Stauffenberg – Vorbild für ganz Deutschland; Henning von Tresckow oder der preußische Widerstand.
Auszeichnungen: Jakob-Kaiser-Preis 1972, Joseph-E.-Drexel-Preis 1979.
Weitere Veröffentlichungen:
Dokumente deutschen Daseins (1983); *Fridericus Rex* (1985); *Fritz der König* (1985); *Stauffenberg* (1986); *Die roten Preußen (1989).*

Wolfgang Venohr

Der Soldatenkönig

Revolutionär auf dem Thron

Mit 8 Abbildungen

Ullstein Sachbuch

Ullstein Sachbuch
Ullstein Buch Nr. 34672
im Verlag Ullstein GmbH,
Frankfurt/M – Berlin

Ungekürzte Ausgabe

Umschlagentwurf:
Hansbernd Lindemann
Unter Verwendung einer
Abbildung vom Bildarchiv
Preußischer Kulturbesitz, Berlin
(Porträt Friedrich Wilhelm I.,
Gemälde von Antoine Pesne;
Schloß Charlottenburg)
Alle Rechte vorbehalten
© 1988 by Verlag Ullstein GmbH,
Frankfurt/Main – Berlin
Printed in Germany 1990
Druck und Verarbeitung:
Ebner Ulm
ISBN 3 548 34672 3

Mai 1990

Vom selben Autor
in der Reihe der
Ullstein Bücher:

Fritz der König (34325)
Dokumente deutschen
Daseins 1445–1945 (34141)
Stauffenberg (33126)

Mit Sebastian Haffner:
Preußische Profile (34618)

CIP-Titelaufnahme
der Deutschen Bibliothek

Venohr, Wolfgang:
Der Soldatenkönig: Revolutionär auf dem
Thron / Wolfgang Venohr. – Ungekürzte
Ausg. – Frankfurt/M; Berlin: Ullstein,
1990
  (Ullstein-Buch; Nr. 34672:
  Ullstein-Sachbuch)
  ISBN 3-548-34672-3
NE: GT

»Parol' in dieser Welt ist nichts
als Müh' und Plage.«

»Ein Quentchen Mutterwitz ist mehr wert
als ein Zentner Universitätsweisheit.«

»Ich ruiniere die Autorität der Junker
und stabiliere meine Souveränität wie
einen rocher von bronce.«

»Wenn ich baue und verbessere das Land
und mache nicht (zugleich) gute Christen,
so hilft mir alles nichts...«

»Kein Engländer oder Franzose soll über
uns Deutsche gebieten. Ich will meinen
Kindern Pistolen und Degen in die Wiege
geben, daß sie die fremden Nationen helfen aus Deutschland abhalten.«

Friedrich Wilhelm I.

Inhalt

Persönliche Vorbemerkung des Autors . 9

Prolog 19

Die Kindheit 27
Der Kronprinz 65
Das Amt 103
Die Armee 134
Der Tyrann 171
Die Gesellschaft 196
Das Maskenspiel 222
Der Vater 262
Die Toleranz 297
Der Wirt 321

Epilog 357

Stammtafel 369
Bibliographie 371
Personenregister 374
Übersichtskarte: Preußen 1713 382

Persönliche Vorbemerkung des Autors

Das Jahr 1988 führt ein historisches Jubiläum herauf, von dem kaum jemand etwas weiß. In den Monat August fällt der 300. Geburtstag Friedrich Wilhelms I., des preußischen »Soldatenkönigs«.

Zwei Jahre zuvor, 1986, gedachte man des 200. Todestages seines Sohnes, Friedrichs des Großen. Die allgemeine Medien-Kumpanei ritt ihre abgeschlafften Attacken unter dem Motto »von Luther über Friedrich und Bismarck zu Hitler«, und die törichte Behauptung wurde durch Wiederholung nicht richtig. Die westdeutschen Fernsehstationen, ARD und ZDF, blamierten sich unsterblich, im Gegensatz zum DDR-Fernsehen, das dem großen Preußenkönig seinen kritischen Respekt zollte. Der Bundespräsident, Richard von Weizsäcker, hielt seine schönste Rede im Schloß Charlottenburg, zu Ehren und zur Würdigung Friedrichs II. Am selben Ort verneigten sich Königin Elisabeth und Staatspräsident Mitterrand vor dem Andenken des großen Preußen. Die Bundespost gab eine Sondermarke heraus. Selbst in Antwerpen fand eine Friedrich-Ausstellung statt; in Bonn natürlich nicht.

Von alledem, Negativem wie Positivem, wird beim 300. Geburtstagsjubiläum des Vaters kaum die Rede sein. Es kennt ihn ja so gut wie niemand, diesen Preußenkönig, der im August 1688 zu Berlin geboren wurde. Westberliner Studenten, nach Friedrich Wilhelm I. befragt, zuckten verlegen die Schultern: »Hm ... War das nicht dieser furchtbare, dieser böse Mann?« Hätte man vor hundert Jahren schon dergleichen Befragungen durchgeführt, das Ergebnis wäre nicht anders ausgefallen.

Nun ist es heutzutage sowieso schon schlimm genug, ein Herrscher gewesen zu sein. Wer »ganz oben« saß, und gar auf einem Königsthron, hat eo ipso eine schlechte Presse. Die Welt liebt es, das Hohe zu erniedrigen, und die Froschperspektive hat zur Zeit eben Konjunktur.

Neu ist sie allerdings nicht, eher abgestanden: Die Publizisten des untergehenden römischen Weltreiches haben das alles schon mal vorexerziert (übrigens geistreicher), namentlich im 3. und 4. Jahrhundert n. Chr., bis Prokopius und Ammianus Marcellinus das Steuer wieder herumrissen. So wechseln halt die Moden und mit ihnen die historischen Beurteilungskriterien.

Der preußische Soldatenkönig aber hatte *immer* einen miserablen Ruf. Das war schon zu seinen Lebzeiten so. An allen europäischen Höfen lachte man über den preußischen »Soldatennarren«, der große Voltaire nannte ihn kurzweg einen »Vandalen«, König Georg II. von England, sein eigener Schwager, bezeichnete ihn als »königlichen Sergeanten«, die eigene Frau verachtete ihn, der älteste Sohn haßte ihn. Die Tochter Wilhelmine machte ihn für alle Zeiten mit ihren Bayreuther Memoiren madig. Und als Friedrich Wilhelm I. 1740 gestorben war, da tanzten die Berliner, die diesem König am meisten verdankten, vor Freude auf den Straßen und Plätzen.

Fast hundert Jahre lang blieb es beim einhelligen Verdikt. Die Öffentlichkeit fragte sich irritiert: Wie konnte ein so begabter, genialer Sohn (Friedrich der Große) nur einen so plumpen, barbarischen Vater (Friedrich Wilhelm I.) gehabt haben? Dann, 1835, kam eine Biographie des Soldatenkönigs von einem gewissen Dr. Förster heraus. Aber wer las die schon? Fünf Jahre später erschien die von Menzel illustrierte Friedrich II.-Biographie Kuglers, und der Vater trat wieder in den Schatten des Sohnes. Die Welt hatte nun mal ihr Urteil (natürlich: ein Vorurteil), und daran läßt sie bekanntlich nicht rütteln.

Erst in unserem Jahrhundert kam es zu einer (Teil-)Wende in der Beurteilung Friedrich Wilhelms I. Nun schrieb Jochen Klepper seinen einfühlsamen Roman *Der Vater,* an dem sich das gebildete ostelbische Bürgertum delektierte, und die breiten Massen staunten nicht schlecht, als sie 1935 in den Kinos Emil Jannings in der Rolle des Soldatenkönigs bewundern konnten, in dem Ufa-Streifen *Der alte und der junge König* (Drehbuch: Thea von Harbou; Regie: Hans Steinhoff). Aber das war es denn auch schon.

Nach 1945 war es lange Zeit sehr übel, ein Preuße gewesen zu sein. Amerikaner, Briten, Franzosen und Russen, die allesamt und jeweils einzeln viel mehr Kriege geführt, häufiger fremde Länder ausgeplündert und andere Völker massakriert hatten als das untergegangene Preußen, sie spielten sich nun als Praeceptores Germaniae auf, verboten das längst nicht mehr existierende Preußen, und damit war natürlich auch Friedrich Wilhelm I. im »Verschiß«. Mochte auch der gute alte Professor Carl Hinrichs, der beste Kenner der Epoche des Soldatenkönigs, Anfang der fünfziger Jahre auf der »Freien Universität« zu Berlin mit seinen Schülern noch so intensiv die Listen des Steuerrats Reinhardt durchackern, die Friedrich Wilhelms I. staunenerregende Sozial- und Wohlfahrtspolitik dokumentieren, die Öffentlichkeit verharrte in puncto Soldatenkönig bei der allerschönsten Unwissenheit und Arroganz.

Keine Frage: Dieser Friedrich Wilhelm I., der Soldatenkönig, war schon ein »furchtbarer« Mann. Bei Beurteilung einer Herrscherfigur der Vergangenheit sollte man sich selbst fragen: »Mal ehrlich: hättest du gerne unter ihm gelebt?« Was mich anbetrifft, so würde ich mit allen Zeichen des Entsetzens sogleich Fersengeld geben, den Stoßseufzer auf den Lippen: »O nein, nur das nicht! Nur nicht unter diesem prügelsüchtigen Soldatenkönig.« Gewiß, es spricht nicht für die feine Lebensart der Berliner (haben sie die je gehabt?), daß sie beim Erhalt einer Todesnachricht Freudenfeste feierten. Doch verstehen kann man sie schon. Die Zeitgenossen des Soldatenkönigs haben unter der gewalttätigen Natur, unter dem ungezügelten Berserkertum dieses Monarchen wirklich gelitten, mehr noch: sie haben vor diesem Mann und seinem Krückstock förmlich gezittert. Kann man sich aber im Dasein der Menschen etwas Beschämenderes, Entwürdigenderes vorstellen als hündische, knechtische Furcht?

Und doch, und doch: Ich kann nicht leugnen, daß dieser »böse« Friedrich Wilhelm I. tief in das Leben der Bewohner des preußischen Staates, also auch in das meiner Vorfahren aus Ostpreußen und der Mark Brandenburg, eingegriffen, ja daß er diese Menschen radikal verändert hat, und zwar überwiegend zum Positiven. Als ich 1925 geboren wurde, da war meine Heimatstadt Berlin neben London, New York und Paris eine wirkliche Weltmetropole, voller Esprit – wie die anderen genannten Städte –, aber mit wesentlich mehr »Tempo«. Und das war Berlin schon ein halbes Jahrhundert lang vorher gewesen und war es noch weitere fünfzehn Jahre, bis 1940, bevor die ersten Bomben fielen; eine Stadt, die siebzig Jahre hindurch die Kapitale eines Volkes war, das in dieser Zeit unbestritten die Nummer eins in Wirtschaft, Wissenschaft, Technik, Erfindungen auf der Welt darstellte. Aber dieselbe Stadt war 1713, als Friedrich Wilhelm sein königliches Amt antrat, nichts als das Hauptdorf eines unterentwickelten Kolonialgebiets gewesen, das sich von der Elbe bis an die Memel erstreckte, über weitgedehnte Landschaften von herber, unberührter Schönheit, in denen sich die Füchse gute Nacht sagten, in denen ein roher, pomuffliger Menschenschlag vor sich hinvegetierte, von dessen Unbelecktheit, Ungewaschenheit und Hinterwäldlertum schon im vorigen Jahrhundert nur noch die »Experten« Willibald Alexis und Theodor Fontane wußten. Und daraus wurden in wenigen Jahrzehnten – es grenzt ans Wunderbare! – die *Preußen*, jener »verwegene Menschenschlag«, um mit Goethe zu sprechen, ohne dessen faszinierenden Aufstieg es schon lange keine Nation der Deutschen mehr gäbe.

Das alles hat nicht allein Friedrich der Große bewirkt, dieser kultivierte Kavalier altfranzösischer Schule, dessen überragende Intelligenz und dessen feingeschliffener Degen Preußen gewiß äußerlich zur europäischen Großmacht stilisierten. Das eigentliche, das *innere* Preußen, dessen unverwechselbare und unnachgiebige Konsistenz hundertfünfzig Jahre lang die Welt verblüffte, das alle Stürme der Geschichte überdauerte, und dies als reines Kunstprodukt, dem tradierten Chaos abgetrotzt und dabei in einer unmöglichen geostrategischen Mittellage: das hat Friedrich Wilhelm I. geschaffen! Mit Verstand, mit dem Krückstock, mit Gewalt und Befehl.

Seit einiger Zeit ist in diesem unserem Lande unter Historikern viel vom »deutschen Sonderweg« die Rede. Hat es ihn denn jemals gegeben? Na, schauen wir: Die deutschen Revolutionen (von 1525/26 und 1848/49) sind ebenso gescheitert wie die französische, die englische oder die russische Revolution, die allesamt keinen »neuen Menschen«, sondern lediglich neue herrschende Klassen hervorbrachten. Also? Die deutsche Bourgeoisie gerierte sich ab 1871 nicht mehr und nicht weniger imperialistisch beziehungsweise profitsüchtig als die französische, italienische, britische etc. Also? Das deutsche revolutionäre Proletariat degenerierte wie das russische, französische oder sonstige zum platten Konsumbürgertum. Also? Das Bismarckreich war in nichts rückständiger als die westeuropäischen Staaten (allerdings etwas friedliebender und sozial entschieden fortschrittlicher). Ergo? Nein, einen »deutschen Sonderweg« konstruieren zu wollen, ist unwissenschaftlich, dient ja auch nur dem politischen Zweck, den geteilten Deutschen jeden Geschmack an der eigenen Geschichte und Nationalität zu verderben.

Aber einen *preußischen* Sonderweg, den hat es in der Tat einhundertfünfzig Jahre lang gegeben: von 1713, von der Machtübernahme Friedrich Wilhelms I., bis 1863, als Otto von Bismarck sich anschickte, den preußischen Militär-, Agrar- und Wohlfahrtsstaat in das bürgerliche, liberalkapitalistische Deutschland zu überführen. Die alsbald vereinigten Deutschen beschritten nicht den preußischen Sonderweg, sondern sie gingen – ganz unoriginell – den Weg der westlichen Mächte (Englands, Frankreichs, der nordamerikanischen Union), der unter den bourgeoisen Kennzeichen des Kapitalismus, Kolonialismus, Imperialismus und Expansionismus stand. Sie schlugen also keinen nationalen Sonderpfad ein, sondern marschierten als historische Nachhut auf dem Unglücksweg des kapitalistisch-imperialistischen Westens (wobei sie sich das Genick brachen, als sie die Wegbereiter im Sturmschritt überholen wollten).

Die westlich orientierte Bourgeoisie aller Länder – ob sie nun durch Mirabeau, Napoleon, Abraham Lincoln oder Karl Marx repräsentiert wurde – propagierte (zuerst) die *Nation* und (später) die *Klasse* als politische Heilsverkündigung. Der preußische Sonderweg war der des *Staates*. Dieser Staat unterschied sich von allen entsprechenden Gebilden dadurch, daß er gänzlich ideologiefrei war. Der preußische Staatsgedanke – in seiner Theorie wie in seiner Praxis – war weit davon entfernt, einen Totalitätsanspruch für die Welt zu erheben oder einen Gottersatz für Glaubenshungrige zu offerieren. Niemals hat Preußen versucht, Proselyten zu machen. Dem Staate zu dienen, hieß ja beileibe nicht, irdischen Götzen zu huldigen.

Das, was nun seit fünfzig, sechzig, siebzig Jahren den Menschen abverlangt wird, die Preisgabe der inneren Freiheit und die Unterwerfung unter den allmächtigen Zeitgeist – er mag sich als kapitalistisch, faschistisch, kommunistisch oder demokratisch deklarieren –, das hat der preußische Staat von seinen Untertanen niemals gefordert. In

Preußen wurde nicht Begeisterung (sprich: Selbstpreisgabe), sondern Pflichterfüllung (sprich: Teilabgabe) verlangt. Die primären Tugenden wie Liebe, Glaube, Hoffnung blieben Gott reserviert; der Staat begnügte sich mit Sekundärtugenden wie Fleiß, Pünktlichkeit, Tapferkeit. Ideologiegeläute fand nicht statt; in Preußen läuteten nur die Kirchenglocken. Man begnügte sich mit einer nüchternen, pragmatischen, realitätsbezogenen Gebrauchsanweisung für das tägliche Leben. Wer darüber hinausgehende, »höhere« Bedürfnisse hatte, durfte sich frei im Raume der Religion oder der Philosophie bewegen. (Das alles hat, in unübertrefflicher Manier, 1787 der Zeitzeuge Graf Mirabeau, einer der führenden Köpfe der Französischen Revolution, beschrieben.)

In alledem lag zugleich Segen und Stärke wie Schwäche und Fragilität Preußens. Darin lag auch das zeitliche Ultimatum begründet, das der Existenz dieses Staates gestellt war: Sobald der Wahnwitz der Ideologien, der Gottersatz in Form von Weltanschauungen die Menschheit zu behexen begann, war Preußens Lebensuhr abgelaufen. Für eine Epoche der Intoleranz und des Fanatismus war dieser Staat nicht erdacht worden, fehlten ihm die Korsettstangen einer eigenen, aggressiven Ideologie.

Seit ein, zwei Jahrzehnten ist es bei uns Mode geworden, die Völker und Staaten an den *Revolutionen*, also an ihren inneren Struktur- und Gesellschaftsveränderungen zu messen. Gut, lassen wir uns darauf ein. Revolutionen müssen aber keineswegs immer »von unten« kommen (die einzige wirkliche Basisrevolution der Geschichte war ohnehin nur der Große Deutsche Bauernkrieg von 1525/26), sie können ebenso »von oben« inauguriert werden. Als Alexander der Große den überdimensionalen Gedanken faßte, okzidentale und orientale Völker wie Werte zu einer einzigen Weltkultur zu verschmelzen, war das ein beispiellos revolutionärer Akt per königlichem Dekret, und die Basis, seine makedonisch-griechische Armee, meuterte denn auch sogleich. Als Lenin auf die Idee kam, westliche Aufklärung und russischen Despotismus nach dem Motto »Elektrizität plus Kommunismus« zur Sowjetmacht zu amalgamieren, stülpte er den zahllosen Analphabeten seines Landes eine Revolution von oben auf, mit deren Unausgegorenheit sich der arme Gorbatschow heute noch herumquälen muß. Maos

Kulturrevolution war ein despotisch-revolutionäres Gewaltunternehmen von der Spitze aus, das die elitäre »Viererbande« exekutierte und das an der chinesischen Massenbasis nichts, aber auch gar nichts – wie sich inzwischen gezeigt hat – bewirkte.

Die Bewußtseins- und Lebensänderung, die Friedrich Wilhelm I. in den Jahren seiner Regierungszeit den Preußen einpaukte, war ebenfalls nichts anderes als eine Revolution von oben, mit *einem* kleinen Unterschied: sie ist gelungen! Mit dem Knüppel in der Hand bahnte sich dieser Mann einen Pfad mitten durch den Dschungel mittelalterlicher Adelsprärogativen und frühkapitalistischer Bourgeoisprivilegien. Auf der Lichtung, die er schlug, errichtete er seinen Wirtschafts- und Wohlfahrtsstaat. Gleichheit war damals noch nicht angesagt. Die Devise lautete: suum cuique – Jedem das Seine. Aber: Aus Dreckspatzen wurden saubere Menschen, aus Analphabeten wurden Volksschüler und Wollproduzenten; habgierige, rohe Junker wandelten sich in ehrpusselige, eitle Offiziere; aus notorischen Faulpelzen wurden pflichteifrige Beamte; Franzosentümler wurden wieder zu Deutschen; der Klassenegoismus der einzelnen Stände wurde nicht gebrochen, aber doch geduckt und gemodelt zum gemeinverbindlichen Staatsbürgertum.

Ideologische Borniertheit verstellt den Historikern von heute den Blick für diese einmalige geschichtliche Leistung des preußischen Soldatenkönigs. Wenn man die französische Revolution von 1789 eine *juristische,* die russische Revolution von 1917 eine *soziale* genannt hat, so muß man die preußische Revolution von oben, die Friedrich Wilhelm I. praktizierte, eine *pädagogische* nennen. Und das ist mehr! Die französische Bourgeoisie blieb ja vor wie nach 1789 immer dieselbe, wandelte sich mitnichten in ihrer Profitgier, in ihrer klassenegoistischen Einstellung, deformierte lediglich ihren funkensprühenden Nationalismus allmählich zu engstirnigem Chauvinismus. Obrigkeitliche Despotie und massenhafte Passivität blieben im russischen Riesenreich vor und nach 1917 immer gleich, wie Gorbatschows angestrengte »Glasnost«- und »Perestroika«-Versuche ad exemplum demonstrieren. In Preußen jedoch entstand durch Friedrich Wilhelm I. eine Art von »neuem Menschen«. Wem sonst ist das schon in der Geschichte gelungen? Gewiß, es entstand kein Musterexemplar von Mensch, und nicht einmal die Veredelungsbemühungen des kultivierten Sohnes, Friedrichs des

Großen, konnten dies an den sturen, widerborstig-plumpen Ostelbiern bewirken. Mit der Politesse haperte es eben immer in Preußen (siehe die heutige DDR). Doch die Sturheit wurde zur Tugend, die Widerborstigkeit zu Eifer und Tapferkeit, die Plumpheit zu Ausdauer und Zähigkeit, wenn es um die Existenz des Staates ging! Durch Dienst am Staate also veränderte Friedrich Wilhelm I. die Qualität der Menschen seines Landes.

»Wenn ich baue und verbessere das Land und mache (zugleich) keine Christen, so hilft mir alles nichts...«, schrieb dieser König 1722. Es ist dies, meiner Meinung nach, der tiefblickendste Gedanke, der jemals niedergeschrieben wurde. Die bloße Veränderung der Herrschaftsstrukturen – einziges Ergebnis aller »Revolutionen« in der Geschichte – bewirkt im Grunde gar nichts. Eine politische Klasse durch die andere zu ersetzen, eine Despotie durch die nächste abzulösen, die Verbrämungs-Etiketten der jeweiligen Machtausübung gewaltsam auszuwechseln, macht weder philosophischen Sinn noch rechtfertigt es Blutvergießen und die Produktion von Leichen. Es ist noch nicht »revolutionär«, Strukturen zu ändern. Man kann auch nicht, wie Marx utopisch forderte, die Welt verändern. Alles, was man vielleicht kann, ist, ein wenig die *Menschen* zu ändern. Das meinte Friedrich Wilhelm I., wenn er aus brandenburgischen, pommerschen, ostpreußischen Rohlingen gute »Christen« (also: bewußtere Menschen) machen wollte. Er, der niemals in seinem Leben von Aufklärung sprach, war doch einer der erfolgreichsten Aufklärer im Sinne der Volkserziehung, im Geiste Montesquieus, der dreieinhalb Jahrzehnte nach dem Regierungsantritt des preußischen Soldatenkönigs in seinem berühmtesten Buch schrieb: »Aufklärung ist Erziehung.«

Freilich, das pädagogische Moment gilt heutzutage nicht viel. Und hat es denn je viel gegolten? Erziehung und »Freiheit« scheinen kein Zwillingspaar zu sein. Was Friedrich Wilhelm I. angeht, so hat die öffentliche Meinung aller Zeiten ihm niemals die Kronprinzen- und Katte-Tragödie verziehen. Was immer er sonst getan oder unterlassen haben mochte, die Nachwelt wog es leicht. Aber unnachgiebig behielt sie seine Härte, seine unmenschliche Strenge im Gedächtnis, mit der er den Sohn behandelte und den sechsundzwanzigjährigen Leutnant von Katte am 6. November 1730 zu Küstrin hinrichten ließ.

Theodor Fontane, der liberale, humane, so sehr kritische Preußenkenner, dem Hurra-Patriotismus und Pseudo-Heroismus lebenslang auf die Nerven gingen, hat diesen düsteren 6. November als den größten Tag der preußischen Geschichte bezeichnet, »denn er veranschaulicht in erschütternder Weise jene moralische Kraft, aus der dieses Land, dieses gleich sehr zu hassende und zu liebende Preußen, erwuchs«.

Das »gleich sehr zu hassende und zu liebende Preußen«. Damit meinte Fontane jenes des Soldatenkönigs. Und mit dem Verweis auf die »moralische Kraft« Preußens spielte er auf jenen berühmt-berüchtigten Satz an, den Friedrich Wilhelm I. an den Schluß der Kabinettsordre schrieb, mit der er Kattes Hinrichtung verfügte: »Wenn das Kriegsgericht dem Katten die Sentenz publiziert, soll ihm gesagt werden, daß es Sr. Königlichen Majestät leid thäte. Es wäre aber besser, daß er stürbe, als daß die Gerechtigkeit aus der Welt käme.«

Die Sentenz eines Tyrannen, der willkürlich über Leben und Tod entschied? So kann man es sehen, und so hat es ja auch der Sohn, der zu Tode verzweifelte Kronprinz, gesehen. Fontane aber, der Mitleidende, der Verständnisvolle, er schrieb: »Ein großartiges Wort, das ich nie gelesen habe (und ich habe es oft gelesen), ohne davon im Innersten erschüttert zu werden.«

Die Welt hat bis heute in dem beispiellosen Generationenkonflikt zwischen König und Kronprinz, zwischen Vater und Sohn ebenso einseitig wie leidenschaftlich Partei für den Thronfolger ergriffen. Sie weigerte sich, zur Kenntnis zu nehmen, daß Friedrich II. in den ersten dreißig Lebensjahren eine genialische, aber höchst unsympathische Erscheinung war: frech, anmaßend, verschlagen, arrogant, die Nase hoch in der Luft, ganz der Sohn Sophie Dorotheas. Daß es 1741/42 zum »Wunder der Wandlung« kam, daß sich derselbe frivole junge Mann plötzlich als lernfähig und selbstkritisch entpuppte, daß der tollkühne Hasardeur ein verantwortungsbewußter Staatsmann wurde, der die Begrenzung seiner Träume, Talente und Ziele akzeptierte, wodurch er erst wahrhaft zum »Großen« wurde – ja, worauf und auf wen war das wohl zurückzuführen? Als es bitterernst wurde, die Existenz des Staates auf dem Spiel stand, aus Abenteuer Schicksal wurde, da geschah es, daß sich im Sohn die Gestalt des Vaters aufrichtete. Daß Friedrich II.

in den folgenden viereinhalb Jahrzehnten zum Diener seines Staates, seiner Gesellschaft wurde, das erzwang noch nach dessen Tod das Beispiel, das Vermächtnis des Soldatenkönigs.

Wie soll man diesen exorbitanten Mann, Friedrich Wilhelm I., also nennen? Er war König und Pfennigfuchser, Vorbild und Berserker, Prügelfetischist und Wohlfahrtsfanatiker; er war ein Finanz- und Ökonomiegenie; er war ebenso Schlaukopf wie Naivling; er war blitzgescheit (wie seine Mutter Sophie Charlotte) und bar jeder Menschenkenntnis (wie sein Vater Friedrich I.); er verachtete alle Bildung, predigte aber deutsches Selbstbewußtsein und schuf die Grundlagen der allgemeinen Schulpflicht; er militarisierte seinen Staat vom Kopf bis zu den Zehen und war zugleich der klügste und mutigste Verfechter der Menschenrechte, der Preußen – neben Amerika – zum gelobten Land aller Verfolgten und Flüchtlinge machte; er schurigelte seine Untertanen und kämpfte gegen die Leibeigenschaft, gegen die Ausbeutung der Armen; er kannte nur Befehl und Gehorsam und war doch zugleich ein eingefleischter Verteidiger der Toleranz, des freien Glaubens. Er war ein ingrimmiger Despot, aber er war auch der erste Staatssozialist der Geschichte. Kurz: er war in allem ohne Beispiel, ohne Vorbild, ohne Vergleichbarkeit.

Das überkommene Epitheton »Soldatenkönig« nimmt sich bei einem solchen Mann eng und armselig aus. Friedrich Wilhelm I. war in meinen Augen: *der Revolutionär auf dem Thron.*

Wolfgang Venohr

Prolog

Am Dienstag, dem 15. April 1688, rüstete man sich in Potsdam an der Havel, einem kleinen Nest südwestlich von Berlin, zum Empfang des Landesherrn. Der Frühling brach mit Macht herein, und die Einwohnerschaft Potsdams versammelte sich frohgestimmt und festlich gekleidet vor dem Schloß, um den achtundsechzigjährigen Kurfürsten Friedrich Wilhelm von Brandenburg aus dem Hause Hohenzollern gebührend zu empfangen, jenen gewaltigen und gewalttätigen Mann, der seit einem halben Jahrhundert, seit 1640, das Land beherrschte und den alle Welt seit einem Jahrzehnt als »Großen Kurfürsten« verehrte.

Am Nachmittag erreichte der kurfürstliche Troß Potsdam. Als man den Wagenschlag aufriß, erblickte das Volk die mächtige, imposante Gestalt des Großen Kurfürsten, der müde den Huldigungen abwinkte. Ächzend, auf einen Stock gestützt, stieg er aus der Karosse. Nur mit Mühe hielt sich der alte Herr aufrecht, dessen gichtige Beine und Hände dick umwickelt waren. Sein Hofstaat machte ihn eilfertig auf das linde Frühlingswehen aufmerksam, das durch die halbbelaubten Bäume am Havelufer zog. Aber der schwerkranke Herrscher lächelte nur wehmütig, als man eine Sänfte heranschleppte, um ihn ins Schloß zu tragen: »Ich fühle sehr wohl, daß mir dieser Frühling nicht mehr zustatten kommen wird.« Die Hofschranzen blickten sich verlegen an und duckten sich sogleich, als Friedrich Wilhelm sie, immer wieder von Hustenanfällen unterbrochen, daran erinnerte, daß auch in Potsdam die Arbeit weitergehen müsse, nicht anders als in der Residenzstadt Berlin.

Zehn Tage später, am Karfreitag, war sich der Kurfürst darüber im klaren, daß seine Lebensuhr ablief. Er ließ sich einen silbernen Handspiegel bringen, aus dem ihm sein bleiches, von Schmerzen gezeichnetes Gesicht entgegenstarrte. »Es ist meine heiligste Pflicht«, sagte er zu seinen Untergebenen, die ehrerbietig um seinen Lehnsessel standen, »diesseits zu wirken, solange es noch Tag ist, ehe die Nacht kommt, in der niemand mehr wirken kann.«

Am Ostersonntag ließ sich der Kurfürst um sieben Uhr morgens ankleiden. Dann befahl er seinen Sohn, den einunddreißigjährigen Kurprinzen Friedrich, sowie die Geheimen Räte zur Staatssitzung. Als alle versammelt waren, trug man den schweren Mann auf seinem Sessel ins Beratungszimmer. Die Gichtschmerzen in Beinen und Händen quälten ihn entsetzlich. Aber der mächtige Kopf mit der gewaltigen Allongeperücke, den furchteinflößenden blauen Augen und der aggressiv vorspringenden Adlernase verwischte den Eindruck der Hinfälligkeit. »Ich fühle, es ist das letztemal, daß ich diesem Rate beiwohne«, begann der Kurfürst ächzend seine Ansprache. »Die Sanduhr meines Lebens wird bald abgelaufen sein, und ich weiß selbst am besten, was ich leide und was ich noch werde auszustehen haben«, fügte er seufzend hinzu. Doch dann richtete er sich auf, und sein Blick musterte kritisch die Anwesenden, während er fortfuhr:

Durch Gottes Gnade habe ich eine sehr lange und glückliche, aber auch mühevolle, von Unruhen und Kriegen begleitete Regierung geführt. Mein Bestreben war, mein kurfürstliches Haus in Ruf und Ansehen zu bringen. Welche Beschwerden, welche Sorgen mir das gemacht hat, welche Leiden dadurch meinem Land verursacht wurden, ist bekannt genug. Nach meines Vaters Tode fand ich die Mark Brandenburg, durch Kriege verwüstet, im armseligsten Zustand vor. Mit Gottes Hilfe hinterlasse ich nun das Land in Wohlstand und in Frieden, von meinen Feinden gefürchtet und von meinen Freunden geachtet.

Der Kurfürst wurde von einem schmerzhaften Husten unterbrochen. Er röchelte, rang schwer nach Luft. Als er sich erholt hatte, richtete er den Blick auf seinen Sohn, den Kurprinzen Friedrich. Schmächtig und verwachsen, stand dieser mit niedergeschlagenen Augen zwischen den Räten. Friedrich Wilhelm winkte seinen Nachfolger, den er nie geliebt hatte, zu sich heran und fixierte ihn streng. Als der Sohn ihn anblickte, lächelte der Kurfürst einen Augenblick. Dann sagte er: »Ich bitte dich,

Friedrich, nach denselben Grundsätzen fortzuregieren und immer Gott vor Augen zu haben.« Der Kurprinz schluchzte auf, aber der Vater fuhr mit erhobener Stimme fort: »Mich hat die Erfahrung gelehrt, daß ohne eine eiserne Hand und ohne ein geübtes Kriegsheer in der Welt nichts ausgeübt werden kann. Sorge also für beides.«

Der Kurfürst hielt inne; seine Kraft war erschöpft. Aber dann riß er sich noch einmal zusammen und übergab seinem Sohn mit der Bemerkung »dies sind Regeln, wie Du Deinen Staat regieren sollst« einige handgeschriebene Papiere. Der Kurprinz küßte ihm unter Tränen die verbundenen Fingerspitzen. Und während der Sessel aufgehoben wurde, sagte der Große Kurfürst zu seinem Sohn: »Du sollst das Herrscheramt als eine Sache des öffentlichen Wohls und nicht des eigenen Vorteils führen.«

Die nächsten Stunden und Tage litt Friedrich Wilhelm unsäglich. Die Ärzte konnten ihm keine Linderung verschaffen. Immer wieder, in regelmäßigen Intervallen, kamen die Krampfanfälle, und dann rang er halberstickt nach Luft. Dazwischen lag er mit geschlossenen Augen, und seine Gedanken wanderten zurück, umkreisten sein Leben, stiegen und fielen mit Siegen und Niederlagen, schossen wieder zusammen bei den Eckpfeilern seines Daseins: Ehrgeiz und Aufstieg, Macht und Ruhm.

In der Tat, dieser sterbenskranke Mann, der nun in seinem Potsdamer Schloß mit dem Todesengel rang, er hatte allen Grund, die Sturmfahrten seines Lebens noch einmal vor dem geistigen Auge Revue passieren zu lassen. Als er 1640, knapp zwanzig Jahre alt, an die Regierung des Kurfürstentums Brandenburg gekommen war, tobte noch der Dreißigjährige Krieg in Deutschland, jene unvorstellbare Katastrophe, die selbst die Schrecken des Zweiten Weltkriegs übertraf. Das mittelalterliche Reich der Deutschen, das siebenhundert Jahre lang, von 919 bis 1618, die stolze Vormacht Europas gewesen war, lag in den letzten Zuckungen. Die nördlichen, die protestantischen Gebiete Deutschlands hatten bereits fünfzig bis fünfundsiebzig Prozent ihrer Bevölkerung und die Hälfte ihres Volksvermögens verloren. Norddeutschland wurde damals in der europäischen Entwicklung um ein Jahrhundert zurückgeworfen.

Und »sein« Brandenburg? Sein vom Vater ererbtes Kurfürstentum? Wie hatte es sich dem Zwanzigjährigen dargeboten?

Kein deutsches Reichsgebiet – abgesehen von Schlesien, Niedersachsen und Mecklenburg – war dermaßen geplündert, verwüstet, geschändet und verheert worden wie jenes Kurfürstentum Brandenburg, gelegen zwischen Elbe und Oder, dessen »Schutz und Schirm« er nun hatte übernehmen sollen. Seit 1625 war die Mark Brandenburg von den räuberischen Heeren Tillys, Wallensteins, der Schweden und der Sachsen durchzogen und gebrandschatzt worden. Von 340 000 Einwohnern Brandenburgs waren in den fünfzehn Jahren bis 1640 kaum 200 000 am Leben geblieben. (Im Vergleich zum Zweiten Weltkrieg ist das so, als wenn 1945 von den 80 Millionen Deutschen etwa 33 Millionen zu Tode gekommen wären!) Städte, die diesen Namen verdienten, gab es kaum noch in der Mark Brandenburg: Berlins Einwohnerschaft war von 13 000 auf 6000 gesunken, die der Städte Brandenburg an der Havel und Frankfurt an der Oder von jeweils 12 000 auf weniger als 2500, und in Prenzlau, das ebenfalls 12 000 Menschen gezählt hatte, vegetierten noch 600 Bewohner. Der Stadtrat von Berlin, der Hauptstadt, hatte dem jungen Kurfürsten beim Regierungsantritt schonungslos berichtet: »Es gibt keine Geschäfte mehr, und es ist unmöglich, sich zu ernähren. Auf eine Entfernung von vier Meilen in der Runde trifft man oft weder Mensch noch Tier; keine Katze, keinen Hund. Viele haben sich ertränkt, erhängt oder erstochen. Manche gehen mit Weib und Kind in tiefstem Elend davon.« Als er, Friedrich Wilhelm, dann seine ersten Besichtigungsfahrten durch das verbrannte und verdorbene Land gemacht hatte, durch Brandenburg und Hinterpommern, waren ihm aus den Ruinen der ehemaligen Städte und aus den halbverkohlten Hütten früherer Dorfweiler halbnackte Menschen entgegengekrochen, armselige Individuen, die zu halben Tieren, zu versoffenen, verhurten, angstschlotternden Kretins ohne jegliches Bewußtsein denaturiert waren – Menschenkarikaturen, die sich kümmerlich von der Hand in den Mund ernährten und für die ein trockenes Stück Brot schon ein Luxus war. Als er die Uckermark besuchte, hatte man ihm in Prenzlau berichtet: »Auf dem Land und sogar in der Stadt fallen die Menschen übereinander her. Der Stärkere bringt den Schwächeren um; dann kocht er ihn und ißt ihn auf.«

Mit harter Hand hatte er 1648, nach Ende des Dreißigjährigen Krieges, ein beispielloses Aufbauwerk begonnen. Hochfahrend, herrisch, rücksichtslos Feinden und Freunden gegenüber, hatte er seine Souveränität als Kurfürst beinahe schon wie ein unumschränkt herrschender Monarch stabilisiert. In der Mark Brandenburg, im östlichen Pommern und im weit entlegenen Ostpreußen, das 1618 seinem Hause zugefallen war, aber noch unter polnischer Lehenshoheit stand, hatte er mit brutaler Gewalt seine Staatsmacht errichtet, mit Umsicht und Energie Bauern und Handwerker gefördert und mit drakonischen Maßnahmen den aufsässigen Adel, der erbittert seine Prärogativen verteidigte, zur Räson, zur Unterwerfung unter die kurfürstliche Zentralgewalt gebracht.

Aber hatte er nicht die ganze Zeit einen zermürbenden Zweifrontenkrieg führen müssen, nach innen wie nach außen? Denn während er im Innern seines Staates den Klassenhochmut und den sozialen Egoismus seiner Junker bekämpfen mußte, hatten die Großmächte Europas – Frankreich, Spanien, Polen, Schweden, die Niederlande und der deutsche Kaiser in Wien – ihm die kalte Schulter gezeigt, als er den vermessenen Anspruch auf internationale Gleichberechtigung gestellt hatte. War er denn dazu nicht vollauf berechtigt gewesen? Das Reich der Deutschen, es hatte 1645 praktisch als Machtfaktor im Gerangel der großen Mächte abgedankt, als der Kaiser in Wien bei den Friedens-Vorverhandlungen unter dem Druck des Auslands zugestimmt hatte, daß jeder der vielen deutschen Territorialstaaten selbständig Außenpolitik betreiben, ja, daß er Bündnisse mit ausländischen Staaten ohne Zustimmung des Kaisers abschließen durfte. Und so hatte er, Friedrich Wilhelm, denn auch selbständig gehandelt, unter großem außenpolitischen Risiko, hatte Polen und Schweden gegeneinander ausgespielt und schließlich 1657, gegen den Willen aller, tatsächlich erreicht, daß er die polnische Lehenshoheit über sein Herzogtum Preußen abschütteln konnte, womit er wenigstens auf diesem Territorium wahrhaft souverän und unabhängig war. Das Kurfürstentum Brandenburg, so hatte Friedrich Wilhelm befunden und 1667 in seinem politischen Testament geschrieben, konnte auf Dauer nur bestehen, wenn es »die Balance« zwischen den großen Mächten, zwischen der österreichisch-spanischen und der französisch-schwedischen Partei hielt, wenn es vor allem »aus eigener Kraft« handelte. »Für die Schwachen«, so hatte er erkannt, »gibt es keine Sicherheit.« Bündnisse, so hatte er weiter geschrieben, seien zwar gut und schön, aber »die eigenen Kräfte sind besser.«

Wenige Jahre später hatte das Schicksal seinen Willen einer schweren Prüfung unterzogen, als Friedrich Wilhelm mit seinen Brandenburgern an der Seite des deutschen Kaisers das Elsaß gegen die raubgierigen Franzosen verteidigt hatte und deren Verbündete, die Schweden, tief in die Mark, in sein Stammland, eingefallen waren. Mit seinem kleinen Heer von 18000 Mann hatte er auf der Stelle kehrtgemacht, war vom Rhein zum Rhin geeilt (quasi »motorisiert«, denn er hatte seine Soldaten auf Bauernwagen gesetzt) und war – unterstützt von freiwilligen brandenburgischen Bauernpartisanen – blitzschnell über die weltberühmte schwedische Armee hergefallen, die er am 28. Juni 1675 bei Fehrbellin vernichtend schlug. Danach war ihm in einem elsässischen Volkslied der Ehrenname des »Großen Kurfürsten« verliehen worden. Doch als er dann als Preis seiner Siege die pommersche Haupt- und Hafenstadt Stettin gefordert hatte, hatten ihm Europas Großmächte in gemeinsamer Aktion klargemacht, wie gering sie den brandenburgischen Emporkömmling einschätzten, hatten ihm Stettin verweigert, und der tödlich in seinem Stolz getroffene Hohenzoller rief in rasendem Zorn, mit geballten Fäusten, aus: »Aus meinen Gebeinen wird dereinst der Rächer erstehen!«

Zehn Jahre später, 1685, war seine größte Bewährungsprobe an ihn herangetreten. Frankreichs allmächtiger Herrscher, Ludwig XIV., hatte mit der Hugenotten-Verfolgung begonnen: den französischen Protestanten wurde im ganzen Lande auferlegt, entweder ihrem Glauben abzuschwören und zum Katholizismus überzutreten oder aber, die Heimat sofort zu verlassen. Wie ein Löwe hatte sich der alte Kurfürst von Brandenburg erhoben. Am 29. Oktober 1685 erließ er das Potsdamer Edikt, in dem er ohne Furcht vor dem übermächtigen Franzosenherrscher von der »harten Verfolgung« (persecutio aspera), der »unsere Glaubensgenossen in Frankreich« ausgesetzt seien, sprach. Seine aufsehenerregende Proklamation gipfelte in den Worten: »Durch gerechtes Mitleid mit unseren Glaubensbrüdern fühle ich mich bewogen, ihnen mit diesem Edikt eine sichere Aufnahme in meinen Ländern freundlichst anzubieten.«

Das hatte ihm den unauslöschlichen Haß Ludwigs XIV. eingetragen. Mehr als 20 000 Hugenotten waren in die Mark Brandenburg eingewandert, in jenes unbekannte, halbverwüstete östliche Land, das sich nun als Hort der Toleranz, als Zufluchtsstätte aller Flüchtlinge und Verfolgten erwies. Ein Jahr später, 1686, gewährte Friedrich Wilhelm noch einmal 2000 vertriebenen Waldensern, die um ihres Glaubens willen Piemont verlassen mußten, eine großzügige Freistatt in der Altmark. Und es war einer der wenigen glücklichen, voll befriedigten Augenblicke im Leben des Großen Kurfürsten gewesen, als man ihn im nichtkatholischen Teil des Kontinents »supremum caput reformatae religionis in Europa« (Oberhaupt der Reformation in Europa) genannt hatte.

Tagelang kämpfte der alte brandenburgische Recke in Potsdam nun mit dem Tod, schickte er seine quälenden Gedanken zurück in die Gefilde der Vergangenheit. Schließlich ergab sich der willensstarke Mann in sein Schicksal.

Am letzten Abend versammelte sich die kurfürstliche Familie gemeinsam mit den Räten, Ministern und Generälen um das Bett des Kurfürsten. Er segnete seine Kinder und sagte: »Ich habe noch andere, aus Nächstenliebe angenommene Kinder, die mir aber so teuer sind, als wären sie mein eigen Fleisch und Blut. Ich meine die um ihres Glaubens willen aus Frankreich Vertriebenen. Verlaßt sie nicht!« Er fiel in die Kissen zurück und wandte seinen Blick zum Kurprinzen Friedrich. Er musterte bedrückt dessen schwächliche, verwachsene Gestalt, sein bleiches, zuckendes Gesicht, in dessen verschwommenen Linien er, der Vater, niemals hatte lesen können. »Verharre immer in der Erkenntnis der Wahrheit und des Evangeliums«, sagte er zu ihm. Dann wandte er sich lächelnd seiner neunzehnjährigen Schwiegertochter, der schönen Kurprinzessin Sophie Charlotte zu. Er bat sie mit höfischer Courteoisie dafür um Entschuldigung, daß er außerstande sei, die Nachtmütze abzunehmen. Bevor sie ihm die Stirn küssen durfte, ließ er sich sorgsam den Todesschweiß abwischen. Er lebte noch einmal für Augenblicke auf, als sein Blick auf ihren Leib fiel: Sophie Charlotte war im sechsten Monat schwanger; sie erwartete den Enkel des Großen Kurfürsten.

Am nächsten Morgen, um neun Uhr früh, starb er mit den Worten:

»Ich weiß, daß mein Erlöser lebt.« Er hinterließ seinem Nachfolger einen Staat, dessen Territorium er um die Hälfte vergrößert (von 65 000 auf 100 000 Quadratkilometer) und dessen Bevölkerung sich während seiner Regierungszeit verdoppelt hatte (von 750 000 auf 1 500 000 Einwohner), ein stehendes Heer von 25 000 Mann, eine Volkswirtschaft mit jährlichen Staatseinkünften von zweieinhalb Millionen Talern (von denen vierzig Prozent für den Unterhalt der Armee verwandt wurden) und einen gefüllten Staatsschatz von 650 000 Talern in Gold und Silber.

Die Kindheit

Am 14. August 1688 wird in der brandenburgischen Hauptstadt Berlin ein gesunder, sechseinhalb Pfund schwerer Prinz geboren, der zu Ehren seines Großvaters auf den Namen Friedrich Wilhelm getauft wird. Es ist dies jener Enkel des Großen Kurfürsten, über dessen baldige Ankunft sich der berühmte Hohenzollernfürst drei Monate zuvor so freudig bewegt zeigte, als er in seinen letzten Lebensstunden Abschied von der Familie nahm.

Die preußischen Historiographen haben später in diesem Geburtstag, an dem eine der merkwürdigsten und faszinierendsten Erscheinungen der ganzen preußischen Geschichte das Licht der Welt erblickte, etwas Besonderes sehen wollen. Die Wahrheit ist, daß dieser Tag, dieser 14. August, für niemanden – mit Ausnahme der Eltern natürlich – einen Anlaß besonderer Aufregung oder gar Erwartung darstellt. Es gibt einen kurfürstlichen Prinzen und einen kleinen Stadtbewohner mehr in Berlin; soweit gut und schön. Das Ereignis hat jedoch keinerlei politische Bedeutung, es geht völlig in den Aufregungen unter, in denen sich Europa gerade zu dieser Zeit befindet und die auch den kurfürstlichen Hof zu Berlin beherrschen. Drei Monate ist es gerade erst her, daß der Große Kurfürst für immer die Augen schloß und daß sein Sohn, Friedrich III., den kurfürstlichen Thron bestieg; und drei Monate wird es nur noch dauern, bis Wilhelm von Oranien, der protestantische Statthalter der Niederlande, in England landet und mit dem Sieg über die katholischen Stuarts die entscheidende Voraussetzung für den Aufstieg Großbritanniens zur Weltmacht und zum jahrhundertelangen Rivalen der französischen Großmacht schafft.

Man sieht, die Geburt des brandenburgischen Kurprinzen Friedrich Wilhelm fällt in einen denkbar ungünstigen Augenblick. Die Mächte wie die Menschen haben andere Sorgen, als sich groß um ein prinzliches Baby zu kümmern, das mit Spreewasser getauft wird. Nicht einmal der Vater, Kurfürst Friedrich III., ist imstande, sich auf die Geburt des Nachfolgers zu konzentrieren. Seit einem Vierteljahr ist er damit beschäftigt, aus dem Tod seines Vaters, des Großen Kurfürsten, eine glänzende PR-Aktion, ein Schauspiel und Spektakel zu gestalten, das die Augen der Welt auf Berlin ziehen soll. Noch am Abend des Todestages hatte er Sonderkuriere an alle Höfe Europas entsandt, mit einem detaillierten Programm der Trauerfeierlichkeiten und mit der Einladung zur Teilnahme. Einen Tag später hatten die Truppen in den brandenburgischen Festungen Spandau und Küstrin dem neuen Herrscher den Treueid geschworen, und in Potsdam, vor dem Schloß, hatte der Gouverneur Generalfeldmarschall-Leutnant von Schöning vor allem Volk seinen Federhut um den Kopf geschwenkt und dreimal gerufen: »Vivat Friedrich der Dritte, Kurfürst von Brandenburg!« Am 17. Mai, morgens um vier, war die einbalsamierte Leiche des Großen Kurfürsten von Potsdam nach Berlin überführt und in einem schwarz ausgeschlagenen Saal des Schlosses auf einem Paradebett von Goldbrokatstoffen aufgebahrt worden. Vier Tage später, am 21. Mai, hatte man den Toten in feierlichem Zug in die Schloßkapelle getragen. Vier Monate lang hielten Minister und Generäle, Obristen und Leutnants am offenen Sarg in der Kapelle Totenwache, schwarze Florbinden am Hut, schwarze Seidenbinden am Degengriff, und die ganze Zeit waren Gesandtschaften aus aller Herren Länder erschienen, um dem Toten ihre Reverenz zu erweisen und dem neuen Kurfürsten ihre Huldigungen darzubringen.

Erst jetzt, vier Wochen nach der ziemlich unbeachteten Geburt des Kurprinzen Friedrich Wilhelm, am 12. September 1688, erfolgt die Überführung des Leichnams in die Familiengruft des alten Berliner Doms, wo bereits fünf brandenburgische Kurfürsten begraben liegen, und nun endlich werden die Gebeine des Großen Kurfürsten wahrhaft zur letzten Ruhe finden. (Bis zum Jahre 1750. Dann werden die Särge der toten Kurfürsten in die Gruft des neuerbauten Doms am Berliner Lustgarten überführt werden. Friedrich der Große, der den Vorgang persönlich überwacht, wird sich den Sarg des Großen Kurfürsten öffnen lassen: gut erhalten sind Antlitz und Oberkörper des Toten, der in seinem weiten Kurmantel, der großen Halskrause, den gelben Stulpenhandschuhen bis zu den Ellenbogen und seiner prächtigen Staatsperücke im Sarg ruht. Sein Urenkel wird ihn lange betrachten, sich verneigen und zu seiner Umgebung sagen: »Messieurs, celui-ci a fait des grandes choses« – »Meine Herren, der da hat große Dinge getan.«)

Der ungeheure Pomp, die höfische Pracht, die Friedrich III. in den engen Mauern Berlins zur Ehre seines Vorfahren entfalten läßt, sie sind es nicht allein, die ihn davon abhalten, sich von Herzen seines in den Windeln strampelnden Söhnchens Friedrich Wilhelm zu erfreuen. Am Horizont der europäischen Politik ballen sich drohende Wolken zusammen, und im Berliner Schloß jagt eine Staatskonferenz die andere. Der mächtigste Herrscher des Kontinents, Ludwig XIV. von Frankreich, der vielgerühmte »Sonnenkönig«, der vor sechs Jahren sein Prachtschloß Versailles bezogen hatte, das seitdem als Inkarnation majestätischen Selbstwertgefühls gilt und aller Augen auf sich lenkt, zieht Truppen an den Grenzen des Reiches zusammen. Kaiser Leopold I. in Wien verbündet sich hastig mit den »Seemächten«, mit England und Holland. Die sind nicht gewillt, eine französische Suprematie hinzunehmen; weder in Europa noch in Übersee. Krieg liegt in der Luft, und Europa spaltet sich in zwei Blöcke. Der Propaganda nach geht es bei alledem um das, was man damals schon scheinheilig »das europäische Gleichgewicht« nennt. Dabei ist es einfach so, daß das Frankreich Ludwigs XIV. zum großen Profiteur der Katastrophe des Dreißigjährigen Gemetzels von 1618 bis 1648 geworden ist und sich nun anschickt, die altberühmte deutsche Kaisermacht von einst zu beerben, während es London darum geht, hinter der Fassade eines kontinentaleuropäischen Konflikts seine imperialistische Vorherrschaft über die Weltmeere und in Übersee auszudehnen.

Neun Jahre lang, von 1688 bis 1697, bis zum Friedensschluß von Ryswijk, wird nun an allen Fronten gekämpft werden; vor allem in Deutschland und den Niederlanden. Und es werden dies zugleich die ersten Lebensjahre des kleinen Kurprinzen Friedrich Wilhelm sein, der in den Schlössern Berlins und Potsdams heranwächst. Kinderjahre, gewiß. Aber man weiß ja, wie stark und prägend gerade die Eindrücke sind, die auf ein Kind im ersten Jahrzehnt seines Lebens eindringen und seine Phantasie beschäftigen.

Und was erfährt der kleine Friedrich Wilhelm nun in den Jahren von

1688 bis 1697, als überall die Kriegstrompete schmettert und das Donnern der Kanonen grollt? Worüber unterhalten sich vor seinen Ohren die Erwachsenen, wenn er mit ihnen bei Tisch sitzt oder abends am Kaminfeuer lauscht?

Im Herbst 1688 fallen zwei französische Armeen sengend und plündernd in die Pfalz und in das Rheinland ein. Ludwig XIV., der bereits 1679 Elsaß und Lothringen an sich gerissen und 1681, mitten im Frieden, die Reichsstadt Straßburg überfallen und annektiert hatte, gedenkt die prekäre Lage des Kaisers Leopold auszunutzen, der sich seit 1683 mit Mühe und Not gegen die Massenheere des türkischen Sultans zur Wehr setzt, die bis vor die Tore Wiens gekommen waren. Zum erstenmal in seiner Geschichte steht Deutschland vor dem Problem des Zweifrontenkrieges, kämpft es in der unglücklichen Mittellage zwischen West und Ost (und für zweihundertfünfzig Jahre wird das sein immerwährendes Schicksal bleiben).

Das Reich der Deutschen ist seit vierzig Jahren, seit dem Westfälischen Frieden von 1648, nur noch ein Gespenst seiner selbst: ohnmächtig, kraftlos, zerrissen; der Kurfürst von Bayern beispielsweise hält es ganz offen mit den Franzosen. Aber es geht doch ein Aufschrei des allgemeinen Entsetzens durch Deutschland, als bekannt wird, mit welcher Wut und unvorstellbaren Grausamkeit die Franzosen auf deutschem Boden hausen. Unter ihren Generälen Melac und Louvois geben sie sich alle Mühe, die Rheinpfalz, ja das ganze südwestliche Deutschland in eine Wüstenei zu verwandeln. Es ist das reinste Barbarentum. Die ehrwürdigen Reichsstädte Worms und Speyer werden in Schutthaufen verwandelt, und im Frühjahr 1689 sprengen die französischen Besatzer das Heidelberger Schloß in die Luft (womit sie – freilich ungewollt – für zweihundert Jahre eine internationale Touristenattraktion schaffen).

Im Mai desselben Jahres rücken brandenburgische Truppen aus, um Kaiser und Reich zu Hilfe zu eilen. Nachdem sich die Stadt Kaiserswerth Ende Juni den Brandenburgern ergeben hat, wird das damals stark befestigte Bonn, in dem sich 8000 Franzosen verschanzt haben, von 16000 Mann eingeschlossen. Am 24. Juli beginnt die Beschießung der Stadt aus hunderteinundsechzig Geschützen, die vier Tage und vier Nächte dauert und die Stadt in einen Trümmerhaufen verwandelt.

Nach hartnäckiger Verteidigung müssen sich die französischen Besatzer in Bonn am 12. Oktober den Brandenburgern ergeben.

Wenige Tage später reiten Herolde in Berlin ein und verkünden die frohe Botschaft: »Die Brandenburger haben Bonn genommen!« Die Berliner jubeln über den Sieg, und am Fenster des Schlosses steht die junge Kurprinzessin Sophie Charlotte und zeigt dem Volk ihren vierzehn Monate alten Sohn.

Doch kurz darauf wird bekannt, daß der französische Marschall von Créqui, dessen Armeekorps Worms geplündert und abgebrannt hat, unter seinen Offizieren einen Plan zirkulieren läßt, demzufolge weitere 1200 Städte und Dörfer in Deutschland dem Erdboden gleichgemacht werden sollen. Am 21. Oktober publiziert die kurfürstliche Regierung in Berlin eine feierliche Proklamation des deutschen Kaisers, in der es in der damaligen zopfigen und umständlichen Sprache heißt:

Nachdem nun die Erfahrung gezeigt hat, daß Frankreich das Heilige Römische Reich, unser geliebtes Vaterland teutscher Nation, mit derartigen abscheulichen Tyranneien und unmenschlichen Grausamkeiten überzieht, dergleichen auch in den heidnischen und türkischen Kriegen nie erhört worden ist, geschweige denn in einer christlichen Historie je gelesen wurde, erscheint es nun so, daß Frankreich die teutsche Nation nicht nur unter sein Joch bringen, sondern völlig vertilgen und ausrotten will. Die greuliche Verwüstung der uralten Städte Speyer, Worms, Mannheim, Offenburg und vieler anderer, in denen so unsinnig getobt und gewütet wurde, daß neben der Verbrennung und Niederreißung der Häuser auch die Gräber aufgerissen wurden, die seit einigen hundert Jahren dort ruhenden Gebeine der Kaiser und Könige nicht verschont, ja an den uralten Gotteshäusern selbst kein Stein auf dem anderen gelassen worden ist ...

Den Schock in der deutschen Öffentlichkeit kann man sich unschwer vorstellen.

Fast ein Jahrzehnt tobt dieser Krieg. Der kleine Kurprinz Friedrich Wilhelm hört nur von Schlachten und Soldaten. Und da sich brandenburgische Truppen an allen Fronten schlagen – 12 000 Mann gegen die

Franzosen, 12000 Mann gegen die Türken, und alle unter der Devise »für Kaiser und Reich« –, ist des Berichtens und Erzählens, der Sagen und Legenden in den kurfürstlichen Gemächern kein Ende. Anekdoten und Augenzeugenberichte gehen von Mund zu Mund, preisen die unüberwindliche Tapferkeit der Brandenburger, und der Kurprinz schmiegt sich mit hochroten Wangen an die Knie der Mutter oder des Kinderfräuleins und kann nicht genug davon hören. Englands König Wilhelm III., der in den Niederlanden die Truppen gegen die Franzosen kommandiert, soll über die brandenburgischen Kontingente gesagt haben: »Das ist schönes Fußvolk. Aber es ist noch tapferer als schön.« Im Kampf gegen die Türken zeichnen sich die Brandenburger in der Schlacht bei Szenta besonders aus. Man berichtet, daß Prinz Eugen von Savoyen, des Kaisers berühmter Feldherr, den brandenburgischen Kommandeur mit den Worten umarmte: »Nächst Gott ist der glückliche Sieg den Brandenburgern zu verdanken!« Von der Belagerung Belgrads, im Jahre 1692, als Prinz Eugen die Türken vernichtend schlägt, bringen die brandenburgischen Veteranen das Marschlied »Prinz Eugenius, der edle Ritter« mit nach Berlin, und zeitlebens wird Friedrich Wilhelm dieses Lied – neben einigen protestantischen Chorälen – zu seinen liebsten rechnen.

Die tiefen, farbigen Eindrücke dieser ersten zehn Lebensjahre dürfen wir nie vergessen, wenn wir uns das Bild Friedrich Wilhelms, des späteren Soldatenkönigs, vergegenwärtigen wollen. Schlachten und Fahnen, Trommeln und Fanfaren, der Kampf der Deutschen gegen die Welschen, gegen die verhaßten Franzosen: das ist es, was die Seele des heranwachsenden Knaben aufwühlt, ihn für sein ganzes ferneres Leben prägt.

Über das Kind Friedrich Wilhelm selbst wissen wir wenig, wenn man den üblichen Hofklatsch und -tratsch beiseite läßt. Es ist ein ausgesprochen hübscher Junge, mit rotblonden Haaren, kräftigen Gesichtsfarben, von stämmiger, untersetzter Statur, der bereits im Alter von drei Jahren bei einem Besuch der Großeltern mütterlicherseits in Hannover allgemeines Aufsehen erregt, wenn er widerspenstigen Spielkameraden, die seinen Befehlen nicht folgen wollen, kräftig eine runterhaut, worauf das Geschrei natürlich groß ist, während Friedrich Wilhelm sich trotzig vor seiner Mutter oder dem Kinderfräulein von Hartung aufbaut und mit blitzenden blauen Augen erklärt, die anderen Bengels hätten ihm nicht gehorchen wollen. Die Mutter, Kurprinzessin Sophie Charlotte, schlägt dann in komischem Entsetzen die Hände zusammen, ist aber innerlich ganz entzückt von ihrem kleinen »Wildfang«. Am nächsten Tag kommt sie dazu, wie ihr Söhnchen den zukünftigen Herzog von Kurland an den Haaren durch die Zimmer schleift und ihn verächtlich eine »Memme« nennt, weil das Bürschchen heult und sich nicht zur Wehr setzt. Sophie Charlotte ruft: »Mon cher fils, que faites vous là?« (Mein lieber Sohn, was tust du?) Dasselbe passiert mit dem Prinzen Georg, dem späteren König von England, der des öfteren von Friedrich Wilhelm eine Tracht Prügel bekommt. Ein Raufbold, ein Tunichtgut ist dieser kleine Prinz also, und man begreift: Da wächst ein brandenburgischer Thronfolger heran, der von den Eltern nicht erzogen, sondern verhätschelt wird und der – so winzig er noch ist – in allem schon seinen Willen bekommt.

Das tägliche Leben des Kindes spielt sich im Berliner Schloß, vor allem aber in dem davorliegenden »Lustgarten« ab, jenem weiten, freien Gelände, das heutzutage als »Marx-Engels-Platz« in Ostberlin firmiert. Dieser Lustgarten trägt damals seinen Namen ganz zu Recht, denn der Baumeister Memhardt hat auf Wunsch der Großmutter Friedrich Wilhelms, der Kurfürstin Luise Henriette, die aus den Niederlanden stammte, das Areal vor dem Berliner Schloß in einen herrlichen Lust- und Blumengarten nach holländischer Art verwandelt, der von blühenden Kirsch- und Mandelhecken eingesäumt wird. Ein kleines Paradies also, und hier tobt sich der Kurprinz aus. Wenn er morgens eine mit Bildsäulen verzierte Steintreppe hinunterspringt, dann kommt er in den sogenannten Untergarten, der aus mehreren schattigen Laubengängen, an deren Rändern sich marmorne und steinerne Statuen erheben, und aus einem Obstbaumgarten mit einem entzückenden kleinen Vogelhaus besteht. Das ist ein ideales Tummelfeld fürs Versteckspielen, und läuft er noch ein paar Schritte weiter, kommt er in den am Wasser gelegenen Hintergarten mit einer bezaubernden Lindenplantage, einem botanischen Garten und einem Pomeranzenhaus, in dem sechshundert Orangenbäume gezogen werden. Ist es dann soweit, daß das Kinderfräulein angelaufen kommt, um den Prinzen ins Schloß zu holen, entwischt der, laut protestierend, in den Küchengarten, wo mannigfache Kräuter und Gemüsesorten wachsen. Dieser Teil des Lustgartens ist beim Kurprinzen und seinen Spielkameraden besonders beliebt, denn der Küchengarten wird von acht künstlichen Wassergräben durchschnitten, die sternförmig angelegt sind, und hier kann man mit Erde und Wasser pantschen, kann sich gegenseitig ordentlich mit »Eierpampe« bepfeffern, wie die Berliner Straßenjungen diesen gräßlichen Modder euphemistisch nennen.

Wenn Friedrich Wilhelm sich zum Schloß umdreht, kann er auf Holzgerüsten Bauarbeiter hantieren sehen, denn der Architekt Andreas Schlüter ist gerade dabei, den Schloßbau auf Anweisung des Kurfürsten zu erweitern. Und nichts fasziniert den kleinen Prinzen mehr als das laute, derbe und dabei so praktische, zweckgerichtete Tun und Bosseln der Berliner Maurer und Stukkateure. Ganze Vormittage verbringt er bei ihnen, jeden Handgriff mit kritischem Blick verfolgend. Schlendert er nachmittags mit seiner Mutter zum Teetrinken in das Lusthaus neben dem Schloß, das 1650 von Memhardt errichtet wurde, dann kann er vom zweiten Stock, aus einer verspielten Grotte, weit über Berlin hinweg bis zur fernen Stadt und Festung Spandau, am Horizont, sehen.

Geht der Kurprinz mit seiner Gouvernante durch die brandenburgische Hauptstadt spazieren, so ist innerhalb einer Stunde alles abgeschritten. Berlin hat etwa 25000 Einwohner. Der Stadtkern besteht zu dieser Zeit aus drei Bezirken: dem 1660 gegründeten Friedrichswerder, der 1674 angelegten Dorotheenstadt (benannt nach der zweiten Frau des Großen Kurfürsten), durch die sich die breite Straße »Unter den Linden« zieht, und der neugegründeten Friedrichstadt, die seit 1688 heranwächst und 1695, als Friedrich Wilhelm sieben Jahre alt wird, dreihundert Häuser umfaßt. Geht es dann wieder zurück zum Schloß, die »Linden« entlang, dann kommt man an einer gewaltigen Baustelle zur linken Hand vorüber, auf welcher der Architekt Jean de Bodt ein prächtiges quadratisches Zeughaus für die kurbrandenburgische Armee errichtet, und bald lenkt man die Schritte über die Schloßbrücke, die seit 1692 existiert und die der Ingenieur Cayard aus Pirnaer Sandsteinen erbaut hat. Das Berlin, das Friedrich Wilhelm in seinen ersten Kinderjahren erlebt, ist dabei, seinen bescheidenen Dorfrahmen zu sprengen; es mausert sich zu einer echten Residenzstadt.

Der neue Kurfürst, Friedrich III., tut viel für Berlin. Schon unter dem Großen Kurfürsten, 1679, wurden die ersten Laternen installiert; zunächst nur an den Ecken der größeren Plätze. Inzwischen haben fast alle Straßen der Stadt Laternenbeleuchtung. Auch die Umgebung Berlins wird planmäßig verschönert: In Friedrichsfelde (vormals Rosenfelde) und in Schönhausen entstehen Sommerschlößchen, und Potsdam schmückt sich mit prächtigen Gartenanlagen. Sogar der Kampf gegen den unsäglichen Straßenschmutz der damaligen Zeit wird mit Erfolg aufgenommen. Bis dato schüttete jeder Stadtbewohner seine Küchenabfälle ungeniert auf die ungepflasterten Straßen, auf denen quiekend die Schweine herumliefen, die mit ihren Schnauzen im Müll und Schlamm der Gassen wühlten. Zur Zeit des Großen Kurfürsten war es noch ein kaum lösbares Problem gewesen, in eleganten Kleidern, in glänzenden Schuhen und weißen Kniestrümpfen halbwegs trocken und sauber zum Schloß zu kommen, wenn Hoffeste stattfanden. Die Straßenjungen in Berlin hatten sich königlich amüsiert, wenn hochgestellte Adlige oder reiche Bürger auf langen Stelzen über die Straßen stakten, um ihre kostbare Kleidung vor dem stinkenden Straßenschlamm zu schützen, der bis zur halben Wade reichte (und der bis über die Knie gegangen wäre, wenn nicht die brandenburgischen Bauern angehalten worden wären, auf ihren leeren Fuhrwerken den Berliner Straßenschmutz mit aufs Land hinauszunehmen). Jetzt, unter Friedrich III., wird jeder Hausbesitzer verpflichtet, die Straße vor seinem Haus bis zur Mitte pflastern zu lassen. Gleichzeitig wird der Unterhalt und das Mästen von Schweinen in der Stadt untersagt. Ja, die Gassenmeister erhalten vom Rat der Stadt die strenge Anweisung: »Jedem, der Unrat aus Höfen und Ställen auf die Straße wirft, denselben wieder ins Haus zurückzuwerfen!« Und das hilft. Bald kann man trockenen Fußes, sogar in Schnallenschuhen und seidenen Strümpfen, über die Straßen von Berlin gehen.

Der Kurprinz Friedrich Wilhelm gedeiht inzwischen prächtig. Von den damals so gefürchteten, oft tödlichen Kinderkrankheiten zeigt sich bei ihm keine Spur. Immer mehr gewöhnt er sich an, gegen alle und alles seinen Kopf durchzusetzen. Am 29. Dezember 1692, als er vier Jahre alt ist, versucht seine Gouvernante, Madame von Montbail, eine aus Frankreich vertriebene Hugenottin, die ihn zärtlich umsorgt, ihm eine alte silberne, mit Knopf und Dorn versehene Schuhspange wegzunehmen. Der Prinz stampft mit den Füßen auf, und ehe ihn jemand daran hindern kann, verschluckt er trotzig das sperrige Ding. Die Gouvernante schreit auf, die Kurfürstin, herbeigerufen, fällt vor Schreck in Ohnmacht. Der Vierjährige rückt und rührt sich nicht, würgt mit hochrotem Kopf die Spange hinunter. Die Ärzte, sehr vernünftig, flößen ihm abends ein starkes Abführmittel ein. Am nächsten Tag geht die Spange, silberglänzend wie neu, auf natürlichem Wege ab (und wird dann noch lange als »vaterländische Merkwürdigkeit« in der Berliner Kunstkammer aufbewahrt). Ein Jahr später droht die entnervte Gouvernante dem Prinzen, der wieder einmal seinen Dickkopf herauskehrt, mit dem Entzug des Frühstücks. Friedrich Wilhelm öffnet sofort das Fenster, steigt hinaus auf das Fensterbrett und erklärt mit wildem Blick, er werde sich vom dritten Stock des Schlosses hinabstürzen, wenn er nicht sofort sein Frühstück bekomme. Was geschieht? Er erhält natürlich unverzüglich von dem schreckensbleichen Hofgesinde das Frühstück serviert. Niemand im ganzen Schloß kommt auf die Idee, den Bengel übers Knie zu legen und ihm kräftig den Hintern zu versohlen. Der aufmüpfige Junge macht mit dem flatternden Weibervolk seines Hofstaates, was er will; eine männliche Hand hätte ihm sicher gutgetan.

Er hat noch andere merkwürdige Charaktereigenschaften, der kleine Kurprinz, die Verwunderung und Aufsehen erregen. Daß er sich für die Handarbeit der Maurer und Zimmerleute begeistert, ist als Kuriosum schon vermerkt worden. Er zeigt aber auch ein intensives Interesse für Pferde, Kühe, Schweine, für das, was sie zu fressen und zu saufen bekommen, wie man sie striegelt oder schrubbt; ein ganz und gar unprinzliches Hobby. Und außerdem – vielleicht das Auffälligste an ihm – entwickelt der Junge schon früh eine Abneigung gegen Puder und Parfüm, gegen Kosmetik aller Art, reißt sich förmlich darum, in den Badezuber zu steigen, um am ganzen Körper frischgewaschen und alert zu sein. Darüber herrscht im Schloß Sprachlosigkeit und großes Perückenwackeln. Denn im 17. und 18. Jahrhundert weiß man nichts von Kernseife und Reinlichkeit. Puderquasten sind Trumpf, und das tägliche Waschen von Gesicht und Händen gilt geradezu als exotisch.

Nach wem kommt bloß dieser Junge? Von wem hat der brandenburgische kleine Prinz seine kuriosen, höchst erstaunlichen Charaktereigenschaften?

Natürlich vom Großvater väterlicherseits, dem Großen Kurfürsten, dessen Namen er trägt und dessen »hitziges Blut«, von dem Friedrich der Große später schreiben wird, direkt auf den Enkel übergegangen ist. Das Gewaltige und Gewalttätige dieses Fürsten hat sich ungebrochen auf Friedrich Wilhelm vererbt. Auch der ungeheure Trotz, das ungezügelte Selbstbewußtsein, der unkontrollierte Jähzorn, die schnellen Aufwallungen von Wut, Haß, aber auch Zuneigung lassen sich auf das Bluterbe des Großen Kurfürsten zurückführen.

Aber – und das ist vielleicht zu wenig beachtet worden – man darf die Großmutter nicht vergessen: Luise Henriette, geborene Prinzessin von Oranien, die erste Frau des Großen Kurfürsten. 1646, zwei Jahre vor Beendigung des Dreißigjährigen Krieges, war sie nach Berlin verheiratet worden; und so glücklich die Ehe an der Seite des Großen Kurfürsten auch verlief, Luise Henriette konnte doch niemals ihre niederländische Heimat vergessen, die der armen, verwüsteten und verbrannten Mark Brandenburg in allen zivilisatorischen Belangen so weit voraus war. Sie war in den einundzwanzig Jahren als Kurfürstin den Brandenburgern, Pommern und Ostpreußen eine vorbildliche Landesmutter; aber sie blieb doch immer, was sie war: eine Holländerin.

Luise Henriette verkörperte in einer Zeit, in der Mätressentum und laxe Frivolität an allen Höfen Trumpf wurden, eine auf Treue, auf Zuneigung gegründete Ehebeziehung – und wir werden diesen Zug bei ihrem Enkel wiederfinden. Ihr zähes Festhalten am Herkommen, am Eigenständigen, ihr entschiedenes Frontmachen gegen alles Modische, indem sie zum Beispiel bewußt die elegante französische Damenkleidung verschmähte und die rustikale Holländertracht am Berliner Hof einführte – wir werden sehen, daß Friedrich Wilhelm, sicher völlig unbewußt, dem Beispiel seiner Großmutter folgt. Luise Henriette war willensstark, wußte sehr genau, was sie wollte, so daß der Große Kurfürst niemals versäumte, ihren politischen Rat einzuholen, auch wenn er sie manchmal, durch ihren Widerspruch gereizt, wütend fragte, wer denn nun eigentlich in Wahrheit den Kurhut trüge (»Beherrschen Sie sich, Madame!« schrie er sie einmal an und schmiß zornig seinen Hut auf die Erde) – und wir werden dieser unerschöpflichen Energie, gesteigert bis zur Starrköpfigkeit, bei Friedrich Wilhelm wiederbegegnen. Seine Großmutter war, als Kalvinistin, fromm, ja glaubensstark, liebte das Positive, Optimistische, Kraftvolle am Christentum, fern jeder geistlichen Muckerei, schrieb den Text des protestantischen Kirchenliedes »Jesus, meine Zuversicht«, das heute noch gesungen wird – und wir werden im späteren »Soldatenkönig« einen Mann kennenlernen, dem das Festhalten am Höchsten, dem der kindliche Glaube an Gottvater im Himmel allzeit Richtschnur des Lebens sein sollte.

Luise Henriette, die Oranierin, war es, die den Berlinern und Brandenburgern zum erstenmal einen Hauch von holländischer Reinlichkeit und Kultur vermittelte. Sie war sprachlos und betroffen, als sie die heruntergekommenen Lebensumstände in der Mark hatte erfahren müssen. Sie war entsetzt, als sie sehen mußte, auf welch niedrigem Niveau sich Viehzucht und Landwirtschaft in ihrer neuen Heimat befanden. Bereits vier Jahre nach ihrer Ankunft in Berlin, am 24. September 1650, hatte der Kurfürst ihr das Domänengut Bötzow im Norden Berlins übereignet und zur freien Disposition gestellt. Mit persönlichem Engagement, praktisch, ärmelaufkrempelnd, detailbesessen hatte sie dafür gesorgt, daß auf den Wiesen und Weiden der Havelgegend eine Muster-Holländerei entstanden war, die dem Land Brandenburg bald in Viehzucht, Milch- und Käsewirtschaft zum Vorbild, ja zum Lehrbetrieb wurde. Aus dem kleinen kurfürstlichen Jagdschloß Bötzow war schon nach einem Dutzend Jahren Stadt und Schloß »Oranienburg« geworden (benannt nach ihrem Heimatland), und wie von Zauberhand waren weitgedehnte Park- und Gartenanlagen entstanden, ein holländisches Landhaus, in dem es vor Sauberkeit blitzte, und eine Muster-Milchwirtschaft, die ganz Berlin belieferte.

1662 hatte Luise Henriette aus Ostpreußen, wohin sie ihren Mann begleiten mußte, an einen Mitarbeiter in Berlin geschrieben: »Was Oranienburg angeht, so bitte ich Sie, lassen Sie alles beschleunigen! Wegen des Kabinetts, das mit Porzellan ausgelegt werden soll, haben Sie mir leider noch nichts berichtet... Schicken Sie mir doch ein Gemälde von Oranienburg, wie es jetzt aussieht, mit der Veränderung der Tür und des unteren Hofraumes, wie weit der Bau fortgeschritten ist und ob der Brunnen in der Küche gemacht wurde, damit man das

Wasser nicht mehr heranschleppen muß... Schreiben Sie mir bitte, ob der Hofraum inzwischen gepflastert worden ist und der Gang um das Haus, und wo die Karpfenteiche sind und wie überhaupt der Garten ist.« Ein Jahr später, im Februar 1663, hieß es in einem ihrer Briefe: »Ich bin recht böse, daß meine Kühe in so schlechtem Zustand sind. Ich kann es nicht verstehen, denn im Tiergarten zu Berlin haben sie dasselbe Futter und sind recht schön... Was den Karpfenteich betrifft, so bin ich ganz eingenommen davon und glaube, daß man ringsherum Bäume anpflanzen sollte. Ich bitte Sie, im Frühjahr noch mehr Karpfen in den großen Weiher setzen zu lassen... Ich danke Gott, daß sich meine Kinder dort so wohl befinden. Ich sehne mich unbeschreiblich, sie zu sehen, denn hier langweile ich mich wie ein Mops.«

Nicht im fürstlichen Patronat, nicht in der unverbindlichen Schirmherrschaft für Oranienburg lag das außergewöhnliche Verdienst Luise Henriettes. Darin taten es ihr andere Fürsten und Fürstinnen jener Zeit durchaus gleich; das »Mäzenatentum« gehörte zur allgemeinen Pflichtübung der Höfe. Nein, dieses Sich-um-alles-selbst-kümmern, dieses Streben nach Vollkommenheit im Detail war es, was sie dem Enkel vererben sollte. Die Kurfürstin examinierte persönlich die holländischen Kolonisten, die sie ins Land zog, sorgte sich um jeden, bis er ein Dach über dem Kopf, bis er in der Fremde eine neue Heimstatt gefunden hatte, inspizierte täglich – mit hochaufgeschürztem Rock – die Kuhställe und Milchkammern, kontrollierte Küche und Keller, schickte höchstselbst Butter und Käse auf die Märkte Berlins, kurz: sie war das Musterbild einer peniblen, gewissenhaften *Hauswirtin*. Und das alles bei größter Sparsamkeit, mit exakter Buchführung, jeden Groschen und Taler sorgsam auf der Ausgaben- und Einnahmeseite registrierend. »Ich bitte Sie«, schrieb sie von einem Besuch in Cleve nach Berlin, »befehlen Sie dem Verwalter Sturm, daß er, wenn er Geld schickt, künftig angibt, woher es kommt, damit ich es in mein Buch eintragen kann, worin ich sehr gewissenhaft verzeichne, was ich einnehme und was ich ausgebe.«

Alles das, was später, nach der Thronbesteigung Friedrich Wilhelms im Jahre 1713, soviel Furore machen und die Welt in Erstaunen setzen wird, werden wir nur verstehen können, wenn wir uns das Bild seiner tüchtigen Großmutter, der Kurfürstin Luise Henriette, vor Augen halten. Sie hat sich nicht in ihrem Sohn Friedrich, sondern in ihrem Enkel durchgesetzt. Ja, selbst im Schimpfen, im Tadeln, im Anfeuern werden wir im Enkel die Großmutter wiedererkennen, die am 27. April 1657 zornig nach Oranienburg schrieb, es sei »schimpflich und geradezu unverantwortlich«, daß in allen Gärten nicht genügend Hopfen gewonnen würde, wie zum Bierbrauen nötig sei; daran könne nichts als »schändliche Faulheit« die Schuld tragen.

Kurfürst Friedrich III. dagegen, der am 12. Juli 1657 geboren wurde und nun seit 1688 über Brandenburg herrscht, scheint dem Kurprinzen Friedrich Wilhelm so unähnlich wie nur möglich. Seine mittelgroße Gestalt ist nicht stämmig und untersetzt, sondern zart und fast zerbrechlich. Seine Haltung ist nicht aufrecht und selbstbewußt, sondern unentschieden und gebeugt. Sein Rücken ist verwachsen, weshalb ihn der Berliner Volksmund respektlos »den schiefen Friedrich« nennt. (Eine Amme hatte ihn als Baby fallen lassen und den Eklat verschwiegen, so daß die Eltern erst in seinem siebenten Lebensjahr die böse Rückgratverkrümmung entdeckten.) Die Gesichtsfarbe Friedrichs III. ist blaß und kränklich; er legt morgens dick Rouge auf, um das zu kaschieren.

Die Historiker sind mit diesem Mann harsch umgegangen. In den Geschichtsbüchern erscheint er neben solchen Riesengestalten wie dem Großen Kurfürsten, dem Soldatenkönig und Friedrich dem Großen als ein peinlicher Unglücksfall, ein ärgerlicher Ausrutscher der Hohenzollernfamilie. Wahrscheinlich ist sein Enkel, der berühmte Friedrich aus Sanssouci, dafür verantwortlich, der in seinen Denkwürdigkeiten kurzab über den Großvater urteilte: »Groß im Kleinen und klein im Großen.« Originell war das nicht; genaugenommen war es sogar ein Plagiat. Denn er kannte natürlich die Äußerung seiner geistreichen Großmutter Sophie Charlotte, die über ihren Ehemann Friedrich III. süffisant gesagt hatte: »Leibniz (der Philosoph) will mir beibringen, was man unter unendlich Kleinem versteht! Hat er denn vergessen, daß ich die Ehefrau Friedrichs bin? Oder meint er, daß ich meinen Mann nicht kenne?«

Unbestreitbar ist, daß die Haupteigenschaften Friedrichs III. seine Eitelkeit, seine Verschwendungssucht und sein Luxusbedürfnis sind. Obwohl er Ludwig XIV., den französischen »Sonnenkönig«, als Feind des Reiches und der deutschen Nation persönlich haßt, wird er doch die fünfundzwanzig Jahre seiner Regierungszeit hauptsächlich darauf verwenden, den prunkstrotzenden Lebensstil des Hofes von Versailles nachzuahmen. Bereits mit zehn Jahren stiftete er – nach Einwilligung seines Vaters, des Großen Kurfürsten – einen eigenen Orden »de la générosité«, dessen Insignien er derart wichtigtuerisch und verschwenderisch verteilte, daß der Vater nach ein paar Jahren eingreifen und den Unfug abstellen mußte. Auch Energie und kritisches Urteilsvermögen zeigt Friedrich III. kaum. Wer ihn anhimmelt, ihn untertänig umschmeichelt, gewinnt sein unbedingtes Vertrauen.

Und doch ist dieser Mann nicht ohne Qualitäten. Vor allem die Zähigkeit und Beharrlichkeit, mit der er einmal gefaßte Entschlüsse verfolgt, verwirklicht und schließlich verteidigt, sind durchaus staunenswert. Bereits im achten Lebensjahr hatte er es sich in den Kopf gesetzt, seine Kusine, die Prinzessin Henriette von Hessen-Kassel, zu heiraten. Alles lachte nur über diesen kindischen Plan, und alle – bis auf die Mutter der kleinen Prinzessin – waren entschieden dagegen. Doch Friedrich hielt konsequent, still und unerschütterlich an diesem Ziel fest, so sehr sich auch sein gestrenger Vater, der Große Kurfürst, dagegen stemmen mochte, bis er 1679 in Potsdam seine geliebte Henriette vor den Traualtar führen konnte. Die Ungnade des Vaters, der ihn auf Schloß Köpenick verbannte und ihn vier Jahre lang, bis zum frühen Tod Henriettes, weder zu den Sitzungen des Geheimen Rates noch zu anderen Regierungsgeschäften hinzuzog, stand er stumm und unnachgiebig durch, ständig kränkelnd und leidend, immer bläßlich und unbedeutend und doch innerlich heiter, in fester Liebe und Treue zu seiner Henriette, seiner ersten Frau.

Seit 1684 ist er nun mit Sophie Charlotte aus dem Hause Hannover verheiratet, einer quicken, eleganten, sehr hübschen Person, die ihm den stämmigen Friedrich Wilhelm geboren hat, nachdem zwei kleine Prinzen zuvor im Kindbett gestorben sind. Und bald werden wir sehen, daß Friedrich III. sich auch von ihr, die ihm geistig weit überlegen ist, nicht von seinem politischen Lebenstraum abbringen lassen wird – dem Traum von der Verkündigung und Weissagung, die ihm schon in frühester Kindheit zuteil wurde, daß er, Friedrich, derjenige sein werde, der das Haus Hohenzollern zu höchstem Glanz und Ansehen in

Europa führt. Dieser Mann, so »schief« und lächerlich er wirkt, wenn er seinen Schmeichlern blind vertraut, wenn er seinen benachteiligten Körper mit glänzenden Festgewändern aus Samt und Seide, aus Purpur und Brokat zu bemänteln sucht, er hat eine große Vision, und er wird sie eisern verfolgen. Ja, er wird sie wahrmachen, und niemand wird mehr davon profitieren als sein Sohn, der Kurprinz Friedrich Wilhelm.

Diesem Vater steht der kleine Prinz mit nie versagendem Respekt, aber ohne innere Wärme, ohne tiefere Zuneigung gegenüber. Die Sohnesliebe Friedrich Wilhelms, wenn es sie je gegeben hat, erstickt am höfischen Zeremoniell, in Wolken von Weihrauch, die den Thronsessel seines Vaters umlagern. Der Prinz liebt die Mutter, Kurfürstin Sophie Charlotte, die so zärtlich zu ihm ist, die ihm jeden Willen läßt, aber von der man nicht den Schatten einer Spur in ihrem Sohn wiederfindet. Sophie Charlotte, die mit knapp sechzehn Jahren ihren Mann geheiratet hat, ist das vierte Kind des lebenslustigen Prinzen Ernst August von Hannover, dessen bedeutendste Leistung darin bestand, die öffentlichen Gelder für italienische Tänzerinnen und Sängerinnen zu verschwenden, und seiner Frau Sophie, einer geborenen Prinzessin von der Pfalz, die in direkter Linie von der schönen, ehrgeizigen Maria Stuart abstammt und eine kluge Dame ist, die mit dem größten Philosophen der Zeit, Gottfried Wilhelm Leibniz, in geistiger Wahlverwandtschaft lebt. Die Tochter, Sophie Charlotte, hat die fröhliche Lebenslust, aber nicht den bodenlosen Leichtsinn vom Vater geerbt. An Intelligenz und Allgemeinbildung stellt sie selbst die Mutter in den Schatten; mit fünf Jahren spricht sie schon fließend französisch, deutsch, englisch und italienisch.

So steif und unnatürlich sich Friedrich III. gibt, der immerfort an höfischer Etikette seine Befriedigung findet, so ungezwungen, heiter und unkonventionell führt sich Sophie Charlotte am Berliner Hof auf. Über Standesvorurteile zeigt sie sich gänzlich erhaben; man könnte sie eine »geistige Republikanerin« nennen. Sie zieht die Damen der Hugenotten-Kolonie in ihren Kreis, die den eingeborenen Berlinerinnen und Brandenburgerinnen an Grazie, Takt, Charme und Kultur unendlich überlegen sind. Und da diese Flüchtlingsfrauen, die gerade erst ihr französisches Vaterland verlassen mußten, nicht den Luxus an Kleidern und Ausstaffierungen erschwingen können, den der Kurfürst in seiner Prunkmanie von den Besuchern des Schlosses verlangt, setzt Sophie Charlotte es kurzerhand durch, daß die Damen ihrer Gesellschaft sich in schlichtes Schwarz kleiden können, wenn sie zu Hofe gehen.

Um diese junge, schöne, immer heitere Kurfürstin bildet sich bald ein erlesener Kreis kultivierter und geistreicher Leute, und man darf sagen, daß damals bereits auf brandenburgischem Boden eine »Republik« des freien, aufgeklärten, weltläufigen Geistes entstand, voller Witz und Esprit – vierzig Jahre bevor ihr Enkel, Friedrich der Große, mit seinem freisinnigen Hof zu Rheinsberg zum Staunen seiner Zeit wird.

Das ist eine Welt, die dem robusten, praktischen, hemdsärmeligen Kurprinzen Friedrich Wilhelm für immer verschlossen bleiben wird. Er flieht die französische Konversation der Mutter, lauscht lieber den schnauzbärtigen Soldaten und Offizieren, ihren Erzählungen großer Schlachten, schwärmt für Fahnen und Trommeln, interessiert sich für die Arbeit von Maurern und Handwerkern, schaut sachverständig in die Mäuler von Kühen und Pferden, zieht frische Luft dem halb modrigen, halb parfümierten Flair der Schloßräume vor. Man wird fast nichts finden, in dem sich Mutter und Sohn ähneln; höchstens die gemeinsame Abneigung gegen alles Französische. Denn wenn auch Sophie Charlotte, die über ein Jahr am Hof zu Versailles lebte und um ein Haar mit einem Sohn Ludwigs XIV. verheiratet worden wäre, fast ausschließlich französisch spricht und eine aufrichtige Bewunderin der französischen Malerei, Philosophie und Literatur ist, so verachtet sie doch aus ganzem Herzen die frivolen Sitten und die himmelschreiende Amoralität der herrschenden Gesellschaftsklassen von Versailles und Paris.

Sophie Charlotte liebt ihren Mann nicht; ihre Heirat ist von der ehrgeizigen Mutter arrangiert worden. Die ehelichen Intimitäten erträgt sie seufzend als unvermeidliche Pflicht. Wenn Kurfürst Friedrich sich abends ihren Gemächern nähert, um seine Rechte als Ehemann einzufordern, flüchtet sie sich in ironische Resignation. Bevor Friedrich III. das Boudoir betritt, erscheinen feierlichen Schrittes zwei Hofkavaliere, die große weiche Kissen in verschiedenen Formen und Ausführungen auf dem Arm tragen. Unbewegten Gesichtes gruppieren sie eine Art Spielwiese für das sexuelle Beisammensein der beiden Ehepartner auf den flauschigen Teppichen.

Einmal, als die ominösen Kissen wieder hereingetragen werden, ist Sophie Charlotte gerade dabei, an ihre Hofdame und Freundin, Fräulein von Pöllnitz, einen Brief zu schreiben. Hastig wirft sie die Worte hin: »Ich muß schließen, teure Freundin. Die furchtbaren Kissen kommen! Man schleppt mich zum Altar. Was denken Sie davon? Wird das Opfer geschlachtet werden?« Aber wie immer sie auch zu ihrem Mann stehen mag, sie wahrt das eheliche Dekorum, sie wird ihm niemals Anlaß zu Mißtrauen und Eifersucht geben. Und diese Haltung, immerhin, überträgt sich später auf den Sohn.

Als das Jahr 1695 anbricht, geht das unbeschwerte Kindsein für den siebenjährigen Friedrich Wilhelm zu Ende. Der Kurfürst ernennt den Generalleutnant und Geheimen Rat Alexander Graf Dohna, einen erprobten Offizier und Ehrenmann, zum Oberhofmeister des Prinzen. Am 1. Februar wird ihm eine eingehende Instruktion zugeleitet, welche die Erziehungs- und Unterrichtsprinzipien für den Jungen festlegt, die der leitende Minister Eberhard Freiherr von Danckelmann ausgearbeitet hat. Darin wird festgelegt, daß der Kurprinz im Sommer um 6 Uhr, im Winter um 6.30 Uhr aufstehen soll und daß er Punkt 10 Uhr abends im Bett zu liegen hat. Gleich nach dem Aufstehen und unmittelbar vor dem Zubettgehen soll er, gemeinsam mit seinen Dienern, auf die Knie fallen, inbrünstig zu Gott beten, einen Psalm aus der Bibel lesen, und am Wochenende hat er zweimal die Predigt zu besuchen, damit sich sein kindliches Herz an Gottes Wort erbaut.

»Insonderheit muß der Kurprinz von der Majestät und Allmacht Gottes wohl und dergestalt informiert werden, daß ihm allezeit vor Gott und dessen Geboten eine heilige Furcht innewohnt«, beginnt die Instruktion, und es wird die interessante Begründung hinzugefügt: »Dies ist das einzige Mittel, die von menschlichen Strafen und Gesetzen nicht betroffenen großen Herren in den Schranken der Gebühr zu erhalten. Denn obgleich sie über allen Menschen stehen, sind sie doch vor Gottes Majestät nichts als Staub und Asche.« (Herrliche, unvergängliche Worte, die man auch den Herrschenden von heute zur abendlichen Bettlektüre empfehlen möchte.)

Der Prinz soll nach »Ruhm und Ehre« streben. Aber unverzüglich heißt es einschränkend: »Nicht, daß darunter Stolz und Hochmut, die sich ohnedies in den fürstlichen Palästen einschleichen und durch die Schmeicheleien der Höflinge noch befördert werden, zu verstehen sind; sondern vielmehr die rühmliche Begierde, sich durch eine tugendhafte Haltung Lob und Liebe auf Erden und ewigen Nachruhm nach dem Tode zu erwerben.« Friedrich Wilhelm müsse sich durch beispielhaftes Benehmen den Anspruch erwerben, ein »homme honnête« genannt zu werden.

Mit Grammatik solle man den Jungen nicht allzusehr plagen. Aber Latein müsse er lernen, weil das nun einmal die Sprache des diplomatischen Verkehrs in Europa sei. Geschichte, Französisch und Mathematik seien ebenfalls unverzichtbar; den größten Wert müsse man jedoch auf die Eloquenz, auf die Ausbildung der Redekunst legen. Denn:

> Nichts steht einem Fürsten besser an, als wohl zu reden. Deshalb muß der Oberhofmeister darauf achten, daß sich der Prinz frühzeitig in der Eloquenz übt. Vorerst kann das geschehen, indem man den Prinzen kurze Ansprachen auswendig lernen läßt, später soll er solche Reden selber ausarbeiten, zu allen möglichen Gelegenheiten, beispielsweise, wenn er Glückwünsche beantwortet, zu den Truppen spricht oder im Geheimen Rat bzw. im Kriegsrat das Wort ergreift.

Schließlich wird empfohlen, den Kurprinzen im Tanzen, Reiten und Fechten zu unterrichten.

Sehr bald stellt sich heraus, daß die nun einsetzende Erziehungsarbeit an einem inneren Zwiespalt, ja Widerspruch leidet. Auf der einen Seite stehen die Bemühungen der Mutter Sophie Charlotte, den kleinen Prinzen frühzeitig zu einem weltgewandten Kavalier, zu einem Edelmann »comme il faut« heranzubilden, der später ebenso mit dem Degen wie mit der Feder, auf dem Schlachtfeld wie auf dem Parkett brillieren, der in der aristokratischen Gesellschaft und in den Schlössern, aber auch in gelehrten oder geistreichen Disputationen Furore machen soll. Auf der anderen Seite streben von Danckelmann und Dohna danach, einen ernsthaften, pflichtbewußten Thronfolger heranzuziehen, dem Verantwortungsbewußtsein, Arbeitsethos und Gottesfurcht zu Grundpfeilern seines späteren Wirkens als Landesfürst werden sollen.

Wie reagiert Friedrich Wilhelm darauf? Ganz generell zeigt sich bald, daß der Junge keine Lust zum Lernen hat, obwohl Graf Dohna immer wieder feststellt, daß der Prinz über eine schnelle Auffassungsgabe und über ein stupendes Gedächtnis verfügt. Aber Fremdsprachen sind ihm ein Greuel (werden es auch lebenslang bleiben), und beim Auswendiglernen, beim Hocken über dickleibigen Folianten, schweift sein Blick sehnsüchtig nach draußen und sein Ohr lauscht begierig auf die Geräusche der Wachablösung, das Wiehern der Pferde, das Klappern der Holzpantinen in der Küche. Konzentriert ist er nur im Gebet, bei der Auslegung der Bibel und während des Gottesdienstes. Reiten, Fechten, Leibesübungen jeglicher Art sind ihm Lieblingsfächer. Im blitzschnellen Kopfrechnen übertrifft er bei weitem seine Lehrer. Aber alles das, woran der Mutter soviel liegt, die Unterrichtung im Tanzen, im kavaliersmäßigen Benehmen, im elegant-höfischen Geplauder, in der Kunst des graziösen Kokettierens, lehnt er brüsk, ja ruppig ab. Gegenüber Gouvernanten, Hoffräulein und französischen Tanzmeistern benimmt er sich flegelhaft. Er wird wütend, wenn er auf dem Spinett oder auf der Flöte spielen soll. Die edle Kunst der »Musica« verachtet er, sie ist in seinen Augen zu nichts nutze. Allenfalls vermag er sich für das Malen zu begeistern, wenn es sich um die Darstellung militärischer Sujets, um das Porträtieren von Soldaten oder Uniformen handelt. Alles weibische Gezirpe und Getue ist ihm in der Seele zuwider. Luxus haßt er. Als der Vater ihm einmal einen kostbaren Schlafrock aus Goldbrokat schenkt, wartet er gehorsam, bis der Kurfürst das Zimmer verlassen hat, dann – mit einem Ruck – nimmt er das kostbare Kleidungsstück und wirft es ins Feuer. Sophie Charlotte, die aus ihm so gerne ein kleines elegantes Prinzchen machen möchte und ihm immer wieder rät, seinen zarten, weißen Gesichtsteint vor Luft und Sonne zu schützen, erschauert, als sie ihn mittags im Lustgarten findet, beim Sonnenbaden mit nacktem Oberkörper, nachdem er sich vorher Gesicht und Brust mit einer Speckschwarte eingefettet hat.

An diesem Prinzen ist, was die feine französische Lebensart angeht, wirklich Hopfen und Malz verloren. Er will kein »Modeaffe«, sondern ein Mann, er will kein »Französling«, sondern ein Deutscher sein. Wer denkt da nicht sofort an die resolute Großmutter, Kurfürstin Luise Henriette, die nichts von französischen Modetorheiten wissen wollte? Verstärkt wird die querköpfige Einstellung durch den ersten Lehrer Friedrich Wilhelms, den Geheimen Legationssekretär Friedrich Cramer, der sich als Hofmeister im Hause des Ministers von Danckelmann Verdienste erworben hatte und nun, Anfang 1695, den Auftrag erhält, den brandenburgischen Kurprinzen in Geschichte, Mathematik, Französisch und Geographie zu unterweisen. Cramer, ein sehr belesener Mann, kennt die Broschüre des Abbé Bouhours, die damals unter dem Titel »Ob ein Deutscher überhaupt Geist haben kann?« unter den Intellektuellen von Paris zirkuliert. Er setzt sich hin und schreibt ein Gegenpamphlet unter der Überschrift »Der deutsch-französische Modegeist«, das zur Lieblingslektüre Friedrich Wilhelms für sein ganzes Leben wird:

> Es ist ja leider nur allzu bekannt, daß wir – seitdem der Franzosenteufel unter uns Deutschen regiert – an Leben, Sitten und Gebräuchen völlig verändert sind, daß wir ohne weiteres den Namen eines neuen, in Franzosen verwandelten Volkes annehmen könnten. Früher wurden die Franzosen bei den Deutschen nicht bewundert; heutzutage können wir nicht ohne sie leben und muß alles französisch sein: französische Sprache, französische Kleider, französische Speisen, französische Möbel, französische Musik, französische Krankheiten, und – so steht zu vermuten – es wird wohl auch ein französischer Tod darauf folgen. Die alte deutsche Sitte und Tapferkeit sind verlorengegangen! Und das alles rührt bloß von der sklavischen Nachahmung fremder Völker her! Der stolze, falsche und liederliche Franzosengeist, der uns durch liebkosende Worte, schmeichelnde Reden und viele Versprechungen gleichsam eingeschläfert hat, ist längst bemüht, uns nach und nach um unsere liebe deutsche Freiheit zu bringen. So sind die meisten deutschen Höfe französisch eingerichtet, und wer an ihnen versorgt sein will, der muß französisch sprechen und in Paris, jener Universität aller Liederlichkeiten, gewesen sein; anderenfalls hat er kein Fortkommen bei Hofe. Daher heißt es:

> Wer nicht französisch kann,
> der kommt zu Hof nicht an.
> Die deutsche Sprach' kömmt ab,
> eine andere schleicht sich ein.
> Wer nicht französisch spricht,
> der muß ein Simpel sein.

Wenn die Kinder kaum ausgekrochen und erst vier oder fünf Jahre alt sind, dann werden sie gleich dem französischen Moloch geopfert und zu den französischen Galanterien angehalten. Wenn die Kinder kaum den Kopf aus dem Mutterleib stecken, dann denken die Eltern schon an den französischen Sprach- und Tanzmeister. In Frankreich spricht niemand deutsch; bei uns Deutschen ist die französische Sprache so gemein geworden, daß vielerorts bereits Schuster, Schneider, Kinder und selbst das Gesinde dieselbige zu sprechen pflegen. Will ein Junggeselle heutzutage einem Frauenzimmer erfolgreich den Hof machen, dann muß er mit französischem Hütchen, Weste, galanten Strümpfen etc. angeschwänzelt kommen. Mag er auch sonst eine schiefe Nase, Kalbsaugen, einen Buckel, Raffzähne, krumme Beine und dergleichen haben, das alles zählt nichts, wenn er sich nur à la mode frans präsentiert . . .

Jedes Wort ist Friedrich Wilhelm aus dem Herzen gesprochen, und oft noch in seinem Leben wird er nach der temperamentvollen Streitschrift seines alten Lehrers Cramer greifen, um sich in einer französisierten Umwelt Kraft und Trost gegen den fremdlackierten Zeitgeist zu holen. Sein leidenschaftlicher, spontaner Widerstand gegen die Überfremdung der eigenen deutschen Identität, und zwar von Kindesbeinen an, ist verblüffend, ist wahrhaft staunenerregend, denn er schwimmt ja damit ganz allein gegen den allgemeinen Strom.

Natürlich stecken Einseitigkeit und Starrsinn in dieser Abwehrhaltung. Der positive Einfluß, den die fortschrittliche französische Geistesbildung seit fünfzig Jahren, seit dem Ende des Dreißigjährigen Krieges, auf die zersplitterten deutschen Zustände ausübt, kann im Ernst gar nicht bestritten werden, und allein das wohltätige Wirken der Hugenotten in Berlin und Brandenburg ist ein ausreichendes Zeugnis dafür. Auf der anderen Seite muß man sehen, daß hier ein Fürst heranwächst, der sich sehr wohl des alten Ruhmes und Glanzes seiner deutschen Nation erinnert, die nicht nur siebenhundert Jahre lang, von 919 bis 1618, Schutz und Schirm des Abendlandes, sondern zugleich die kulturelle und zivilisatorische Avantgarde des Erdteils gewesen war. Völlig vergessen ist das in Deutschland nicht, wie Cramers Streitschrift zeigt. Vor allem aber: Jetzt, am Ende des 17. Jahrhunderts, droht infolge geistiger Überfremdung die Gefahr einer weiteren Spaltung der deutschen Nation! Die haßerfüllte Feindschaft der christlichen Glaubenskämpfe hatte die Deutschen in den hundert Jahren von der Mitte des 16. bis zur Mitte des 17. Jahrhunderts in zwei ideologische Fraktionen gespalten: hie katholisch, dort protestantisch. Inzwischen sind die Glaubensfronten territorial erstarrt. Der Süden und Westen hängen dem katholischen Dogma, der Norden und Osten Deutschlands dem protestantischen Glauben an; die Einwohner der deutschen Territorialstaaten haben sich mit dem jeweiligen religiösen Bekenntnis ihrer Landesfürsten arrangiert. Zu dieser ideologisch-territorialen Spaltung kommt nun eine sozial-gesellschaftliche hinzu: Die herrschenden Klassen in Deutschland – Fürstentum, Höfe, Adel, wohlhabendes Bürgertum – sprechen, denken, schreiben französisch, während die Basis, das »niedere« Volk, die Tagelöhner und Handwerker, die Bauern und Kleinbürger ihre landsmannschaftlichen deutschen Idiome sprechen und von der kulturell-geistigen Entwicklung des gesellschaftlichen Überbaues, der »Intelligenz«, immer mehr abgesondert und immer schärfer diskriminiert werden. Kurz: Die »teutsche Nation« jener Zeit, in der Friedrich Wilhelm heranwächst, Ende des 17. Jahrhunderts, die ohnehin seit fünfzig Jahren politisch total desorganisiert ist, erleidet eine doppelte Spaltung, im religiösen wie im kulturellen Bereich.

In dieser Frage liegt der Schlüssel zum Verständnis der entschieden »teutschen« Einstellung, die sich fortan im Leben Friedrich Wilhelms immer deutlicher ausprägen wird: Es ist ebenso das *nationale* wie das *soziale* Moment in diesem Menschen, seine von früh an dokumentierte Hinwendung zum *Volk,* zur »Basis«, die ihn zum Rebellen wider den Zeitgeist werden läßt und später dann – auf dem Höhepunkt der Macht – zum größten Kulturrevolutionär der deutschen Geschichte.

Ende August 1695 unternimmt der Kurfürst eine ausgedehnte Spazierfahrt mit seiner Familie, die zuerst durch den Tiergarten und dann zu dem idyllisch gelegenen Dörfchen Lietzen im Westen Berlins führt. Sophie Charlotte ist entzückt von dem reizend gelegenen Fleckchen Erde, und da sich ihr Mann in der heitersten Laune befindet, bestürmt sie ihn mit dem Wunsch, ihr das beim Dorf Lietzen gelegene Landhaus »Ruheleben« des Oberhofmarschalls von Dobrzynski, das praktisch unbenutzt steht, als Sommersitz zu übereignen. Ihr Sohn, Friedrich Wilhelm, ist begeistert. Das siebenjährige Bürschchen sieht sich schon in die Kuhställe der Bauern kriechen oder auf glänzenden Pferderücken über die Wiesen und Weiden galoppieren. Sein Vater, der Kurfürst, reagiert aus anderen Gründen positiv. Er hat seiner Frau schon vor mehreren Jahren ein Grundstück in der Spandauer Vorstadt geschenkt, auf dem er ein Sommerschlößchen errichten ließ, das Sophie Charlotte »Mon bijou« (Mein Kleinod) nannte und in dem sie zur besten Jahreszeit heitere Abendgesellschaften um sich versammelte. Bald jedoch erwies sich das Parkgelände als zu eng begrenzt, da die Kurfürstin das umliegende Land parzelliert und an arme Bürger verschenkt beziehungsweise an wohlhabendere verpachtet hatte. Nun sieht Kurfürst Friedrich vor seinem geistigen Auge beim Dorf Lietzen ein neues strahlendes, elegantes Sommerschloß entstehen, ein »kleines Versailles«, ein Stückchen Frankreich Ludwigs XIV., das der kargen Mark Brandenburg und seinem kurfürstlichen Ruhme zur Zierde gereichen soll.

Sofort nach Rückkehr von der Spazierfahrt spricht Friedrich mit Herrn von Dobrzynski und kauft ihm das kleine Landgut »Ruheleben« ab, das er in Form einer Schenkungsurkunde seiner Frau vermacht. Der neue Hofbaumeister Andreas Schlüter, der vor einem Jahr nach Berlin verpflichtet wurde, wird beauftragt, beim Dorf Lietzen ein großartiges Sommerpalais im Versailler Stil zu errichten, und für das kommende Frühjahr wird eine Schar Pariser Gartenkünstler nach Lietzen bestellt. Schlüter schätzt, daß die Kurfürstin in vier Jahren nach Lietzenburg – so der Name des künftigen Schlosses – hinausziehen kann.

Während man sich in Berlin solch friedlich-idyllischer Beschäftigung hingibt, tobt auf Europas Schlachtfeldern noch immer der endlose

Krieg, den Ludwig XIV. im Jahre 1688 mit seinem Überfall auf die Pfalz und die Rheinlande vom Zaum gebrochen hat. Man nennt ihn den »Pfälzischen Krieg«. Einer riesigen Koalition – bestehend aus England, Holland, Spanien, Savoyen und dem Deutschen Reich – ist es in einem knappen Jahrzehnt blutiger Kämpfe nicht gelungen, den französischen Aggressor in seine Schranken zu weisen. Das antifranzösische Bündnis ist in sich zerstritten; aber entscheidend für den Triumph Frankreichs ist die unglaubliche innere Zerrissenheit des einst so mächtigen Deutschen Reiches. Die französische Diplomatie arbeitet rastlos an den deutschen Fürstenhöfen, deren Sonderinteressen sie geschickt aufzustacheln und gegeneinander auszuspielen weiß. Nur am Hofe von Berlin gelingt das nicht. Kurfürst Friedrich III. von Brandenburg, was immer man sonst über ihn sagen mag, steht unbeirrbar fest zum Reich und zum deutschen Kaiser in Wien. Wenn auf irgend jemanden überhaupt militärischer Verlaß ist, dann sind es die Brandenburger, von denen ständig zwischen 20000 bis 30000 Mann an den weit entfernten Abwehrfronten stehen, sei es im Westen gegen die Franzosen oder im Südosten gegen die Türken. (In den Marken und in Pommern verbleiben in diesen Jahren nur knapp 10000 Mann an Milizen.) Aber was nützt das alles, wenn der Kaiser selbst so wenig Interesse an der Verteidigung des Reiches zeigt? Gegen die »ungläubigen Heiden«, gegen die Türken, da kämpft Österreich mit ganzer Hingabe und Kraft. Die Augen der Habsburger sind auf Ungarn, Kroatien und Siebenbürgen gerichtet, auf jene lockenden Donauländer, die es dem Sultan zu entreißen gilt. Für den Schutz und Schirm der westlichen Reichsgrenzen bleibt da nur wenig Engagement.

So gelingt es den Diplomaten und Sendboten des Sonnenkönigs allmählich, Zug um Zug, das Netz der antifranzösischen Koalition aufzuknüpfen, und im Frühjahr 1697 beginnen in Ryswijk, in einem Lustschloß des Prinzen von Oranien, endlich – nach neunjährigem Gemetzel – Friedensverhandlungen, während der »Türkische Krieg« noch zwei Jahre weitertobt. Ludwig XIV. muß seinen Traum einer französischen Hegemonie über Europa zwar vorerst begraben, muß Spanien und Savoyen glimpflich behandeln, vor allem die englische Königswürde Wilhelms von Oranien anerkennen, und so bilden sich die ersten Anfänge eines »europäischen Gleichgewichts« heraus – aber für das armselige, zersplitterte Reich der Deutschen bleibt an Entgegenkommen nicht viel übrig. Der Habsburger in Wien blickt begehrlich nach Südosten, und der spanische Gesandte trifft den Nagel auf den Kopf, als er bemerkt: »Der Kaiser hat Ratgeber, die wenig danach fragen, ob Deutschland zugrunde geht, wenn nur in Ungarn eine elende Hütte erobert wird!« So bleibt das ganze Elsaß bei Frankreich, geht vor allem die alte deutsche Reichsstadt Straßburg, die 1681, mitten im Frieden, von den Franzosen handstreichartig besetzt wurde, formell in die Hände Frankreichs über.

Einer wird diese nationale Demütigung zeit seines Lebens nicht vergessen: der brandenburgische Kurprinz Friedrich Wilhelm.

Der Sommer 1697 lenkt den Blick der Berliner Gesellschaft auf eine Weltgegend, die weitgehend als terra incognita gilt: Rußland. Bislang hatte jedermann in Deutschland unter dem »Osten« das polnisch-litauische Großreich verstanden, das unter anderem auch an die Länder Friedrichs III., an Brandenburg, Pommern und Ostpreußen grenzte. Was östlich von Polen lag, galt als wilde, halbbarbarische Steppe, in der unbekannte Völkerschaften hausten und ein unzivilisiertes Nomadenleben führten. Doch nun wird in der brandenburgischen Hauptstadt bekannt, daß der fünfundzwanzigjährige Zar von Rußland, Peter I., mit einer großen Gesandtschaft nach Westen unterwegs ist und daß ihn sein Weg auch über Berlin führen wird. Welche Sensation! Hof und Stadt sind in heller Aufregung, niemand will sich das exotische Schauspiel entgehen lassen. Sophie Charlotte bekennt am 1. Mai 1697, daß sie »wie alle anderen Frauen sehr neugierig« auf den russischen Zaren sei. Sie fügt hinzu: »Wir würden das Geld, das man sonst ausgibt, um wilde Tiere zu sehen, hier weit besser anlegen.« Vier Wochen später schreibt sie: »Obschon ich eine Feindin der Unreinlichkeit bin, überwiegt diesmal doch die Neugierde.«

Endlich, Anfang Juli, trifft die mit soviel Neugierde und Spannung erwartete moskowitische Gesandtschaft in Berlin ein. Doch die Kurfürstin weilt in diesen Tagen mit ihrem Sohn in Hannover, zu Besuch bei ihren Eltern, verbringt dort die Sommerferien. Auch die Berliner kommen nicht auf ihre Kosten, denn der Zar erscheint incognito, als einfaches Mitglied der russischen Reisegesellschaft, und er hat seinen Leuten bei Androhung der Todesstrafe verboten, das Geheimnis seiner Identität zu lüften. Lediglich der brandenburgische Kurfürst und seine Minister sind in die Sache eingeweiht. Zar Peter bleibt nur wenige Tage, geht in deutscher Kleidung unerkannt in den Straßen Berlins spazieren, betrachtet mit fachmännischem Interesse die Baustelle des Zeughauses und speist gutbürgerlich in einem Ausflugszelt im Tiergarten. Dann reist er genauso unauffällig ab.

Sophie Charlotte gelingt es aber doch, ihre kaum zu bezähmende Neugierde auf das russische »Wundertier« zu stillen. Der Zar läßt sich darauf ein, seinen Weg nach Amsterdam über Hannover zu nehmen, und er willigt auch ein, in Koppenbrück, vier Meilen von Hannover, mit der brandenburgischen Kurfürstin zusammenzutreffen. So sehen Sophie Charlotte und ihr knapp zehnjähriger Sohn Friedrich Wilhelm zum erstenmal das Wundertier, den russischen Zaren.

Das Rendezvous beginnt mit Komplikationen. Sophie Charlotte hat ihre Mutter, Kurfürstin Sophie von Hannover, und ihre Brüder mitgebracht, und Peter, der sich vor den hohen Herrschaften geniert, versteckt sich eine Stunde lang im Dorf, bis er sich endlich von seinem Kammerherrn Lefort überreden läßt, in dem Saal zu erscheinen, in dem man inzwischen eine festliche Tafel arrangiert hat. Was danach geschieht, hat Sophie Charlotte in einem Brief vom 17. Juli 1697 höchst amüsant beschrieben:

Meine Mutter und ich machten ihm zuerst unser Kompliment, und der Zar ließ Herrn Lefort für sich antworten. Er schien sich vor uns zu schämen, hielt sich die Hände vors Gesicht und sagte auf deutsch: ›Ich kann nicht sprechen!‹ Wir machten ihn jedoch sehr bald zahm, und er setzte sich bei Tische zwischen meine Mutter und mich, wo wir beide uns dann beeiferten, ihn zu unterhalten. Zuweilen antwortete er selbst, zuweilen ließ er es durch zwei Dolmetscher tun. Alles, was er sagte, war sehr treffend, mochte man ihn bringen, auf welchen Gegenstand man wollte. Meine Mutter tat in ihrer lebhaften Weise eine Menge Fragen an ihn, die er sämtlich sehr schnell beantwortete, und ich erstaunte, daß ihn die Unterhaltung nicht ermüdete, da, wie ich höre, man in Rußland dergleichen nicht liebt. Was sein Gesichterschneiden, sein Grimassieren betrifft, so hatte ich es mir schlimmer vorgestellt. Man sieht allerdings, daß er keinen Erzieher hatte, der ihn bei Tisch reinlich zu essen lehrte. Aber er hat in seinem ganzen Wesen etwas Natürliches und Ungezwungenes, was mir sehr gefiel! Es dauerte nicht lange, so fühlte er sich ganz heimisch bei uns. Er ließ große Stutzgläser bringen und jedem drei- bis viermal einschenken, indem er sagte, daß er es zu Ehren der Gesellschaft tue. Ich ließ ihm etwas vorsingen, um zu sehen, was für ein Gesicht er dazu machen würde. Er sagte, der Gesang gefiele ihm, besonders der von Ferdinando (einem italienischen Sänger der Kurfürstin), dem er wie den Herren des Hofes ein Glas Wein anbot. Wir saßen vier Stunden bei Tisch und tranken, um ihm gefällig zu sein, auf moskowitisch, das heißt, alle sich gleichzeitig erhebend und stehend auf seine Gesundheit; auch Friedrichs Wohl wurde dabei nicht vergessen. Um ihn tanzen zu sehen, ließ ich Lefort bitten, seine Musikanten kommen zu lassen, was auch nach der Mahlzeit geschah. Allein, der Zar wollte sich nicht eher produzieren, als bis er gesehen, wie wir tanzten, was wir denn auch taten. Er konnte und wollte jedoch – und diese feine Lebenssitte hätte ihm niemand zugetraut – nicht eher tanzen, bevor man ihm nicht seine Handschuhe bringen würde. Er ließ sein ganzes Gepäck danach absuchen; aber leider, man fand keine.

Es kommt dann aber doch noch dazu, daß Peter mit einigen jungen Damen tanzt. Der Zar packt die zarten Taillen der Hoffräulein so derb, daß sie sich vor Lachen biegen. Er selbst äußert seine Verwunderung darüber, »daß die Rippen der deutschen Damen verteufelt hart sind und daß sie sich nicht in horizontaler, sondern in vertikaler Lage befinden.« Er weiß eben nicht, daß seine russischen Fäuste die Fischbeinstäbe von Pariser Korsettagen gedrückt haben.

Einer beobachtet das alles mit offenem Mund und glänzenden Augen: Friedrich Wilhelm, Brandenburgs Kurprinz. Dieser Zar aus dem fernen Rußland gefällt ihm über die Maßen. Das ist ein Kerl! Seine derbe männliche Art, das unverstellte Wesen, der wilde, gewalttätige Blick, die harten Fäuste, der tiefe Zug, mit dem er sein Glas bis auf den Grund leert und dann hinter sich an die Wand schmettert: Das alles ist ganz nach dem Gusto Friedrich Wilhelms, der das gezierte weibische Wesen am eigenen Hof nicht ausstehen kann. Wenn er an den russischen Gästen überhaupt etwas auszusetzen hat, dann ist es ihre Unreinlichkeit, daß sie ganz offensichtlich Wasser und Seife wie den Teufel fürchten, daß sie sich mit ungewaschenen Pfoten zu Tisch setzen. Aber das vergißt er, als Zar Peter nach dem Tanzen seinen Hofnarren rufen läßt, einen dümmlichen Hanswurst, der die albernsten Grimassen zieht und eine Tolpatschigkeit nach der anderen begeht. Als der Zar schließlich einen großen Besen nimmt und damit den Narren zum Saal hinauskehrt, schlägt sich Friedrich Wilhelm vor Vergnügen auf die Schenkel, laufen ihm vor Lachen die Tränen aus den Augen. Ein Mordsspaß! So einen dummen Narren und Possenreißer möchte er später als König auch einmal haben.

Im Herbst 1697 kehren Sophie Charlotte und ihr Sohn nach Berlin zurück. Wenige Wochen später, im November und Dezember, kommt es zu einem Skandal, der das Kurfürstentum Brandenburg bis in die Grundfesten erschüttert: Eberhard von Danckelmann, der vertrauteste Berater Friedrichs III., seit zweieinhalb Jahren brandenburgischer Premierminister, wird gestürzt.

Der vierundfünfzigjährige Danckelmann, der aus dem Nassauischen stammt, zählte seit fünfunddreißig Jahren zum engsten Führungszirkel des Berliner Hofes und hatte es noch unter dem Großen Kurfürsten zum Kammer- und Lehnsrat gebracht. Unter Friedrich III. gehörte er dem Geheimen Rat an, avancierte 1692 zum Oberpräsidenten von Cleve, und am 2. Juli 1695 war er offiziell zum Oberpräsidenten von Berlin ernannt worden, was faktisch der Stellung eines brandenburgischen Ministerpräsidenten entsprach. Vier Wochen später hatte er zusammen mit Graf Dohna die Unterrichtsinstruktion für den damals siebenjährigen Kurprinzen erarbeitet. Danckelmann, ein strenger, pflichtbewußter Staatsbeamter von schroffem Ernst, den niemand jemals lachend sah, führte die Geschäfte des Kurfürstentums mit starker Hand. Friedrich III. vertraute ihm unbedingt, wenn er auch innerlich darunter litt, daß sein Premierminister sich ihm nicht mit Schmeichelei und Unterwürfigkeit näherte, sondern mit ihm wie der Lehrer zum Schüler sprach. Unter Danckelmanns Leitung kam es zur Gründung der Akademie der Künste in Berlin und zur Errichtung der Universität in Halle. Freilich, gegen die Pracht- und Verschwendungssucht seines kurfürstlichen Herrn konnte auch Danckelmann nicht allzuviel ausrichten: Dem Stiftungsfond der neuen Universität überwies Friedrich III. armselige 3500 Taler, für die prunkvollen Einweihungsfeierlichkeiten im Juli 1694 warf er dagegen 20000 Taler, das Sechsfache, hinaus.

Danckelmanns Selbstbewußtsein kannte keine Grenzen. Planmäßig setzte er seine sechs Brüder an die leitenden Stellen des Staates, und in Berlin flüsterte man hämisch vom Danckelmannschen »Siebengestirn«, dem sich alles widerspruchslos unterzuordnen habe. Die Anzahl der Neider nahm zu, und Danckelmann, der die Hofkamarilla verachtete, tat nichts, um den Intriganten, die sich katzbuckelnd und scharwenzelnd dem Kurfürsten näherten, in den Weg zu treten. Mit der Zeit wirkte das Gift der Häme und der üblen Nachrede gegen den Premierminister, und Friedrich III., dem das selbstbewußte Auftreten seines ersten Ministers immer lästiger wurde, rief in ärgerlichen Momenten drohend aus: »Danckelmann will den Kurfürsten spielen! Ich werde ihm zeigen, daß ich noch der Herr bin.« Die Hofintriganten spielten ihm schließlich eine Medaille zu, auf der die sieben Danckelmann-Brüder als herrschendes Siebengestirn über der Hauptstadt Berlin abgebildet waren. Friedrich erbleichte vor Wut. Er übersah ganz, daß die eingeprägte Umschrift der Medaille die Treue und Ergebenheit der sieben Brüder für ihn, den Kurfürsten, pries.

Jetzt, am 27. November 1697, erbittet Danckelmann, dem die Ungnade seines kurfürstlichen Herrn nicht länger verborgen geblieben ist, seinen Abschied, der ihm, wenn auch in gnädiger Form, unverzüglich erteilt wird. Zwei Wochen später, am 10. Dezember abends, erscheint der Gardeoberst von Jettau bei ihm, um ihn auf Befehl des Kurfürsten zu verhaften und in die Festung Spandau zu bringen. Der neue Premierminister, der sechsundsechzigjährige Feldmarschall Johann Albrecht von Barfuß, und seine ergebene Kreatur, der vierundfünfzigjährige Oberstallmeister Johann Kasimir von Kolb, haben erreicht, was sie wollten: der untadelige Vorgänger und Chef sitzt nun im Kerker, wehrlos, ehrlos, unter der Anschuldigung persönlicher Bereicherung, Unterschlagungen und Veruntreuung von Staatsgeldern. Kein Wort davon ist wahr! Trotzdem wird dem Hoffiskal Möller befohlen, eine scharfe Anklageschrift gegen Danckelmann zu verfassen und sie bei Androhung von zweitausend Dukaten Strafe binnen vier Wochen vorzulegen. Der brave Mann schreibt in seiner Herzensnot in das Protokoll: »Heiliger Gott, gerechter Richter! Artikel kann ich machen, aber woher soll ich die Beweise nehmen? Niemand hat das Herz, Sr. kurfürstlichen Durchlaucht den schlechten Stand des Prozesses zu offenbaren, sondern derselbe soll mit allen Mitteln fortgesetzt werden.« Auch der Oberprokurator Brechtel protestiert gegen die Farce des Danckelmann-Prozesses. Aber nichts hilft. Kurfürst Friedrich III. ist jetzt gänzlich in der Hand von Schmeichlern und Intriganten. Eine neue Ära unverhüllter Korruption und schamloser Günstlingswirtschaft beginnt im Kurfürstentum Brandenburg.

Im folgenden Jahr, 1698, schenkt der Kurfürst seinem zehnjährigen Sohn das Jagdschloß Wusterhausen und eine Kompanie Kadetten. Diese »Kadetten« sind nichts weiter als einfache Bauernbuben aus den Dörfern der Umgebung, die mit bunten Uniformstücken und Holzgewehren ausgerüstet werden. Jetzt ist der Teufel los in Wusterhausen! Von morgens bis mittags steht der stämmige Kurprinz, die Arme in die Hüften gestemmt, an den Wochenenden oder in den Ferien vor der Front seiner Kompanie und exerziert mit ihr, daß den Bauernbengeln der Schweiß ausbricht. Der Kurfürst, zuerst durchaus erfreut über die militärische »Inklination« (Neigung) seines Sprößlings, betrachtet dessen Exerzierwut bald mit Grausen. Gutmütig rät er den Kadetten, sich in Heuschobern oder Pferdeställen zu verbergen, wenn die Ankunft ihres zehnjährigen Kompaniechefs gemeldet wird. Aber Friedrich Wilhelm holt sie eigenhändig aus ihren Verstecken. Bald stehen sie wieder in Reih und Glied, und der kleine Kurprinz drillt sie, daß sie das »Links um! Rechts um! Kehrt euch!« noch im Schlaf verfolgt. Wird nicht exerziert, dann streift Friedrich Wilhelm über die Felder des Guts oder durch die umliegenden Dörfer, denn die Schenkungsurkunde hat ihm auch die Aufsicht über die Verwaltung zugesprochen. Zum erstenmal in seinem Leben ist Friedrich Wilhelm nun Grundbesitzer, ist er ein Wirt! Und bald kennt der Prinz jeden Bauern, jeden Knecht und Hirten bei seinem Namen, weiß präzise über den jeweiligen Besitzstand an Pferden, Kühen, Schafen, Schweinen Bescheid, läßt sich von den Leuten berichten, was für Ausgaben sie haben, fragt begierig und unermüdlich, wo sie Plus und wo sie Minus machen.

Wusterhausen, das ist nun die Lieblingswelt Friedrich Wilhelms.

Und es ist zugleich – sicher noch unbewußt – seine *Gegen*welt zum luxuriösen, pomadisierten Hof von Berlin mit dem ganzen »affigen« Getue und Getriebe, das ihm so widerstrebt. Es ist zugleich des Sohnes Protest gegen die Kulturbeflissenheit der Mutter, für die ihm jedes Verständnis abgeht. 1698 kommt, auf Einladung Sophie Charlottes, der fünfzehnjährige Händel nach Berlin und spielt auf dem Spinett vor versammeltem Hofe. Auf Initiative der Kurfürstin wird über der Reitbahn eine Theaterbühne errichtet, auf der französische Schauspiele aufgeführt werden. Der Bürgermeister von Berlin, Herr von Hessig, ein ehemaliger Kammerherr Friedrichs III., läßt in seinem Haus eine Opernbühne bauen, so daß nun auch die gehobene Bürgerschaft der Hauptstadt hin und wieder in den Kunstgenuß italienischer Singspiel-Aufführungen kommt. Das alles sind in Friedrich Wilhelms Augen »Allfansereien«, ist seiner Meinung nach unnützes, modisches Zeug, mit dem kein vernünftiger Mensch etwas Rechtes anfangen kann. Ginge es nach ihm, dem Kurprinzen, dann würde man den Leuten die Beschäftigung mit diesem fremdländischen Schnickschnack untersagen, und dann würden sie sich bestimmt mehr für das Leben der Soldaten und Bauern, für Ackerbau und Viehzucht interessieren. Ein wahrer Enkel seiner Großmutter Luise Henriette! Wenn dieser Kurprinz am Leben bleibt, wird Berlin noch sein blaues Wunder erleben.

Inzwischen ist an die Stelle seines geliebten Lehrers Cramer der Franzose Jean Philippe Rebeur getreten, ein in die Schweiz emigrierter Hugenotte, den Graf Dohna aus Genf nach Berlin verpflichtet hat. Eine ungünstigere Wahl läßt sich kaum denken. Rebeur ist ein engstirniger Pedant und ein fanatischer Kalvinist. Von morgens bis abends traktiert er den Kurprinzen mit lateinischen, französischen und deutschen Auszügen aus dem Alten Testament. Stundenlang muß der Junge auswendig lernen und dann die endlosen Strophen und Psalmen vor dem Lehrer wieder herunterleiern. Das einzige Ergebnis dieser Tortur ist, daß Friedrich Wilhelm einen lebenslangen Haß gegen das Alte Testament in sich aufspeichert. Als Rebeur ihn für die kalvinistische Prädestinationslehre gewinnen will, die besagt, daß alles menschliche Handeln durch einen von Ewigkeit her feststehenden Willensentschluß Gottes festgelegt ist, und ihm damit droht, daß diese göttliche Vorherbestimmung nur die »Auserwählten« zur Seligkeit führe (alle anderen zur Verdammnis), der Prinz sich also gehorsam allen Geboten unterwerfen müsse, um zu diesem kleinen Kreis der Auserwählten zu gehören, da baut der Junge sich mit geballten Fäusten vor ihm auf und ruft blitzenden Auges: »Gott ist ein Teufel!« So ungeheuer lodert in diesem Elfjährigen schon der Trotz, der steifnackige Widerspruchsgeist, daß er nicht einmal vor Gotteslästerung zurückschreckt. Niemand wird ihm jemals seinen Willen aufzwingen! Und ein so frommer protestantischer Christ Friedrich Wilhelm auch werden mag, die Prädestinationslehre, die in seiner Sicht den freien Willen des Menschen versklavt, verfolgt er von nun an mit Wut.

Seit seinem achten Lebensjahr führt der Kurprinz ein Ausgabenbuch, dem er den Titel »Rechnung über meine Dukaten« gegeben hat. Niemand hat ihn dazu angehalten, ja, alle Welt lacht über die Sparsamkeitsmarotte des Kindes. Ein Thronfolger, der mit Geld rechnet – wie lächerlich. Der Prinz läßt es sich aber nicht anfechten. Fünfzig Dukaten bekommt er im Monat als Taschengeld von seinem Vater, und jede Ausgabe, die er macht, hält er exakt, mit Datum, in seinem kleinen Notizbuch fest. Wenn die Hofdamen ihn mit seiner Pfennigfuchserei hänseln, benimmt er sich ungezogen, schreit sie an oder droht ihnen auch mit der Faust. Sophie Charlotte ist entsetzt und schreibt an Fräulein von Pöllnitz: »Mein Gott, geizig in einem so zarten Alter! Andere Laster kann man mit der Zeit abbauen, aber dieses wächst... Und dann, welch eine Verstocktheit des Geistes, dem weiblichen Geschlecht übel zu begegnen, das wenigstens ein Gegenstand der Höflichkeit von seiten der Männer sein sollte...«

Dennoch wäre es falsch, sich den zehn- bis zwölfjährigen Kurprinzen nur als derb, unhöflich, roh und verstockt vorzustellen. Das alles kann er auch sein, wenn er sich gegen eine ihm widerstrebende Umwelt zur Wehr setzen will. Aber zugleich ist Friedrich Wilhelm ein hübscher, gutaussehender Junge, nach dem sich die Mädchen umdrehen, von strotzender Gesundheit, mit den kräftigsten Gesichtsfarben. Und wenn ihm nicht gerade wieder mal alles contre cœur geht, dann ist er von fröhlichem Naturell, übermütig, einfallsreich, von strahlender Laune und zu jedem Scherz aufgelegt. Die Herzogin von Orléans schreibt am 12. Juni 1699 bezeichnenderweise über ihn: »Es ist mir immer bange, wenn ich Kinder so witzig vor dem rechten Alter sehe; denn es ist ein

Zeichen, daß sie nicht lange leben. Darum ist mir bang um den kleinen witzigen Kurprinzen von Brandenburg.«

Einen Monat später, am 14. Juli 1699, wird das neue Sommerschloß »Lietzenburg« festlich eingeweiht, das der Kurfürst seiner Frau vor vier Jahren versprochen hat und dessen Mitteltrakt inzwischen samt Parkanlagen fertiggestellt ist. Friedrich III. erscheint mit großem Pomp, nimmt die Dankesbezeugungen Sophie Charlottes gnädig entgegen und nennt das Schlößchen galant nach seiner Frau »Charlottenburg«, ein Name, der nach dem frühen Tod Sophie Charlottes nicht nur für das Schloß, sondern für den ganzen neuen Stadtteil in der Umgebung steht und der sich bis heute behauptet hat.

Dieses Charlottenburger Schloß wird nun unter der leitenden Hand der geistreichen Kurfürstin zu einer zweiten Hofwelt im brandenburgischen Staate. Während im Berliner Schloß der steife, gekünstelte Lebensstil ihres Mannes in Pracht und Verschwendung regiert, die Etikette nach strengem spanischem Zeremoniell noch triumphiert, entfaltet sich in Charlottenburg ein freies, heiteres Hofleben, das auf Stände, Ränge und Anciennität wenig Rücksicht nimmt, dafür Esprit, Eleganz und Liberalität zum Maßstab des geselligen Umgangs setzt.

Man hat in der Geschichtsschreibung den Charlottenburger Hof der Sophie Charlotte in den Jahren 1699 bis 1705 häufig mit den Rheinsberger Jahren ihres Enkels, Friedrichs des Großen, von 1736 bis 1740 verglichen. Sicherlich zu Recht, was die Freiheit des Geistes, auch des Spottes, was das intellektuelle Spiel mit den Aufklärungs- und Fortschrittspostulaten der Epoche angeht. Ein immenser Unterschied liegt jedoch darin, daß Rheinsberg von den Machtzentren Berlin beziehungsweise Potsdam so gut wie abgeschnitten war, daß der Kronprinz Friedrich vier Jahre lang ohne den geringsten Einfluß auf den Monarchen, seinen Vater, blieb. Sophie Charlotte dagegen ist – bei aller bewußten Absonderung vom Berliner Hofleben – doch ständig bemüht, mit ihrem ungeliebten Gemahl in guter Verbindung zu bleiben und eine Hand in der Politik zu behalten. Alles, was sich um sie in Charlottenburg versammelt, steht in stiller, spöttischer Opposition zur kriecherischen Günstlingswirtschaft in Berlin. Die Kurfürstin ist jedoch viel zu klug, um sich in machtpolitische Intrigen verwickeln zu lassen. Ihr Ehrgeiz richtet sich nicht auf die weltpolitischen Händel, in denen

Brandenburg ohnehin keine Rolle spielt, kaum auf die Wirtschafts- und Finanzpolitik des Landes, die fast ausschließlich dem Prestigebedürfnis ihres Mannes dient. Sie hat nur zwei Ziele im Auge: die Festigung der freundschaftlichen Beziehung zwischen den beiden Kurfürstenhäusern Brandenburg und Hannover sowie die geistige Kultivierung und sittliche Verfeinerung ihrer jetzigen Heimatstadt Berlin.

Im Mai des Jahres 1700 trifft der Mann in Charlottenburg ein, mit dessen Hilfe Sophie Charlotte ihre Pläne zu verwirklichen gedenkt: Gottfried Wilhelm Leibniz, der größte Philosoph seiner Epoche. Dieses Universalgenie, 1646 in Leipzig geboren, seit 1676 Bibliothekar und Vortragender Rat in Hannover, kennt Sophie Charlotte seit ihrem achten Lebensjahr, in dem sie bereits mit ihren frühreifen Sprachkenntnissen brillierte, und ist seit langem der persönliche Berater ihrer Mutter, der temperamentvollen Kurfürstin Sophie. Leibniz ist ein Mann von umfassendem Wissen und außerordentlicher Arbeitskraft; er vereinigt wissenschaftliche Gelehrsamkeit und diplomatische Geschicklichkeit in sich. Er ist gleichzeitig Philosoph, Historiker, Mathematiker, Physiker und Jurist. Er ist der große Vorläufer und Wegbereiter der Aufklärung; überdies ein tiefschürfender Theoretiker des modernen Staates. In Religionsfragen ein Verkünder der Toleranz, der sich um eine Union aller christlichen Konfessionen müht, produziert er ständig eine Fülle von Reformideen, schlägt beispielsweise die Gründung einer weltumspannenden Gesellschaft vor, die den Fortschritt der Menschheit nach wissenschaftlichen Erkenntnissen planen soll. Da sein unbestechlicher Blick längst erkannt hat, daß das übernationale mittelalterliche Reich der Deutschen zum bloßen Namen verkommen ist, ohne Macht und Kraft, tritt er entschieden für die Idee eines vereinten deutschen Vaterlandes auf der Basis der Nation ein.

Seit Anfang 1698 hat Sophie Charlotte mit ihrer Mutter und Leibniz über die Frage korrespondiert, wer der geeignete Mann sei, sich das persönliche Wohlwollen Friedrichs III. zu erringen und gleichzeitig doch ein Anwalt der speziellen Interessen beider Kurfürstinnen zu sein. Leibniz hat wiederholt darauf hingewiesen, mit welcher Behutsamkeit man dabei zu Werke gehen müsse, um eine solche Kontaktperson auszuwählen, wenn man vermeiden wolle, Friedrichs latentes Mißtrauen zu wecken. Schließlich hat er sich selbst angeboten:

Ich kann für ein solches Geschäft keine geeignetere Person vorschlagen als mich selbst. Es ist bekannt, daß ich mich in hervorragender Weise auf dem Gebiet der profunden Wissenschaften ausgezeichnet habe, daß ich Mitglied der Londoner Akademie bin und von rechtswegen auch Mitglied der Pariser Akademie sein sollte und daß meine Schriften in England, Frankreich und Italien mit dem größten Beifall gelesen werden. Wenn man mich mit einer Art von Oberaufsicht über die Einrichtungen betrauen würde, die man jetzt in Berlin zu begründen gedenkt, um Künste und Wissenschaften zu Ehren des Kurfürsten in Flor zu bringen, so würde ich Gelegenheit haben, an beiden Höfen im Interesse der Kurfürstinnen die besten Ratschläge zu erteilen.

Und in der Tat, Friedrich III. schenkt Leibniz sein Vertrauen, und bereits zwei Monate später, am 11. Juli 1700, unterzeichnet er die Stiftungsurkunde für eine Akademie der Wissenschaften zu Berlin, zu deren erstem Präsidenten er Leibniz ernennt. Sophie Charlotte und ihr philosophischer Freund jubeln. Damit ist ihr wichtigstes Vorhaben gelungen, ist ein Plan, den sie bereits seit zweieinhalb Jahren mit großem Engagement diskutiert hatten, in kürzester Frist Realität geworden.

Leibniz, der seiner Zeit in so vielem voraus ist, entwickelt geradezu umstürzende Vorstellungen für die Aufgabenstellung der Berliner Akademie. Nicht der wissenschaftlich-akademische Elfenbeinturm ist es, der ihm vorschwebt; nein, die neue Institution soll nicht nur der intellektuellen Forschung, sie soll konkret dem Lande und den Menschen dienen. »Nicht in ihrer Abstraktion dürfen die Wissenschaften aufgefaßt werden«, schreibt er, »sondern in Anwendung auf das leibliche und geistige Wohl der bürgerlichen Gesellschaft. Die Akademie soll Theorie und Praxis vereinigen und nicht allein die Künste und Wissenschaften, sondern auch Land und Leute, Feldbau, Manufakturen und Commercien, mit einem Wort, den allgemeinen Wohlstand heben.« Nachdrücklich tritt er dafür ein, daß das Studium deutscher Sprache, deutscher Geschichte und deutschen Geistes zur Hauptaufgabe der Berliner Akademie wird, »daß absonderlich dafür gesorgt werden soll, daß es eine teutsch gesinnte Societät der Wissenschaften« ist. Eineinhalb Jahrhunderte vor dem Wirken der Gebrüder Grimm plant Leibniz eine Sammlung deutscher Sprichworte und Ausdrucksweisen aus dem Volksmund und ein deutsches Wörterbuch nach dem Vorbild des *Dictionnaire de l'académie*. Er gliedert die neue Berliner Akademie in vier Abteilungen: 1. Physik, Chemie und Medizin; 2. Mathematik und Astronomie; 3. Deutsche Sprache und Geschichte; 4. Literatur und orientalische Sprachen.

Am Tage nach der Stiftung der Akademie, am 12. Juli 1700, feiert der kurfürstliche Hof in Charlottenburg ein großes Maskenfest, das sich Sophie Charlotte zusammen mit ihrem fast zwölfjährigen Sohn ausgedacht hat. Man stellt einen öffentlichen Jahrmarkt dar, zu dem alles passend kostümiert erscheinen muß, nachdem die verschiedenen Rollen vorher ausgelost wurden. Der Kurfürst kommt als holländischer Matrose, Sophie Charlotte als Quacksalberin und Friedrich Wilhelm als Taschenspieler. Leibniz, der dem übermütigen Treiben zuschaut, berichtet einen Tag später nach Hannover:

Man hatte alles in der größten Eile arrangieren müssen, um bis zu dem bestimmten Tage damit fertig zu sein. Man stellte einen Jahrmarkt in einer kleinen Stadt vor, wo Buden mit ihren Schildern aufgestellt waren und wo man kostenlos Schinken, Bratwürste, Ochsenzunge, Wein, Limonade, Thee, Caffee, Chokolade und dergleichen kaufen konnte. Der Markgraf Christian Ludwig, der holländische Gesandte von Obdam, der General du Hamel und andere standen als Verkäufer in diesen Buden. Herr von Osten stellte einen Quacksalber vor und hatte seine Hanswürste und Seiltänzer bei sich. Allein, nichts war so allerliebst als sein Taschenspieler und Kunststückmacher! Dies war der Kurprinz Friedrich Wilhelm, der sich ganz vortrefflich auf Zauberstückchen und Hocuspocus versteht. Bei der Eröffnung der Szene erschien zuerst in feierlichem Aufzug der Herr Quacksalber, der auf einer Art von Elephanten ritt, dann zeigte sich die Frau Quacksalberin, von ihren Leibtürken auf einer Portechaise getragen, mit ihren diversen Arzneimitteln. Der Taschenspieler (also der Kurprinz), die Harlekine, Hanswürste, die Springer und Zahnbrecher kamen hinterdrein, und als das ganze bunte Gefolge des Quacksalbers vorüber war, ward von den Damen des Hofes ein Zigeunertanz aufgeführt.

Ein Bombenerfolg, dieses Jahrmarktfest! Alle, selbst der steife Herr Kurfürst, sind begeistert; am meisten aber ist es Friedrich Wilhelm, der solche derb-komischen Vergnügungen im Stile einer Volksbelustigung entschieden der gezierten höfischen Grandezza vorzieht. Als zum Schluß Feldmarschall Flemming, ein altes Soldatenblut und echtes Pommernkind, vortritt, sich den Schnauzbart streicht und mit schnarrender Kommandostimme reimt »Vivat, Friedrich und Charlott! Wer's nicht so meint, ist ein Hundsfott!«, schüttelt ihm der Kurprinz, von Herzen lachend, kräftig die Hand.

Überhaupt ist dieser Sommer des Jahres 1700 die glücklichste Zeit im Leben des jungen Prinzen, eine Zeit, in der er seiner Mutter am wenigsten Sorgen macht und sich sein jähzorniges Temperament etwas friedlicher und weniger provozierend gibt. Als er Ende August die Großmutter, Kurfürstin Sophie, in Hannover besucht, ist sie ganz entzückt von ihrem Enkel und schreibt, der Prinz »sieht aus, wie man die Engelchen malt, ist nun zwölf Jahre alt und spricht von alles, als wenn er dreißig wäre ... er ist etwas stark, ich hoffe aber, er wird es auswachsen ... er sieht gesund aus ... seine obligaten (dienstfertigen) Manieren sind nicht zu beschreiben ...«

So fröhlich und umgänglich wie zur Zeit des Charlottenburger Maskenfestes und seines zwölften Geburtstages wird sich dieser junge Mensch nie wieder präsentieren.

Der Kronprinz

Von Maskenspiel zu Maskenspiel. Genau sechs Monate nach der Charlottenburger Maskerade, im Januar 1701, kommt es zu einem weit bedeutenderen und noch aufwendigeren »Jahrmarkt der Eitelkeiten«: Friedrich III., Kurfürst von Brandenburg, setzt sich die Königskrone aufs Haupt. Und dies wird ohne Frage der gewichtigste und folgenreichste Moment in der vierhundertjährigen, dramatischen Geschichte des Hauses Hohenzollern sein.

Die Vorgeschichte reichte bis in das Geburtsjahr Friedrichs III. zurück, der 1657 in Königsberg, der Hauptstadt des Herzogtums Preußen, zur Welt gekommen war. Und zwar um neun Uhr morgens, bei Neumond, nach Auffassung der zeitgenössischen Astrologen im günstigsten Stande des Horoskops. Unter Anspielung auf den Namen des Geburtsortes *Königsberg,* also Berg eines Königs, hatte ein Wahrsager an der Wiege des kleinen Friedrich verkündet:

Nascitur in Regis Fridericus. Quid istud?
Praedicunt Musae: *Rex* Fridericus erit.
(Dort auf des Königs Berg ist Friedrich geboren. Was heißt das?
Die Musen prophezeien: Friedrich wird *König* dereinst.)

Niemals hat Friedrich diese Prophetie vergessen. Und wir wissen ja bereits, wie unbeirrbar und hartnäckig dieser kleine »schiefe« Mann an seinen Zielen, an seinen Träumen und Hoffnungen festhielt, die er still und eisern verfolgte. Als er beim Tode seines Vaters erfuhr, daß Ludwig XIV. den Großen Kurfürsten bereits einmal animiert hatte, sich im Handstreichverfahren des Königstitels zu bemächtigen, wuchs der Gedanke an eine Krone unaufhaltsam im Innern Friedrichs. Daß der französische Sonnenkönig mit diesem Vorschlag lediglich bezweckt hatte, den brandenburgischen Kurfürsten in ständigen Gegensatz zum Kaiser in Wien zu bringen, zum Nutzen der französischen Interessen, das hatte Friedrich III. allerdings sofort durchschaut. Davon würde bei ihm niemals die Rede sein. Nicht *gegen,* sondern *mit* und *durch* den Kaiser wünschte er die Standeserhöhung zu erreichen.

Gedanken an Königskronen lagen damals förmlich in der Luft. 1688, in dem Jahr, in dem Friedrich Kurfürst geworden war, hatte das britische Parlament den Erbstatthalter der Niederlande, Wilhelm von Oranien, zum König von England, Schottland und Irland gewählt. Friedrich III. hatte es niemals verwunden, daß ihm dieser neugebackene König Wilhelm anläßlich einer politischen Zusammenkunft einen Stuhl mit Armlehnen verweigert hatte, weil er kein gekrönter König, sondern eben nur ein Kurfürst, quasi ein Untertan des Kaisers zu Wien, war. Das lag inzwischen schon ein Dutzend Jahre zurück, aber die Wunde der verletzten Eitelkeit brannte immer noch in Friedrichs Brust. Und hatte es nicht Kurfürst August von Sachsen, den man den »Starken« zu nennen pflegte, erst vor kurzem, 1697, tatsächlich fertiggebracht, sich die polnische Königskrone zu ergattern? Gewiß unter unwürdigen Bedingungen, denn er hatte den katholischen Polen zuliebe seiner protestantischen Religion abschwören und zum Katholizismus übertreten müssen. Ein solcher Kuhhandel mit den heiligsten Überzeugungen kam für Friedrich, der streng an seinem reformierten Glaubensbekenntnis festhielt, nicht einmal im Traum in Frage. Doch was war an einem sächsischen Kurfürsten schon Besseres als an einem brandenburgischen? Mochte seine geistreichelnde Frau Sophie Charlotte, wenn er mit ihr über seinen geheimsten und zugleich begehrlichsten Plan tuschelte, noch so geringschätzig über seine »Eitelkeit« lächeln; er, Friedrich, würde niemals von seinem kühnen Projekt lassen, und so antwortete er ihr ruhig und selbstbewußt: »Da ich alles besitze, was zur Königswürde gehört, und in einem viel größeren Maß als die meisten Könige, warum, meine Liebe, sollte ich nicht danach trachten, auch dem Namen nach König zu sein?!«

Aber war es denn überhaupt rechtlich möglich, daß sich ein deutscher Territorialfürst mit eigener Hand in den Rang eines gekrönten Monarchen beförderte? Wilhelm von Oranien und August der Starke waren durch ausländische Parlamente – das englische und das polnische – zu Königen gewählt worden. Solches Glück stand für Friedrich III. nicht in Sicht. Und schließlich: Gab es nicht immer noch das altehrwürdige, fast achthundert Jahre existierende »Heilige Römische Reich Deutscher Nation« mit seinem Kaiser als Oberhaupt an der Spitze?

Dieses Reich war – wenn es überhaupt noch etwas Konkretes darstellte – seit einem halben Jahrhundert nur ein Gespenst vergangener Zeiten. Gewiß, von der Mitte des 15. Jahrhunderts an hatte sich die Nation der Deutschen in Wort und Schrift immer stärker artikuliert, war das deutsche National- und Sozialbewußtsein in der Reformation wie im Großen Deutschen Bauernkrieg zu hellen Flammen aufgelodert. Die unvorstellbare Katastrophe des Dreißigjährigen Krieges jedoch hatte alles zunichte gemacht. Unter der Asche des verbrannten Reiches glomm nicht einmal mehr der Funke einer nationalen, gesamtdeutschen Glut. Deutschland war zur völligen Kleinstaaterei verkommen. Ein paar Hundert »souveräner« Fürsten und Fürstlichkeiten spielten »Versailles« in ihren deutschen Duodezländchen, glaubten sich »unabhängig«, seitdem der Kaiser in Wien ihnen 1645 das Recht zugestanden hatte, selbständig Bündnisse zu schließen und Kriege zu führen (soweit sie sich nicht gegen den Kaiser richteten). Und überall in diesem merkwürdigen »Reich« war der ausländische Einfluß dominierend.

Das galt auch für jene parlamentarische Körperschaft, die sich immer noch hochtrabend als »Reichstag« titulierte. In Wahrheit verbarg sich dahinter ein ineffizienter Debattierklub hunderter kleiner deutscher »Souveränitäten«, in dem monatelang über Etikette- und Prestigefragen gefeilscht wurde. Befaßte man sich, was selten genug geschah, mit Lebensfragen der gesamten Nation, so zerfiel dieser Reichstag unverzüglich in zwei Fraktionen – den Corpus Evangelicorum und den Corpus Katholicorum –, die sich feindselig wie auswärtige Mächte gegenüberstanden. Geschickte Interventionen von fremdländischer Seite hatten fast immer Erfolg. Beschlüsse dieses »Reichstags«, wenn sie denn schon zustande kamen, erregten Spott und Hohn im Ausland. Nicht besser stand es um den Ruf des »Reichskammergerichts«, der höchsten Gerichtsinstanz dieses Reiches, deren Trägheit und Bestechlichkeit sprichwörtlich war. Etwa 35 000 Prozesse waren im Jahre 1700 beim Reichskammergericht »anhängig«, was nichts anderes bedeutete, als daß sie seit Jahren und Jahrzehnten verschlampt, jedenfalls nicht erledigt worden waren.

Daß Deutschland praktisch keine eigene Wehrhoheit, daß es kein schlagkräftiges Instrument zur Landesverteidigung besaß, das hatten soeben die Raubkriege Ludwigs XIV. bewiesen, das hatte sich gezeigt, als das mächtigste militärische Bollwerk aller deutschen Grenzbefestigungen, Straßburg, sang- und klanglos in französische Hände übergegangen war. Eine Reichsarmee existierte im Frieden überhaupt nicht. Rief der Kaiser im Kriegsfall ein Reichsheer zusammen, so entstand eine Art buntscheckiger Koalitionsarmee, deren zahlreiche Befehlshaber weniger gegen den Landesfeind, als vielmehr untereinander um Ränge und Würden stritten. Seit dem Ende des Dreißigjährigen Krieges waren nur noch drei deutsche Territorialstaaten finanziell und organisatorisch in der Lage, namhafte Truppenkörper ins Feld zu stellen: Österreich, Brandenburg und Sachsen.

Schwerwiegender als alles dies zusammen war die Tatsache, daß ein nationales Gesamt- und Gemeinsamkeitsbewußtsein unter den Deutschen so gut wie nicht mehr vorhanden war. Man dachte und fühlte einerseits »territorial« (also: provinziell) und andererseits konfessionell: hie lutherisch oder reformiert – hie katholisch. Von einem politischen *Gesamtleben* des deutschen Volkes durfte nicht gesprochen werden. Das Alte, das Reich von ehedem, konnte unmöglich restauriert werden. Sollte sich etwas Neues, etwas Zukunftsträchtiges auf dem Boden des zersplitterten Deutschland entwickeln, so konnte es sich offensichtlich nur um die Entstehung eines politischen *Doppellebens* handeln, mit zwei getrennten Schwerpunkten: im protestantisch-norddeutschen und im katholisch-süddeutschen Raum.

Das sah um die Wende vom 17. zum 18. Jahrhundert natürlich noch niemand. Die Menschen sind blind wie junge Katzen, wenn es um den nächsten Tag geht. Und doch drängte unterschwellig alles in diese Richtung, auf die Bildung zweier getrennter Kraftzentren im deutschen Raum: Wien und Berlin. Und wenn auch Friedrich III., dieser kaisertreue Mann, von solcher Erkenntnis meilenweit entfernt war – eine dumpfe Ahnung davon, daß sein Haus in der deutschen Geschichte zu Großem berufen war, lebte unbestreitbar in seiner Seele.

Begonnen hatten seine Bemühungen, der ersehnten Rangerhöhung näher zu kommen, schon zwei Jahre nach seinem Regierungsantritt. 1690 munkelte man bereits in politischen Kreisen Warschaus und Krakaus, der Brandenburger plane einen ähnlichen Coup, wie ihn Wilhelm von Oranien zustande gebracht hatte. Das Mißliche war nur, daß die Minister und Berater Friedrichs III. von seinen hochfahrenden Plänen gar nichts wissen wollten. Sie zitterten und barmten vor dem Unwillen der Nachbarn, wenn Brandenburg es wagen sollte, einen eigenen »Sonderweg« zu beschreiten. Als man im Geheimen Rat 1698 die dubiose Anklageschrift gegen den gestürzten Premierminister von Danckelmann fabrizierte, gehörte es zu den ärgsten Anschuldigungen, wie Minister von Fuchs am 8. Februar schrieb, daß Danckelmann dem Kurfürsten geraten habe, »das Projekt wegen Erlangung der preußischen Königswürde beim kaiserlichen Hof durchzusetzen, was zu erhalten doch eine pure, lautere Unmöglichkeit gewesen«.

In der Tat mußte es völlig unmöglich scheinen, Kaiser Leopold I. jemals sein freiwilliges Einverständnis zur Rangerhöhung der Hohenzollern abzugewinnen oder abzulisten. So sehr sich auch Friedrich III. darum mühte, mit seinen Plänen und Vorschlägen in Wien Terrain zu gewinnen und beim Kaiser ein geneigtes Ohr für seine Argumente zu finden, es nutzte alles nichts. Die Gesandten Brandenburgs in der Kaiserstadt an der Donau vermochten ihrem kurfürstlichen Herrn in Berlin keine frohe Botschaft zu senden. Nicht einmal Bestechungsgelder in Höhe von 300000 Talern eröffneten einen aussichtsreichen Weg. Erst ein diplomatisches Mißgeschick und die Veränderung der europäischen Mächtekonstellation mußten zu Hilfe kommen, um die Dinge in Fluß zu bringen.

Der brandenburgische Gesandte von Danckelmann in Wien, ein Bruder des verhafteten Premierministers, war deprimiert nach Berlin gereist, um über die fehlgeschlagenen Versuche zu berichten, den Wiener Kaiserhof für die Königspläne Friedrichs III. zu gewinnen. Sein in Wien zurückgebliebener Stellvertreter, Legationsrat von Bartholdy, wollte sich profilieren und empfahl in einem dringlichen Schreiben an den Berliner Hof, das Projekt nicht länger mit Wiener Ministern und Geheimräten zu diskutieren: Nein, der beste Weg wäre ganz ohne Zweifel, so schrieb er, wenn sich der Kurfürst in einem eigenhändigen

Brief direkt an den Kaiser wenden würde. Das Bartholdy-Schreiben war um der Geheimhaltung willen in Zahlen-Chiffren abgefaßt; für den Kurfürsten stand die Zahl 24, für den Kaiser die Zahl 110. In Berlin hielt man aber die etwas undeutlich geschriebene Zahl 110 (es gab ja damals noch keine Schreibmaschinen) für eine 116, und in der streng geheimen Chiffrier-Tabelle fand man unter Nr. 116 den Namen des Pater Wolf, eines in Westfalen geborenen ehemaligen Barons von Lüdingshausen, der später in den Jesuitenorden eingetreten war und nun als »Pater Wolf« zu den Beichtvätern und engsten Beratern des Kaisers Leopold in Wien gehörte. Nicht an den Kaiser, sondern an diesen Mann schrieb nun Kurfürst Friedrich III. mehrere höchst liebenswürdige Briefe und bat ihn, sich bei seinem Monarchen für das brandenburgische Königsprojekt zu verwenden. Wolf, der sich äußerst geschmeichelt fühlte, betrieb auch sogleich die Interessenvertretung des brandenburgischen Kurfürsten beim Kaiser, und bald schon konnte er an Friedrich III. schreiben: »Durchlauchtiger Kurfürst, gnädiger Herr, beinahe schon König!...«

Dies nun ist der Stand der Angelegenheit im Herbst 1700, kurz nach dem fröhlichen Maskenfest in Lietzenburg, als auf einmal bekannt wird, daß Karl II., der vierzigjährige König von Spanien, in Madrid todkrank darniederliegt. Sofort geraten alle Kabinette Europas in helle Aufregung, denn jedermann ist klar, daß nun ein »Spanischer Erbfolgekrieg« zu hellen Flammen auflodern und ganz Europa in Mitleidenschaft ziehen wird, denn um die Nachfolge auf dem spanischen Königsthron streiten sich seit Jahren bereits die Habsburger und die Bourbonen, also Kaiser Leopold I. und König Ludwig XIV. von Frankreich. Das sogenannte Gleichgewicht Europas ist in Gefahr! Und diese einmalige, in solcher Art nie wiederkehrende Situation gibt den Ausschlag zugunsten der vertrackten Königspläne des brandenburgischen Kurfürsten. Denn jetzt, angesichts des großen Krieges mit Frankreich, braucht Kaiser Leopold brandenburgische Soldaten. Er benötigt sie, will er den Kampf gegen Ludwig bestehen, dringender als das tägliche Brot. Und deshalb geht auf einmal alles ganz schnell: Am 16. November 1700 stirbt der spanische König, und bereits zwei Wochen später kommt es in Wien zum Krönungsvertrag zwischen Habsburg und den Hohenzollern.

Entscheidende Voraussetzung für diesen Vertrag jedoch ist, daß Friedrich III. über ein Land verfügt, das *nicht* Teil des Reiches ist. Denn nur auf einem Territorium, das nicht dem Kaiser untersteht, ist die Installation einer souveränen Königsmacht denkbar. Und dieses Land ist Gott sei Dank vorhanden: Ostpreußen, das zum Kurfürstentum Brandenburg, aber nicht zum Deutschen Reich gehört. Die Tatsache also, daß 1618 das Herzogtum Preußen an das Haus Hohenzollern fiel und daß der Große Kurfürst es 1657 mit Kampf, List und Beharrlichkeit durchgesetzt hatte, dieses Land von der polnischen Lehenshoheit zu befreien, erweist sich nun als der große historische Glücksfall für Friedrich III. Er erhält vom Kaiser die Anerkennung der *preußischen* Königswürde, und er seinerseits wird den Österreichern 8000 Mann brandenburgischer Elitetruppen für den »Spanischen Erbfolgekrieg« zu Hilfe senden.

Im Krönungsvertrag heißt es in der umständlichen Kanzleisprache jener Zeit:

Da der Kurfürst dem Kaiser vorstellen lassen, daß er aus verschiedenen Gründen die Absicht habe, seinem Hause den königlichen Titel zu erwerben, und den Kaiser gebeten, ihm dabei behülflich zu sein, indem er wohl erkenne, daß er sich nach dem Beispiele anderer souveräner Könige, die in vorigen Zeiten diese Würde erlangt, deshalb vornehmlich an den Kaiser als höchstes Oberhaupt der Christen zu wenden habe, auch nicht beabsichtigt, ohne diese Approbation zur Krönung zu schreiten, so habe der Kaiser in Betracht des uralten Glanzes, der Macht und des Ansehens des Kurhauses Brandenburg beschlossen, eine solche wohlverdiente Dignität dem Kurfürsten beizulegen, erkläre auch aus kaiserlicher Macht und Vollkommenheit, wenn der Kurfürst sich dieser erlangten Approbation zu Folge sich wegen seines Herzogtums Preußen zum Könige ausrufen und krönen lasse, daß er, der Kaiser, und sein Sohn, der römische König, auf erhaltene Anzeige ihn unverzüglich in und außerhalb des Reiches für einen *König in Preußen* ehren, würdigen und anerkennen werde...

Es kann kein Zweifel an der welthistorischen Bedeutung dieses Dokuments, dieses Vertrages bestehen. Ohne ihn hätte es keine preußische Geschichte, hätte es niemals eine preußische Großmacht gegeben. Selbstredend vermochte das damals niemand vorauszusehen. Nur Prinz Eugen, der große Feldherr und Türkenbezwinger, der »edle Ritter«, wie ihn die Zeitgenossen nannten, sagte bei der Nachricht des Vertragsabschlusses, die Minister, die dem Kaiser dazu geraten hätten, verdienten gehängt zu werden. Er kannte eben wie kein anderer die Standhaftigkeit und Bravour der Brandenburger, die so oft unter seinem Kommando gekämpft hatten. Und wenn später der Enkel Friedrichs III., der große Friedrich, über den Krönungsvertrag urteilte, er sei »ein Werk der Eitelkeit« gewesen, so hatte er in einem äußerlichen Sinne gewiß nicht unrecht: für seinen Großvater, der die menschliche Maskerade, das Spiel mit Gold und Silber, mit Pracht und Pomp über alles liebte, war der neue Königspurpur das glänzendste Accessoire seiner steten Schmuck- und Verkleidungssucht, ein schimmerndes Prunkstück, um seine Schwäche und »Schiefheit« zu überdecken. Und doch mußte Friedrich der Große, ungeachtet seiner tiefen Aversion gegen den Großvater, eingestehen, der Krönungsvertrag von 1700 sei ein »politisches Meisterstück« gewesen. Und das ist buchstäblich wahr.

Leider wissen wir nicht, wie der zwölfjährige Friedrich Wilhelm das spektakuläre Ereignis in seiner Familie aufnimmt. Die langfristigen politischen Auswirkungen – so darf man vermuten – kann er noch nicht erkennen; dazu muß er erst einige Jahre älter werden. Immerhin jubelt er darüber, daß die Protestanten in Deutschland nun über ein gekröntes Haupt verfügen. Ansonsten wird sein praktischer Sinn von dem gefesselt, was sich in den nächsten Tagen und Wochen in Berlin ereignet.

Denn kaum haben Friedrich und der Hof den unterzeichneten Krönungsvertrag in Händen, da ergießt sich ein Strom staatlicher Aufträge über die erstaunten Hauptstädter, kommt quirliges, ja hektisches Leben in die etwas verschlafene Residenzstadt an Spree und Havel. Tausende von Schneidern, Schustern, Stickern, von Malern, Bildhauern, Gold- und Silberschmieden rühren die Hände, arbeiten unter Aufsicht der Hofbeamten mit höchstem Eifer an den Vorbereitungen der Krönung. Kurfürstliche Stafetten jagen auf schweißbedeckten Pferden nach Paris, Lyon und Amsterdam, mit dem Auftrag, Brillanten und Perlen, Samt und Seide, Brüsseler Spitzen und französische Staatsperücken heranzuschaffen. Was das alles kostet! Als sich Friedrich Wilhelm mißtrauisch danach erkundigt, antwortet ihm der Vater – halb stolzgeschwellt, halb schlechten Gewissens –, es sei doch eine schöne Sache, daß »auch das Ausland an unserer Freude« teilnehme.

Der Kurfürst kann es gar nicht erwarten, daß er sich endlich »König« nennen darf. Unermüdlich treibt er zur Eile an. Da sich das feierliche Krönungszeremoniell in Königsberg, der Hauptstadt Ostpreußens, abspielen muß und Friedrich vor Ungeduld schier vergeht, kann auch auf das Weihnachtsfest keine Rücksicht genommen werden. Am 17. Dezember 1700 setzt sich von Berlin aus eine Reisekolonne Richtung Osten in Bewegung, die größer und umfangreicher ist als die des brandenburgischen Armeekorps, das zu den kaiserlichen Heeren marschiert. Alles hat Friedrich selbst angeordnet; seine unersättliche Lust am Zeremoniell findet darin tiefste Befriedigung. Bei Frostwetter quält sich die endlose Kolonne durch den Schnee, nach Rang und Ansehen streng gegliedert in vier Abteilungen. Die vorderste umfaßt über 200 Staatskarossen, Galakutschen und Küchenwagen. In ihr befinden sich Friedrich, Sophie Charlotte und die ranghöchsten Hofbeamten. In der zweiten reitet der zwölfjährige Friedrich Wilhelm, den es nur selten in seiner Kutsche hält, umgeben von seinem Gefolge. Die dritte Abteilung umfaßt den Hofstaat, die vierte die Garden und die Leibtrabanten. Ein goldblinkender Zug durch eine Schneewüste in das gelobte Land, in dem eine Königskrone ruht. 30000 Vorspannpferde werden benötigt, um diesen merkwürdigen Heerwurm bei klirrender Kälte durch Brandenburg, Pommern, West- und Ostpreußen zu befördern. Welch unerträgliche Last für die armen Bauern! Denn sie sind vorspannpflichtig: Sie müssen die 30000 Gäule unentgeltlich für eine Strecke Wegs zur Verfügung stellen und müssen selbst mit Striegel, Karbatsche und Kandarre für einige Tage die Prozession begleiten.

So zieht Friedrichs Krönungszug zwölf Tage lang durch das tief verschneite Land nach Nordosten; durchschnittlich fünfzig Kilometer am Tag. An jeder Reisestation sind die Übernachtungs-Gemächer so prächtig eingerichtet, daß Friedrich glauben kann, er befände sich in seinem Schlosse zu Berlin. Endlich, am 29. Dezember, trifft die erste Abteilung in Königsberg ein, begleitet von Friedrich Wilhelm, der in seiner ungestümen Art vorausgesprengt ist und sein umständliches Gefolge zurückgelassen hat. Der Kurfürst setzt die Krönungsfeierlichkeiten auf den 18. Januar 1701 fest.

In den wenigen Tagen, die bis dahin verbleiben, ist noch eine Menge zu erledigen. Friedrich wünscht, daß sich seine Erhöhung ganz im Stil der Frankfurter Kaiserkrönung vollzieht, daß jedes Detail des kaiserlichen Zeremoniells sorgfältig nachgeahmt wird. Da es nun leider keine deutschen Kurfürsten gibt, die die feierlichen Handreichungen für den neuen Herrscher übernehmen könnten, werden in aller Eile vornehme Hofbeamte gleich dutzendweise zu höheren Rängen befördert und mit neuen Titulaturen ausgestattet. Sie sollen am 18. Januar die Krönungsinsignien tragen, die Speisen und das Waschbecken reichen, sollen also die »Reichspaladine« darstellen, die um den Thron des preußischen Herrschers stehen. Für den Krönungsgottesdienst werden eigens zwei protestantische Bischöfe ernannt; Kirchenämter, die es bis dahin nicht gegeben hat. Am 15. Januar reiten Herolde durch die Straßen Königsbergs und verkünden unter Trompetengeschmetter der gaffenden Menge, daß Gott der Herr den souveränen Herzog von Preußen zum König bestimmt hat. Zwei Tage später stiftet Friedrich den Schwarzen Adlerorden als Pendant zum weißen Adlerorden der Polen. Als Ordensinschrift wählt er das ebenso stolze wie demütige Wort: »Suum cuique – Jedem das Seine«.

Am Morgen des 18. Januar 1701 läßt sich Friedrich im Schlafgemach des Königsberger Schlosses von seinem Oberkämmerer Kolb von Wartenberg den kostbaren Krönungsornat anlegen, während draußen die Stadt von Kanonendonner und Glockengeläut bebt. Sodann begibt er sich in den großen Audienzsaal, setzt sich ohne weitere Umstände die Krone auf, ergreift das mit zwei riesigen roten Rubinen geschmückte Zepter (ein Geschenk des Zaren Peter) und schwingt es in alle vier Himmelsrichtungen, womit er anzeigt, daß er seine neue königliche Majestät unabhängig von jeder fremden Macht besitzt. Danach geht es, die Reichsinsignien werden vorangetragen, in den Salon Sophie Charlottes, der Friedrich eine etwas kleinere Königskrone aufsetzt und galant die Hand küßt. Wieder zurück in den Audienzsaal, wo sich König und Königin unter einem prächtigen Thronhimmel auf silbernen Stühlen (mit Armlehnen!) niederlassen. Und während die Fensterscheiben unter den unaufhörlichen Salven des Freudensaluts der Kanonen klirren, huldigen die Vertreter der Stände den neuen Majestäten und sprechen sie zum erstenmal feierlich als »König« und »Königin« an.

Um zwölf Uhr mittags, zum Geläut aller Glocken, verläßt der Festzug das Schloß, um sich auf einer Bahn von scharlachrotem Tuch über den Schloßplatz zur Schloßkirche zu begeben. Auf dem Platz drängt sich eine unübersehbare Menschenmenge und verfolgt mit staunenden Augen die Krönungsprozession: Zuerst kommen Herolde, Paukisten und Trompeter; dann die Vertreter der Stände und der Königsberger Universität. Danach erblickt man die vorangetragenen Reichsinsignien: der Kanzler hält das Reichssiegel, der Landhofmeister den Reichsapfel, der Oberburggraf das Reichsschwert. Jetzt erscheint der zwölfjährige Kronprinz Friedrich Wilhelm, dessen strahlend blaue Augen und frische, gesunde Gesichtsfarben das weibliche Publikum entzücken. Dahinter schreiten König Friedrich I. und seine Gemahlin, Königin Sophie Charlotte, über deren Häupter zehn Adlige einen karmesinfarbenen Baldachin halten. Friedrich trägt einen Scharlachrock, dessen zahlreiche Brillantknöpfe pro Stück 10000 Taler gekostet haben, darüber einen mit weißem Hermelin besetzten Purpurmantel, dessen Agraffe allein einen Wert von 100000 Talern hat; auf dem Kopf, über einer riesenhaften Allongeperücke, prangt die goldene Krone, deren Bügel mit funkelnden Diamanten besetzt sind. In derselben Pracht präsentiert sich die Königin, die von zwei Markgrafen geführt wird.

Am Portal der Schloßkirche wird das königliche Paar von den beiden frischgebackenen und neugeadelten Bischöfen empfangen: Dr. Bernhard von Sanden, vormals lutherischer Oberhofprediger, und Benjamin Ursinus von Bär, vormals Oberhofprediger der Reformierten. Sie salben in der Kirche König und Königin an Hand und Haupt mit geweihtem Öl. Dann predigt Bischof Ursinus über den Text 1. Samuel 2, 30: »Wer mich ehrt, den werde auch ich ehren.« Friedrich hat die Stelle selbst ausgesucht; er genießt jedes Wort. Dies ist sein Tag, auf den er so lange gehofft und gewartet hat! Alles verläuft nach seinem Wunsche, salbungsvoll und großartig. Und doch verliert der König um ein Haar die Contenance, als er plötzlich bemerkt, daß seine Frau, die sich fast zu Tode langweilt und der dieses Maskenspiel so gar nichts sagt, hin und wieder während des Gottesdienstes eine kräftige Prise Schnupftabak nimmt. (Diese Leidenschaft wird sie ihrem Enkel vererben.) Der König, aufgebracht und schockiert, schickt einen Kammerherrn zu ihr, und Sophie Charlotte resigniert. Ihr Sohn, der alles aufmerksam verfolgt, zieht ärgerlich die Augenbrauen zusammen. So innig er an seiner Mutter hängt, so sehr mißbilligt er ihre laxe, gleichgültige Haltung der Religion gegenüber.

Beim Verlassen der Kirche streut der Geheime Rat von Stosch Gold- und Silbermünzen mit den Konterfeis des neuen Herrscherpaares im Wert von 6000 Talern unter das Publikum. Sodann wird das Festmahl im Moskowitersaal des Schlosses zelebriert. Die beiden Oberhofmeister servieren den Majestäten in goldenen Schüsseln; siebenundzwanzig Kammerjunker warten beim Essen auf. Nach spanischem Hofzeremoniell geht jeder goldene Teller durch zehn Hände, bevor er dem König oder der Königin präsentiert wird. Währenddessen amüsiert sich das gemeine Volk auf dem Schloßplatz, wo roter und weißer Wein (billiger Sorte) kostenlos aus zwei Springbrunnen sprudelt. Auf der Platzmitte dreht sich ein riesiger Mastochse am Spieß, der mit Hasen, Ferkeln, Fasanen und Rebhühnern gefüllt ist und von dem sich jeder eine Scheibe absäbeln kann. Die armen Leute balgen sich um diese Herrlichkeiten und vergessen darüber, daß sie es sind, die all diese Pracht mit ihren Steuergroschen und Frondiensten bezahlen müssen. Am Abend dieses denkwürdigen Tages bejubeln sie ein prasselndes Feuerwerk, das die Türme und Mauern Königsbergs in bengalisches Licht taucht.

Es gibt nun keinen brandenburgischen Kurfürsten Friedrich III. mehr, sondern einen preußischen König Friedrich I. Dazu eine Königin Sophie Charlotte und einen Kronprinzen (nicht mehr Kurprinzen) Friedrich Wilhelm, dessen Hauptspaß an diesem Tage war, sich unter das schmausende und tanzende Volk zu mischen, und der nun – mit zusammengezogenen Augenbrauen – in das Feuerwerk starrt und angestrengt versucht, dessen Kosten zu berechnen.

Sieben Wochen dauern die Festlichkeiten in Königsberg. Am 6. Mai trifft der Hof wieder in Berlin ein. Mit sieben Triumphbögen hat sich die Hauptstadt des neuen Königreiches Preußen geschmückt. Die Berliner jubeln ihrem Herrscherpaar begeistert zu und werfen die Hüte in die Luft. Aus allen Provinzen erscheinen Abordnungen mit Glückwunschadressen. Die Stände der Kurmark überreichen untertänig – wahrscheinlich innerlich zähneknirschend – eine sogenannte »Krönungssteuer« in Höhe von 160000 Talern. Feste und Feiern jagen sich nun auch an Spree und Havel. Bis Mitte Juni dauert der Trubel, was natürlich ganz nach dem Herzen der vergnügungssüchtigen Berliner ist. Nur Sophie Charlotte zieht sich an ihren Schreibtisch zurück und schreibt an Leibniz: »Glauben Sie bitte nicht, daß ich diesen Glanz und die Kronen, von denen man hier so viel Aufhebens macht, dem Vergnügen philosophischer Unterhaltung vorziehe, das wir in Lietzenburg miteinander hatten.«

Wie reagiert das Ausland? Wie stellt sich Europa zu dem spektakulären Ereignis? Fast alle europäischen Staaten sprechen ihre diplomatische Anerkennung aus, und zwar in dieser Reihenfolge: König August II von Polen-Sachsen, der deutsche Kaiser, die Könige von Dänemark und England, der russische Zar, die holländischen Generalstaaten, die Schweizer Eidgenossenschaft, Savoyen, die Kurfürsten von Mainz und Trier (1703), Portugal (1704), die Republik Venedig (1710). Schweden, Spanien und Frankreich halten mit der förmlichen Anerkennung noch eine Weile zurück. Flammenden Protest erhebt sogleich, im April 1701, Papst Clemens IX., der Friedrich I. in einer beleidigenden Anklageschrift als »Markgrafen von Brandenburg« tituliert. Darauf antwortet Professor Dr. jur. Ludwig von der Universität Halle mit einer spöttischen Gegenschrift unter der Schlagzeile »Päpstlicher Unfug über das Recht, Könige zu ernennen«. Dieses Pasquill wird sogleich bei der protestantischen Bevölkerung Deutschlands zum Bestseller, und die ehemals brandenburgischen, jetzt preußischen Truppen, die zum Kampf gegen die Franzosen nach Italien marschieren, führen es als Flugblatt in ihren Tornistern mit. Erst zehn Jahre später, 1711, endet dieser Streit. Als der Nuntius des Papstes beim Reich, Kardinal Albini, bei der Wahl Kaiser Karls VI. gegen die preußische Königswürde protestieren will, fordert ihn der preußische Gesandte beim Reichstag, Christoph von Dohna, auf blanke Säbel. Albini erbleicht und verschwindet. Von da an ist Ruhe. In Europa existiert – unbestritten – ein neues Königreich, und man gewöhnt sich allmählich daran, nicht mehr von den Brandenburgern, sondern von »den Preußen« zu sprechen.

Während Friedrich I. nun, im Sommer 1701, seine Tage damit verbringt, die gespreizte Hofetikette »königlicher« zu gestalten, verlagert sich das Alltagsleben Sophie Charlottes und ihres Sohnes, des preußischen Kronprinzen, wieder in die grünen Gefilde Lietzenburgs. Leibniz, der Präsident der Akademie der Wissenschaften, geht bei der Königin ein und aus, und er ist es auch, der den Besuch des zweiunddreißigjährigen Iren John Toland vermittelt, eines der berühmtesten Freidenker jener Zeit, der Anfang Oktober von London nach Berlin kommt, um der neuen preußischen Königin seine Aufwartung zu machen. Toland berichtet über dieses Erlebnis sofort in einem Brief, der fünf Jahre später im Druck erscheinen wird: »Von Berlin fährt man zum Schloß Lietzenburg auf der Spree durch einen Park oder Thiergarten auf einer holländischen Treckschuyte oder in kleinen Booten. Dieser Thiergarten wird mit der Zeit seiner Größe nach einer von den allerschönsten in Deutschland werden.« Toland steigt an Land, wird von Leibniz begrüßt, sieht, daß Schloß Lietzenburg noch unfertig ist, und dann steht er vor der preußischen Königin, die sein vor sechs Jahren veröffentlichtes Buch *Christianity not mysterious* (Christentum ohne Geheimnis) zur Überraschung des Autors sehr genau kennt. Toland ist der führende Kopf des Deismus, jener aufgeklärten Philosophie, die davon überzeugt ist, daß Gott nach der Schöpfung keinerlei Einfluß mehr auf die Geschicke der Erde nimmt und daß er auch nicht zur Menschheit spricht, schon gar nicht in Form von Offenbarungen. Für Sophie Charlotte, die sich seit langem mit allen Fragen des Theismus, des Atheismus, auch des Deismus gründlich auseinandergesetzt hat, ist das Gespräch mit diesem Mann eine geistige Delikatesse. Toland seinerseits bricht über die Mutter Friedrich Wilhelms in offene Bewunderung aus:

Sophie Charlotte ist die schönste Fürstin ihrer Zeit, die von keiner anderen an Verstand, freier Rede, Annehmlichkeit der Unterhaltung und des Umgangs übertroffen wird. Sie ist sehr belesen und weiß mit den verschiedensten Leuten über die verschiedensten Dinge zu reden. Man bewundert ebenso sehr ihren durchdringenden und schnellen Geist wie die gründlichen Kenntnisse, die sie sich in der Philosophie erworben hat. Ja, ich muß bekennen, daß ich in meinem ganzen Leben niemanden getroffen habe, der es verstand, geschicktere Einwürfe zu machen und die Schwäche oder Stärke eines Arguments treffender zu beurteilen als sie. Ihre liebste Unterhaltung ist die Musik. Sie spielt das Klavier vollkommen, singt auch, und der berühmte Buononcini, einer der größten italienischen Meister unserer Zeit, erklärt, daß ihre musikalischen Kompositionen vortrefflich gesetzt sind. Sie empfängt sehr gern Ausländer, um sich von allem in der Welt zu unterrichten. In die verschiedenen Regierungsformen und -Verfassungen hat sie einen so detaillierten und vorurteilsfreien Einblick, daß man sie in ganz Deutschland nur ›die republikanische Königin‹ oder die Fürstin, die es nicht mit der absoluten und unbeschränkten Monarchie hält, zu nennen pflegt. Alles, was lebhaften Geistes und feiner Bildung ist, hat zu ihrem Hof Zutritt, wo man zwei Dinge – die Wissenschaften und die Vergnügungen – in schönster Harmonie beisammen findet. Die Königin ist nicht groß und schlank, sondern eher klein und mollig, aber in den angenehmsten Proportionen. Ihre Haut ist sehr weiß, und ihre Farben sind lebhaft. Sie hat strahlend blaue Augen und kohlschwarzes Haar, das sie frei aus der Stirn gekämmt und ungepudert trägt.

Was Toland schreibt, ist weder übertrieben noch geschmeichelt. Selbst Leibniz, dieser König unter den Philosophen, ruft einmal während einer geistreichen Disputation mit Sophie Charlotte aus: »Madame, es ist gar nicht möglich, Sie zufriedenzustellen! Sie wollen das Warum des Warum wissen!« Die Königin spielt Klavier, sie komponiert Konzerte, sie hält sich sogar eine exzellente kleine Hauskapelle unter der Leitung des Maestro Attilia Ariosti. Unter ihren Musikern dominiert der berühmte Geigenvirtuose Corelli, unter den Sängern jener Ferdinando, dem Zar Peter Komplimente machte. Und endlich erfüllt sich auch Sophie Charlottes langgehegter Herzenswunsch: Am 11. Juli 1702, dem fünfundvierzigsten Geburtstag ihres Mannes, wird das neue Theater in Lietzenburg eingeweiht. Man führt die Oper »I Trionfi del

Parnasso« (Der Triumph der Musen) auf, es singen die Virtuosen Antonio Tosi, Paolina Feidelin und Regina Schönäs, und mitten im Orchester präludiert die Königin brillant auf dem Pianoforte. Ihr Sohn, Friedrich Wilhelm, sitzt im Parkett und langweilt sich tödlich.

Ein größerer Gegensatz als der zwischen Mutter und Sohn ist kaum denkbar! Sophie Charlotte gibt sich wirklich Mühe, den inzwischen vierzehnjährigen Thronerben zu feinerer Lebensart, zur Freude an wissenschaftlicher Bildung zu erziehen. Mehrere Tage in der Woche verbringt er in Lietzenburg, und dann plaudert die Mutter mit ihm, wählt gute Bücher für ihn aus und läßt sich von ihrem Sohn vorlesen. Aber das alles bewirkt überhaupt nichts. Friedrich Wilhelm bleibt eigenwillig und störrisch; wo er nur kann, kehrt er die rauhe Seite seines Charakters hervor. Sein komischer Geiz, sein unberechenbarer Jähzorn, sein rüpelhaftes Benehmen, seine Verachtung für Kunst und Wissenschaften – das alles erfüllt das Herz der Mutter mit tiefer Sorge. Wenn sie dem Sohn mit Lebhaftigkeit von einer Diskussion berichtet, die sie gerade mit Leibniz über das Nichts oder über die Unendlichkeit führte, grinst der Kronprinz nur und nennt den Philosophen einen »närrischen Kerl«. Das ist selbst der nachsichtigen Sophie Charlotte zuviel. Sie hält ihrem Sohn eine ernsthafte Strafpredigt und berichtet darüber in einem Brief an ihre Freundin, Fräulein von Pöllnitz:

Der junge Mann, den ich lediglich für lebhaft und heftig hielt, hat Beweise einer Härte an den Tag gelegt, die nur in einem sehr bösen Herzen ihren Ursprung haben kann. Nein, sagt die Bülow (die Oberhofmeisterin), das kommt vom Geize. Mein Gott, desto schlimmer! Können Mitgefühl und Mitleid Raum in einem Herzen finden, das von Eigennutz, vom Geist der Ökonomie beherrscht wird? Ich habe Friedrich Wilhelm sehr den Text gelesen, und da das nicht oft der Fall ist, habe ich nichts ausgelassen und ihm alle seine – bei verschiedenen Gelegenheiten bewiesenen – unlöblichen Handlungen vorgehalten... Hinzu kommen die Klagen der Damen, daß er ihnen grobe Beleidigungen sagt. Mein Zorn ging bis zur Entrüstung! Mein Gott, ist dies der Ton eines edlen Gemüts? Zeigt solch beleidigendes Verhalten etwa Seelenadel?

In diesen Zeilen macht sich ein enttäuschtes Mutterherz Luft. Es ist die Klage einer Frau, die ihren Sohn abgöttisch liebt. Und mit jedem Wort trifft Sophie Charlotte ins Schwarze. Wenn sie mit Blick auf Friedrich Wilhelm vom »Geist der Ökonomie« spricht, dann weiß sie selbst gar nicht, wie präzise sie damit die innerste Wesensstruktur ihres heranwachsenden Jungen erfaßt hat, der später einmal der größte Staatsökonom der Geschichte werden wird. Vielleicht ahnt sie dunkel, daß sich in diesem Sohn nicht sie selbst, sondern ihre Schwiegermutter, Luise Henriette von Oranien, durchsetzen wird.

Daß der Kronprinz sich mit vierzehn Jahren, zu Beginn der Pubertätsphase, der Damenwelt gegenüber von der ruppigsten Seite zeigt, wird nicht zuletzt als Schutz- und Abwehrhaltung des Halbwüchsigen zu erklären sein. Friedrich Wilhelm spürt natürlich, daß sich hinter dem koketten, liebenswürdigen Getue der Hoffräulein, die ihm tiefe Knickse und schöne Augen machen, viel an Spott und Geringschätzung verbirgt, daß er in ihren Augen mit seinem derben, ungeschliffenen Benehmen eine lächerliche Figur ist. Seine Grobheiten sollen die Unsicherheit und Befangenheit bemänteln, die ihn in Gegenwart von Frauen befällt. Wenn ihm schamlos ein verlockendes Dékolleté dargeboten wird, reagiert er aus Verlegenheit mit einem aggressiven »dumme Gans« oder »dumme Kuh«. Die Mutter hat schon einen Blick dafür; sie möchte ihren Sohn gern von dieser Gehemmtheit befreien und schreibt an die Pöllnitz: »Sagen Sie dem Grafen Dohna, er solle sich den Galanterien des Kronprinzen nicht widersetzen! Die Liebe schleift den Geist ab und mildert die Sitten. Aber er soll seinem Geschmack eine gute Richtung geben, damit er nicht in die niederen Sphären hinabsteigt.«

Sophie Charlotte möchte also dem Kronprinzen bewußt die Welt der »galanten Abenteuer« offerieren; die geschlechtliche Liebe soll seine Plumpheit überwinden helfen. Unter »Liebe« (l'amour) versteht sie ganz offensichtlich nicht eine tiefere Neigung oder Herzensbindung, sondern ein kultiviertes, ästhetisches Spiel der Erotik und der Sexualität, eine heiter-intime Galanterie zwischen den Geschlechtern (weniger personen- als bildungsgebunden), die sie als einen integralen Bestandteil des guten Geschmacks und der verfeinerten Umgangsformen definiert. Es ist dies die Kavaliershaltung des 17. Jahrhunderts, wie sie uns in den *Drei Musketieren* so unbefangen-natürlich entgegentritt und von ihrem Enkel später gelebt werden wird, der sich in seiner Kronprinzenzeit, vom Grafen Schulenburg auf seine zahlreichen galanten Abenteuer angesprochen, achselzuckend mit den Worten verteidigen wird: »que le Roi même a aimé le sex pendant sa jeunesse« (der König hat in seiner Jugend auch den Sex geliebt). Das trifft allerdings daneben, denn Friedrich Wilhelm teilt die Auffassungen seiner Mutter auch in diesem Punkte nicht. Als die charmante Pöllnitz – wahrscheinlich mit Wissen Sophie Charlottes – so weit geht, dem vierzehnjährigen Kronprinzen eindeutige Avancen zu machen, holt sie sich eine entschiedene Abfuhr. Nein, dieser Junge, der sich in allem seiner Umwelt entgegenstemmt, sich ihr mitnichten anpaßt, sich von ihr niemals prägen läßt, der sich extrem »männlich« gibt, nicht für Kunst und Wissenschaft, diese »Weiberdinge«, sondern für Landwirtschaft und Soldaten, also Männersachen, schwärmt, er verhält sich auch in dem, was das andere Geschlecht angeht, ganz unhöfisch, völlig unaristokratisch. Wie es zu jener Zeit nur bei der niederen Bürgerklasse üblich ist, so hat er sein Herz einem einzigen Mädchen verschrieben: der Prinzessin Caroline von Ansbach, die er in Hannover kennengelernt hat. Sie soll seine Frau und die Mutter seiner Kinder werden. Das Fatale ist nur, daß diese Prinzessin fünf Jahre älter ist als Friedrich Wilhelm und ihn natürlich überhaupt nicht beachtet. Als sie dann auch noch jenen Georg heiratet, diesen »Schlappschwanz«, den er sooft verhauen hat und der später König Georg II. von England werden wird, da können ihm die Frauen allesamt gestohlen bleiben. Er beachtet sie nicht oder schlägt ihnen die Tür vor der Nase zu.

Ende des Jahres 1702 erhält der Kronprinz in der Person des Obersten Albert Conrad Graf von Finkenstein einen neuen Oberhofmeister und Erzieher. Zwei Jahre lang müht sich dieser, aus Friedrich Wilhelm doch noch einen Kavalier höfischen Zuschnitts zu machen. Von dramatischen Auftritten oder Zwischenfällen ist nichts bekannt. Es scheint, als habe der Sohn in dieser Zeit mehr Rücksicht auf die Wünsche und Ermahnungen der Mutter genommen. Vielleicht hat auch die Strafpredigt etwas gewirkt. Am Grundgefüge dieses jungen Menschen ändert sich jedoch nichts.

Im August 1704, am sechzehnten Geburtstag des Kronprinzen, gelingt es Sophie Charlotte, dem König die Erlaubnis abzuringen, dem Thronfolger eine erste größere Auslandsreise zu gestatten: es soll in die Niederlande und nach England gehen. Die Mutter, die sich sehr schwer von ihrem trotz allem tiefgeliebten Sohn trennt, verspricht sich von einer Kavaliersreise an fremde Höfe eine wohltätige Wirkung auf die Umgangsformen des Kronprinzen. Sie umarmt ihren Sohn lange, als er im September 1704 nach Den Haag aufbricht. Als er das Zimmer verlassen hat, setzt sie sich tränenüberströmt an den Schreibtisch, nimmt ein Blatt Papier, zeichnet darauf ein Herz und schreibt hinein: »Il est parti.« Seine Reise verfolgt sie mit zärtlichen Gedanken und vielen Briefen. Friedrich Wilhelm seinerseits zeigt sich durchaus als liebevoller Sohn, sendet ihr kleine Geschenke, die er mit Bedacht bei holländischen Handwerkern für sie ausgesucht hat. Sophie Charlotte überredet ihren Mann, Anfang nächsten Jahres mit ihr über Hannover nach Den Haag zu reisen, zu ihrem Sohn, den sie so gerne noch einmal umarmen möchte, bevor er nach England übersetzt. Voller Freude schreibt sie ihm am 10. Januar 1705 aus Berlin: »Mein geliebter Sohn, ich werde Dir nur zwei oder drei Worte schreiben, denn ich bin sehr mit meiner Reise nach Hannover beschäftigt, wohin ich am Montag von Lietzenburg abgehe. Dort werde ich abwarten, ob der König weiter nach Holland reisen wird. Wenn ja, werde ich ihn begleiten und dann das Vergnügen haben, Dich zu umarmen.« Voll dunkler Vorahnungen fügt sie hinzu: »Allein, ich zweifle noch immer ein wenig daran, denn es kann sich inzwischen so manches ereignen.« Sie schließt mit den Worten: »Du hast nicht nötig, mein lieber Sohn, mir Geschenke zu machen. Deine Freundschaft genügt mir...«

Eine Woche später bricht Sophie Charlotte nach Hannover auf, obwohl sie sich nicht gut fühlt und über starke Halsschmerzen klagt. Zehn Tage später, am 28. Januar, ist offenkundig, daß die Königin an einer fortgeschrittenen Mandelvereiterung leidet, und sie begreift, daß ihr Leben zu Ende geht. Standhaft lehnt sie alle schmerzlindernden Medikamente ab, läßt sich nur hin und wieder ein eiskaltes Glas Champagner reichen. Ihren jüngeren Bruder, der in Tränen ausbricht, tröstet sie: »Es ist nichts so natürlich wie der Tod. Er ist unvermeidlich, und ich empfinde keine Betrübnis darüber, daß ich sterben muß.« Zur Pöllnitz, die nicht von ihrer Seite weicht, sagt sie: »Ach, wie viele unnütze Zeremonien wird man mit diesem Körper in Berlin anstellen!« Als die Freundin ihre Tränen nicht zurückhalten kann, lächelt Sophie Charlotte: »Was weinen Sie? Dachten Sie, ich sei unsterblich?« In der Nacht vom 31. Januar zum 1. Februar tritt der Prediger der reformierten Gemeinde, de la Bergerie, in ihr Zimmer, fällt neben dem Bett auf die Knie und bestürmt die Königin, ihre Zuflucht beim Blute Christi zu suchen und Gott um Verzeihung ihrer Sünden zu bitten. Sophie Charlotte läßt ihn ausreden und sagt dann: »Ich habe seit zwanzig Jahren die Religion studiert und aufmerksam alle Bücher gelesen, die davon handeln. Mir ist kein Zweifel übrig. Sie können mir nichts sagen, was mir nicht bekannt wäre. Ich kann Sie versichern, daß ich ruhig sterbe.« Als der Prediger weiter in sie dringt, sich aller irdischen Eitelkeit zu begeben, schneidet ihm die Oberhofmeisterin von Bülow das Wort ab: »Von dieser Sünde ist die Königin völlig frei.«

Am Morgen des 1. Februar bitten die Ärzte die Patientin dringend, ihre Stimme zu schonen. Sie winkt ab: »Ich werde eines glücklichen und sanften Todes sterben.« Die Hofdamen, die Dienerschaft, ihre geliebte Mutter und die Geschwister versammeln sich um ihr Bett. Sophie Charlotte reicht allen die Hand und bittet sie, den Sohn zu grüßen. Als sie leises Schluchzen hört, lächelt sie: »Beklagt mich nicht. Ich gehe jetzt, meine Neugier zu befriedigen über den Urgrund der Dinge, die mir Leibniz nie hat erklären können: über den Raum, die Unendlichkeit, das Sein und das Nichts...« Dann verlassen sie die Kräfte. Ihre letzten Worte sind: »Lebt wohl...ich ersticke...«

Am 1. Februar 1705 stirbt Sophie Charlotte, die Mutter Friedrich Wilhelms und erste Königin Preußens, im Alter von sechsunddreißig Jahren, nach zwanzigjähriger Ehe.

Der Sohn, der sich gerade auf ein Schiff nach England begeben will, das der Herzog von Marlborough für ihn gechartert hat, eilt auf die Todesnachricht hin sofort zurück. Er hat nun im Alter von sechzehn Jahren die Mutter verloren, die ihm alles verzieh und die ihn immer liebte. Gott sei Dank ahnt er nicht, daß ihm in seinem Leben niemals wieder Liebe begegnen wird. Bis zu seinem Tod wird er immer mit höchster Verehrung von seiner Mutter sprechen, jedoch hinzufügen: »Sie war eine kluge Frau, aber eine schlechte Christin.« In seinem Herzen weiß er, daß die Mutter zu gut und zu nachsichtig zu ihm war. Er wird beschließen, wenn er selbst einmal Kinder haben sollte, diesem Beispiel nicht zu folgen.

Ein Vierteljahr nach dem Tod Sophie Charlottes ereignet sich im Berliner Schloß ein bezeichnender Zwischenfall. Friedrich Wilhelm kommt, um seinen Vater zu sprechen, und trifft im Vorzimmer auf einen erlauchten Kreis Geheimer Räte und Kammerherren, die sich händereibend um ein flackerndes Kaminfeuer drängen und den neuesten Hofklatsch durchhecheln. Man nötigt den Kronprinzen devot, im Kreis der Herren Platz zu nehmen, drängt sich dienernd um ihn und bringt scheinbar zufällig das Gespräch darauf, daß der Staat unbedingt sparen müsse, daß besonders in Berlin der Luxus immer mehr überhand nehme, ja, daß jeden Monat gewaltige Mengen guten preußischen Geldes für unnütze Modetorheiten der Bevölkerung nach Paris gingen. (Die Herren kennen natürlich alle den Sparsamkeits-Tick des Thronfolgers, und sie wissen auch, wie sehr er alles Französische verachtet.) Friedrich Wilhelm hört eine Weile zu, mustert interessiert die prächtigen Pariser Allongeperücken der hohen Beamten, steht auf und sagt: »Ich bin sehr erfreut, daß die Herren mit mir übereinstimmen. Und Sie werden es mir gewiß gern durch die Tat beweisen wollen.« Dann reißt er sich mit einem Ruck seine kurze Stutzperücke vom Kopf, wirft sie ins Kaminfeuer und ruft: »Ich nehme die Herren beim Wort! Ein Hundsfott, der's mir nicht nachtut!« Die Geheimräte sehen den Kronprinzen und sich untereinander verdutzt an. Dann endlich, nach schrecklichen inneren Qualen, nimmt einer nach dem anderen seine kostspielige Galaperücke ab und wirft sie ins Feuer.

Eine Geschichte zum Lachen, wie es scheint. Aber dahinter verbirgt sich bitterer Ernst. Denn in den letzten fünf Jahren haben sich in Preußen Zustände der Verschwendung, der Korruption und Ausbeutung entwickelt, die jeder Beschreibung spotten und für die als Synonym der Name »Wartenberg« steht.

Erinnern wir uns an den Sturz des hochfahrenden, aber ehrbaren und sehr fähigen Premierministers Danckelmann im Jahre 1697. Nach seiner Ausschaltung wurde für kürzere Zeit der General von Barfuß Oberpräsident, also Premierminister, doch bald schon verdrängte ihn ein gewisser Herr von Kolb, der zu den führenden Intriganten gegen Danckelmann gehört hatte. Dieser Kolb war ein verarmter pfälzischer

Adliger, ein gutaussehender Mann mit den elegantesten Manieren, der sich jahrelang als Geliebter der ältlichen Pfalzgräfin von Simmern hatte aushalten lassen und dem es mit seinen liebenswürdigen Schmeicheleien schließlich vortrefflich gelungen war, sich in das Vertrauen Friedrichs und zeitweilig sogar Sophie Charlottes einzuschleichen. Rasch hintereinander avancierte er zum Oberkämmerer, Oberstallmeister, Generalpostmeister, Oberdirektor der Domänen, Oberaufseher der Universitäten und Akademien, Marschall von Preußen und schließlich, Ende 1699, zum allmächtigen Premierminister. Nicht genug damit, ließ er sich unter dem Namen »Wartenberg«, den er einer früheren Familienbesitzung entlehnt hatte, den Reichsgrafen-Titel zueignen und bezog aus allen seinen Ämtern jährlich 120000 Taler.

Das Land war dem Günstling und Emporkömmling Wartenberg bald hilflos ausgeliefert, und damit sich niemand jemals gegen seine korrupte Herrschaft auflehnen, ihn keiner je zur Verantwortung ziehen konnte, schmeichelte er seinem Gönner Friedrich eine Urkunde ab, die in der Geschichte ihresgleichen sucht. Ein gutes Jahr vor der Königskrönung, im Oktober 1699, unterschrieb Friedrich folgendes Dokument, das ihm Wartenberg in die Feder diktiert hatte:

Weil der Kurfürst versichert ist, daß Wartenberg das Interesse seines Herrn mit äußerster Treue, Applikation und Sorgfalt sucht, es ihm (Wartenberg) aber eine Unmöglichkeit ist, daß er nebst seiner bei Unserer höchsten Person täglichen Aufwartung und auf den kontinuierlichen Reisen, die er mit Uns zu thun hat, alles allein so genau examinieren könne, sondern er es nothwendig auf seine Subalternen guten Theils ankommen lassen muß, und wenn dabei etwas wider Unser Interesse geschieht, sie und nicht er solches zu verantworten haben, also geben Wir ihm, dem Wartenberg, und seinen Erben bei Unserem kurfürstlichen Wort und Glauben die Versicherung, daß, wenn bei der Verwaltung der Domänen- und Schatullengüter etwas zu Unserem Nachtheil vorgegangen sein sollte, nicht er (Wartenberg) dafür verantwortlich sein soll, auch wenn er die betreffenden Verfügungen revidiert und kontrasigniert hat, sondern die Vortragenden Räthe, deren Namen deshalb auch immer auf die Konzepte gesetzt werden sollen.

Solchen Freibrief für Korruption, Betrug, Bestechung und Unterschlagung hatte die Welt noch nicht gesehen. Das beispiellose Dokument zirkulierte bei allen Finanzbehörden, deren Leiter es zur Kenntnis nehmen und gehorsamst abzeichnen mußten. Damit war Wartenberg praktisch unumschränkter Herrscher über Leben und Eigentum aller Untertanen, und er ging auch sofort daran, das Land auszuplündern, wo immer es nur ging.

Betrachtet man die Jahre von 1700 bis 1705, also bis zu dem Augenblick, da der sechzehnjährige Kronprinz, außer sich über die Verschwendungssucht des Berliner Hofes, seine Perücke ins Feuer wirft, so sind sie gekennzeichnet von regelrechten Raubzügen, mit denen Wartenberg aus dem Land ungeheure Geldsummen für Friedrich I. und sich selbst herauspreßt. Diese Raubzüge führt er in Form von laufenden Steuererhöhungen oder Neubesteuerungen durch. Die Steuern auf Grund und Boden, genannt »Kontribution«, und die Akzise-Sätze (also die Zölle, die man an den Stadttoren auf sämtliche Konsumgüter erhebt) werden jährlich höhergetrieben. So erhöht sich das jährliche Akzise-Aufkommen der Residenzstadt Berlin von 1690 bis 1710 von 60000 auf 180000 Taler. Dazu kommen fortlaufend Sondersteuern, beispielsweise zur Aufbringung der Gelder für Schloßbauten, Parkanlagen oder für die Krönungsfeierlichkeiten. Als auch das nicht mehr ausreicht, erläßt die Regierung »Kopfsteuern«, also steuerliche Abgaben pro Kopf der Bevölkerung. Dabei spielen die Vermögensverhältnisse keine Rolle, nur die Standeszugehörigkeit ist entscheidend: ein Graf zahlt sechzig, ein Baron vierzig, ein Kuhhirte einen halben Taler; Frauen und Kinder unter zwölf Jahren sind von diesen Abgaben befreit. Wer die Kopfsteuer nicht binnen zwei Monaten zahlt, muß das Doppelte entrichten; wen man bei der steuerlichen Erfassung übersehen hat und wer von einem lieben Mitmenschen denunziert wird, muß das Vierfache berappen.

Aber selbst die Kopfsteuer reicht nicht aus, um die exorbitanten Ausgaben für den Hof und für die Günstlingswirtschaft zu decken. Also geht es nun den Perücken zuleibe. Friedrich I. ist ein Perückenfetischist. Um seine »schiefe« Gestalt zu verdecken, trägt er riesenhafte Allongeperücken, deren Korkenzieherlocken weit über Schultern und Rücken herabfallen. Im ganzen Land wird diese Mode des Königs nachgeäfft. Kein Mensch läßt sich mehr ohne Perücke auf der Straße sehen; selbst die Gassenjungen verunzieren ihre Köpfe mit kleinen Perücken. Wartenberg erläßt eine Perückensteuer: inländische Erzeugnisse werden mit sechs, ausländische mit fünfundzwanzig Prozent des Verkaufspreises belegt. Ein französischer Steuerbeamter mit zahlreichen Mitarbeitern erhält das Perückensteuermonopol für Potsdam und Berlin. Auf offener Straße werden den Leuten die Perücken vom Kopf gerissen, um zu kontrollieren, ob die Steuersiegel angebracht sind; oder man dringt einfach in die Häuser ein und fahndet nach dort vorhandenen Exemplaren.

Nach den Perücken kommen die Stiefel, Schuhe, Strümpfe an die (Steuer-)Reihe. Ebenso die Hüte und Hauben der Damenwelt. Für den Kauf von Kaffee, Tee und Schokolade muß das Publikum jährlich Genehmigungsscheine erwerben, und zwar bei demselben französischen Steuerbeamten, der die Perücken kontrollieren läßt. Selbst die Kutschen und Karossen werden besteuert, mit der Begründung, daß die Räder der Fahrzeuge das Pflaster der Straßen beschädigen oder abnutzen. Am schlimmsten trifft die ärmeren Schichten die neue Salzsteuer: pro Scheffel Salz ein ganzer Gulden. Das ist für die meisten einfach unerschwinglich, und so kommt es, daß man das Fleisch in vielen Häusern mit Heringslake einpökelt, woran Tausende von Menschen gefährlich erkranken. Das sind die Folgen der Wartenbergschen Steuer-Raubzüge, die das Volk planmäßig ausbeuten und doch niemals die Luxuskosten des Hofes zu Berlin decken können, die bis zum Jahre 1706 bis auf 30000 Taler pro Monat steigen.

Vor diesem düsteren Hintergrund erkennt man die wahre Bedeutung jenes scheinbar so komischen Zwischenfalls der im Kaminfeuer verbrannten Allongeperücken. Hier beginnt ein neuer Lebensabschnitt des preußischen Kronprinzen! Friedrich Wilhelm, der inzwischen siebzehn geworden ist, wird im Herbst 1705 durch den König zum Mitglied des preußischen Staatsrates ernannt. Und bald gehen ihm die Augen auf und über: Was er als Kind nur undeutlich ahnte und was ihm ein verschwommen-dumpfes Unbehagen verursachte, was er kaum bewußt zu artikulieren vermochte, das tritt jetzt konkret-rational an ihn heran und entpuppt sich als ein ausgeklügeltes System von Schlamperei, Verschwendung, ja chaotischer Verfilzung einer kleinen herrschenden Hof- und Gesellschaftsclique, die vom Volke lebt. Die »Unschuld« seiner unbekümmert-rüpelhaften Kindertage, beschützt und umfriedet durch die alles verzeihende Liebe der Mutter, fällt wie ein warmer Mantel von seinen Schultern. Friedrich Wilhelm wird »sehend«, und von nun an bis zu dem Tage, an dem er König wird, steht das preußische Staats- und Gesellschaftsgetriebe unter dem stechenden, kritisch beobachtenden Blick des künftigen Thronerben.

Dem königlichen Vater und seinen Beratern fährt der Schreck in die Glieder, als sie Ende 1705 das erste schriftliche Gutachten Friedrich Wilhelms, der in der Zwischenzeit zum Chef eines Infanterieregiments ernannt wurde, zu Gesicht bekommen. Die Ausarbeitung des Kronprinzen gipfelt in dem Gedanken, dem preußischen Staat eine stehende Armee von weit größerem Umfang als bisher zuzulegen. Doch bald beruhigt sich die Hofkamarilla wieder, in der Überzeugung, der junge Mann gäbe ja nur seinem militärischen Affen Zucker, man wisse ja allenthalben, daß er sich nun eben mal auf die Soldatenspielerei kaprizieren; mit diesem Kronprinzen-Tick müsse man halt leben. Das ist ein Irrtum! Denn indem Friedrich Wilhelm die Unterhaltsfrage für die stehenden Streitkräfte anschneidet, greift er mit fordernder Hand nach dem Finanzwesen des Staates, also nach dem »nervus rerum« der Herrschafts- und Gesellschaftsstrukturen in Preußen. Gottlob übersieht das die Kamarilla.

Es läßt sich nachträglich nicht mehr mit Sicherheit sagen, ob sich Friedrich Wilhelm in den Jahren 1705 bis 1710 mit Vorbedacht »tarnt« und den Militär-Narren spielt, um Wartenberg und seine Clique in Sicherheit zu wiegen beziehungsweise von sich abzulenken, oder ob sein Blick für die Gesamtökonomie des Staates in der Tat noch nicht ausreicht, er noch umfassender Lernprozesse bedarf. Jedenfalls hält er sich äußerst bedeckt, und niemand in Berlin ahnt im entferntesten, was da heranwächst. Außerdem kommt noch etwas anderes hinzu: Was immer sich in Friedrich Wilhelm an Ärger und Wut über die skandalösen Zustände am Hof aufspeichern wird, niemals läßt er von seiner loyalen, respektvollen Haltung gegenüber dem Vater und König. Die Autorität des Familien- und Staatsoberhauptes ist ihm sakrosankt, und es ist schon erstaunlich und nie genug gewürdigt worden, wie konsequent er diese Linie über lange Jahre einhält. Es muß ihn ungeheure

Nervenkraft kosten, sein jähzorniges, stürmisches Temperament zu zügeln, die Zähne zusammenzubeißen, auf andere Zeiten zu warten und bis dahin den gehorsamen Sohn und Thronerben zu spielen. (Wir wollen das nicht vergessen, wollen es im Auge behalten, denn es erklärt, warum dieser Mann zwanzig Jahre später nicht einen Funken Verständnis für den Kronprinzen Friedrich aufbringen wird, als dieser rebelliert und die »aufgehende Sonne« spielen will.)

Ein Jahr nach dem Tod Sophie Charlottes, im Sommer 1706, wirbt Friedrich I. für seinen Sohn um die Hand der Prinzessin Sophie Dorothea, einer Tochter des Kurfürsten Georg von Hannover. Es geht dabei ausschließlich um Politik, denn es zeichnet sich bereits ab, daß Georg in Kürze König von England, Schottland und Irland werden könnte (was 1714 dann auch der Fall sein wird). Eine familiäre Verbindung Berlins mit Hannover und London kann für das junge Königreich Preußen in der Tat von allergrößtem Nutzen sein. Von »Liebe« ist dabei überhaupt keine Rede. Friedrich Wilhelm weiß im Grunde nichts über seine zukünftige Frau. Sie ist ein Jahr älter als er, ziemlich groß und stattlich, hat blaue Augen und braunes Haar, ist höfisch durchgebildet, ihrem in Aussicht genommenen Ehemann an Politur und Schliff weit überlegen, trägt die Nase hoch in der Luft und würde in die Verbindung mit dem plump-gedrungenen Berliner Prinzen kaum einwilligen, wenn ihr nicht überscharf bewußt wäre, daß diese Kombination ihrem Haupt eine Königskrone beschert.

Im Juni findet in Hannover die Verlobung statt, und die beiden Brautleute stehen sich ziemlich steif und fremd gegenüber. Dann reist Friedrich Wilhelm zum verbündeten Heer, das in den Niederlanden gegen die Franzosen kämpft, denn der Spanische Erbfolgekrieg geht unentwegt weiter. Der preußische Kronprinz erlebt die Eroberung der Festung Menin unter dem Oberkommando des englischen Herzogs von Marlborough mit, ohne daß Bemerkenswertes von seiner Anwesenheit auf dem Schlachtfeld zu berichten wäre.

Inzwischen ist in Hannover die Verehelichung durch Prokuration, also durch Stellvertretung, vollzogen worden. Am 27. November, als die frischgebackene Kronprinzessin Sophie Dorothea feierlich nach Berlin geholt wird, ist Friedrich Wilhelm in Offiziersuniform zur Stelle. Am nächsten Tag findet die offizielle Trauung der beiden jungen Leute

– sie ist neunzehn, er achtzehn – in der Berliner Schloßkapelle statt. Am Abend nimmt Friedrich Wilhelm seine jungvermählte Frau, ohne lange Umstände und sonderliche Feinheiten, im Sturm, als wäre er noch bei Menin und ginge es darum, siegreich die Fahne aufzupflanzen. Damit ist für diese Ehe, ist für die nächsten vierunddreißig Jahre alles klar: Sophie Dorothea gewöhnt sich nolens volens daran, daß Friedrich Wilhelm in ihr vor allem die künftige Mutter seiner Kinder sieht, und mit dieser Aufgabe wird er sie jahrzehntelang mit nie versagender Lust in Atem halten; zugleich befestigt sich in ihrem hochmütigen Sinn eine innere Abwehr, eine tiefsitzende Überlegenheitshaltung gegen diesen derben, stürmischen, völlig unsensiblen Ehemann, der frischgewaschen in ihr Schlafzimmer stürmt, sie ohne jedes Zeremoniell »mein Fiekchen« nennt und sie ausdauernd und gutgelaunt liebt, wie es sonst nur bei einfachen Bürgersleuten üblich ist.

Wenn Friedrich Wilhelm nicht die wöchentlichen Sitzungen des Staatsrates besucht oder zu seiner jungen Frau eilt, die ihm nach zwölf Monaten Ehe einen kleinen Prinzen schenkt, der schon nach einem Jahr stirbt, dann hält er sich auf seinem Jagdschloß Wusterhausen auf, das immer mehr zur Keimzelle eines preußischen Gegenstaates wird. Die Historiker haben endlos hevorgehoben, daß der Kronprinz dort, in Wusterhausen, seinen berüchtigten Soldaten-Tick hätschelt. Sicher zu Recht. Bis zum Jahre 1711 wächst die ursprüngliche Kadettenkompanie, die der kleine Friedrich Wilhelm so hingebungsvoll drillte, auf Bataillonsstärke an, was einfach dadurch geschieht, daß die jüngeren Wusterhausener Knechte und Landarbeiter zur Soldatenspielerei verdonnert werden. Aber das ist nur die eine Seite der Medaille. Daneben macht dieser junge Mann aus Wusterhausen ein regelrechtes landwirtschaftliches Mustergut, lernt er die »Ökonomie« aus dem Effeff, begreift vor allem, daß man die Details einer Guts- oder Hauswirtschaft kennen muß, wenn man die großen Linien der Volkswirtschaft überblicken will.

Das Musterbeispiel Wusterhausen steht in diametralem Gegensatz zu dem, was in Berlin vor sich geht. Soeben, Ende des Jahres 1706, wird der königliche Hof um eine neue, kostspielige Variante der Hierarchie vermehrt: Wartenberg installiert ein Oberheroldsamt, das einen Oberheroldsmeister, fünf Oberheroldsräte, einen Historiographen, einen Archivar, einen Notar und einen Wappenmaler umfaßt, die ihrerseits wieder zahlreiche Mitarbeiter benötigen, obwohl dieses »Oberheroldsamt« praktisch keine Aufgabe hat, es sei denn die, zwischen König und Volk eine weitere Scheidewand zu errichten. In diesem Jahr 1706 betragen die Kosten für den königlichen Hofstaat ca. 376 000 Taler. Welchen sozialökonomischen Stellenwert das ausmacht, erkennt man daran, daß im selben Jahr 420 000 Taler für die Verwaltung, Justiz, Kirche, Schulen und Universitäten des gesamten preußischen Staates ausgegeben werden, also insgesamt kaum mehr als für den Aufwand des Hofes.

Kein Wunder, wenn man bedenkt, daß jährlich 80 000 Taler an Gehältern für die Festangestellten des Berliner Hofstaates aufgebracht werden müssen. Darunter fallen: dreißig Kammerjunker, fünf Hofjunker, sechs Hof- und Leibmediziner, zwölf Geheime Kammerdiener, sechzig festbesoldete Hofmusiker, Dutzende von Pagen, Lakaien etc. Der Kammerdiener, der Friedrich I. täglich rasiert, hat zwei königliche Hofbarbiere unter sich und bezieht als Gehalt 840 Taler sowie kostenloses Futter für vier Pferde. Das Küchenpersonal des Königs besteht aus sechsundsechzig Angestellten. Die Dienerschaft, die auf Reisen des Königs oder Wartenbergs mitgenommen wird, umfaßt auch eine Spezial-Reisekapelle von Paukern und Trompetern. Für die Gondel des Monarchen sind italienische Ruderer aus Venedig verpflichtet worden, für die königliche Treckschuyte eine holländische Matrosenmannschaft. Dazu kommen enorme Kosten, die für königliche Sondergesandtschaften an fremde Höfe aufgebracht werden müssen (im Jahre 1712 mehr als zweihunderttausend Taler), des weiteren für die Prachtbekleidungen der königlichen Leibgarden zu Fuß und zu Pferd, für die diversen Ordensritter, Herolde, sonstigen Hofbediensteten. Alle stolzieren, wie die Pfauen, in gold- und silberglänzenden Röcken einher. Und die vergnügungssüchtigen, eitlen Berliner ahmen diesen Konsumstil begierig nach, so daß der Kleiderluxus auch die bürgerlichen Bevölkerungsschichten erfaßt. Das ist aber keineswegs nach dem Willen des Hofes, und so ergeht eine strenge Kleiderordnung, in der es unter Strafandrohung heißt, »daß man nicht allein des höchsten Gottes Zorn und Strafe« zu befürchten habe, wenn man sich als gewöhnlicher Bürgersmann in Samt und Seide kleidet, »sondern auch die meisten

Familien dadurch verarmen, ja förmlich ruiniert werden«. Denn das soll natürlich nicht geschehen, daß die kleinen Leute das Geld für sich selbst ausgeben; dann könnte ja Wartenberg seine Steuer-Raubzüge nicht mehr veranstalten.

Selbstverständlich, dieser Luxus in Berlin ist keineswegs einzigartig. An sämtlichen Höfen und Höfchen der Zeit geht es genauso oder ähnlich zu. Alle ahmen sie das prunkvolle Beispiel des »Sonnenkönigs« nach, und ganz nach französischem Vorbild betrachtet man allerorten das Volk lediglich als Ausbeutungsobjekt, als geduldige Knetmasse, aus der das Letzte herauszupressen ist. Das gilt auch für den Kaiserhof in Wien, wo beispielsweise viertausend Gulden jährlich allein für den Petersilieverbrauch des Hofes ausgegeben, zwei Faß kostbaren Tokaiers zum Einweichen des Brotes für die Papageien der Kaiserin benötigt werden und die Dienerschaft die Stärke eines Armeekorps umfaßt. Doch das alles ist kein Trost für Friedrich Wilhelm, den preußischen Kronprinzen, dem der Glanz von Versailles überhaupt nichts bedeutet, dem jeglicher Luxus ein persönlicher Greuel und dessen Sinn ausschließlich auf die Interessen des Staates gerichtet ist.

In den Jahren 1708 und 1709 bricht über die Provinz Ostpreußen eine verheerende Hungerkatastrophe herein. Die Menschen sterben massenweise an Typhus. Mehr als zweihunderttausend Einwohner, etwa fünfzig Prozent, werden von der Seuche hinweggerafft; die Städte und Dörfer Ostpreußens wirken teilweise wie ausgestorben. Um so gespenstischer und empörender präsentiert sich das Prachtgehabe des Berliner Hofes, an dem auch in dieser Zeit keinerlei Abstriche erfolgen. Als im Sommer 1709 die erste Tochter des preußischen Kronprinzenpaares, Wilhelmine, die spätere Markgräfin von Bayreuth und Lieblingsschwester Friedrichs des Großen, zur Taufe getragen wird, überbieten Friedrich I. und Wartenberg alles Bisherige noch an Pomp und Ausstattung. Die Könige von Polen und Dänemark kommen als Taufpaten nach Berlin, und über die preußische Residenzstadt legt sich Dreikönigs-Glanz, während in Ostpreußen Fälle von Kannibalismus registriert werden. Eine Hofschranze, die ein Gedicht verfaßt hat, in dem die kleine Wilhelmine mit dem Jesuskind und die drei Könige von Preußen, Polen, Dänemark mit den drei Weisen aus dem Morgenland verglichen werden, erhält von Friedrich I. für ihre Knittelverse eintausend Golddukaten. Und das in dem Jahr, in dem infolge der Hungersnot in Königsberg 8127 Menschen mehr sterben als geboren werden.

Friedrich Wilhelm nimmt an diesem Spektakel nicht teil. Er hat Ende April Berlin verlassen und sich zu den verbündeten Heeren in den Niederlanden begeben, bei denen auch ein größeres preußisches Truppenkontingent unter den Generälen von Natzmer und von Lottum eintrifft. Der König hat ihm eine schriftliche Instruktion mitgegeben und ihm aufgetragen, sich eng an die beiden berühmten Feldherren, den Prinzen Eugen und den Herzog von Marlborough, zu halten, außerdem »allen anderen Generälen und vornehmen Leuten, insonderheit denen von der englischen Nation, jedesmal mit Civilität und Höflichkeit zu begegnen«. Man sieht, wie tief das deutsche Selbstbewußtsein noch am Boden liegt.

Im Herbst 1709 kommt es zur Schlacht bei Malplaquet, in der die Verbündeten den Franzosen eine entscheidende Niederlage beibringen. Bis zu seinem Tod wird es für Friedrich Wilhelm die stolzeste Erinnerung sein und bleiben, daß er an diesem glorreichen Tag auf dem Schlachtfeld dabeigewesen ist. In den europäischen Zeitungsberichten kann man lesen, daß sich der preußische Kronprinz »in der Schlacht beständig beim Prinzen Eugen und beim Herzog von Marlborough befunden und alle Gefahren, aber auch alle Ehren« mit ihnen geteilt habe. Marlborough selbst endet seinen Gefechtsbericht mit der Feststellung, der Sieg sei insbesondere den Preußen und ihrem todesmutigen Angriff auf den rechten Flügel der Franzosen zu danken.

Friedrich Wilhelm hat sich aber im alliierten Hauptquartier nicht sklavisch an die Instruktionen seines Vaters gehalten und seine Zeit damit verbracht, Ausländern, welcher Nation auch immer, mit »Civilität und Höflichkeit« zu begegnen. In den sechs Monaten, die er im Felde verbringt, widmet er sich vor allem dem preußischen Truppenkontingent. Er kann das um so eher und mit Erfolg tun, als sich in seiner Begleitung der dreiunddreißigjährige Fürst Leopold von Anhalt-Dessau befindet, seines Zeichens selbständiger deutscher Landesfürst, gleichzeitig preußischer Generalleutnant, der sich schon wiederholt vor dem Feinde ausgezeichnet hat, dessen Waffenruhm seit 1706 durch ganz Europa hallte, als er – in der linken Hand die Schnapsflasche, in der rechten den blanken Degen – die preußischen Truppen zum siegreichen Sturm auf das von den Franzosen besetzte Turin geführt hat. Dieser schnauzbärtige Leopold mit seiner rauhen Kommandostimme ist in mehrfacher Hinsicht ein Unikum. Er hat gegen den Widerstand seiner Eltern und der gesamten höfischen Gesellschaft eine einfache Apothekerstochter, die bildhübsche Anneliese Föhse, geheiratet und zur Landesfürstin gemacht; er hat einen vermutlichen Liebeskonkurrenten kurzerhand mit dem Degen niedergestochen; vor allem aber ist er das, was es bis dahin noch nicht gegeben hat: er ist der erste Berufssoldat Europas. Denn außer militärischen Dingen interessiert ihn eigentlich nichts auf der Welt, wenn man davon absieht, daß er auch ein guter, sparsamer Verwalter seines kleinen Fürstentums Anhalt-Dessau ist.

Das ist ein Mann nach dem Herzen Friedrich Wilhelms: praktisch, nüchtern, derb und rauh, gottesfürchtig und luxusfeindlich, nur der »Ökonomie« und dem Militär ergeben. Und ein so sturer Kommißkopf Leopold auch ist, seine vielfältigen Erfahrungen aus der militärischen Praxis kommen dem lerneifrigen preußischen Kronprinzen außerordentlich zugute. Hier entwickelt sich die Symbiose zweier Männer, deren gemeinsames militärreformerisches Wirken von umstürzenden historischen Konsequenzen sein wird. Der preußische Generalleutnant Leopold experimentiert schon seit einem Jahrzehnt an neuen Marschformationen und Waffentechniken. Der Gleichschritt und der eiserne Ladestock gehen nicht ausschließlich, aber maßgeblich auf den Dessauer zurück. Jetzt, angefeuert von Autorität und Sachverstand Friedrich Wilhelms, geht ein förmlicher Ruck durch die preußische Armee. Die bisherige bunte Vielfalt der einzelnen Truppenteile weicht einer einheitlichen Fasson in Organisation, Taktik, Uniformierung und Disziplin. Das »Preußischblau« entsteht, das bald zum weltweit bekannten Synonym für preußisches Militär werden wird. In den Seidenfahnen der Bataillone und Regimenter erscheint einheitlich der auffliegende preußische Adler, den der Schriftzug einfaßt »Non soli cedit« (Er weicht nicht der Sonne).

Während des gesamten Feldzuges exerziert Friedrich Wilhelm das preußische Armeekorps, so daß sich in den Lagern der Verbündeten Staunen, Neid, Bewunderung und Spott ausbreiten. Der »preußische

Drill« wird zum geflügelten Wort in den internationalen Militärkreisen. Dabei erkennen nicht einmal die Fachleute die revolutionäre Bedeutung des preußischen Exerzierdienstes, lassen sich von dem äußerlichen Paradeeffekt täuschen. In Wahrheit geht es um etwas ganz anderes: die Welt steht am Vorabend der Lineartaktik! In Zukunft werden nicht mehr einzelne Haufen in wirrem Durcheinander zusammenprallen, sondern man wird in feuerspeienden Linien über das Schlachtfeld marschieren. Es kommt jetzt darauf an, Feuer und Bewegung miteinander zu kombinieren. Oder anders ausgedrückt: das Feuer muß marschieren! Und das geht nur, wenn die Lineartaktik mit äußerster, tausendmal geprobter Präzision auf dem Gefechtsfeld gehandhabt wird. Jetzt noch, 1709 bei Malplaquet, erscheint das alles wie eine militaristische Marotte. Dreißig Jahre später, 1741 bei Mollwitz, wird der preußische Angriff in seinem stetigen Wechsel von geschlossener Salve und geschlossenem Vorrücken unschlagbar sein und eine dramatische Verschiebung des europäischen Gleichgewichts bewirken. Kronprinz Friedrich Wilhelm und sein Freund, der Dessauer, werden so zu Lehrmeistern, zu geistigen Inspiratoren eines neuartigen Heerwesens.

Im Jahr 1710 kommt der legendenumwobene kaiserliche Feldherr, Prinz Eugen von Savoyen, zu einem offiziellen Staatsbesuch nach Berlin. Er wohnt im Haus des Dessauers und hat mehrere Besprechungen mit Friedrich I. und dessen Ministern. Er speist beim englischen Gesandten Mylord Raby, beim alten Feldmarschall von Wartensleben und beim Kronprinzen, der seine sprichwörtliche Knickrigkeit vergißt und den gefeierten Kriegshelden mit delikaten Speisen und Weinen traktiert. Prinz Eugen schwört den preußischen Hof auf absolute Kaisertreue ein und verläßt Berlin mit Geschenken des Königs im Wert von dreißigtausend Talern. Besser wäre es gewesen, ihn nicht mit Gold und Diamanten zu »spicken«, sondern ihm unter Hinweis auf die formidable königliche Armee politische Zusagen zum Nutzen des preußischen Staatsinteresses abzugewinnen. Aber das Jahr 1710 schließt insoweit mit einer positiven Perspektive, als es endlich gelingt, den korrupten Premierminister Wartenberg – mit nachdrücklicher Hilfe des Kronprinzen – zum Rücktritt zu bewegen. Friedrich I. weint bittere Tränen, als sein Günstling sich nach Frankfurt am Main absetzt, die Taschen randvoll gefüllt mit zwei Millionen ergaunerter Taler.

Im Sommer 1711 ist Kronprinzessin Sophie Dorothea schon wieder guter Hoffnung. Sie hat ihrem Mann, der jetzt kurz vor seinem dreiundzwanzigsten Geburtstag steht, in viereinhalb Jahren Ehe bereits zwei Söhne geboren, die allerdings nach wenigen Monaten wieder gestorben sind, und die Tochter Wilhelmine, die inzwischen zwei Jahre alt ist und bei guter Gesundheit scheint. Friedrich Wilhelm ist in diesem Sommer – soweit er das bei seinem unbeleckten Naturell überhaupt kann – von bemühter Rücksichtnahme auf sein »Fiekchen«. Geradezu inbrünstig hofft er auf einen Sohn, auf einen männlichen Erben, und lebt doch ständig in der Furcht, der Tod könne seinen innigsten Herzenswunsch zunichte machen.

Der frühe Tod der beiden kleinen Söhne hat im Leben Friedrich Wilhelms eine von den Historikern weit unterschätzte Rolle gespielt. Es waren Hammerschläge des Schicksals; so hat sie der preußische Kronprinz jedenfalls empfunden. Gewiß, die Kindersterblichkeit ist zu Beginn des 18. Jahrhunderts enorm, sie gehört zur »Normalität« des Familienlebens, ob im Palast oder in der Hütte. Friedrich Wilhelm, für den der Sinn der Ehe nicht im Sex, nicht einmal in »l'amour« besteht, sondern im Willen zum Kind, ist seit 1708, seit dem ersten Todesfall, tief betroffen. Später wird er selbst schreiben, daß er seit diesem Jahre (1708 ist er zwanzig Jahre alt) zu einem wahrhaft frommen Christen geworden sei. Er hat die Allmacht Gottes kennengelernt, mit dessen »Souveränität« sich nicht spaßen läßt, und bis zu seinem Tode wird er bei aller Brutalität und Gewalttätigkeit seines stürmischen Temperaments doch nie ohne Furcht vor der strafenden Hand des Schicksals leben.

Den größten Teil des Sommers verbringt Friedrich Wilhelm in seinem geliebten Wusterhausen, exerziert und drillt sein Privat-Bataillon von sechshundert Mann, oder er kriecht in Ställe und Scheunen, examiniert seine Bauern und Pächter. Abends setzt er sich, nachdem er sich gründlich gewaschen und Ärmelschoner übergestreift hat, bei flackernden Windlichtern an den Schreibtisch und frönt seiner größten und tiefsten Leidenschaft: er rechnet. Scharf überfliegt sein Blick die Zahlenkolonnen, die übersichtlich und klar – wie Bataillone und Regimenter – vor seinem Auge aufmarschiert sind. So hat er schon als kleiner Junge über seinem Dukatenbüchlein gesessen, und jetzt stellt er mit hoher Befriedigung fest, daß die Gesamteinkünfte Wusterhausens in diesem Jahr 120000 Taler betragen, von denen er nur dreißig Prozent für seine kleine Privatarmee investieren mußte. Im Vergleich zu den Unterhaltsbeträgen eines normalen Bataillons der preußischen Armee hat ihn sein Spielzeug-Bataillon 3750 Taler weniger pro Jahr gekostet. Er hat also Plus gemacht! Aber das ist nicht nur sein knickriger Sparren, dem Friedrich Wilhelm wieder einmal huldigt. Nein, an dem Wusterhauser Detailobjekt – halb Landwirtschaft, halb Truppenstandort – entwickelt sich kontinuierlich, aus der Praxis heraus, ein tiefblickendes Verständnis dieses Prinzen für den unauflöslichen Zusammenhang von Heeres- und Finanzwesen, für die volkswirtschaftlichen Wechselwirkungen zwischen Staat und Armee.

Am 24. Januar 1712 ist es endlich soweit: Sophie Dorothea bringt einen dritten Sohn zur Welt. Es ist ein Sonntag, und die Eltern sehen darin ein gutes, glückverheißendes Omen. Sie fallen gemeinsam auf die Knie und bitten Gott, ihnen den heißersehnten Erben nicht wieder zu nehmen.

Im Schlafgemach der Kronprinzessin, im Berliner Schloß, reicht die Amme dem stolzen Vater das kleine Bündel mit dem Neugeborenen. Friedrich Wilhelm ist außer sich vor Freude; er drückt und herzt den Säugling. Er hält ihn dicht vors Kaminfeuer, um sein Gesicht besser studieren zu können, so daß die Kammerfrauen in heller Aufregung herbeieilen, um ihm das Baby zu entreißen und es behutsam wieder in die Arme der erschöpften Mutter zu legen.

Dann öffnen sich die Flügeltüren, und der König erscheint mit großem Gefolge. Stolz läßt sich der Großvater von seiner Schwiegertochter den Enkel präsentieren, legt segnend beide Hände über das kleine, verrunzelte Gesicht und vertieft sich in ein lang anhaltendes Gebet. Die Eltern stehen währenddessen Höllenqualen aus, denn sie sehen ihr Kind schon halberstickt. Schließlich entfernt sich der königliche Großpapa mit der Anordnung, daß die feierliche Taufe des kleinen Prinzen in einer Woche erfolgen soll.

Am 31. Januar um sechzehn Uhr findet die Taufhandlung in der königlichen Schloßkapelle bei Kerzenbeleuchtung statt. Das Baby ist in ein silberdurchwirktes, mit Brillanten besetztes Batistkleid gehüllt, dessen Schleppe sechs Gräfinnen tragen. Der König hat angeordnet, daß der kleine Täufling seinen Vornamen Friedrich bekommen soll, der dem Hohenzollernhaus bisher so »glückbringend« gewesen sei. Und während der Großvater höchstpersönlich den winzigen Prinzen über das Taufbecken hält, nimmt Berlins Bischof Ursinus die weihevolle Handlung vor.

Zehn Monate später, im November 1712, kommt Zar Peter von Rußland durch Berlin. Er führt gerade Krieg gegen die Schweden und Dänen und möchte – wenn es irgend geht – Preußen zum Bundesgenossen gewinnen. Er kommt fast ohne Begleitung, ohne vorherige Anmeldung, auf einem Schlitten mit vier Kosakenpferden, so daß ihn die Berliner Spaziergänger für einen russischen Kaviarhändler halten, geht unerkannt durch die Straßen der Stadt und schnurstracks ins Schloß, wo man vor Überraschung fast in Ohnmacht fällt. Friedrich I., bereits seit Tagen kränkelnd, läßt sich vom russischen Herrscher zu nichts überreden; er wahrt Preußens Neutralität. Zar Peter ist enttäuscht, versteht sich aber glänzend mit dem Kronprinzen, der ihm stolz seinen Sohn präsentiert, den er »Fritzchen« nennt und der bereits sechs Milchzähne vorzuweisen hat.

Im Januar 1713 verschlechtert sich der Gesundheitszustand Friedrichs I. in bedenklicher Weise. Der »schiefe« König verläßt kaum noch das Bett. Dennoch rechnet niemand mit dem baldigen Tod des fünfundfünfzigjährigen Monarchen. Am 20. Februar jedoch spricht sich in Berlin die zunehmende Mattigkeit des Königs herum, und Tausende von Berlinern versammeln sich auf dem Platz vor dem Schloß. Als man Friedrich zwei Tage später in einer Art Sänfte an das Fenster trägt, bricht die wartende Menge bei seinem Anblick in lauten Jubel aus. Friedrich aber täuscht sich nicht über seinen Zustand. Er wendet sich zu den ihn Umgebenden um und sagt: »In der Welt ist's doch nur eine Komödie, und die ist bald zu Ende. Wer nichts Bessres hat, der ist übel dran.« Das ist das Klügste, was dieser Mann je in seinem Leben gesagt hat, und es macht seiner (späten) Einsicht Ehre.

Am 24. Februar läßt der sterbenskranke König seinen Sohn, den Kronprinzen, dessen Frau Sophie Dorothea und den kleinen Enkel, das »Fritzchen«, rufen. Er erteilt ihnen seinen Segen. Einen Tag später, am 25. Februar 1713, stirbt Friedrich I., Preußens erster König, nach fünfundzwanzigjähriger Regierungszeit. Graf Dohna, der seine Hand hielt, berichtet, der König sei gestorben »so sanft wie ein Licht, das verlöscht«.

Ist ein Licht über Preußen ausgegangen?

Die Bewohner der Provinzen, die Brandenburger, Pommern, Ostpreußen, Westfalen und Rheinländer, sie haben weiß Gott keinen Grund zu großer Klage. Wenn sie an die letzten fünfzehn Jahre dieser Regierungszeit denken, dann fallen ihnen die Steuer-Raubzüge des Grafen Wartenberg ein, der sie plagte und schröpfte und sich selbst bereicherte. Ganz anders die Hauptstädter, die Berliner. Sie sind von ehrlicher Trauer und Betroffenheit erfüllt. Auch sie sind weidlich traktiert worden, man hat ihnen auf den Straßen die Perücken vom Kopf gerissen, um die Steuerstempel zu kontrollieren. Und doch wissen sie nur zu gut, welchen Aufschwung ihre Stadt unter diesem Hohenzollernfürsten genommen hat. 1701 ist Berlin Hauptstadt eines Königreichs geworden, und acht Jahre später, am 18. Januar 1709, hat Friedrich I. die fünf Städte Berlin, Cölln, Friedrichswerder, Dorotheenstadt und Friedrichstadt durch königlichen Verwaltungsakt zu einer einzigen Haupt- und Residenzstadt zusammengefaßt. Zählte Berlin nach Beendigung des Dreißigjährigen Krieges ganze 6000 Einwohner, so hat sich die Zahl bis 1712 verzehnfacht, auf 60000 Menschen, darunter fünftausend Hugenotten und eintausend Juden. Berlin kann sich noch nicht mit Paris, London oder Dresden messen; aber eine Stadt wie Hannover, Hauptstadt des benachbarten Kurfürstentums, hat sie bereits weit hinter sich gelassen. Die unaufhörlichen Feierlichkeiten und Lustbarkeiten, die der verstorbene Monarch veranstaltete, haben eine Menge von Künstlern und Handwerkern nach Berlin gezogen, und während die Provinzen hungerten und darbten, feierten die Berliner frohe Feste. Fünfzig Jahre nach dem Tod Friedrichs I. wird sich der Ordensrat König erinnern:

> Ich habe alte Leute gekannt, welche zu diesen Zeiten gelebt haben und von ihnen so enthusiasmiert waren, daß sie nie müde wurden, von ihrer Schönheit mit großem Lobe und mit vielem Aufheben zu sprechen. Unsere neuen Feste und Feierlichkeiten waren für sie taube Nüsse gegen das, was sie am Hofe Friedrichs I. gesehen hatten.

Wenn auch kein Wohltäter Preußens, Wohltäter Berlins ist dieser König unzweifelhaft gewesen. Es ist sein Verdienst, daß die Friedrichstadt existiert, daß Schloß Charlottenburg die Stadt schmückt, daß das großartige Zeughaus an der Straße Unter den Linden steht, dessen Innenhof die weltberühmten Masken sterbender Krieger Andreas Schlüters zieren, daß der Deutsche und der Französische Dom entstanden sind, daß Berlin über eine Akademie der Wissenschaften und eine Akademie der Künste, daß es über eine Königliche Bibliothek verfügt. Preußen hat durch ihn eine Königskrone und eine repräsentative Hauptstadt erhalten, und ihre Bewohner sind während der gesamten Regierungszeit dieses Königs von der Geißel des Krieges verschont worden.

Friedrich I. hinterläßt seinem Sohn Friedrich Wilhelm einen Staat von ca. 110000 Quadratkilometern Fläche, also etwa so groß wie die heutige DDR (siehe Karte). Was den Flächeninhalt angeht, ist Preußen nach Österreich das größte Staatsgebilde innerhalb des damaligen Reiches. Aber es hat nur 1750000 Einwohner (also nur ein Zehntel der heutigen DDR-Bevölkerung!). Auf den Quadratkilometer sind das sechzehn Bewohner. Zweifellos, alle Länder Europas sind damals nur dünn bevölkert. Aber wie kärglich besiedelt das Königreich Preußen ist, zeigt ein Vergleich mit den Nachbarstaaten von 1713:

Land	Bewohner pro Quadratkilometer
Kurfürstentum Hannover	24
Kurfürstentum Böhmen	27
Kurfürstentum Sachsen	35
Vereinigte Niederlande	37
Königreich Frankreich	43

Unter den Mächten Europas zählt das junge Königreich im Osten Deutschlands nicht viel. Gewiß, Brandenburg-Preußen hat eine kleine, kampferprobte Armee von 27500 Mann. Aber seit fünfundzwanzig Jahren ist sie eigentlich ausschließlich für fremde Interessen »vermietet« gewesen. (Neben Ruhm hat sie Friedrich I. insgesamt zehn Millionen Taler an Subsidien eingebracht.) Und Europas Großmächte haben sich längst daran gewöhnt, im preußischen König eine Art von Gernegroß zu sehen, einen gekrönten Habenichts, dem man seine »Souveränität« mit Geld abkaufen kann.

Der Glanz der preußischen Königskrone erscheint geborgt und unsicher. Die Bewohner des Staates haben die Schrecken und Folgen des verheerenden Dreißigjährigen Krieges, der inzwischen fünfundsechzig Jahre zurückliegt, immer noch nicht überwunden. Die weit auseinanderliegenden Provinzen – von der Maas bis an die Memel – führen jeweils ein Sonderleben, die Provinzbewohner fühlen sich noch keineswegs als »Preußen«.

Der neue Herrscher betritt ungewissen, schwankenden Boden.

Das Amt

Seit dem 25. Februar 1713 hieß der preußische König nun Friedrich Wilhelm I. Bis zum letzten Atemzug hatte der vierundzwanzigjährige Thronfolger am Sterbebett seines Vaters ausgeharrt. Dann, nach Eintritt des Todes, verließ Friedrich Wilhelm das prunkvolle Schlafgemach des toten Herrschers, ging in sein eigenes Zimmer, setzte sich an den Schreibtisch und schickte seinen Kammerdiener zum Oberhofmarschall von Printzen mit der Weisung, er möge sich unverzüglich zum neuen König verfügen und ihm den schriftlichen Hofetat vorlegen. Printzen erschien, Friedrich Wilhelm riß ihm die endlose Liste der Hofchargen rüde aus der Hand, nahm einen Federkiel und strich den Etat mit einem Ruck von oben bis unten durch.

Dies war nicht nur ein Strich durch den Hofetat Friedrichs I., sondern – wie sich bald zeigen sollte – durch eine ganze Epoche, durch die letzten fünfundzwanzig Jahre preußischer Geschichte. Der Oberhofmarschall taumelte förmlich aus dem Kabinett des jungen Königs, sprachlos und am ganzen Leibe zitternd die Höflinge anstarrend, die sich schreckensbleich im Vorzimmer um ihn drängten. Der General von Tettau, der vor fünfzehn Jahren den alten Premierminister von Danckelmann hatte verhaften müssen, riß Printzen die Liste aus der Hand, sah den dicken Tintenstrich des Königs, brach in schallendes Gelächter aus und schrie, sich auf die Schenkel schlagend: »Meine Herren! Unser guter Herr ist tot, und der neue König schickt Euch alle zum Teufel!«

Am nächsten Tag ließ Friedrich Wilhelm die Truppen auf sich vereidigen und ordnete an, die Beisetzungsfeierlichkeiten für seinen Vater auf Anfang Mai festzusetzen. Er befahl, dieses Leichenbegängnis mit der ganzen Pracht auszurichten, die sich der tote König gewünscht hätte. Dann stieg er aufs Pferd und jagte nach Wusterhausen, wo er sich das Hofkleid vom Leibe riß, Ärmelschoner über das Hemd zog, einen Federkiel zuspitzte und sich am Schreibtisch niederließ.

Während Berlin, die Residenzstadt, von Gerüchten schwirrte, arbeitete Friedrich Wilhelm in den nächsten sechs Tagen in Wusterhausen an seinem Staatsetat. Die Ausgaben für die Gehälter und Pensionen der Hofbeamten betrugen jährlich 276000 Taler. Dreimal ging der junge König die Listen durch, strich dort zusammen, setzte hier wieder etwas hinzu, reduzierte erneut und strich so – die Listen sind erhalten geblieben – in pingeliger Kleinarbeit den Etat auf 55000 Taler zusammen, womit sich für ihn ein »Plus« von 221000 Talern jährlich ergab.

Die Streichungen Friedrich Wilhelms waren hart, aber zum größten Teil nicht ungerechtfertigt. Der eigentlich ganz überflüssige Oberhofmarschall von Printzen wurde von jährlich 1700 auf 400 Taler herabgesetzt. Der Oberhofmundschenk von Schlippenbach sah sich von 2000 auf 800 Taler jährlich reduziert; seine zusätzlichen Einkünfte als Kammerherr in Höhe von 1000 Talern wurden gänzlich gestrichen. Die Minister dagegen wurden zwar herabgestuft, behielten aber immer noch ganz ansehnliche Einkünfte: der Minister von Kamecke 12000 Taler, die Minister Blaspeil, Dohna und Ilgen jeweils 8000 Taler im Jahre. »Sie müssen arbeiten; dafür bezahle ich sie«, murmelte Friedrich Wilhelm vor sich hin. Ritsch-ratsch flog sein Federkiel über die Papiere. Schließlich, um seine 55000 Taler zu erreichen, strich der König die Witwenpensionen, und alte, ausgediente Offiziere der französischen Kolonie, die bisher 150 bis 180 Taler jährliche Pension erhalten hatten, wurden auf 48 Taler herabgesetzt. Keiner wurde verschont.

Friedrich Wilhelm ordnete an, daß alle Hofbedienten bis zur Beisetzung des verstorbenen Königs im Amt bleiben sollten. Für den Tag danach befahl er das große Aufwaschen: Solche unnützen Stellungen wie die des Oberzeremonienmeisters oder die sämtlicher Mitglieder des ominösen »Oberheroldamts«, das Wartenberg geschaffen hatte, wurden ein für allemal aufgelöst. »Narrenpossen«, brummte der König vor sich hin. Von den zahlreichen Kammerherren blieb nur ein einziger im Dienst. Alle Kammerjunker und Pagen wurden kurzerhand verabschiedet. Die Hofkapelle wurde aufgelöst. Die Grands-Mousquetairs und die prächtige Schweizergarde wurden in einfache Linienregimenter gesteckt, wo sie ihre gold- und silberglänzenden

Brokatgewänder mit der einfachen blauen Montur der Infanterie tauschen mußten. Die Pauker und Trompeter, welche die Mahlzeiten Friedrichs I. musikalisch umrahmt hatten, wurden davongejagt. Die »Tafel der Gräfinnen« wurde abgeschafft. Die kostbaren Weine aus dem Schloßkeller wurden verkauft. Über hundert Pferde, Dutzende von Karossen und Sänften aus dem königlichen Marstall wurden öffentlich versteigert. Dasselbe geschah mit den silbernen Tafelservices, Möbeln und Kronleuchtern aus den königlichen Jagd- und Lustschlössern. Leerstehende Gebäude, Gärten und Parks wurden verpachtet. Das Geld aus den diversen Erlösen wurde in den Kellern des Berliner Schlosses gestapelt. Friedrich Wilhelm war eisern entschlossen, sich einen Staatsschatz zu bilden.

Als die Anordnungen des neuen Königs in Berlin bekannt wurden, brach Panik aus. Alles, was man aus Wusterhausen erfuhr, kam einer Katastrophe gleich, drohte den Untergang des Wohlstands und des Wohllebens an. Die radikalen Sparmaßnahmen des neuen Monarchen wirkten sich auch auf das Leben der hauptstädtischen Bürger aus. Alle Maler, Architekten, Tapezierer, Tapetenwirker, Emailleure, Friseure, Perückenmacher, Galanteriehändler, die bisher so ausnehmend gut an dem unstillbaren Luxusbedürfnis des verstorbenen Königs verdient hatten, wurden über Nacht ihre Pfründen los. Wie ein Donnerschlag wirkte die Nachricht, daß Friedrich Wilhelm befohlen hatte, die »Hofjüdin« Liepmann festzunehmen, die mit Juwelenhandel und Krediten für Friedrich I. glänzende Geschäfte gemacht hatte. Sie war gleich am 25. Februar, Böses ahnend, geflüchtet, wurde aber unterwegs aufgegriffen und zur Untersuchung nach Spandau gebracht. In der Gerichtsverhandlung konnte man der »Hofjüdin« nichts nachweisen und mußte sie entlassen, aber die bürgerlichen Kreise der preußischen Residenzstadt verstanden sehr gut, daß dies ein gezielter Schlag Friedrich Wilhelms I. gegen den Privatkapitalismus gewesen war. In Zukunft, das war jetzt klar, stand in Preußen auch das Kapital unter staatlicher Kontrolle! In der frühkapitalistischen beziehungsweise vorindustriellen Gesellschaft des 17. Jahrhunderts hatte es in allen Ländern – in England, Frankreich, Deutschland – gänzlich unbeaufsichtigte Spielräume für die Finanzgeschäfte der hauptstädtischen Bourgeoisien gegeben: bedachte man nur den jeweiligen Hof mit Schmiergeldern und zinsgünstigen Krediten, so konnte man im übrigen mit seiner Kapitalmasse tun und treiben, was man wollte. Im Preußen Friedrich Wilhelms – das war die Bedeutung des Liepmann-Signals – würde in Zukunft auch jeder private Taler dem Staatsinteresse dienen müssen.

Am 5. März 1713 setzte der junge König eine Kommission zur Überprüfung der Berliner Finanzverwaltung ein. Äußerer Anlaß war das Begehren der Stadtverwaltung, einen staatlichen Zuschuß für den Bau eines neuen Rathauses zu bekommen. Friedrich Wilhelm machte jedoch aus dem Überprüfungs- ein Kontroll-Verfahren. Während er der Stadtverwaltung so ganz nebenbei den praktischen Vorschlag machte, eine Feuerversicherungs-Gesellschaft zu gründen, was fünf Jahre später dazu führte, daß die »Berliner Feuersozietät« entstand, krempelte er die Verwaltungsstrukturen der größeren Städte wie Berlin und Königsberg (drei Jahre später auch Stettins) radikal um. Die Städte erhielten vom König ernannte Stadtpräsidenten, die zugleich in Personalunion Vorsitzende der provinzialen Kriegs- und Domänenkammern waren. (Der Stadtpräsident von Berlin war also gleichzeitig Kammervorsitzender für die Kurmark, der von Königsberg Kammervorsitzender für Ostpreußen.) Mit einem Schlage waren damit die ständischen und die Stadtverwaltungen, die bisher unabhängig vom Gesamtstaat existiert hatten, miteinander verschmolzen und in die Staatsverwaltung integriert worden. Diese Zentralisierung erhielt ihre Krönung, als Friedrich Wilhelm verfügte, daß die Stadtpräsidenten zugleich als Steuerräte tätig werden und damit an Ort und Stelle für die Steuereinkünfte des Staates verantwortlich sein sollten.

Nur wenige Tage an Regierungstätigkeit des neuen Monarchen waren vergangen, und schon zeigte sich in Ansätzen das Bild eines modernen, durchzentralisierten Staates, wie ihn Europa bis dahin nicht gekannt hatte. Alle diese geradezu umwälzenden Maßnahmen erfolgten nicht nur in blitzartigem Tempo, Schlag auf Schlag, sondern ganz offensichtlich nach einem tiefdurchdachten Konzept. Im Jahre 1730 konnte Friedrich Wilhelm im Rückblick auf diese Februar- und Märztage des Jahres 1713 guten Gewissens schreiben: »Ich habe mir, als ich die Regierung übernahm, einen Plan gemacht: auf lauter Ménage (Sparsamkeit) und guter Ökonomie (Wirtschaftlichkeit) beruhte seine ganze Verfassung.«

Kontrolle hieß das neue Losungswort in Preußen. Nicht nur die Kassenbücher der Städte wurden revidiert. Gleich in den ersten Tagen setzte der König eine Kommission ein, die unter Leitung des Geheimen Rates von Kraut eine gründliche Überprüfung der zentralen General-Kriegskasse vorzunehmen hatte. Drei Wochen gab Friedrich Wilhelm den Herren Ministern Zeit, »die Rechnungen schleunigst auf das Gemessenste und Schärfste zu examinieren«. Und sogleich fand man eine Fülle von ungeklärten Posten, die nur auf Unterschlagungen und Schummeleien zurückgehen konnten. Der Hofrentmeister, der Geheime Rat Matthias gen. Berchem, wurde zu einer Nachzahlung von 78 000 Talern in die General-Kriegskasse verdonnert und mit allen Zeichen der königlichen Ungnade seines Amtes enthoben.

Man kann sich unschwer vorstellen, welches Entsetzen die ersten acht Regierungstage des neuen Königs bei den privilegierten Schichten Preußens, bei Adel und Bürgertum, auslösten. »Die Welt stürzt zusammen«, lautete der allgemeine Schreckensruf. Der herrliche Luxus, mit dem man bislang in Berlin und Königsberg, in den Schlössern und Bürgerhäusern auf Kosten des armen Volkes, der Bauern und Büdner, der Kätner und Kleinbürger, schmarotzt und sich ein angenehmes Leben verschafft hatte, erschien auf einmal gefährdet. Jeden Tag kamen aus Wusterhausen die schrecklichsten Neuigkeiten. »Und da niemand den nächsten Schlag vorher ahnt, ist es unmöglich, ihn zu parieren«, schrieb der sächsische Gesandte von Manteuffel in einem seiner Berichte. Die harten Exempel an der »Hofjüdin« Liepmann oder an dem Hofrentmeister Berchem lösten Furcht und Entsetzen aus. Der ganze Schlendrian, die Gemütlichkeit, das fidele Leben unter Friedrich I. waren in Gefahr. Auf einmal mußte jedermann seinen Dienst mit peinlichster Sorgfalt erfüllen, war vom Aufschieben dringender Entscheidungen keine Rede mehr, mußten sämtliche Akten sofort bearbeitet und konnten nicht mehr in einer unergründlichen Wiedervorlage versteckt werden. Die Minister, die Geheimen Räte, die Kanzlisten, Sekretäre und Kanzleidiener begannen zu zittern, wenn sie Skripte aus Wusterhausen erhielten, auf denen regelmäßig von der Hand des Königs »cito! cito!« (schnell! schnell!) stand. Nichts konnte diesem neuen Herrscher rasch genug gehen. Und wenn die Bewohner der preußischen Hauptstadt in den nächsten zweihundert Jahren für ihr »Berliner

Tempo« berühmt wurden, dann ging das nicht zuletzt auf Friedrich Wilhelms schreckliches »cito« zurück.

In den feinen Kreisen der Hauptstadt war des Stöhnens und Seufzens kein Ende. Hinter vorgehaltener Hand flüsterte man sich die fürchterlichsten Geschichten über den Jähzorn des Monarchen, seine ständig geschwollene Zornesader zwischen den Augenbrauen zu. Diesem unglaublichen Menschen war wirklich alles zuzutrauen. »Die guten Zeiten, wo nur Spandau zu fürchten war, sind vorüber; jetzt heißt es gleich: ›An die Karre!‹, wenn man glaubt, daß jemand nicht seine Schuldigkeit getan hat«, tuschelte man sich gegenseitig verschreckt in die Ohren. Plötzlich wurde ein geradezu unglaublicher Vorfall in Berlin bekannt: Friedrich Wilhelm hatte sich von Wusterhausen nach Potsdam begeben. Dort war er in aller Herrgottsfrühe spazierengegangen und hatte erlebt, daß der Potsdamer Postmeister die mit der Nachtpost aus Hamburg angekommenen Reisenden vergebens an seine Tür klopfen und ungerührt auf der Straße warten ließ. Flugs hatte der König die Tür aufgebrochen, den pflichtvergessenen Postmeister mit dem Stock aus dem Bett geprügelt und sich bei den verblüfften Passagieren für diese Schlamperei entschuldigt. In Berlin schlug man die Hände über dem Kopf zusammen: »Er ist ärger als Karl XII. oder Zar Peter«, hieß es in den Amtsstuben und in den Salons über den jungen König. Die kleinen Leute aber reimten schadenfroh:

> Die Kuren, so der König thut,
> sind bisher wohl geraten.
> Man setzt nicht mehr so häufig
> auf Pasteten, Torten, Braten.
> Wer große Bissen eingeschluckt,
> dem hilft er von dem Steine,
> wer sich in Kutschen fahren ließ,
> den bringt er auf die Beine.
> Dem, der die Kleider immerdar
> mit Golde ließ bordieren,
> dem hilft er von der gelben Sucht
> und läßt ihn menagieren.
> Wer sich in Sänften tragen ließ,

> der kann nun wieder gehen.
> Wer auf der faulen Seite lag,
> beginnet aufzustehen.

Drei Wochen nach dem Tod des Vaters erschien Friedrich Wilhelm wieder in Berlin. Am 20. März morgens waren die Minister, die Generäle, die fremden Gesandten im Audienzsaal des Schlosses versammelt, um gemeinsam mit dem neuen Herrscher den Kirchgang anzutreten. Als die Tür sich öffnete, erschien Friedrich Wilhelm begleitet von dem inzwischen einundsiebzigjährigen früheren Premierminister von Danckelmann. »Alles war wie aus den Wolken gefallen.« Der König hatte den alten Herrn, der seit sechs Jahren in Cottbus in Verbannung lebte, unter fremdem Namen nach Berlin kommen lassen, ihm herzlich die Hand geschüttelt und seinen Rat in den Staatsgeschäften eingefordert. Jetzt schritt er mit Danckelmann zur Schloßkapelle, nötigte ihn, im Stuhl des Premierministers vor allen anderen Platz zu nehmen, und während die Minister und die Geheimen Räte schreckensbleich aufgeregte Blicke wechselten, gaben sich der junge Herrscher und der alte Staatsdiener ganz dem Gottesdienst hin. Friedrich Wilhelm sprach anschließend noch eine Stunde mit dem alten Herrn unter vier Augen und verabschiedete ihn dann freundlich, denn der einstige Oberpräsident lehnte unter Hinweis auf sein Alter den angebotenen Wiedereintritt in das Ministerium ab.

Das war klug von ihm. Denn das Tempo, das der vierundzwanzigjährige König nun Tag für Tag einschlug, hätte er nicht mithalten können. Gleich nach dem Wecken und dem Morgengebet, in aller Herrgottsfrühe, erschien Friedrich Wilhelm im Lustgarten, um die angetretenen Truppen zu besichtigen. Der König inspizierte die Sauberkeit der Monturen und der Hemden, ließ sich von den Soldaten die Hände und die Hälse zeigen, um zu sehen, ob Wasser und Kernseife am Werk gewesen waren. Dann stellte er sich in die Mitte des Platzes und übernahm das Kommando. Er exerzierte die Bataillone, wie er es in Wusterhausen mit seiner Kadettenkompanie getrieben hatte, und wenn ein Handgriff oder ein Marschtritt nicht klappte, hallte ein fürchterliches Donnerwetter über den Lustgarten. Nach dem Exerzieren erschienen die Räte zum Vortrag.

Anschließend Audienzen. Danach eilte der König ins Kabinett und begann seine Arbeit am Schreibtisch. Auf jedes zweite Schriftstück malte seine Hand das unvermeidliche, schreckerregende »cito! cito!«, und schon stürzte der Sekretär herbei, um mit dem Sandstreuer zu trocknen. So ging es in einem fort, den ganzen Tag, von morgens bis abends, gleich einem Uhrwerk; alles pünktlich und genau bis auf die Minute. »Das kann ja nicht so weitergehen; der Sturm wird, je heftiger er rast, desto eher ausgetobt haben«, tröstete man sich gegenseitig in des Königs Umgebung. Doch davon war keine Rede. Abgesehen vom 2. Mai, an dem Friedrich Wilhelm zum letztenmal ein pompöses Festkleid anzog und die riesige Allongeperücke aufsetzte, um seinem Vater die letzte Ehre beim Leichenbegängnis zu erweisen, blieb es bei dem rasenden Tempo, mit dem die Tage abrollten, und von den Ministern über die Adjutanten, Kammerlakaien, Köche bis hinunter zu den Kutschern und Küchenjungen war alles in hektischer Bewegung, tummelte sich jedermann, wenn er nur von ferne die Stimme des Königs vernahm oder einen Befehl von seiner Hand entgegennehmen mußte.

Bereits am 4. März hatte Friedrich Wilhelm den Geheimen Rat von Bartholdy zu sich nach Wusterhausen bestellt, eben jenen Herrn, der vor dreizehn Jahren den berühmten Chiffrebrief von Wien nach Berlin geschickt hatte, der die Krönungssache ins Rollen brachte. Der junge König hatte ihm einen grimmigen Vortrag über die hanebüchenen Verhältnisse in der Justizverwaltung gehalten und sich über die Advokaten und Prokuratoren erregt, die nichts anderes täten, als die Prozesse zu verwirren oder zu verschleppen, um das Publikum zu ruinieren und sich selbst »recht fett zu machen«. Jedes Wort, das Friedrich Wilhelm in seiner Wut hervorstieß, war absolut wahr, und Bartholdy hatte es denn auch wohlweislich vorgezogen, das Unwetter über sich dahinbrausen zu lassen und nichts zu erwidern. Der König hatte ihn durchbohrend angeblickt und gesagt: »Es ist mein absoluter Wille, daß die Justiz in meinem Staat schnell, unparteiisch, mit reinen Händen, gleich für arm und reich, hoch und niedrig administriert wird!« Daraufhin zog sich Bartholdy zurück, dachte, in Erinnerung an die schönen Zeiten unter Friedrich I., »es wird alles nicht so heiß gegessen, wie es gekocht wird«, und ließ sich mit dem Entwurf einer umfassenden Justizreform, den er für das gesamte Königreich ausarbeiten sollte, Zeit.

Nach drei Wochen, vom König an seine Aufgabe erinnert, bequemte er sich, mit dem Präsidenten des Kammergerichts, Sturm, Rat zu halten und schließlich dem König ein paar Stichworte vorzulegen, die sich auf den Gesichtspunkt beschränkten, wie man den Prozeßgang in Preußen beschleunigen könnte. Das sollte ihm schlecht bekommen. Friedrich Wilhelm, der sich wieder in Wusterhausen aufhielt, las den oberflächlichen »Quark« mit gerunzelten Augenbrauen, griff zur Feder und schrieb an den Rand:

Ich verstehe nichts von Civiljura, aber sehr wohl etwas vom Landrecht. Ein Monat ist schon verflossen, und sind nur noch elf Monate, dann muß das Landrecht fertig sein für das ganze Land. Oder die Herren Bartholdy und Sturm und ich werden uns sehr plump und grob erzürnen, und da wird denn kein Bitten helfen. Ich warne. Noch ist es Zeit. Es ist besser, jetzt alle Profitchen der Processe fahren zu lassen als selber Schiebkarre fahren zu müssen! Ich muß leider so streng sprechen, weil die schlimme Justiz zum Himmel schreit. Und wenn ich es nicht remediere (bessere), ich selbst die Verantwortung auf mich lade. Danach haben sich Herr Bartholdy und Herr Sturm gefälligst zu richten. Wusterhausen, den 30. März 1713.

Das half. Am 21. Juni 1713 wurde die »Allgemeine Ordnung und Verbesserung das Justizwesen betreffend« veröffentlicht und sämtlichen Justizbehörden in den preußischen Provinzen übermittelt, verbunden mit der kategorischen Aufforderung, innerhalb dreier Monate »bei Vermeidung schärferen Einsehens« etwaige kritische Anmerkungen einzureichen. In diesem ersten Entwurf eines späteren Preußischen Landrechts wurde mit größter Schärfe der »verdammliche Eifer« getadelt, mit dem die Gerichte oft unter dem Deckmantel der Wahrung königlicher Interessen gegen arme Leute Recht sprachen, ja diejenigen Richter wurden ausdrücklich mit Strafe bedroht, die sich unterstehen sollten, die Gerechtigkeit zugunsten der Obrigkeit außer Kurs zu setzen.

Das alles kam durchaus einer Revolution gleich. In seiner tausendjährigen Geschichte hatte es das Abendland noch nicht erlebt, daß ein

König für »arm und reich, hoch und niedrig« dasselbe Recht dekretierte.

Die Verblüffung, das schier unbeschreibliche Erstaunen der Mitwelt galt nicht nur der *Politik*, sondern auch der *Person* Friedrich Wilhelms. Der junge König, erst Mitte Zwanzig, war mittelgroß (1,65 Meter), von untersetzter, kräftiger Statur. Seine rötlich durchblutete Gesichtshaut vermittelte den Eindruck von unverwüstlicher Gesundheit und ungebremster Lebenslust. Der Mund war etwas zu klein geraten für das volle, runde Gesicht, die Nase zu kurz, aber angenehm gerade. Beherrscht wurde die Physiognomie von seinen großen runden, etwas vorstehenden Augen, die in intensiver Bläue strahlten, mit denen er einnehmend lachen, aber auch fürchterlich starren konnte. Wenn er wütend wurde, was blitzschnell vor sich ging, bildete sich zwischen den Augenbrauen, an der Nasenwurzel, eine steile Zornesfalte. Alles an diesem Mann wirkte direkt und unverstellt, brutal und geradeheraus. Von höfischer Ziererei und Grandezza war an ihm keine Spur.

Das prachtvolle Hofkostüm, das man am 2. Mai, anläßlich der feierlichen Beisetzung seines Vaters, zum letztenmal an ihm gesehen hatte, zog er nie wieder an. Von nun an trug er einfachste Kleidung aus groben Stoffen. Entweder sah man ihn in einem grünen Jägeranzug mit schwarzen Schnüren, oder er trug die schlichte Uniform seines Leibgarderegiments aus blauem Tuch mit roten Aufschlägen und blitzenden Messingknöpfen. Über sein kurzgeschnittenes, rotblond schimmerndes Haar stülpte er morgens eine weißgepuderte Offiziersperücke ohne überflüssiges Lockengekräusel an den Schläfen, von der ein kurzer schwarzer Zopf über den Rücken herabfiel. Das war die neueste Haartracht à la Chinoise, die die umständliche, hochtrabende Allongeperücke ablöste und die Friedrich Wilhelm nun für seine Soldaten wie für sein Volk einführte. Alles an diesem König saß knapp, straff und eng. Lose flatterndes Zeug an seinem Körper konnte er nicht ausstehen. Seine Hosen steckten in weißen Gamaschen aus Leinen mit kupfernen Knöpfen und die Füße in breiten, bequemen Schuhen, wenn er nicht gerade zu Pferde saß und schwarze Stiefel, die bis zu den Knien reichten, angezogen hatte. Auf dem Kopf trug er einen kleinen schwarzen Dreispitz, an der Seite einen gewöhnlichen Offiziersdegen und in der rechten Hand meist einen stabilen Stock aus Buchenholz.

Das spartanische Erscheinungsbild Friedrich Wilhelms war für die damalige Zeit, die es liebte, sich in den spitzenumbauschten, golddurchwirkten Galanteriemoden des Versailler Hofes zu kostümieren, einfach schockierend. Einen derart bäurisch oder soldatisch gewandeten Potentaten hatte man an den Höfen Europas bis dahin noch nicht gesehen.

Wirkte die Kleidung des preußischen Königs auf die Zeitgenossen eher belustigend, so erschien die peinliche Sauberkeit, die er von sich und anderen verlangte, geradezu umstürzend. Die Gesellschaft des 18. Jahrhunderts war die unsauberste und unhygienischste, die man sich denken kann. Wasser und Seife als Säuberungsmittel waren streng verpönt. Wolken von süßlich riechendem Parfum und Puder überdeckten Schweiß und Schmutz. In den Toiletten kannte man noch keine Wasserspülung, und in den Schlössern wie in den Katen, auf Straßen ebenso wie auf Plätzen stank es erbärmlich. Großstädte wie Paris und London strömten den Geruch von Kloaken aus, dem niemand entgehen konnte. Die feineren Leute ertrugen dies alles nur, indem sie sich ständig mit Duft- und Riechwässerchen besprengten. Auf die Idee, sich das Gesicht zu waschen und die Zähne zu putzen, kam niemand.

Und nun Friedrich Wilhelm, der junge Preußenkönig: Jedes Stäubchen, jeder Schmutzfleck war ihm ein Greuel. Jeden Morgen schrubbte er sich mit eiskaltem Brunnenwasser Gesicht, Hals und Oberkörper. Immer wieder reinigte er sich tagsüber in einem hölzernen Waschgefäß die Hände. Aus den Schloßzimmern verbannte er die gepolsterten Stühle und Kanapees, aus denen dichte Wolken von Staub, Bazillen und Bakterien aufgestiegen waren, wenn man sich hingesetzt hatte. Statt dessen wurden überall hölzerne Stühle und Bänke aufgestellt, die sich gründlich scheuern ließen. Friedrich Wilhelm holte Holländer als Kastellane nach Berlin und Potsdam, die den einheimischen brandenburgischen Schmutzfinken holländische Reinlichkeit in den Schlössern vorexerzierten. Der König selbst, wenn er sich zur Arbeit an den Schreibtisch setzte, zog leinene Ärmelschoner über und band sich eine blitzsaubere Schürze um, um den Uniformrock vor Tintenklecksen zu schützen.

Man kann sich das Erstaunen der Mitwelt heute gar nicht mehr vorstellen. Denn der Sauberkeitsfanatismus des Preußenkönigs war ja eine direkte Kriegserklärung an Luxusfimmel und Verschwendungssucht seiner Zeitgenossen. Man schüttelte denn auch in Wien, Paris und London über diesen neuen Monarchen die Köpfe. Und die Preußen selbst, seine Untertanen? Sie bockten natürlich zuerst, mochten sich nur schwer und widerwillig an die neuen »Moden« gewöhnen. Aber mit der Zeit, ohne daß sie es selbst groß merkten, wurden sie durch das unermüdliche Beispiel dieses Königs zu neuen Menschen umerzogen. Nach ein paar Jahren fand man in Preußen kaum noch einen Beamten, der sich ohne Ärmelschoner an seine tägliche Arbeit begab. So albern uns das heute erscheinen mag, es war eine wirkliche Revolution aller Lebensgewohnheiten. Vom Ärmelschoner des einzelnen bis zur Akkuratesse des Staates war es schließlich nur ein Schritt! Denn peinlichste Sauberkeit paarte sich bei diesem Monarchen mit strengster Ordnungsliebe. Alles mußte seinen festen, vorbestimmten Platz haben. Und was für den Ort galt, galt ebenso für die Zeit: Pünktlichkeit in allem wurde nun zum obersten Gesetz in Preußen. Friedrich Wilhelm lief im Gesicht blaurot an und seine vorstehenden Augen begannen fürchterlich zu stieren, wenn er irgendwo Unordentlichkeit sah oder irgendwann auf Unpünktlichkeit traf. Sofort holte er dann mit seinem buchenen Stock aus und ließ ihn auf dem Rücken seiner armen Untertanen tanzen. Nach wenigen Monaten Machtausübung war klar: Der ganze preußische Staat sollte zu einem Uhrwerk umfunktioniert werden, zu einem Uhrwerk, das der König morgens aufzog und das er tagsüber streng kontrollierte, bis zum Einbruch der Nacht.

Friedrich Wilhelm stand im Sommer um vier, im Winter um sechs Uhr morgens auf. Das Waschen, das Morgengebet und das Kaffeetrinken wurden in einer Stunde erledigt. Dann traten zwei Kabinettsräte mit ihren Sekretären in sein Zimmer, und unverzüglich begann der König mit der Lektüre der Briefe und Staatsdepeschen. Alles wurde sofort entschieden, nichts auf Wiedervorlage geschoben. Entweder schrieb er eigenhändig an den Rand der Schreiben seinen Entscheid, oder er diktierte den Sekretären auf- und abgehend die Antworten. Mußte er selbst einen Brief schreiben, so ließ er sich aus Sparsamkeitsgründen grobes, graues Papier geben, denn das feine, weiße Papier hielt er für Verschwendung, weil es – wie er erklärte – oftmals mehr wert wäre als die Sachen, die darauf behandelt werden müßten. Einer der Kabinettsräte hielt ihm Vortrag über die Angelegenheiten der Armee, der Justiz und der Außenpolitik, der andere referierte über die dringendsten Finanzfragen. Nach zwei, drei Stunden konzentrierter Arbeit empfing der König die Minister und Generäle, die Meldung erstatteten oder Befehle entgegennahmen. Dann ging es auf den Paradeplatz zum Exerzieren und anschließend in den königlichen Marstall zu den Pferden, deren Gebisse und Nüstern er prüfte.

Punkt zwölf Uhr schritt er zur Mittagstafel, an der Königin Sophie Dorothea, Prinzessin Wilhelmine und das kleine »Fritzchen« teilnahmen sowie mehrere Gesandte, Minister, Geheime Räte und Generäle; im Durchschnitt etwa vierzig Personen. Zuerst faltete alles die Hände und sprach ein Gebet. Dann kamen die Gerichte auf den Tisch, häufig die Lieblingsspeisen des Königs wie Erbsen mit Speck oder auch Weißkohl mit Rindfleisch. Friedrich Wilhelm langte kräftig zu, während die königliche Familie lange Gesichter zog und lustlos in den bäurischen Speisen herumstocherte. Bald schon sollte sich Sophie Dorothea bei dem englischen Gesandten beklagen, daß es mit dem Geiz ihres Mannes nicht auszuhalten wäre und daß das Essen an der königlichen Tafel einfach barbarisch sei. Friedrich Wilhelm scherte das alles nicht; er hatte genaue Summen für die Haushaltsbedürfnisse festgesetzt, und daran hatte sich der Küchenchef strikt zu halten. Außerdem liebte er eine kräftige Hausmannskost, und wenn dann Suppe, Gemüse mit geräuchertem Fleisch, Braten und Kuchen auf dem Tisch standen, aß er schnell und viel, sich in bester Laune unter den Gästen umsehend, ob es auch allen richtig schmeckte. In der Zeit zwischen Ostern und Pfingsten wurde täglich eine große Schüssel gebackener Fische aufgetragen, die Friedrich Wilhelm besonders liebte. In der kalten Jahreszeit kam manchmal aus Hamburg mit Küchen-Extrapost eine Sendung Austern, und dann besserte sich die Laune der Königin sichtlich. Mußte sie der König selbst bezahlen, dann begnügte er sich mit einem Dutzend Austern, die ihm der Koch, bekleidet mit weißer Schürze und Zipfelmütze, ohne Zitronensaft reichte. Wußte er aber, daß die Austern ein Geschenk der Königin waren, ihn also nichts kosteten, dann verschlang er über hundert davon.

Die Salate bereitete der König selbst an der Tafel, wobei er niemals vergaß, sich vorher und nachher gründlich die Hände zu waschen.

Während des Mahls, das gewöhnlich zwei bis drei Stunden dauerte, wurde alter Rheinwein serviert, von dem Friedrich Wilhelm kräftig, aber nicht unmäßig trank. Gefiel ihm die Unterhaltung, so ließ er noch Ungarwein, meistens Tokaier, herumreichen, versäumte aber nicht, alle Anwesenden darauf hinzuweisen, wie teuer dieser Wein sei. Als eines Tages ein paar Flaschen alten Ungarweins auf den Tisch kamen, die der Kaiser in Wien spendiert hatte, schmatzte Friedrich Wilhelm genüßlich und brummte vor sich hin, das müsse ein glücklicher Mensch sein, der alle Tage so ein gutes Gläschen Wein trinken könne, ohne daß es ihn etwas koste.

Der wunderliche Geiz des Monarchen führte zu den merkwürdigsten Begebenheiten. Ganz gleich, ob sich Friedrich Wilhelm in Berlin, Potsdam oder Wusterhausen aufhielt, es kamen immer wieder Mittage vor, an denen der König nicht an der Schloßtafel erschien, sondern unterwegs war, um bei den Bürgern oder Bauern plötzlich in die Häuser zu treten, wenn ihm aus den Küchen ein verführerischer Duft in die Nase gestiegen war. Dann schaute er ungeniert in die Kochtöpfe und diskutierte mit den Hausfrauen über die letzten Marktpreise, über den Verkaufspreis für Grünkohl oder Weißkohl beispielsweise, seine beiden liebsten Gemüsesorten. Kam er dann in das Schloß zurück, so grinste er still vor sich hin, fest entschlossen, seinen eigenen Köchen bei der Monatsendabrechnung besser auf die Finger zu sehen. Was seine gute Mutter, Sophie Charlotte, wohl dazu gesagt hätte, die schon seinen kindlichen Geiz so bitter beklagt hatte! Aber Friedrich Wilhelm hatte Erfolg mit dieser Methode. Einmal aß er bei einem Gärtner mit größtem Behagen Weißkohl mit Hammelkaldaunen und sorgte dafür, daß die Hofküche am nächsten Tag dasselbe Gericht servieren mußte. Sophie Dorothea schob angeekelt den Teller mit den Kaldaunen weg, während ihr Mann sich nachreichen ließ. Dann fragte er den Küchenchef nach dem Preis des Essens, von dem er durch den Gärtner wußte, daß er die lächerliche Summe von eineinhalb Groschen betrug. Der Küchenchef nannte mit hochmütigem Gesicht drei Taler. Friedrich Wilhelm sprang auf und zahlte ihm die beträchtliche Differenz mit seinem Buchenstock aus.

Auf seinen Jagdpartien in der Umgebung Wusterhausens konnte Friedrich Wilhelm einfach nicht widerstehen, wenn aus einem Bauernhaus der Geruch von gebratenen Eiern mit Speck zu ihm drang. Dann lud er sich selber ein und geriet beim Schmausen in die allerbeste Laune. Er genierte sich auch nicht, Geschenke seiner Minister und Generäle für die Hofküche anzunehmen. Graf Schwerin übersandte jährlich ein gemästetes Kalb, und Graf Dönhoff schickte des öfteren geräucherte Heringe. Der Gedanke, dafür nichts bezahlt zu haben, verschaffte dem König die größten Gaumenfreuden. Als ihm der Kaufmann Daum einmal ein Fäßchen Austern überbringen ließ, also eine wirklich kostspielige Gabe, war Friedrich Wilhelm begeistert. Dem Handlungsdiener, der ihm das Fäßchen überbrachte, zählte er, an der Tafel sitzend, einzeln acht Groschen (!) Biergeld auf die Hand.

Laut und lustig ging es beim Essen zu. Die schnarrende Stimme des Königs klang über die ganze Mittagstafel, sein dröhnendes Lachen füllte die Schloßsäle. Für jeden Witz war er dankbar; dann schlug er sich vor Lachen auf die Schenkel, und die Tränen liefen ihm über das Gesicht. Solange die Königin und die Kinder anwesend waren, duldete er keine Zweideutigkeiten oder frivolen Scherze. Darauf achtete er streng. Hatten sich die Damen von der Tafel zurückgezogen und kam die Stimmung auf den Höhepunkt, ergriff er das Glas und brachte Trinksprüche aus. Oft für »Kaiser und Reich«. Häufig gegen die »Blitzfranzosen«, dieses »Kanaillenpack«, das er nicht ausstehen konnte. Sein liebster Trinkspruch lautete: »Auf Germania teutscher Nation! Ein Hundsfott, der's nicht von Herzen meint.«

Nach dem Mittagessen, das mit einem Dankgebet geschlossen wurde, unternahm Friedrich Wilhelm in seinen ersten Regierungsjahren regelmäßige Spazierritte, auf denen ihn lediglich ein Adjutant begleitete. Er besichtigte mit sachverständigem Interesse die Baustellen, auf denen er sich angeregt mit Zimmerleuten und Maurern unterhielt, oder er inspizierte Garten- und Feldanlagen. Wer an ihn herantrat, ihm gerade in die Augen blickte und deutsch sprach, fand bei ihm Gehör. Wer tiefe Bücklinge machte und französisch mit ihm parlieren wollte, bekam seinen Buchenstock zu spüren. Als sich bei solcher Gelegenheit der Berliner Buchbindermeister Reichardt bitter bei ihm über den Magistrat der Stadt beschwerte und auf Nachfragen des Königs allerlei negative Beispiele aus dem Wirken der städtischen Ratsherren zu berichten wußte, befahl Friedrich Wilhelm dem Magistrat ungesäumt,

Reichardt in den Stadtrat aufzunehmen und ihm Sitz und Stimme zu verleihen, während der Buchbindermeister den Befehl erhielt, ihn, den König, über Unordnung und Unterschleife regelmäßig zu informieren. Als Reichardt mehrere Monate lang nichts von sich hören ließ, befahl ihn der König, der den Zwischenfall nicht vergessen hatte, zu sich und drückte sein Befremden über das lange Schweigen aus. Reichardt druckste verlegen herum und sagte schließlich: »Seit ich selbst mit dazugehöre, bin ich ganz anderer Ansicht geworden.« Fuchsteufelswild trat Friedrich Wilhelm an ihn heran, packte ihn an der Brust und rief: »Ihr seid alle Schelme! Wenn ihr nicht mitregiert, dann räsonniert ihr, wißt alles besser. Aber wenn ihr dann mitregiert, macht ihr es nicht besser als die andern.« Als er bemerkte, daß Reichardt bei diesen Worten erblaßte, lachte er auf und schlug ihm auf die Schulter: »Lauf, du Schuft! Du hängst dein Mäntelchen nach dem Wind...«

Nichts haßte dieser König mehr als das, was er »räsonnieren« nannte und worunter er nörgeln, kritisieren und widersprechen verstand. »Räsonnier Er nicht!«, das sollte zum Leitspruch für die siebenundzwanzig Jahre seiner Regierungszeit werden. Wenn er innerlich unsicher war, sich in der Materie nicht auskannte oder auf andere Rücksicht nehmen mußte, dann geriet er leicht in Verwirrung, wurde schwankend und ließ sich – oft gegen sein eigenes Interesse – beeinflussen. So war es ihm in seiner Jugendzeit mit dem weiblichen Geschlecht gegangen, bei dem er nie gewußt hatte, woran er war; und so würde es ihm in Zukunft – wie wir noch sehen werden – in der Außenpolitik und in der Diplomatie gehen, auf schlüpfrigem Boden also, auf dem man nicht fest stehen oder marschieren konnte. In der Verwaltung des Staates jedoch, jenem erzieherischen Experimentierfeld, auf dem er sich ganz zuhause fühlte, da duldete er nicht den geringsten Widerspruch, kein »Räsonnement«. Sein Haus, sein Hof, sein Land – das war für ihn ein und dasselbe, und er war vom ersten Tage an fest entschlossen, diese preußische Welt radikal umzugestalten, sie nach den beiden Gesetzen zu formen, die er – neben der Gottesfurcht – am höchsten stellte: Ökonomie und Ordnung. Er verstand sich als Amtmann Gottes in Preußen, und alles hatte ihm blind zu gehorchen. Auf sein Kommando hatte der ganze Staat sich vorwärts zu bewegen wie ein Bataillon, schnurgerade ausgerichtet, in Reih und Glied.

Von der Maas bis an die Memel hatte künftig nur sein absoluter Wille zu gelten. Wer »räsonnierte«, der machte sich des Aufruhrs schuldig. Als Kronprinz hatte er sich daran gewöhnt, seinen Willen unbedingt durchzusetzen, und niemand war ihm jemals in den Weg getreten. Jetzt, als König, dachte er nicht daran, auf fremdes Recht oder fremde Wünsche Rücksicht zu nehmen. Verstand jemand mehr vom Staat als er? Hatte irgend jemand auch nur annähernd den Durchblick in Wirtschaft und Finanzen wie er? Mitreden wollten sie alle, natürlich, und alles zerreden. Das kannte er schon. Fünfundzwanzig Jahre lang hatten in diesem Staate alle möglichen Leute mitgeredet, seinem schwachen Vater die unmöglichsten Sachen eingeblasen, das Land zugrunde gerichtet und schließlich, wenn sie genug für sich selbst eingesackt hatten, ihre Hände in Unschuld gewaschen. O nein! Damit war es für immer vorbei. Friedrich Wilhelm trug in seiner Brust das tiefeingewurzelte Bewußtsein unbegrenzter Herrschermacht und unbegrenzter Herrscherpflicht. Davon würde er Gebrauch machen. Land und Leute, sie waren dazu da, den gefügigen Stoff zu stellen, aus dem er, der König, das Modell eines neuen, eines rundum perfekten Staates bilden würde; ihm zur Freude und allen, die gehorchten und hingebungsvoll arbeiteten, zum Nutzen.

Wir haben schon gehört, daß Friedrich Wilhelm nicht immer im Schloß speiste, sondern manchmal auch in die Wohnungen der einfachen Bürger trat, um den Hausfrauen in die Kochtöpfe zu sehen. Aber noch lieber ließ er sich von den Großkopfeten, von seinen Ministern und Generälen oder von den fremden Gesandten zum Essen einladen. Wußte er doch, daß es dann keinen Armen traf, und mit wahrem Wohlbehagen musterte er die ihm präsentierten Leckerbissen, im Kopf schnell überschlagend, wieviel er wieder an eigenen Ausgaben eingespart hatte. Sehr gerne lud er sich selbst zu Hochzeiten und Kindstaufen ein, wo es hoch herging. Eine solche Veranstaltung kostete gewöhnlich um die fünfhundert Taler, und Friedrich Wilhelm berechnete den Schaden, den er gehabt hätte, wenn das Fest bei ihm im Schloß stattgefunden hätte. Dinierte er bei seinen Offizieren, möglichst ohne Anwesenheit von Damen, dann traten, ihm zur Unterhaltung, Schauspieler, Harlekine und Possenreißer auf, die Kunststücke machten, und dann konnte es vorkommen, daß der König aufsprang und selbst ein Zauberkunststück vorführte. Die größte Freude konnte man ihm bereiten, wenn der Gastgeber zum Nachtisch ein paar junge Rekruten aufmarschieren ließ. Dann band sich Friedrich Wilhelm die Serviette ab, klopfte mit dem Löffel den Takt auf dem Tisch und kommandierte mit lauter Stimme die Exerzierübungen der Soldaten.

Der königliche Geizkragen konnte es nicht leiden, wenn sich seine Mitarbeiter knickrig zeigten. Einer seiner Generäle, ein eingefleischter Junggeselle, hatte es immer wieder verstanden, sich unter Hinweis darauf, daß er keinen eigenen Hausstand habe, um Einladungen an den König herumzudrücken. Daraufhin gab ihm Friedrich Wilhelm zu verstehen, daß er sehr gern beim Gastwirt Nicolai speise, dem Inhaber des Gasthauses »König von Portugal«, direkt gegenüber dem Schloß. Bei diesem Mann gäbe es den besten Grünkohl, schwärmte der König, und er würde ihn wohl gern wieder einmal probieren. Dem General blieb nichts übrig, als diesem direkten Wink zu folgen und den König ins Nicolaische Gasthaus zum Essen einzuladen. Friedrich Wilhelm erschien strahlend, mit großem Gefolge. Es wurde ein prächtiges Fest, der König scherzte in bester Laune mit der Frau Wirtin, die alles so trefflich arrangiert hatte, und dem Gastwirt Nicolai schenkte Friedrich Wilhelm ein Miniaturbildnis von sich, das er im Knopfloch tragen konnte. Der General fragte schließlich nach der Zeche. »Ohne den Wein, den unser Haus spendiert, ein Gulden pro Person.« Der General zog zwei Gulden heraus und sagte: »Hier ist ein Gulden für mich und hier einer für Seine Majestät. Die anderen Herren, die ich nicht eingeladen habe, zahlen für sich selbst.« Der König, einen Augenblick verdutzt, brach in schallendes Gelächter aus und schlug sich auf die Schenkel. »Ein Mordskerl! Ich glaubte den Herrn zu prellen, und er prellt mich.« Der König zahlte für alle. Aber den Spaß hat er nie wiederholt.

Wir wissen schon von den Spazierritten, die Friedrich Wilhelm nach dem Mittagessen unternahm, um die Felder oder Gärten zu besichtigen. Oft ging er aber auch zu Fuß durch die Straßen Berlins oder Potsdams, nur durch den Adjutanten vom Dienst eskortiert. Die Straßen leerten sich dann schlagartig; denn jedermann, der den König von weitem kommen sah, flüchtete in sein Haus oder verdrückte sich um die nächste Ecke. Bemerkte Friedrich Wilhelm die Flucht, dann mußte der Adjutant den Betreffenden aufstöbern und vor den Monarchen führen, der nun ein strenges Verhör anstellte. Fielen die Antworten befriedigend aus, dann gab sich der König ganz leutselig und fiel auch prompt ins Berlinern, in den Jargon seiner Hauptstädter. Hörte er von der Straße aus, daß zwei Eheleute sich in der Wohnung stritten, trat er stracks ein, fuhr mit dem Stock dazwischen, wobei er weder den Buckel des Mannes noch den der Frau schonte, und ließ sich schließlich in die Hand versprechen, daß sie in Zukunft Frieden halten und in Liebe und Eintracht miteinander leben wollten. Als er feststellte, daß die Frauen auf dem Markt stundenlang müßig herumsaßen, wenn keine Kundschaft in Sicht war, erließ er eine öffentliche Verordnung, wonach sie pro Stunde ein Pfund Wolle verstricken mußten. Alle sollten tätig sein, alle sollten fleißig die Hände rühren. Rumstehen, Maulaffen feilhalten und dem lieben Herrgott den Tag stehlen, das sollte es in seinem Staat nicht geben. Diese Antreiberei zur Arbeit steigerte sich schließlich zur fixen Idee, und die hellen Berliner bekamen bald heraus, wie man den König hinters Licht führen konnte. Ein paar Akzisebeamte, die gerade gemütlich ein Bier trinken gehen wollten und die Friedrich Wilhelm erwischte und zornig fragte, wieso sie sich während der Dienstzeit auf der Straße herumtrieben, blieben mit größter Frechheit stehen und erklärten ihm mit ernsten Gesichtern, sie seien gerade einigen Schmugglern auf der Spur, die die königliche Kasse betrügen wollten, er möge sie um Gottes Willen nicht aufhalten, diese Schurken zu fassen. Friedrich Wilhelm, begeistert von soviel Pflichttreue, ließ sich schnell die Namen der Beamten nennen und verfügte eine Gehaltserhöhung. Was müssen diese Kerle hinter der nächsten Straßenecke gelacht haben...

In späteren Jahren, so etwa ab 1723, als Friedrich Wilhelm sein fünfunddreißigstes Lebensjahr erreicht hatte und sich infolge seiner hemmungslosen Fresserei beträchtlich zu runden begann, wurde der Spaziergang durch ein Mittagsschläfchen ersetzt. Dann saß der König auf einem hölzernen Schemel im Schlafzimmer seiner Frau, lehnte sich mit dem Rücken an die Wand und war in wenigen Sekunden fest eingeschlafen. Sophie Dorothea saß dann gelangweilt am Fenster und zog indigniert die Augenbrauen in die Höhe, wenn ihr Mann laut zu schnarchen anfing. Die Kinder – Wilhelmine (geboren 1709), das Fritzchen (1712), Friederike Luise (1714), Philippine Charlotte (1716), Sophie (1719), Ulrike (1720) und August Wilhelm (1722) – wagten dann kaum zu atmen, denn bei der geringsten Störung griff der Vater nach dem Buchenstock, der neben ihm lehnte. Sie krochen unter das breite Prachtbett der Mutter und tuschelten dort miteinander, bis der König sich nach einer Stunde erhob, in sein Kabinett ging und dort noch für zwei bis drei Stunden mit den Geheimen Räten arbeitete. Diese Nachmittagsstunden gehörten vor allem den Finanzfragen des Königreiches, und der Monarch, der sich wieder die Ärmelschoner übergezogen hatte, saß am Schreibtisch und rechnete die Zahlenkolonnen rauf und runter, addierte, multiplizierte und subtrahierte, schlug auch mal vor Freude mit der Faust auf den Tisch, wenn er irgendwo ein kräftiges Plus entdeckte, das der Staatskasse zugute kam. »Geld ist die Losung« malte er immer wieder auf die Eingaben, wenn ein Vorschlag unrentabel oder finanzpolitisch schlecht durchdacht schien. Und ohne sich im geringsten auf das Deklinieren einzulassen, schrieb er »Non habeo pecunia« (Ich habe kein Geld) auf die zahllosen Gesuche, die ihm täglich auf den Tisch flatterten und die fast alle Geld, Geld und immer wieder Geld von ihm forderten.

Diese Forderungen kamen natürlich auch aus der eigenen Familie. Die stolze, selbstbewußte Sophie Dorothea, die jetzt gerade, 1714, triumphierend erleben konnte, daß ihrem hannoverschen Vaterhaus die britische Königskrone zuteil wurde, startete laufend Attacken auf die Sparsamkeitspolitik ihres Ehemannes. Es kam zu immer neuen Eheszenen, in denen es Tränen und Seufzer setzte. An Friedrich Wilhelm glitt das alles ab. Er nahm sein »Fiekchen« fest in die Arme und machte ihr ein neues Kind. Und wenn Sophie Dorothea wieder schwanger war – und das war sie fast immer, denn im Schnitt befand sie sich alle eineinhalb Jahre im Wochenbett –, dann gab sich bei ihr auch für einige Zeit das Hochfahrende, Nörgelnde und Zänkische, blühte sie auf in den Rundungen ihrer Fruchtbarkeit. Nein, das Sparen des Königs begann im eigenen Haushalt! 376 000 Taler, so wissen wir, hatte 1706 der Hofstaat Friedrichs I. verschlungen. Friedrich Wilhelm setzte diese Summe auf fast zwanzig Prozent herab: 78 000 Taler durften die Ausgaben für den königlichen Haushalt jährlich betragen, und keinen Pfennig mehr. Dazu kamen noch einmal 72 000 Taler an Hand- und Reisegeldern, so daß die Gesamtsumme für den Hof 150 000 Taler betrug, im Vergleich zu 600000 Talern Gesamtkosten im Jahre 1712. Kein Fürstenhof Europas, nicht einmal das kleinste und lächerlichste Duodezfürstentum im Deutschen Reich, existierte auf so kargem, spartanischem Fuße.

Die Königin zeterte, und Europa lachte über Friedrich Wilhelms Knickrigkeit, über seinen albernen Sparsamkeitsfimmel. Doch alle übersahen dabei, daß für diesen Herrscher das Große im Kleinen anfing, daß er sich schon seit seinen Wusterhausener Kronprinzentagen dessen bewußt war, wie sehr eine gute Volkswirtschaft von einer effektiven Hauswirtschaft abhing. Immer waren es die Details, an denen sein Blick hing, und erst aus der Summe der Einzelheiten ergab sich für ihn der Überblick über den Zusammenhang des Ganzen. Wenn er seine Preußen dazu erziehen wollte, gute Hausväter und gute Hauswirte zu werden – und das wollte er mit der ganzen Leidenschaft seines ungestümen Temperaments –, dann mußte er, der König, den Untertanen mit praktischem Beispiel vorangehen.

»Obschon im Etat für jeden Tag 93 Thaler bestimmt sind«, befahl Friedrich Wilhelm seinem Hofmarschallamt, »so müssen diese nicht draufgehen. Sondern wenn ich in Potsdam oder in Wusterhausen bin, die Königin aber in Berlin, dann müssen es täglich nicht mehr als 70 oder 72 Thaler sein. Wenn die Königin sich aber bei mir befindet, dann darf es täglich nur 55 Thaler kosten. Von dieser Woche an soll wieder angefangen werden, die gewöhnlichen Wochenzettel zu machen. Ich will auch, daß künftig von Hamburg oder anderen fremden Orten nichts soll verschrieben werden, ohne daß ich vorher gefragt worden bin und es approbiert (genehmigt) habe. Hingegen soll das Hofmarschallamt die Veranstaltung treffen, daß jederzeit gut Rindfleisch, gute fette Hühner und dergleichen vorhanden und konsumiert werden.«

Jeden Tag ließ er sich vom Küchenchef den Speisezettel vorlegen, und dann nahm er den Federkiel in die Hand und ging jeden einzelnen Posten durch. Wenn eine Zitrone mit 9 Pfennigen in Rechnung gestellt war, strich er einen Pfennig durch, denn von seinen Gesprächen mit den Marktweibern kannte er genau die Tagespreise. War der Kopf

Weißkohl mit 6 Pfennigen ausgewiesen, unterstrich er zufrieden die Summe, denn er wußte, daß sie dem aktuellen Marktpreis entsprach. Als der Küchenchef einmal 31 Taler und 16 Groschen für Mittagessen und Abendbrot der königlichen Familie ansetzte, rechnete Friedrich Wilhelm alle Details der Aufstellung durch, schrieb »verflucht gestohlen!« an den Rand und strich dem Koch einen Taler. So drückte er den täglichen Etat des Hofes mit sämtlichen Nebenausgaben auf ca. 200 Taler herab.

Dieses Sparsamkeitsregiment geriet in Gefahr, wenn hoher fürstlicher Besuch ins Haus stand. Vier Jahre hatte Friedrich Wilhelm sein Land regiert, als sich Zar Peter von Rußland zu Besuch ansagte. Der Preußenkönig erinnerte sich noch sehr gut des Jahres 1712, als Peter Berlin besucht und um ein Bündnis mit Friedrich I. geworben hatte. Damals war das Einvernehmen zwischen dem dreißigjährigen Herrscher aller Reußen und dem vierundzwanzigjährigen preußischen Kronprinzen fest begründet worden, denn Friedrich Wilhelm hatte instinktiv begriffen, daß ihm in dem wilden, ungestümen Russen, der sein unterentwickeltes Land mit Macht und Gewalt in die Neuzeit reißen wollte, eine verwandte Natur entgegengetreten war. Dennoch geriet er nun in die größte Verlegenheit, als das Finanzdirektorium bei ihm anfragte, wie es sich im Falle dieses hochrangigen Staatsbesuches verhalten solle, ob der Zar und seine gesamte Begleitung auf preußischem Staatsgebiet freigehalten werden sollten. Lange kaute Friedrich Wilhelm auf dem Federkiel und überlegte angestrengt, wie er sich die Freundschaft dieses illustren Gastes sichern und wie er doch seinen Staatssäckel vor allzu großen Ausgaben schützen konnte. Schließlich griente er vor sich hin und schrieb dem Finanzdirektorium:

> Ich will sechstausend Thaler dafür genehmigen. Dafür soll das Finanzdirektorium alles so einrichten, daß ich den Zaren von Memel bis Cleve dafür freihalten kann (nur die Kosten in Berlin sind etwas Besonderes). Nicht einen Pfennig gebe ich mehr dazu! Aber vor der Welt soll ein großes Geschrei gemacht werden, als wenn es mich dreißig- bis vierzigtausend Thaler gekostet hätte.

Der »wilde« Zar Peter kam mit einem riesigen Gefolge, so daß auf jeder Umspannstation mehr als dreihundert Pferde benötigt wurden. Friedrich Wilhelm ließ die ganze Bagage im Gartenschloß Monbijou einquartieren, das einst Sophie Charlotte bewohnt hatte, denn im Berliner Schloß, so fürchtete er, würde die Moskowitische Gesellschaft alles verderben und beschmutzen, und – bei aller Vorliebe für Peter – die Reinlichkeit, die er in den letzten Jahren mit so großer Mühe durchgesetzt hatte, wünschte er nicht in Frage gestellt zu sehen. So wurde Schloß Monbijou für einige Zeit zu einem Klein-Moskau, denn wenn auch seit fünf Jahren die moderne Hauptstadt St. Petersburg im Entstehen war, die Sitten und Gebräuche der fremden Besucher waren doch noch ganz altrussisch. Darüber hat uns der Kammerherr von Pöllnitz, ein Augenzeuge des russischen Besuchs, einen farbigen Bericht hinterlassen:

Da der König befohlen hatte, daß man dem Zaren alle erdenkliche Ehre erweisen sollte, so machten ihm die verschiedenen Landeskollegien in corpore ihre Aufwartung. Die Präsidenten führten dabei jeweils das Wort. Als der Präsident des Kammergerichts, Herr von Cocceji (derselbe, der später unter Friedrich II. die große Justizreform durchführen sollte), mit den übrigen Justizräten zu ihm kam, fand er den Zaren auf zwei russische Damen gelehnt, auf deren entblößten Brüsten er während der Audienz mit den Fingern spielte, was den Redner fast aus der Fasson gebracht hätte. Die Herzogin von Mecklenburg, seine Nichte, war ausdrücklich mit ihrem Gemahl gekommen, um mit ihm zu sprechen. Als sie ankam, lief ihr der Zar entgegen, umarmte sie zärtlich, schmatzte sie ab und führte sie in ein Nebenzimmer, wo er sie auf einem Sopha auf den Schoß nahm und sich sehr ungeniert mit ihr unterhielt, ohne die Tür zu schließen oder sich um die Leute im Vorzimmer und um den Herzog, ihren Gemahl, zu bekümmern. Eine so viehische Begierde war jedoch nicht der einzige Fehler Peters. Es ging auch nicht ein einziger Tag hin, an dem er nicht völlig betrunken gewesen wäre. Die grausame Behandlung seiner Diener, besonders seines Popen, der zugleich sein Hofnarr war, kannte keine Grenzen. Der Zar küßte ihm sehr ehrerbietig die Hand, wenn sie aus der Messe kamen, und im nächsten Augenblick schlug er ihm die Nase blutig, prügelte ihn durch und behandelte ihn wie den niedrigsten Sklaven. Die unglückliche Prinzessin Gallicin, die er wegen Theilnahme an einer Verschwörung so furchtbar hatte peitschen lassen, daß sie halb wahnsinnig geworden war, mußte ihm in diesem Zustand zur Belustigung bei der Tafel dienen. Was auf seinem Teller übrigblieb, pflegte er ihr an den Kopf zu werfen. Des öfteren mußte sie aufstehen und zu ihm kommen, damit er sie ohrfeigen konnte. Leute niedrigen Standes hatten für ihn noch nicht einmal den Wert eines Jagdhundes. Als er einst in Gesellschaft des Königs durch Berlin ritt und auf dem Neuen Markt den Galgen sah, fragte er, was dies für eine Maschine sei. Nachdem er vom König nähere Auskunft erhalten hatte, war er so begierig, eine Hinrichtung zu sehen, daß er eindringlich bat, ihm diese Belustigung auf der Stelle zu verschaffen. Der König bedauerte, daß im Augenblick kein Kandidat für den Galgen vorhanden sei, daß er jedoch in den Gefängnissen werde nachfragen lassen. ›Wozu die Umstände?‹ versetzte Peter. ›Komm, Bruder, hier steht ja Pöbel genug herum, laß mir zuliebe den Erstbesten aufhängen.‹ Da der König erklärte, daß hierzulande nur verurteilte Verbrecher gehängt würden, wollte der Zar durchaus einen russischen Stallknecht aus seinem Gefolge dazu verwendet wissen, und nur mit Mühe gelang es dem König, ihn davon abzubringen.

Friedrich Wilhelm genoß den Besuch des russischen Zaren in vollen Zügen. Er wußte schon bald, die ganze Sache würde ihn nicht mehr als 3000 Taler kosten (also im Vergleich zum Voranschlag 3000 Taler »Plus« gemacht!) und seinem Staat dafür die wertvollsten politischen und wirtschaftlichen Beziehungen zu dem Riesenland im Osten einbringen. Die rohe Begierde seines Freundes Peter auf Weiber ignorierte er achselzuckend, denn in dem Punkte verstand er keinen Spaß: Die sexuelle Keuschheit war für ihn ein Teil der körperlichen Reinlichkeit, und noch auf dem Sterbebett sollte Friedrich Wilhelm der Meinung sein, daß er kein Sünder sei und bestimmt in den Himmel komme, weil er seinem »Fiekchen« nie die Treue gebrochen habe. Aber daß man mit Peter ein derbes, offenes Wort über Soldaten und Gewehre, Pferde und Rinder, über Häuser- und Schiffsbau, kurz: über alle praktischen

Auf Tischen, die an den Wänden standen, lagen holländische und deutsche Zeitungen aus, so daß man anhand der Lektüre über die Weltbegebenheiten diskutieren konnte. Die beiden Jahrgänge 1713 und 1714 der Berliner und Königsberger Zeitungen fehlten, weil sich Friedrich Wilhelm über verschiedene kritische Artikel, die die erste Zeit seiner Regierung behandelten, weidlich geärgert hatte. Kartenspiele waren im Tabakskollegium verboten, nur Brettspiele gestattet, denen Friedrich Wilhelm mit großer Leidenschaft frönte. Wenn irgend möglich, wollte er dabei gewinnen. Dem pommerschen General Flanß, mit dem er gern spielte, schlug er eines Tages vor, die Partie um einen Groschen anzusetzen, denn es sei doch langweilig, immer »wie die Schneider« umsonst spielen zu müssen. »Dat lat ick schön blieven!« rief General Flanß aus. »Majestät werfen mi bynahe de Würfel an den Kopp, wenn wi umsonst spielen und Sie verlieren! Wat wull et woll gewen, wenn ick mit Sie um Geld spielen möte...«

Im Tabakskollegium wollte Friedrich Wilhelm nicht als König, sondern als Oberst seiner Armee, also als Offizier unter Offizieren, angesehen werden. Hier gab es so gut wie keine Zivilisten, diese »verfluchten Schmierer und Tintenkleckser«, und die Standesehre der Offiziere war seine eigene Standesehre. Deshalb war hier der einzige Ort im Königreich Preußen, an dem man ein freies und sogar kritisches Wort sagen konnte, das sich auch ganz ungeniert gegen den König richten durfte. Der gefürchtete Buchenstock existierte in diesem Gremium nicht, und niemand mußte um seinen Rücken fürchten. Kam es im Laufe des Abends, bei fortgeschrittenem Alkoholgenuß, steigender Stimmung und hochroten Köpfen zu scharfen Worten oder gar Beleidigungen seiner Person, so fühlte er sich nicht als König, sondern als Offizier unter Offizieren herausgefordert, erblickte darin kein Majestätsverbrechen, sondern eine Verletzung seiner Offiziersehre. Meist war Friedrich Wilhelm selbst an solchen Zwischenfällen schuld. So nannte er einmal den Major von Jürgas einen »Blackscheißer« (Tintenkleckser), weil der mit seiner Bildung geprahlt hatte. Jürgas sprang sofort auf, erklärte: »Das sagt ein Hundsfott!« und verließ spornstreichs das Kollegium. Einer der Anwesenden berichtete:

Der König erklärte der Runde, daß er als ein rechtschaffener Offizier, der nichts auf sich sitzen lassen könne, die Beleidigung mit dem Degen ausmachen und sich mit Jürgas duellieren werde. Alle Anwesenden schrien dagegen und machten ihm bemerklich, daß er nicht bloß ein Offizier, sondern auch König sei und sich als solcher nur für Beleidigungen, welche den Staat beträfen, schlagen dürfe. Der Major von Einsiedel, welcher beim Gardebataillon Stellvertreter des Königs war, übernahm es, die Sache abzumachen, schlug sich am folgenden Tag in dem Wäldchen hinter dem Paradeplatz mit Jürgas auf krumme Säbel und erhielt eine leichte Verwundung am rechten Oberarm.

Friedrich Wilhelm bedankte sich zwei Tage später bei von Einsiedel. Dem Major von Jürgas trug er die Herausforderung nicht weiter nach; die Sache war durch das Duell abgemacht.

Gegen neun Uhr abends war das Tabakskollegium beendet. (Der König ging früh zu Bett, denn zwischen vier und sechs Uhr morgens stand er ja schon wieder auf.) Jetzt nahm er auch wieder seinen Buchenstock zur Hand, und voll des guten Bieres stapfte er durch die hallenden Flure des Schlosses. Wehe, wenn er einen Lakaien erwischte, der auf seinem Posten eingeschlafen war. Schon tanzte der Stock auf dem Rücken des Flüchtenden, und überall in den Schlafzimmern des Schlosses verkroch man sich unter den Bettdecken, wenn die dröhnende Stimme des Monarchen ertönte. Friedrich Wilhelm zog sich selber aus und fiel schwer auf sein einfaches Soldatenbett.

Man darf gewiß sein, daß dann, vor dem Einschlafen, noch einmal die Ereignisse des betreffenden Tages durch seinen schweren Kopf zogen. War alles nach seinem Wunsch und Willen verlaufen? Überhaupt: Was hatte er bewirkt in seinem Staat? Wie hatte er die Macht gebraucht? »Mit der Macht darf man nicht spielen«, flüsterte er vor sich hin und seufzte tief: »Gott hat mir doch ein schweres Amt gegeben.« Hatte er an diesem Tage ein Plus gemacht? Wenn er an sein Tabakskollegium dachte, die einzige Stätte seiner Entspannungen und Vergnügungen, in der er sich gehenlassen, in der er für ein paar Stunden Krone und Zepter vergessen durfte, hatte er denn wirklich davon für sich oder das Ganze profitiert? Als er dieses Kollegium begründet hatte, gleich nach seinem Regierungsantritt, war er von der Hoffnung ausgegangen, sich damit eine Art »inneres Kabinett« zu schaffen, ein engbegrenztes Gremium, in dem das Befehlen des Tages durch das Diskutieren des Abends ergänzt werden sollte. Behaglich sollte es da zugehen, nach bürgerlich-holländischer Sitte, sauber und reinlich, ernst und heiter, derb und offen, praktisch und nützlich. (Die Großmutter, Luise Henriette, war in ihm auferstanden!) Der englische Historiker Thomas Carlyle war der Ansicht, das Tabakskollegium sei für Friedrich Wilhelm in Wahrheit sein »Tabaksparlament« gewesen. Und das ist wahr; neben Scherzen und Belustigungen aller Art hätte ihm dieses merkwürdige Parlament auch Anregungen und Belehrungen bringen sollen. War dies nicht der geeignete Ort, frei von Spitzeln, Spionen und Horchern aller Art, von denen es in jeder Residenz wimmelte, frei von allen weiblichen Einflüssen, die so oft nur aus familiären Intrigen bestanden, ein offenes, quasi demokratisches Manneswort zu reden, sich gegenseitig über die wichtigsten Fragen der Staats- und Volkswirtschaft auszusprechen, die sein ganzes Denken und Trachten einnahmen?

Selten in der Geschichte ist ein Mann einem größeren Irrtum erlegen. Denn es gab ja keine wahre Demokratie in diesem Tabakskollegium. Mochte es noch so gleich zugehen, mochten die Stimmen durch den Tabaksdunst noch so laut und scheinbar ungezwungen dröhnen, so manche Faust krachend auf die Tischplatte fahren, der König blieb doch immer der König. Und alle Anwesenden wußten es ganz genau und berechneten insgeheim ihre Worte, ihre Gesten und Handlungen danach. Und was konnten ihm diese Offiziere schon bieten? Die Generäle der damaligen Zeit waren – wie Leopold von Dessau, der durchaus pars pro toto stand – rohe, unbeleckte Gesellen, von keiner Bildung oder gar Wissenschaft angekratzt. Ihre Kenntnisse gingen über das preußische Exerzierreglement kaum hinaus; von Taktik und Strategie, von der Kriegswissenschaft verstanden sie nicht das mindeste. Was sollte er von ihnen lernen? Und da er Zivilisten kaum zuließ, da er vor allem die Intellektuellen gründlich verachtete, diese »Blackscheißer«, diese nichtsnutzigen »Schmierer und Tintenkleckser«, wie er nicht müde wurde sie zu nennen, waren die geistigen Anregungen dieses »Tabaksparlaments« für ihn gleich null.

Ja, selbst der Wunsch Friedrich Wilhelms, hier einmal ganz unter sich zu sein, niemandem mißtrauen, keinen beargwöhnen zu müssen, war auf einem Grundirrtum aufgebaut. Der Dessauer hatte nur sein persönliches Interesse und das seines Fürstentums im Auge; listig und verschlagen, wie er war, setzte er dementsprechend seine Worte, immer mit der Miene und dem treuherzigen Blick des offenen, ehrlichen Feldsoldaten. Der österreichische Sondergesandte Graf Seckendorff war nichts anderes als ein durchtriebener, hinterlistiger Spion für den Kaiserhof in Wien, der jedes Wort, das im Tabakskollegium gesprochen wurde, seinen Auftraggebern hinterbrachte. Der intelligenteste und gebildetste dieser Runde, Generalleutnant von Grumbkow, war ein käuflicher Schuft, der seinen königlichen Gönner laufend betrog und hinterging, der im Solde Seckendorffs und damit Österreichs stand. Von Vertraulichkeit und Loyalität im Tabakskollegium also keine Spur.

Friedrich Wilhelm wußte nicht, wie schlecht er seine »Freunde« ausgesucht hatte, und er hat es bis zu seinem Tod nicht erfahren. Da er in der Jugend nicht gelernt hatte, auf andere Menschen sensibel einzugehen, sie zu studieren, sich bis zu einem gewissen Grade in ihr eigenes Recht einzudenken, war seine Menschenkenntnis katastrophal. Aber er spürte tief innen, daß er gänzlich isoliert war, daß er auf der Welt keinen wahren Freund hatte, daß ihn im Grunde niemand liebte. Nur wenige Jahre waren seit seinem Regierungsantritt vergangen, und schon war er allseits gefürchtet. Er hatte den Schlendrian aus der Zeit seines Vaters von der Wurzel her ausrotten wollen; und es ist erstaunlich genug, wie sehr ihm das in wenigen Jahren gelungen war. Preußen hatte sich unter seiner Herrschaft, seiner Macht total verändert. Aber um welchen Preis! Mochte er noch so leutselig, ja wahrhaft demokratisch mit den einfachen Leuten, den Bürgern und Bauern, sprechen, mochte er noch so kameradschaftlich und scheinbar gleichberechtigt mit seinen Generälen und Offizieren verkehren, er spürte doch, daß sie ihn nicht liebten, daß sie ihn vielmehr fürchteten, daß von Hoch bis Niedrig alles vor ihm zitterte, daß sich alle vor seinem Buchenstock duckten. Sein seelisches Bedürfnis, sich irgendwo als Gleicher unter Gleichen zu fühlen, irgendwo den Königsmantel abstreifen zu können, um wieder der lustige, unkomplizierte Friedrich Wilhelm seiner Kindheit und Jugendzeit zu sein – er konnte es nicht einmal im Tabakskollegium befriedigen. Schon nach wenigen Jahren verbanden die Bewohner seines Staates lediglich Furcht und Schrecken mit seiner Person. Er war einsam und ungeliebt in seinem Amt.

So ist es zu verstehen, daß er sich ganz seinen Soldaten zuwandte, seinen geliebten »blauen Kindern«, die nicht murren und räsonnieren durften, die ihn niemals enttäuschen konnten, die nichts als »Befehl und Gehorsam« kannten. Nur in der Armee fühlte er sich wahrhaft zuhause. Und ehe er es sich versah, nannte ihn alle Welt nur noch den *Soldatenkönig*.

Die Armee

Wenige Tage nach der Thronbesteigung Friedrich Wilhelms schrieb der niederländische Gesandte in Berlin: »Der König ist ganz in den Händen jener leidenschaftlichen Leute, die ihm raten, so viel Truppen als möglich zu halten. Das Allerschlimmste ist von diesem Monarchen zu fürchten, der ausdrücklich gesagt hat, seine ganze Liebe gehöre den Soldaten.«

Irrtum und Wahrheit, beides bunt miteinander vermengt, waren in den Sätzen des holländischen Diplomaten enthalten. Daß Friedrich Wilhelm den »Soldatentick« hatte, war eine Binsenweisheit, war aller Welt schon seit der Kronprinzenzeit bekannt. Aber stand wirklich das »Allerschlimmste« – also Krieg, Aggression und Überfall – von ihm zu befürchten? Ein hanebüchenes Fehlurteil, durch keinerlei Fakten gestützt; denn schließlich lebte Brandenburg-Preußen, was seine eigenen Staatsinteressen anging, seit fünfunddreißig Jahren mit seiner Umwelt in Frieden, und wir werden später erfahren, daß es keinen friedliebenderen und kriegsscheueren Fürsten in Europa gegeben hat als den preußischen Soldatenkönig. Und die andere Behauptung? Befand Friedrich Wilhelm sich, als er die Regierung antrat, wirklich in den Händen einer Militaristenclique?

Kaum hatte der junge König in Wusterhausen seinen Staatsetat geordnet und war nach Berlin zurückgekehrt, da erschien sein Freund, der ehrgeizige Fürst Leopold von Anhalt-Dessau, in der Hauptstadt, fest davon überzeugt, daß er, Leopold, nun zum faktischen Chef der preußischen Armee aufrücken und zum engsten Militärberater des Königs avancieren würde. Schließlich war er noch drei Monate vor dem Tode Friedrichs I. auf Betreiben Friedrich Wilhelms zum preußischen Feldmarschall ernannt worden. Aber es traf ihn wie eine kalte Dusche: der neue Herrscher hatte keine Zeit, ihn sofort zu empfangen. Statt dessen ließ er ihm mit dürren Worten mitteilen: »Ich werde immer sein Freund sein, wenn er tut, was ich ihm befehle. Ich, Friedrich Wilhelm, bin der Finanzmann und der Feldmarschall des Königs von Preußen; und das wird den König von Preußen aufrecht erhalten.«

Damit war für alle Zeit klar, daß die Macht in Preußen nicht geteilt wurde, daß Nebenherrschaft nicht zur Debatte stand, schon gar nicht auf dem Gebiet, das der junge König als sein ureigenes Exerzier- und Experimentierfeld betrachtete: das der Armee, das der Heeresreform. Und dabei ist es dann für zweihundert Jahre in Preußen geblieben: bis zum Ersten Weltkrieg von 1914. Das Thema »Militarismus« in dem grundlegenden Sinne, daß die Militärs die Politik beherrschen, stand in diesem Staat niemals auf der Tagesordnung.

Daß Preußen, dieses junge Königreich, das 1713 erst ein Dutzend Jahre existierte, sich im Gerangel der europäischen Mächte nur behaupten konnte, wenn es über ein modernisiertes, schlagkräftiges Heer verfügte, war der dritte einfache Grundgedanke – neben denen der Sparsamkeit und der Ökonomie –, der sich im Kopfe Friedrich Wilhelms herausgeformt hatte. Es war erst zwei Jahre her seit 1711, daß er zähneknirschend hatte mitansehen müssen, wie die russischen und polnischen Heere, ohne sich im geringsten um die preußische Souveränität und Neutralität im »Nordischen Krieg« zu kümmern, frech und anmaßend durch die Marken gezogen waren. Das, so hatte er sich geschworen, würde sich nie wieder ereignen! Die preußische militärische Schwäche, der sein verstorbener Vater durch ständiges Vermieten der eigenen Truppen Vorschub geleistet hatte, mußte aus der Welt geschafft werden. Bereits am 11. August 1712 hatte er an den Dessauer geschrieben: »Ich muß über die hiesigen Blackscheißer lachen. Mit der Feder wollen sie ihrem König Land und Leute verschaffen. Ich sage: mit dem Degen!, oder er kriegt nichts.« Daß es ihm um *Eroberung* gar nicht ging, um so mehr aber um *Unabhängigkeit* und *Souveränität* seines Staates, dokumentierte er, als er nach der Machtübernahme philosophierte: »Wenn man in der Welt was will dirigieren, es gewiß die Feder nicht machet, wenn es nicht mit completter Armee soutiniert (unterstützt) wird.« Und an dieser Grunderkenntnis Friedrich Wilhelms I. hat sich bis heute nichts geändert, wie ein einziger Blick in die aktuelle Weltpolitik lehrt.

Für das Preußen des Jahres 1713 aber ergab sich nicht nur der *Wille* zur Unabhängigkeit, sondern der *Zwang* zur Selbstbehauptung. Was war das für ein territorial zerrissener und zersplitterter Staat! Dieses Königreich hatte mehr Grenzlinien als Flächeninhalte. Preußen war in drei weit voneinander entfernte Gebiete geteilt: In der Mitte lag die alte Kurmark Brandenburg, der sich Kottbus (1445), Teupitz (1462), Schwedt (1472), die Neumark (1479), Krossen (1482), Zossen (1493), Ruppin (1524), Storkow-Beeskow (1571) und schließlich Hinterpommern, Halberstadt und Magdeburg mit dem Saalekreis (1648) nach und nach angeschlossen hatten. Hunderte von Kilometern weiter östlich und durch ein breites polnisches Territorium abgetrennt, existierte das Herzogtum Preußen (1618 zu Brandenburg). Und wiederum Hunderte von Kilometern entfernt gab es das dritte preußische Teilstück, die rheinisch-westfälischen Länder: die Erbschaft Cleve, vermehrt durch Minden (1648), Lingen (1702) und Tecklenburg (1707). Von einem »Königreich der Flicken und Fetzen« zu reden, war also keineswegs übertrieben.

Friedrich Wilhelm fand beim Tode seines Vaters ein stehendes Heer von 30000 Mann vor. Das heißt, diese Zahl stand auf dem Papier; die wahre Effektivstärke schwankte zwischen 25000 und 27500 Mann. Daneben existierten noch sogenannte Landmilizen, deren Umfang zwischen 5000 und 15000 Mann differierte und deren militärischer Wert kaum nennenswert war. Die jährlichen Staatseinnahmen hatten etwa 3,6 Millionen Taler betragen, von denen der Unterhalt der Truppen etwa zwei Drittel verschlungen hatte. Der neue König befahl sofort, die Infanterie von 38 auf 50 Bataillone und die Kavallerie von 53 auf 60 Schwadronen zu vermehren. Gleichzeitig wurden die Einheiten in sich vergrößert: das Bataillon Infanterie wuchs von 500 auf 600 Mann, die Schwadron Kavallerie von 150 auf 200 Mann. Bereits zwei Jahre später, 1715, standen 45000 Mann unter Waffen, darunter 12000 Mann Kavallerie und 3000 Mann Artillerie, während die Landmilizen aufgelöst waren. Infolge der drastischen Einsparungen im Hofetat ließen sich die zusätzlichen Finanzmittel für die Vergrößerung des Heeres ohne weiteres aufbringen.

Eine derart beträchtliche Verstärkung der bewaffneten Streitkräfte mußte aber in einem Staatswesen, das nur ca. 1750000 Einwohner umfaßte, auf die größten personellen Schwierigkeiten stoßen. Und obwohl Friedrich Wilhelm gleich beim Regierungsantritt jede Anwendung von Gewalt bei der Anwerbung von Rekruten untersagte und statt dessen »möglichste Listigkeit« empfahl, öffnete er der militärischen Willkür doch Tür und Tor, als er per Dekret jeden Einfluß der Zivilbehörden auf die Rekrutenanwerbungen verbot und sie ausschließlich in die Hände der Truppenkommandeure legte. In der Praxis hieß das, jeder Obrist, also jeder Kommandeur eines Regiments, war dem König dafür verantwortlich, daß der Sollbestand seiner Einheit nicht unterschritten wurde. Die Obristen wiederum übertrugen diese Aufgabe den Hauptleuten bei der Infanterie beziehungsweise den Rittmeistern bei der Kavallerie, die nun sehen mußten, wie und wo sie für ihre Kompanien oder Schwadronen genügend Mannschaftsersatz zusammenbekamen. Die Folge war ein unvorstellbares Anwerbungschaos, denn niemand hielt sich natürlich an begrenzte Werbebezirke, sondern jeder Kompanie- oder Schwadronschef suchte seinen militärischen »Konkurrenten« die besten Leute abzujagen, ganz egal, in welchem Gebiet des preußischen Staates er sie gerade fand. Es kam vor, daß junge Leute zweimal, ja dreimal zu verschiedenen Truppenteilen angeworben wurden, und bald fehlte es auch nicht an blutigen Händeln und Exzessen, mit denen sich die Werbekommandos ihr »Menschenmaterial« gegenseitig abzujagen suchten. Die Zivilbehörden aber standen dem ganzen völlig machtlos gegenüber, fanden auch mit ihren Beschwerden bei dem militärverliebten König kein Gehör.

In den beiden Jahren von 1713 bis 1715 geriet der Staat infolge dieses skandalösen Durcheinanders an den Rand des Zusammenbruchs. Die Landräte (für das platte Land) und die Steuerräte (für die Städte) rauften sich vor Verzweiflung die Haare, mußten aber den rücksichtslos vorgehenden Offizieren, die sich fortwährend auf den Willen des Königs beriefen, in allem gefügig sein. Es kam zu einer regelrechten Panik im Lande, und Tausende junger Burschen, vornehmlich aus den Handwerkerberufen, entzogen sich der Verpflichtung zum Militärdienst durch die Flucht ins Ausland. Daß Friedrich Wilhelm durch Edikt vom 17. Oktober 1713 befahl, solche Ausreißer genauso wie Deserteure zu behandeln, also »durch die Gasse« zu jagen, in der man dann von fuchtelnden Unteroffizieren halb totgeschlagen wurde, half überhaupt nichts, vermehrte nur das allgemeine Entsetzen. Preußen drohte zu entvölkern.

Das konnte nicht im Interesse des neuen Königs sein, der expressis verbis erklärt hatte, Menschen betrachte er als den größten Reichtum des Landes. Was sollte aus seinem Staat werden, wenn die Handwerker und Gewerbetreibenden in Scharen emigrierten, wenn die Facharbeiter den Manufakturen davonliefen, auf den Gütern und Bauernhöfen bitterer Mangel an Arbeitskräften eintrat? Friedrich Wilhelm, dem seine Minister erklärten, das ganze Land sei geschüttelt von Furcht und Schrecken, beugte sich besserer Einsicht und verbot Ende 1714 die gewaltsame Rekrutenwerbung. Künftig sollten nur diejenigen zum Militärdienst herangezogen werden, die keine Facharbeiter waren und die sich gegen Handgeld freiwillig stellten. Eine Ausnahmebestimmung besagte, daß nur noch »aufsässige und liederliche« Personen, die sich gegen ihren Arbeitgeber, Meister oder Gutsherrn widerborstig gezeigt hatten, zum Soldatendienst gezwungen werden durften. Aber das erwies sich sehr bald als fragwürdige Regelung, bedeutete sie doch letzten Endes, daß die Armee zu einer Straf- und Besserungsanstalt denaturieren, daß sie in den Augen der Bevölkerung zu einer Ansammlung halbkrimineller »Subjekte« herabsinken mußte.

Für das dünn bevölkerte Preußen war es ganz unmöglich, sollte nicht die Volkswirtschaft schweren Schaden nehmen, aus eigenem Menschenreservoir die ehrgeizigen Vergrößerungspläne, die Friedrich Wilhelm für sein Heer hegte, zu erfüllen. Gut zwanzig Prozent der Armee, nämlich zehntausend Mann, waren ohnehin ausländische Söldner, die sich gegen klingende Münze, das sogenannte »Handgeld«, den preußischen Fahnen verschrieben hatten. Und so faßte der König 1715 angesichts der inländischen Schwierigkeiten den Entschluß, die Soldatenwerbung im Ausland zu verstärken und den Anteil der Söldner in der preußischen Armee nach oben zu drücken.

Diese Idee war keineswegs so ungewöhnlich, wie sie heutzutage erscheinen mag. Denn unter »Ausländern« wurden damals hauptsächlich nichtpreußische Deutsche verstanden, Leute derselben Nation also, die dieselbe Sprache gebrauchten. Im Deutschen Reich aber bestand ein altehrwürdiges Gesetz, das es den Kurfürsten – dementsprechend auch dem von Brandenburg – gestattete, sich ihren Mannschaftsersatz im Anwerbeverfahren aus den zahlreichen freien Reichsstädten und -städtchen zu besorgen, in denen es immer genügend Arbeitslose und Abenteuerlustige gab, die nur allzu gerne bereit waren, sich an fremde Herren zu verkaufen. Von diesem Recht machte nun Friedrich Wilhelm in den nächsten zwölf Jahren lebhaften Gebrauch. 1728 ging er sogar dazu über, sich auch in den anderen deutschen Reichsterritorien (also über die freien Reichsstädte hinaus) und im Ausland die »Werbegerechtigkeit« zu verschaffen. Mehr als tausend Leute, großenteils zweifelhafte Offiziere, aber häufig auch Juden, die sich auf diesen lukrativen neuen Erwerbszweig spezialisierten, waren ständig in Deutschland und vielen Ländern Europas bis hin nach Rußland, Polen, Dalmatien und Irland unterwegs, um dem soldatenhungrigen Preußenkönig neue Rekruten zuzuführen. In der ersten Zeit kamen jährlich etwa tausend Angeworbene ins Land, ab 1720 sank der Jahresdurchschnitt auf fünfhundert. Genug, Friedrich Wilhelm gelang es in sieben Jahren, bis 1720, seine stehende Armee auf 55 000 Mann zu verdoppeln, wovon fast dreißig Prozent Nichtpreußen waren.

Das war unzweifelhaft eine erstaunliche Leistung für die damalige Zeit, erst recht, wenn man bedenkt, daß dies alles aus eigener finanzieller Kraft geschah, ohne einen einzigen Pfennig an ausländischen »Subsidien«. Friedrich Wilhelms Soldatenpassion entsprang im Kern fraglos staatspolitischen Überlegungen und diente dem wohlverstandenen Interesse des Landes, dessen Unabhängigkeit und Souveränität selbst in den Augen der Großmächte – Frankreich, Österreich, England – jedenfalls insoweit gestärkt wurden, als niemand, angesichts eines solchen »formidablen« Heeres, auf den Gedanken kam, die preußischen Staatsgrenzen leichtfertig anzutasten.

Leider artete seine Soldatenliebhaberei bald zur Soldatenspielerei aus, ja man darf sagen, daß sich die Leidenschaft für seine »geliebten blauen Kinder« zeitweilig zu einer Art wahnsinniger Zwangsvorstellung steigerte. Dieser Wahnsinn richtete sich vor allem auf die »langen Kerls«, wie er sie nannte, also auf große, stattliche junge Leute, die mindestens 1,72 Meter oder größer waren. Solche Vorliebe für eine bestimmte Körpergröße hatte sich schon auf die lächerlichste Weise in der Kronprinzenzeit gezeigt, als er noch in Wusterhausen sein kleines Privatbataillon gedrillt hatte.

Zweifellos waren für diese königliche Narretei ursprünglich rein praktische Gesichtspunkte ausschlaggebend gewesen. Eine Muskete war damals fast doppelt so lang und so schwer wie beispielsweise der Karabiner 98 k der Wehrmacht im Zweiten Weltkrieg, und um sie zu handhaben, vor allem um die Kugel mit Hilfe des konischen Ladestocks von oben in den Lauf zu stampfen (es gab ja noch keine Hinterlader), war ein »langer Kerl« gewiß hervorragend geeignet. Zudem schien es angesichts der entstehenden Lineartaktik angebracht, dem Feind im Kampf mit weitgedehnten Linien baumlanger Musketiere und Grenadiere entgegenzutreten: Der psychologische Schock, wenn eine solche Linie von »Riesen« die überlangen Bajonette fällte und in stampfendem Marschtritt immer näher kam, jeder dieser Kerls um 1,80 Meter oder größer, auf dem Kopf noch die hohe blitzende Grenadiermütze – dieser Schock mußte beim Gegner einfach verheerend wirken. Schließlich galt ein großer Mensch in der damaligen Zeit, in der die Leute im Schnitt sehr viel kleiner als heutzutage waren, als Inbegriff der Gesundheit und der Stattlichkeit. Wenn Friedrich Wilhelm durch seine Provinzen fuhr und auf den Gassen die kleinen, mickrigen, skrofulösen, verwachsenen Figuren sah, die der Dreißigjährige Krieg wie Strandgut in den Dörfern zurückgelassen hatte, so mußte ihm ein »langer Kerl« seiner geliebten Armee wie die Verheißung eines neuen, besseren Menschengeschlechts erscheinen.

Die Historiker haben die Story der »langen Kerls« als eine typische Marotte des preußischen Soldatenkönigs kommentiert. Davon kann keine Rede sein. Das Schönheitsideal der damaligen Zeit, jedenfalls soweit es das Militär betraf, war in allen Ländern Europas dasselbe. Vom englischen Dragonerregiment, das Lord Stairs kommandierte, wurde 1727 berichtet, daß »kein Kerl unter sechs Fuß« war, also weniger als 1,80 Meter maß. Fünf Jahre später bestand das berühmte gelbe Regiment des Grafen Rutowski in Dresden aus einer Riesengarde, deren erstes Bataillon keinen Mann unter 1,77 Meter hatte, während der Flügelmann sogar 1,94 Meter groß war. Aber soviel ist richtig, daß sich bei Friedrich Wilhelm der Wunsch, große Kerle für seine Armee zu gewinnen, mit der Zeit zu einer regelrechten Doktrin, ja zur Raserei steigerte, die erst nach zwanzig Jahren, 1733, abflaute, als das preußische Kantonreglement in Kraft trat, von dem wir noch hören werden.

Vorerst jedenfalls sprach sich in Europa herum, daß der preußische Soldatenkönig ganz verrückt nach langen Burschen sei, und in der Tat sah man allenthalben, im Osten wie im Westen, im Norden wie im Süden, preußische Werbeoffiziere unterwegs, die jeden einigermaßen gerade und nicht zu klein gewachsenen jungen Mann mit begehrlichen Blicken fixierten und ihn kurz darauf – mit klingenden Silberstücken in den Händen – in einer städtischen Bierschenke oder bei einem dörflichen Tanzvergnügen zum Dienst bei den Preußen zu überreden suchten. Soweit diese Werbetätigkeit auf kaiserlich-österreichischem Gebiet vor sich ging, lief alles glatt. Der Wiener Hof war bestrebt, den jungen Berliner Potentaten bei Laune zu halten; die Soldatenmarotte Friedrich Wilhelms kam der Wiener Politik gerade zupaß. Der österreichische Sondergesandte Graf Seckendorff schrieb am 26. November 1726 aus Berlin an den Prinzen Eugen: »Daß Seine Kaiserliche Majestät die Herbeischaffung zwanzig großer Kerle allergnädigst accordiert (genehmigt hat), dafür statte ich allerunterthänigsten Dank ab ... Ich muß aber offen gestehen, daß ich dem Könige Hoffnung gemacht, er werde nach abgeschlossenen Verträgen 24 vom Kaiserlichen Hofe zum Präsent bekommen...« (Die fehlenden vier langen Kerls wurden schleunigst nachgeliefert.)

Sehr bald wußte man an den europäischen Höfen, daß man vom Preußenkönig fast alles haben konnte, wenn man ihm nur schöne »lange Kerls« zum Geschenk machte. Die Höfe von England, Frankreich, Schweden und Dänemark wetteiferten denn auch darin, sich auf diese Weise der Gunst des preußischen Herrschers zu versichern. Der listige Zar Peter machte aus der Schwäche seines preußischen Freundes ein glänzendes Geschäft, indem er ganze Scharen riesiger russischer Leibeigener nach Preußen anliefern ließ und sich dafür – im Gegenzug – erfahrene preußische Handwerker und Spezialisten erbat, die dann in Rußland die ersten Anfänge einer eigenständigen Industrie schufen, darunter die weltberühmte Gewehr- und Geschützfabrik in Tula. In Friedrich Wilhelms Potsdamer Leibregiment nahm die Zahl der russischen Rekruten schließlich derart zu, daß ein russisch-orthodoxer Gottesdienst eingerichtet werden mußte.

Es gab aber auch Länder, deren Regierungen keineswegs gesonnen waren, ihre Untertanen preußischen Werbeexzessen schutzlos auszuliefern; denn abgesehen von den freien Reichsstädten Deutschlands war die preußische »Menschenjagd« völkerrechtlich durchaus illegal. Mit dem Kurfürstentum Hannover kam es fast zum Krieg über diese Frage. Kurfürst August von Sachsen (zugleich König von Polen) hatte selbst beträchtlichen militärischen Ehrgeiz und schickte immer wieder drohende Noten nach Berlin, die die Souveränitätsverletzungen durch preußische Werbekommandos geißelten. Schließlich ließ er den preußischen Kapitän von Natzmer, der sein Werbegeschäft in Dresden betrieb, auf offener Straße verhaften, vor Gericht stellen und zum Tode verurteilen. Friedrich Wilhelm, als man ihn davon unterrichtete, raste vor Wut und verkündete laut, er werde den Herrn von Suhm, den sächsischen Gesandten in Berlin, aufhängen lassen. Suhm, der den preußischen Berserker gut kannte und wußte, daß ihm alles zuzutrauen war, entfloh bei Nacht und Nebel, konnte aber nach ein paar Tagen wieder zurückkehren, als sich der König beruhigt hatte. (Die Sachsen ihrerseits schoben Kapitän von Natzmer stillschweigend auf preußisches Gebiet ab.)

Solche gefährlichen Zwischenfälle blieben keine Seltenheit. Schon deshalb nicht, weil sich die preußischen Werbeoffiziere der Rückendeckung durch ihren Monarchen absolut sicher waren und deshalb glaubten, sich ungestraft jeden Übergriff auf fremdem Boden erlauben zu können, also auch nicht davor zurückschreckten, besonders wohlgelungene »lange Kerls« mit List, ja notfalls mit Gewalt über die preußischen Grenzen zu verschleppen. König Georg II. von England, der die Prügel nicht vergessen hatte, die er als Junge in Hannover wiederholt von Friedrich Wilhelm bezogen hatte, mühte sich mehrere Jahre lang, ein großes Bündnis zwischen England, den Niederlanden und mehreren deutschen Territorialstaaten gegen die preußischen Gewalttätigkeiten zustande zu bringen. Daraus wurde zwar nichts, aber die Beziehungen zwischen den holländischen Generalstaaten und der preußischen Monarchie, die seit den Zeiten des Großen Kurfürsten die allerherzlichsten gewesen waren, näherten sich einer gefährlichen Krise, weil Friedrich Wilhelm einfach nicht bereit war, seine Spürhunde und Menschenhändler zurückzupfeifen. Ein Leutnant Wollschläger, der so weit gegangen war, besonders großgewachsene holländische Soldaten, die sich hervorragend zu Flügelmännern eigneten, zur Desertion auf preußisches Gebiet zu verleiten, wurde schließlich ergriffen und in Amsterdam hingerichtet. Friedrich Wilhelm bekam bei dieser Nachricht einen Tobsuchtsanfall. Er ließ drei holländische Offiziere und zwanzig holländische Soldaten, die sich gerade auf preußischem Territorium befanden, festnehmen und auf die Festung bringen. Er drohte, sie hängen zu lassen. Erst nach langem Hin und Her ließ sich der Soldatenkönig dazu bewegen, die Gefangenen wieder freizulassen und sich bei der holländischen Republik offiziell zu entschuldigen. Vergessen hat er das den Holländern aber nie. Als der niederländische Gesandte zu Berlin etwas später darum bat, dem berühmten Völkerrechtler Heineccius, der zuerst an der Universität Halle, danach an der Universität Frankfurt/Oder als ordentlicher Professor wirkte, die Berufung an eine holländische Universität zu »approbieren« (zu gestatten), bekam er von Friedrich Wilhelm die Antwort: »Wollt Ihr mich keine Flügelmänner werben lassen, so habe ich auch keine Professoren für Euch.«

Das rigorose Rekrutierungssystem des Soldatenkönigs im Ausland, vor allem in den deutschen Städten und Staaten, brachte der preußischen Diplomatie viel Kummer, aber der Armee unbestreitbare Erfolge. Insgesamt wurden in den fünfundzwanzig Jahren von 1713 bis 1738 etwa achtzehntausend fremdländische Söldner angeworben, so daß die preußische Armee ständig zu einem Drittel aus Ausländern bestand. Das schonte natürlich das inländische Personalaufkommen für die diversen Heeresvermehrungen, so daß selbst auf dem Papier – ohne Berücksichtigung des großzügigen Beurlaubungssystems – niemals mehr als zwei Prozent der Bevölkerung in Reih und Glied standen.

Man hätte Friedrich Wilhelms Heerespolitik durchaus als vernünftig, ja fortschrittlich bezeichnen können, wenn nicht dieser »Lange-Kerle«-Spleen gewesen wäre. Im Grunde konnte er nicht einsehen, daß junge Männer, die 1,80 Meter oder größer waren, irgendwo anders auf der Welt glücklich sein könnten als bei ihm in Preußen. »Ich bin der einzige, der mit ihnen etwas anzufangen weiß«, erklärte er in aller Unschuld und betrachtete jeden dieser jungen Riesen, mochte er wohnen, wo er wollte, als geborenen preußischen Untertanen und eines seiner »lieben Kinder«.

Berühmt oder berüchtigt, je nachdem, wurde er denn auch durch seine »Potsdamer Riesengarde«, über die man sich in Europa halb totlachen wollte. 1714 begann er damit, in Potsdam, seiner zweiten Residenzstadt, ein königliches Leibregiment zu errichten, dem nur die allergrößten Rekruten zugewiesen wurden. Dieses Regiment umfaßte bald drei Bataillone mit zweitausendvierhundert Mann, von denen die ersten beiden in Potsdam standen, während das dritte, das Rekrutenbataillon, in Brandenburg an der Havel garnisonierte, wo die »Unrangierten« einexerziert wurden, bevor sie an die beiden Elitebataillone in Potsdam überwiesen wurden.

Diese zweitausendvierhundert Riesengardisten waren des Königs »liebste Kinder«. Jeden von ihnen kannte er persönlich: mit Namen, Herkommen, Lebenslauf und privaten Umständen. Es waren die glücklichsten Stunden im Leben dieses Königs, wenn er morgens, frischgewaschen und in Uniform, auf dem Paradeplatz vor dem Potsdamer Schloß, den Krückstock in der Hand, den immer runder werdenden Bauch vorgestreckt, vor der schnurgeraden Front dieser seiner Lieblingskinder stand und mit ihnen in deutscher Sprache über praktische Fragen des Alltags – und nicht über »blauen Dunst und Narrenspossen«, worüber die Zivilisten so gerne schwatzten – in aller Gemütsruhe diskutieren konnte. Dann strahlte Friedrich Wilhelm über das ganze runde Gesicht; dies war seine heile Welt, in der alles klar und unkompliziert war.

Die Leibgardisten ihrerseits, die aus beträchtlicher Höhe auf ihren kleinen, dicken Chef herabblickten, kannten die Wünsche und Schwächen des Monarchen sehr genau, sprachen mit ihm ungeniert, wie er es haben wollte, oder trugen listig und verschmitzt, mit treuherzigem Augenaufschlag, ihre persönlichen Anliegen vor. Dabei ging es ihnen materiell glänzend: neben der üblichen Löhnung erhielt fast jeder von ihnen persönliche Zulagen des Königs, die oft bis zu dreißig Talern im Monat betrugen. Wer wollte, konnte neben seinem Exerzierdienst, der sich auf den Vormittag beschränkte (bis zu dem Augenblick, an dem es von der Garnisonskirche nebenan zwölf Uhr schlug), nachmittags ein eigenes Gewerbe betreiben, und tatsächlich gab es in Potsdam eine ganze Reihe von Weinstuben und Bierschenken, die von »langen Kerls« geführt wurden und kleine Goldgruben waren. Die größte Nebeneinnahme bestand jedoch darin, daß sich das Publikum gern dieser

Potsdamer Riesenkerle bediente, um Bittschriften oder Gesuche an den König heranzutragen; denn man wußte allgemein, daß Friedrich Wilhelm in die allerbeste Laune geriet, wenn sich ein Soldat seines Leibregiments in strammer Haltung und mit unschuldigem Blick auf dem Paradeplatz vor ihm aufbaute. Und so konnten sich die schlauen Leibgrenadiere ein hübsches Sümmchen Geld zuverdienen, indem sie so manches fremde Anliegen mit Erfolg ihrem königlichen Regimentschef vortrugen. Diese Praxis führte mit der Zeit zu derartigen Mißbräuchen, daß Friedrich Wilhelm die Advokaten, die sich der Potsdamer Leibgardisten bedienten und eilige Prozeßangelegenheiten unter Umgehung der zuständigen Gerichtsinstanzen an den König heranbringen ließen, mit strengen Strafen bedrohte.

Bei alledem handelte es sich nicht nur um reine Soldatenspielerei, sondern Friedrich Wilhelm glaubte ernsthaft daran, daß hier ein neuer, gesünderer und »properer« Menschenschlag im Entstehen sei. So förderte er auch die Verehelichung baumlanger Soldaten seiner Armee mit großgewachsenen Mädchen, weil er sich einbildete, von solchen Eltern müßten starke, wohlproportionierte Kinder gezeugt werden. Als er erfuhr, daß die junge Ehefrau eines »langen Kerls«, der zu Cleve in Garnison stand, ein ausnehmend großes Baby zur Welt gebracht hatte, geriet er in größte Aufregung, befahl Mutter und Kind sofort nach Potsdam zur Besichtigung und schrieb in höchstem Vergnügen an den Rand der Ordre: »Pressieret, weil jetzo das Wetter gut geworden!«

Die Historiker und Anekdotenerzähler haben sich natürlich mit Wonne auf diese Skurrilitäten des preußischen Soldatennarren gestürzt. Meist ist jedoch darüber vergessen worden, daß Friedrich Wilhelm I. nicht nur der Schöpfer der Potsdamer Riesengarde, sondern einer der bedeutendsten Heeresreformer der Geschichte war. Im Grunde war er der Erfinder des stehenden (also auch im Frieden ständig präsenten) Heeres und – wie wir noch sehen werden – der Wehrpflicht, zwei gesellschaftlichen Errungenschaften des modernen, zentralisierten Staates, die von der ganzen Welt übernommen wurden und bis heute nichts an Bedeutung verloren haben.

Entscheidend für den Erfolg der preußischen Heeresreform war die Tatsache, daß Friedrich Wilhelm vom ersten Tage seiner Regierungstätigkeit an die Frage des Militärwesens nicht als militaristischer »Fachidiot« behandelte, sondern es zugleich als ökonomisches Problem verstand, daß er der Armee eine entscheidende Funktion im Aufbau einer modernen Staatswirtschaft zuwies. Was hatte er 1713 als erstes dem Dessauer sagen lassen? Er betrachte sich als »Finanzmann und Feldmarschall« des Königs von Preußen – in dieser Reihenfolge: als »Finanzmann« zuerst! Lange bevor er das Heer verdoppelte, 1720, war es ihm bereits gelungen, die Volkswirtschaft auf die Bedürfnisse des Militärwesens umzustrukturieren beziehungsweise das Heerwesen so zu organisieren, daß es zum Schwungrad einer neuen Nationalökonomie werden konnte.

Kaum hatte er den Thron bestiegen, entstand unter der Leitung des Geheimen Finanzrats Johann Andreas von Kraut in einem Gebäudekomplex an der Berliner Klosterstraße, der ehemaligen Ritterakademie, das sogenannte »Lagerhaus« für die Heeresbekleidung. Der Befehl des Königs lautete, daß in diesem Lagerhaus sämtliche Wollstoffe, die für die Uniformen der preußischen Armee benötigt wurden, hergestellt werden sollten. Das war die Geburtsstunde der preußischen Wollindustrie. Im Lagerhaus wurde die hauptsächlich aus Spanien importierte Wolle zentral zugerichtet, dann auf die Dörfer verteilt und dort gesponnen, anschließend wurden die Garne wiederum im Lagerhaus für die Weber zubereitet, die in einem festen Vertragssystem für das königliche Lagerhaus arbeiteten. Schließlich wurden die gewebten Tuche in den staatlichen Walkmühlen am Berliner Mühlendamm gewalkt, dann wieder im Lagerhaus zugerichtet und in einer besonderen Abteilung des Hauses, die unter der Leitung eines Brabanter Meisters stand, verschiedenfarbig eingefärbt. Bereits nach drei Jahren, 1716, konnte die preußische Armee mit inländischen Tuchen eingekleidet werden.

Die Bedürfnisse des sich ständig vergrößernden Heeres ließen nicht nur das staatliche Lagerhaus gedeihen. Das gesamte Berliner Geschäftsleben profitierte von der neuen Entwicklung. Die Textilhandwerker, die Tuchmacher, Leineweber, Posamentiere und Knopfarbeiter rührten die Hände: nicht mehr, wie unter Friedrich I., für die Luxusorgien des Hofes, sondern jetzt für die Uniformausstattungen der Regimenter. Allerorten in Preußen schossen neue Tuchfabriken und Färbereien aus dem Boden. Der König förderte den Aufbau neuer

Produktionsstätten und schützte zugleich die städtischen Produzenten durch hohe Akzisesteuern, mit denen die Einfuhr ausländischer Waren belegt wurde. Ein königliches Edikt vom 27. Februar 1717 garantierte allen zuwandernden ausländischen Wollarbeitern für sechs Jahre Steuerfreiheit, kostenloses Bauholz für die Errichtung ihrer Wohnhäuser und Befreiung vom Militärdienst.

Überall griff der Staat nun mit Ansporn, Erteilung von Privilegien und Gewährung von Krediten in die Wirtschaftsentwicklung ein, immer das Doppelziel vor Augen, dem volkswirtschaftlichen Ganzen wie den speziellen Interessen des Heeres gleichermaßen zu dienen. Die 1712 in Berlin gegründete Firma »Splitgerber & Daum« betrieb ab 1722 die mit beträchtlicher staatlicher Unterstützung eingerichteten Gewehrfabriken in Potsdam und Spandau, deren Bajonette und Säbelklingen bald weltberühmt wurden. Bereits 1725 war das preußische Heer in Ausrüstung wie Bewaffnung praktisch autark, auf keinerlei ausländische Lieferungen angewiesen. Selbst die in der Stralauer Straße Berlins ansässige Gold- und Silbermanufaktur expandierte erheblich, denn wenn es jetzt auch nicht mehr galt, kostbare Hoffestlichkeiten auszurichten, so benötigte die stehende Armee, die bis zum letzten Mann durchuniformiert wurde, Rangabzeichen, Litzen, Tressen, Gold- und Silberstickereien, durch die sich die einzelnen Regimenter oder Waffengattungen voneinander unterschieden.

Es war eine äußerst rationale, bis in die letzten Details durchdachte Kombination von Wirtschafts- und Rüstungspolitik, die Friedrich Wilhelm I. mit eiserner Beharrlichkeit und unermüdlicher Konsequenz betrieb. Ohne die dauernden Impulse und Initialzündungen des Staates wäre nichts geschehen. Und der König, der das sehr genau wußte, griff ständig persönlich ein, ließ das ökonomische Schwungrad nie zum Stillstand kommen, und da das rückständige Preußen noch über keine risikofreudige und initiativ orientierte Unternehmerklasse verfügte, war es eben der Staat, der investierte und der die industrielle Entwicklung vorantrieb.

Ja, die Erfolge dieser Politik Friedrich Wilhelms waren umwerfend. Binnen weniger Jahre machte er das unterentwickelte Einfuhrland Preußen zu einem Exportstaat. Mit seinem Freund, Zar Peter von Rußland, schloß er 1725 einen Handelsvertrag, der die Belieferung der russischen Armee mit in Preußen gefertigten Uniformen vorsah. Das Geschäft lief so großartig, daß sich die zehn führenden Handelsunternehmen Berlins, darunter das Haus »Splitgerber & Daum« sowie die hochangesehene Firma des Schweizer Unternehmers Johann Georg Wegely, bereits ein Jahr später, 1726, zur »Russischen Handels-Compagnie« zusammenschlossen, nachdem der Buchenstock Friedrich Wilhelms und seine laute Kommandostimme den zuerst etwas zögerlichen Kapitalisten das nötige »cito! cito!« beigebracht hatten. Preußische Tuche gingen jedoch nicht nur nach Rußland, sondern machten bald den berühmten englischen, schottischen und flandrischen Tuchen auf den Messen zu Leipzig und Frankfurt Konkurrenz. Das »Preußischblau« wurde in Kürze zu einem Weltbegriff. Der ganze Staat profitierte von einem Wirtschaftsaufschwung, der sich immer mehr ausweitete, der aber ursprünglich ganz bewußt durch das Stimulans der Heeresreform ausgelöst worden war. Die halbstaatliche Industrie Preußens war bald derart fundiert, daß selbst schwere Wirtschaftskrisen wie der europäische Konjunkturrückgang der Jahre 1735 bis 1742 oder wetterbedingte Erntekatastrophen wie die der Jahre 1736 und 1740 mühelos verkraftet werden konnten.

Jedenfalls, die ökonomische Basis für den Ausbau des preußischen Heeres war schon nach wenigen Jahren geschaffen, ohne daß der König auch nur einen Pfennig an ausländischen Krediten benötigt hätte. Ein wahres Wunderwerk, das niemand in der Welt dem armen Preußen zugetraut hätte! Und der Gesamtstaat, er wurde nicht ärmer, sondern reicher durch die ausgeklügelte Finanzpolitik seines Königs, der *Unabhängigkeit* und *Wohlfahrt* zur Doppelmaxime seines Handelns erklärt hatte. 1713, als Friedrich Wilhelm zur Macht kam, verschlang die Armee jährlich etwa 2,4 Millionen Taler, während für die zivilwirtschaftlichen Leistungen des Staates ca. 1,2 Millionen Taler zur Verfügung standen. An dem Verhältnis 2:1 zwischen Armee und Zivilsektor änderte Friedrich Wilhelm nichts. Aber da er die wirtschaftliche Effizienz, die Produktion, die Umsätze und Bedürfnisse der Gesellschaft, die Einnahmen wie die Ausgaben des Staates verdoppelte, betrugen die Aufwendungen für die Armee 1740, am Ende seiner Regierungszeit zwar 4,8 Millionen Taler, aber für den Zivilbedarf hatten sich die staatlichen Leistungen ebenfalls verdoppelt: auf 2,4 Millionen Taler jährlich. Tatsächlich aber muß man dieses ökonomische Wachstum noch anders bewerten: Denn während das Heer sich in den siebenundzwanzig Regierungsjahren Friedrich Wilhelms verdreifachte, die finanziellen Aufwendungen für die Armee sich aber nur verdoppelten, wuchs die Bevölkerung im selben Zeitabschnitt um vierzig Prozent, während die nichtmilitärischen Aufwendungen des Staates um hundert Prozent stiegen. So betrachtet, kann man sich ein ebenso realistisches wie staunenswertes Bild von den wohltätigen Auswirkungen der kombinierten Wohlfahrts- und Rüstungspolitik dieses Preußenkönigs machen.

Bei alledem blieb die Frage des Mannschaftsersatzes in einem Staat, der so extrem dünn besiedelt war, doch immer das Hauptproblem des Königs. Auch die mit soviel Energie wie Brutalität betriebene Anwerbung fremder Söldner im Ausland vermochte die Kardinalfrage letzten Endes nicht zu lösen. Zwanzig Jahre lang, bis 1733, hat es gedauert, bis Friedrich Wilhelm sich zu dem wahrhaft revolutionären Schritt entschloß, für seine Untertanen die Wehrpflicht einzuführen. Und das kam wirklich, im wahren Sinne des Wortes, einer Revolution gleich! Denn eine Wehr*pflicht* der Staatsbewohner, die heute in den meisten Ländern der Welt eine Selbstverständlichkeit ist, existierte damals nirgends. Seit tausend Jahren, seit dem Ende der Völkerwanderung und dem Beginn des Mittelalters, war es allgemeiner Brauch im Abendland gewesen, daß das »Kriegshandwerk« nur von bestimmten engbegrenzten Gesellschaftsgruppen, zuerst dem Rittertum, später von freiwilligen Söldnern, den Landsknechten, ausgeübt wurde. Das Volk hatte damit nichts zu tun. Volksarmeen kannte man nicht. Der Bürger oder der Bauer sah etwas Fremdartiges, Feindliches im Soldaten, betrachtete ihn nicht als Beschützer, sondern als Bedränger des Landes, sah in ihm nicht den Volksgenossen, sondern den Gegner. Soldat zu sein, galt nirgendwo in der Welt als Ehrendienst. Man diente nicht für den Staat, das Volk oder das Vaterland, sondern um Sold (daher die Bezeichnung »Söldner«).

Deshalb war es selbst für den berserkerhaften Soldatenkönig, der sonst vor nichts zurückschreckte, ein unerhört kühner, ein ganz und gar ungewöhnlicher Schritt, als er am 1. Mai 1733 durch Kabinettsordre die Wehrpflicht für seine Untertanen einführte. Man hat dieses epochemachende Gesetz als »Kantonreglement« bezeichnet, weil die Feuerstellen (also die Hütten und Häuser, in denen Menschen lebten, die sich Feuer machen konnten) des ganzen Landes in kleine übersichtliche Bezirke, sogenannte »Kantone«, eingeteilt wurden. Jeder dieser Kantone wurde einem Kompaniechef oder Bataillonskommandeur zugewiesen, und aus ihm hatte er hinfort seine Rekruten auszuheben.

Das hört sich so einfach, so unsensationell an. Aber die Folgen waren umstürzend. Zuerst einmal: Alle Werbeexzesse, mit denen sich früher die Offiziere gegenseitig den Mannschaftsersatz abgejagt hatten, hörten mit einem Schlage auf. Jeder Kommandeur kannte nun seinen Ergänzungsbezirk, den »Kanton«, und jeder Bewohner dieses Bezirks kannte seinen militärischen Stammtruppenteil. Alle Willkür und Unordnung hatte ein Ende. Des weiteren: Dadurch, daß die jungen Kantonbewohner auch außerhalb ihrer aktiven Dienstzeit als »Enrollierte« (das heißt als in die Militär-Stammrollen eingetragene Leute) galten und damit auch der Militärjustiz unterstanden, wurde die jahrhundertealte obrigkeitliche Gerichtsbarkeit der Gutsherrschaften wesentlich eingeschränkt. Bis dahin hatte ja der Leibeigene, der Knecht ebenso wie der Pächter, in keinerlei Beziehung zum Staat gestanden. Sein Gutsherr oder sein Bauer war für ihn die ausschließliche Obrigkeit, seiner Fürsorge oder Willkür war er bedingungslos ausgeliefert gewesen. Jetzt, mit der Kantonverfassung, trat zum erstenmal der Staat in sein Leben. Das Bataillon oder das Regiment, dem er praktisch auch schon vor seinem Einrücken angehörte, war an seiner Gesundheit, an seiner Dienstfähigkeit interessiert, so daß die altpatriarchalischen Obrigkeitsrechte auf dem Gut oder im Dorf durch das Mitspracherecht des Kantontruppenteils durchbrochen wurden. Es war der erste Schritt zum künftigen Staatsbürgertum! Und wenn auch die analphabetischen Bauernjungen der Mark Brandenburg, Pommerns, des Saalekreises oder Ostpreußens natürlich nicht wußten, welche gesellschaftspolitische Revolution sich hier anbahnte, eine untergründige Ahnung davon, daß sie nun nicht mehr bloße Willkürobjekte der Gesellschaft waren, daß es für sie einen enormen Fortschritt bedeutete, wenn sie in Kürze den »Rock des Königs« tragen würden, hatten sie doch: Stolz trugen die Enrollierten nach der Eintragung beim Regiment einen Büschel am Hut, wirbelten übermütig den

Kompaniestock in der Hand, zwirbelten den Schnauzbart oder pfiffen den Mädchen auf der Dorfgasse nach. Nach Jahrhunderten unsäglicher Unterdrückung, Unwissenheit, Abhängigkeit und sklavischer Geducktheit des armen Landvolkes ging zum erstenmal ein Hauch von Stolz und Selbstbewußtsein durch die Katen und Häuser der Dörfer. Der König rief seine Landeskinder ans Gewehr, und jeder ging in dem Bewußtsein, vom Staat gebraucht zu werden und doch zu mehr nutze zu sein, als immer nur vor dem Gutsherrn oder vor dem Herrn Pfarrer die Mütze ziehen, vom Verwalter oder vom eigenen Vater Prügel und Tritte einstecken zu müssen.

Diese Dienstpflicht des Soldatenkönigs, das Kantonreglement von 1733, war die entscheidende Vorstufe der späteren »Allgemeinen Wehrpflicht«, einer der gesellschaftlichen Haupterrungenschaften auf dem Wege zur Demokratie. »Allgemein« allerdings konnte diese Dienstpflicht noch nicht sein, dazu waren die sozialen Bedingungen dieser vor- beziehungsweise frühindustriellen Epoche noch nicht ausgereift genug. Zwar hieß es im Kantonreglement generell, daß »alle Landesbewohner« vom achtzehnten bis vierzigsten Lebensjahr »für die Waffen geboren« seien, und verbal war damit schon die Gleichheit aller Staatsbürger anvisiert. Aber die wirtschaftlichen Gegebenheiten erzwangen bestimmte Ausnahmeregelungen (sogenannte »Exemtionen«) von der Dienstpflicht. So war der gesamte Adel ausgenommen; seine Söhne dienten ohnehin im Offizierskorps, wie wir noch sehen werden. Sodann wurden alle Bürger und Bauern, die Haus und Hof besaßen, samt ihren ältesten Söhnen von der Dienstpflicht befreit. Dadurch sollten die selbständigen Bauern, die Handwerker und die Gewerbetreibenden geschützt werden. Dieselbe Ausnahmebestimmung galt für die Manufakturarbeiter, für die als Siedler ins Land Eingewanderten, für die Studenten der Theologie etc. Mit anderen Worten: Die neue Dienstpflicht galt nicht für die Besitzenden und die Spezialisten, deren Produzententätigkeit weitergehen mußte, wenn die Volkswirtschaft nicht Schaden nehmen sollte; sie galt dagegen uneingeschränkt für die Besitzlosen – die Leibeigenen, Knechte, Diener, Kutscher etc. –, die durch ihren zeitweiligen Dienst im Heer weder individuelle noch kollektive Existenzen gefährden konnten.

Das Kantonreglement verordnete also eine Teil-Wehrpflicht, die aber der Kopfzahl nach die große Masse der Bevölkerung erfaßte und damit das Personalreservoir des Heeres erheblich erweiterte. So erklärt es sich, daß Friedrich Wilhelm I. die Stärke der Armee, die er bis 1730 mit Mühe auf 60000 Mann (davon ca. 20000 Ausländer) heraufgeschraubt hatte, in seinen letzten zehn Regierungsjahren noch einmal bis auf 75000 Mann (davon ca. 25000 Ausländer) steigern konnte, womit Preußen nach Frankreich (160000 Mann), Rußland (130000 Mann) und Österreich (100000 Mann) die viertgrößte Armee des Kontinents unterhielt, obwohl es seiner Bevölkerungszahl nach erst an dreizehnter Stelle in Europa rangierte.

Manche Historiker haben daraus errechnet, daß im damaligen Preußen drei Prozent der Bevölkerung unter Waffen standen, und deshalb von einem »durch und durch militarisierten« Staat gesprochen. Nichts könnte verkehrter sein als eine solche Betrachtungsweise, die eine tiefe Unkenntnis der ökonomischen Politik Friedrich Wilhelms I. verrät. Die Armee sollte ja die Volkswirtschaft nicht schädigen, sondern sie fördern. Die industrielle Produktion, das Handwerk, die Landwirtschaft durften in ihrer Effektivität durch das Militär um keinen Preis beeinträchtigt werden. Und so darf man das Kantonreglement von 1733 niemals ohne das dazugehörige großzügige Beurlaubungssystem sehen. Komplett war die preußische Armee nur in den drei Monaten April, Mai, Juni, also in den Exerziermonaten. Danach durften die Bataillonskommandeure etwa die Hälfte ihrer »Landeskinder« beurlauben, die dann nach Hause eilten, um für die Erntearbeiten zur Verfügung zu stehen. Und was für die Erntezeit galt, galt ebenso für die Zeit der Aussaat und erst recht für die Winterphase, in der es zu damaliger Zeit ohnehin keine Truppenbewegungen gab. Ein Bataillon, das 600 Mann umfaßte, erreichte seine Sollstärke nur in den drei genannten Frühjahrsmonaten des Jahres; die übrige Zeit waren durchschnittlich 200 Soldaten nach Hause beurlaubt, während von den 400 Mann, die unter der Fahne blieben, etwa die Hälfte angeworbene Ausländer waren. Das heißt konkret, daß neun Monate eines Jahres nur die Hälfte der wehrpflichtigen Landeskinder Dienst tat, und das bedeutet wiederum, daß nur ein Prozent der Bevölkerung das ganze Jahr über »in Reih und Glied« stand. Statistisch sah das so aus:

Kalenderjahr	Armeestärke insgesamt	Ausländeranteil	Landeskinder ganzjährig	Prozentsatz der Landeskinder an der Bevölkerung
1715	45 000	ca. 10 000	ca. 17 500	ca. 1
1720	55 000	ca. 15 000	ca. 20 000	ca. 1,1
1730	60 000	ca. 20 000	ca. 20 000	ca. 0,9
1740	75 000	ca. 25 000	ca. 25 000	ca. 1

Das heißt, der Prozentsatz der ganzjährig in der Armee dienenden Landeskinder an der Gesamtbevölkerung betrug ziemlich konstant ein Prozent, lag also kaum höher als heutzutage derjenige der Bundeswehr (ca. 0,9 Prozent) und weit niedriger als der der DDR-Streitkräfte (ca. 1,5 Prozent).

Abgesehen von den Monaten April, Mai, Juni, in denen die Armee »komplett« war und einexerziert wurde, setzten sich die Bataillone und Regimenter also zur Hälfte aus Angeworbenen aller Herren Länder zusammen. Unter ihnen befand sich viel zusammengelaufenes und zusammengeraubtes Gesindel, das froh sein durfte, der heimatlichen Gerichtsbarkeit entgangen und nun bei den Preußen außer Strafverfolgung zu sein. Zwar sprach damals noch niemand vom »Geist« einer Truppe, dennoch hätte man fragen dürfen, ob dieses Konglomerat überhaupt ein »preußisches« Heer im vaterländischen Sinne genannt werden konnte.

Nach einem berühmten Wort Napoleons I. ist eine Armee genauso gut oder schlecht, wie es ihr Offizierskorps ist. Und genau das war der Punkt, in dem sich Friedrich Wilhelm mit seinen Reformbestrebungen im Heer am nachhaltigsten durchsetzte. Der Offizier war bis dahin in allen Streitkräften der Welt ein Handwerker oder Spezialist wie jeder andere gewesen, weit von jedem elitären Sonderbewußtsein, von jedem »esprit de corps« entfernt. Man wechselte nicht nur den Berufsstand beliebig – vom Obristen zum Gesandten, vom Fähnrich zum Kammerjunker etc. –, man wechselte auch die Dienstherren ganz nach Gusto und klingender Münze. Jetzt, unter dem Soldatenkönig, wurde das alles anders in Preußen. Indem Friedrich Wilhelm ausschließlich den *einheimischen* Adel zum Militärdienst heranzog und ihm das Bewußtsein einimpfte, es sei eine Standesehre, ja ein Vorzug und Privilegium, niemand anderem als nur dem eigenen Monarchen zu dienen, schuf er praktisch schon ein national-preußisches Offizierskorps. Es konnte gar nicht ausbleiben, daß auch die Unteroffiziere und einfachen Soldaten, soweit sie Einheimische waren, in der Konsequenz mehr und mehr von der »vaterländischen«, auf jeden Fall von der strikt staatstreuen Haltung ihrer Offiziere beeinflußt wurden.

Das liest sich heute so glatt und so leicht. In Wahrheit handelte es sich dabei um ein gewagtes gesellschaftspolitisches Experiment, das in der Geschichte seinesgleichen sucht. Der Adel hatte ja in allen Ländern Europas seit Jahrhunderten davon gezehrt, daß er sich den Landesfürsten in der sozialen Rangskala ebenbürtig dünkte, zu Dienst und zeitweiliger Unterordnung nur freiwillig und auch nur gegen Gunst und Geschenke bereit war, wobei er sich seine universalistisch-aristokratische Ideologie, die besagte, daß für einen Adligen Staats- und Landesgrenzen letztlich nichts bedeuteten, niemals abhandeln ließ. Mochten die Territorialherren mit noch so vielen Vergünstigungen locken, mochten sie in einem fort auf ihre staatliche »Souveränität« und ihre »Landeshoheit« pochen, der Adlige fühlte sich in ganz Europa zuhause, er kannte kein »Vaterland«. Der geistige Überbau der Aristokratie bestand darin, die zufällig gewordenen Staaten Europas weitgehend zu ignorieren und die soziale Bevorrechtigung der eigenen Klasse universal zu stabilisieren.

Mit alledem brach Friedrich Wilhelm in seinem Staat radikal. Der Junker (wie der Adlige traditionell in Brandenburg-Preußen genannt wurde) sollte sich gefälligst als »Preuße« fühlen, und er sollte sich mit Haut und Haaren dem König von Preußen verschreiben. Wie aber sollte ein derart revolutionärer Bewußtseinswandel, der allen Überlieferungen und Interessen der feudalen Klasse widersprach, in der Praxis erreicht werden? Materiell hatte Friedrich Wilhelm so gut wie nichts in der Hand. Er hatte kein Gold und Geschmeide zu bieten, und er dachte auch gar nicht daran, sich seine Offiziere zu »kaufen« und damit den eifersüchtig ausbalancierten Staatsetat zu gefährden. Ländereien hatte er ebenfalls nicht zu verschenken, und außerdem saßen die Junker bereits auf ihren angestammten Gütern. Mit Gewalt war ebenfalls nichts zu bewirken. Anders als die bolschewistischen Revolutionäre von 1917, die den russischen Adel einfach abschlachteten und mit Blut und Terror ein neues kommunistisches Offizierskorps aus dem Boden stampften, mußte der Soldatenkönig seine »Revolution von oben« mit friedlichen Mitteln vollziehen.

Das war leichter gedacht als getan. Die Weltgeschichte – gerade auch unserer Tage – hat erwiesen, daß keine politische Klasse bereit ist, widerstandslos auch nur einen Teil ihrer Prärogativen, ihrer Vorrechte, aufzugeben. Friedrich Wilhelm wußte das; sein praktischer Sinn für Herrschafts- und Machtfragen war gut entwickelt. Er überlegte genau und suchte vier Jahre nach dem richtigen Ansatzpunkt. Dann, 1717, tat er den entscheidenden Schritt zur politisch-gesellschaftlichen Entmachtung beziehungsweise Umfunktionierung der Junkerklasse in Preußen, und er tat dies ebenso raffiniert wie behutsam. Er verfügte die sogenannte »Allodifikation« der Lehen, was zu deutsch hieß: Die noch aus dem Mittelalter stammende, militärisch längst sinnlos gewordene Verpflichtung der junkerlichen Rittergutsbesitzer zur Heerfolge im Kriegsfall (als Entgelt für die ihnen einstmals verliehenen Lehensgüter) wurde umgewandelt in eine jährliche, der preußischen Kriegskasse zu entrichtende Geldabgabe. Die Junkerschaft schrie auf wie ein Mann! Nicht nur, daß sie gegen jegliche Art von regelmäßiger Besteuerung opponierte – das sowieso. Nein, die Junker begriffen sofort, daß dies der erste Schritt war, ihr jahrhundertealtes Privilegiengebäude zum Einsturz zu bringen, sie in politisch-finanzielle Abhängigkeit von einem absolutistisch-modernistischen Staat zu bringen. Sie ließen sich nicht täuschen. Die Umwandlung der ehemaligen Lehens- in Allodialgüter (Eigentumsgüter) durchschauten sie als Trick des Königs, mit dem er sie in die Irre zu führen gedachte. Dieser Monarch in Berlin wollte sie ganz offensichtlich zu Steuerzahlern und Staatsdienern degradieren, und zwar nicht nur in Not- und Kriegszeiten, sondern in Permanenz. Wohin sollte das führen? Sie beriefen sich lautstark auf die Landtagsrezesse von 1653. Damals, vor mehr als sechzig Jahren, hatte der Kurfürst, der Großvater des jetzigen Herrschers, ihre Privilegienpakete – zähneknirschend – absegnen müssen. Und diese Privilegien hießen ganz konkret: grundsätzliche Steuerfreiheit, Staatsdienst nur freiwillig oder im Kriegsfalle, volles Verfügungsrecht über die bäuerlichen Abgaben und Frondienste, uneingeschränkte Obrigkeitsrechte über Gut und Dorf. »Diese Landtagsrezesse sind unsere Magna Charta«, schrien die Junker und pochten auf die vergilbten Urkunden, die sie sorgsam in ihren Schlössern aufbewahrt hatten. Wenn dieser neue König in Berlin die alten Abmachungen brach, wenn seine Beamten regelmäßige Geldabgaben von ihnen kassierten, dann würde er auch nicht zögern, über ihre Söhne und Enkel, über ihre Bauern und Knechte zu verfügen, und dies alles unter dem Vorwand der »Staatsräson«.

Die Junkerklasse begriff: das war ein revolutionärer Eingriff in die gewachsenen Gesellschaftsstrukturen. Aber so sehr sie sich auch sträubte, die Revolution von oben gelang! Sie gelang deshalb, weil Friedrich Wilhelm nach der altbewährten Herrschaftsmaxime »divide et impera« verfuhr: Er spaltete die Junkerklasse auf, indem er die Verhandlungen einzeln, von Provinz zu Provinz, führte und die adlige Opposition gegeneinander ausspielte. Wenn er es allerdings dabei hätte bewenden lassen, wäre sein Veränderungswerk wohl nur eine Eintagsfliege geblieben; sehr bald schon hätte sich die aristokratische Fronde wieder zusammengeschlossen. Er ging jedoch einen wesentlichen, einen verblüffenden Schritt weiter: zur Machthandhabung fügte er die Bewußtseinsbildung! Auch wenn es den marxistischen und den linksliberalen Historikern noch so sehr mißfällt, die bemerkenswerte Tatsache, daß Friedrich Wilhelm I. die Bewußtseinslage einer hochmütigen Gesellschaftsklasse nicht durch das Mittel materieller Korrumpierung, sondern durch Beispiel und Appell änderte, ist nicht aus der Welt zu schaffen. Zuerst einmal erklärte er sich selbst zum »Offizier«; seit 1725 trug er nur noch die Uniform seines Potsdamer Leibgarderegiments. Damit war ein Vorbild geschaffen, dem man sich nur schwer zu entziehen vermochte. Sodann erklärte er den Dienst in seiner Armee zur »Ehrensache«; und es sollten nur wenige Jahre vergehen, und jeder junge Kavalier in Preußen, der nicht bereit war, freiwillig dem König als Offizier zu dienen, galt als ein Pflichtvergessener, ja fast schon als Verräter an Staat und Gesellschaft. Adliger gleich Offizier, Militärdienst gleich Standesehre – nach dieser Devise formte sich Friedrich Wilhelm ein treuergebenes Offizierskorps, wie es sonst nirgendwo in der Welt existierte.

Was immer das auch heißen mochte, schon nach kurzer Zeit empfand es jeder junge Adlige in Preußen als »Ehre«, den bunten Rock Friedrich Wilhelms anziehen zu dürfen. Schon als Kinder kamen die Söhne der Junker auf die Kadettenschulen, oder sie traten direkt in ein Regiment ein, um dort von der Pike auf zu dienen. Kraft königlichen Patents wurde der junge Mann eines Tages Fähnrich, und es war wiederum der König persönlich, der ihn einige Jahre später zum Offizier ernannte (denn Friedrich Wilhelm hatte das Recht, die Offiziersstellen zu besetzen, das bisher den Regimentschefs zugestanden hatte, ausschließlich in seiner Hand vereinigt). Das alles galt als höchst ehrenvoll und schmeichelte dem Selbstbewußtsein der Junker. Doch ohne daß sie es zuerst so recht bemerkten, gerieten sie in immer tiefere Abhängigkeit vom Monarchen, gewöhnten sie sich daran – was sie doch niemals gewollt hatten! –, der Krone blindlings zu gehorchen. Und Friedrich Wilhelm stieß sogleich nach: Im Dienstreglement der Armee von 1726 wurde nicht nur für den Unteroffizier und für den Gemeinen, sondern auch für den Offizier die absolute Gehorsamspflicht gegenüber militärischen Vorgesetzten dekretiert. Verbales Trostpflästerchen für den Offizier blieb der Zusatz: »es sei denn, daß er an seiner Ehre angegriffen wird«.

Treue gegen den König, Bewahrung der Standesehre und unermüdliche Pflichterfüllung im Dienst, das war es, was Friedrich Wilhelm I. seinem neuen Offizierskorps abverlangte. Im Grunde mußten die Adligen dem König und dem Staat ein schweres Opfer bringen, denn ihre adligen »Freiheiten« gingen dahin. Die Herren wurden, ehe sie es sich versahen, zu Funktionären eines absolutistisch-modernistischen Staatsgetriebes. Um die Junker dennoch bei Laune zu halten, ihrem Klassendünkel nicht gänzlich den Boden zu entziehen, förderte Friedrich Wilhelm das Bewußtsein des Offizierskorps, der erste und vornehmste Stand des Staates zu sein. Wo immer die Offiziere den Zivilisten gegenüber ihren Hochmut zeigten, wann immer sie in den kleinen Garnisonsstädten die Bürger herumkommandierten und schikanierten, fanden sie beim König Unterstützung. Als 1730 der General von Dockum meldete, es sei zwischen einem Bürger des Städtchens und einem Leutnant seines Regiments zu Handgreiflichkeiten gekommen, antwortete Friedrich Wilhelm: »Setze Er den Bürger auf die Hauptwache, und zwar 8 Dage bei Wasser und Brod. Wenn das geschehen ist, soll der Bürger sagen, daß er ein grober Flegel gewesen ist, und den Offizier um Pardon bitten. Dann soll es abgemacht sein.« Als der Oberamtmann Ferrari in Kottbus sich schriftlich beklagte, der Hauptmann von Maltiz habe gedroht, ihn kräftig zu verprügeln, wenn er nicht schleunigst dem Regiment zwei lange Kerls liefere, schrieb der König an den Rand der Beschwerdeschrift: »Der gantze Ferrari tauget nichts! Wenn er durch Wusterhausen passieret, werde ich das versuchen, was Maltiz hat mit ihm thun wollen. Der Kerl ist ein Bedrieger!« Die Zivilisten hatten in den Augen dieses Königs eben immer unrecht, wenn sie sich mit seinen geliebten »blauen Kindern« anlegten, wenn sie sich zimperlich den rohen Soldatenton verbaten. Seinen grundsätzlichen Standpunkt zum Verhältnis zwischen Militär und Zivilbevölkerung hat er in die unnachahmlichen Worte gekleidet: »Diese Blackscheißer (Zivilisten), die freuen sich, wenn sie einem braven Soldaten einen Tordt anthun können...«

Andererseits hatten die Herren Offiziere, die sich den Bürgern gegenüber so erhaben dünkten, bei diesem arbeitswütigen und pflichtbesessenen Monarchen nicht viel zu lachen. Die Besoldung war kärglich, und so sehr sie sich in mancher Hinsicht gehenlassen durften, im Truppendienst verlangte ihnen der König das Letzte ab. Stellte er bei seinen zahlreichen Inspektionen etwas fest, das ihm mißfiel, beispielsweise miserable Körperhaltung, falschen Marschtritt, schiefe Gewehrlage, schmutzige Stiefel, dreckige Fingernägel oder was es sonst sein mochte, das seinen Ordnungs- und Sauberkeitssinn erboste, schlug er zwar in seiner Wut mit der Faust oder dem Stock sofort auf den bedauernswerten Soldaten im Glied los, aber die wahre, die viel empfindlichere Kritik entlud sich über dem Haupt des zuständigen Regiments- oder Bataillonskommandeurs, der nun erst einmal eine Weile alle Beförderungshoffnungen fahren lassen konnte. Proper, fleißig, gottesfürchtig und sparsam, so wünschte sich Friedrich Wilhelm die Offiziere; in allem kurz, fix und knapp. Die Herren sollten nicht Karten spielen, saufen, huren oder Schulden machen. Ein junger Leutnant dieser Armee hatte wirklich kaum Annehmlichkeiten außer der »Ehre«; und konnte er seine Kameraden abends nicht mit Wein bewirten, sondern ihnen nur ein gewöhnliches Glas Bier vorsetzen, das zur normalen Armeeverpflegung gehörte, so war es niemandem zu empfehlen, sich darüber zu mokieren, wenn er nicht vom König scharf rangenommen werden wollte, falls der davon hörte. Kurz und gut: Im preußischen Heer konnte von nun an kein Offizier Karriere machen, nur weil er Geld hatte oder einen erlauchten Familiennamen trug. Die Uniform war glänzend; alles andere war mager und streng.

Der einfache Soldat erhielt außer der Uniform, die auf Kosten des Königs ging, pro Tag zwei Groschen oder im Monat drei Taler an Wehrsold. In Berlin und Potsdam baute der König für seine Truppen Kasernen, in den anderen Städten und Städtchen wurden die Soldaten bei den Bürgern einquartiert, die für solch ungebetene Gäste immer ein Stübchen parat halten mußten. Die wohlhabenden Leute konnten sich von dieser Last freikaufen, indem sie einen jährlichen »Servis« an die Rekrutenkasse zahlten: ein General oder Minister 90 bis 120 Taler, ein Kaufmann oder Handwerksmeister 30 bis 40 Taler.

Traten die Regimenter zum Exerzieren oder zu Revuen (Besichtigungen des Königs) an, so präsentierten sie sich unter flatternden Seidenfahnen und zu klingendem Spiel in buntester Farbenpracht. Die Infanterie trug blaue Uniformen mit roten, weißen und gelben Aufschlägen, die schwere Kavallerie glänzte in makellosem Weiß, die drei Husarenschwadronen zeigten sich in leuchtendem Rot. Der »bunte Rock« hatte sehr wohl einen praktischen Sinn; an ihm erkannte man ebenso leicht das betreffende Regiment wie die spezielle Waffengattung. Außerdem war das rauchlose Pulver noch nicht erfunden, so daß man auf dem Manövergelände wie auf dem Schlachtfeld, wenn die Pulverschwaden der Infanterie und der Artillerie wie undurchdringliche Nebelwände alles verdeckten, sich lediglich an den divergierenden Uniformfarben orientieren konnte. Sparsamkeit blieb dennoch Trumpf, auch wenn Friedrich Wilhelm in die bunten Uniformen verliebt war. Sie mußten so eng und knapp, also stoffsparend geschneidert werden, daß man jeden Augenblick befürchten mußte: nur eine kräftige Bewegung, und der Mann steht »im Freien«. Wilhelmine, die älteste Tochter des Soldatenkönigs, berichtet in ihren Memoiren, daß man ständig Angst hatte, den Kavallerieoffizieren könnten die engen Hosen platzen. Sah der König von seinem Schloßfenster aus einen Offizier mit unvorschriftsmäßig langem Rock, winkte er ihn herauf und schnitt ihm eigenhändig mit der Schere das überflüssige Tuch ab.

Jedes Jahr unternahm Friedrich Wilhelm regelmäßige militärische Inspektionen in allen seinen Provinzen. Grundsatz war, daß jeder Truppenteil mindestens einmal in drei Jahren vom König persönlich besichtigt wurde. Im Mai und Juni wurden die Garnisonen von Berlin und Potsdam gemustert. Die Regimenter erschienen dann in nagelneuen Uniformen, da die getragenen Monturen in jedem Frühjahr gegen neue ausgetauscht wurden, und die Rekruten trugen an ihren Hüten einen frischen Eichenzweig, das alte brandenburgische Feldzeichen aus der Zeit des Großen Kurfürsten. Gegen drei Uhr morgens waren die Bataillone von ihren Sammelplätzen (meistens vor der Wohnung des Kommandeurs) abmarschiert, gegen sechs Uhr trafen sie auf dem Manövergelände ein, auf dem kurz darauf auch der König erschien. Nun Hut ab zum Gebet – die Feldmusik intonierte den protestantischen Kirchenchoral »Jesus, meine Zuversicht« – wieder Hut auf – dann entfalteten sich die Fahnen und Standarten im Wind – die Bataillone traten bereits auf der Stelle – über das weite Blachfeld gellten schrille Kommandos – und plötzlich, mit Pfeifen und Trommeln, setzten sich die bunten Linien in Bewegung. Das Ganze wie ein Uhrwerk – Seitenrichtung und Vordermann – die angezogenen Gewehre in einer einzigen Linie – der Marschtritt der Regimenter wie aus einem Guß – die Kavallerie im Schritt, mit gezogenem Pallasch und schmetternden Fanfaren – und Staub und Schweiß und Schweiß und Staub auf den Gesichtern, und dazu die Flüche der Unteroffiziere »Rechten – Linken! Speck und Schinken!« Alle Infanterieverbände avancierten in Linie zu drei Gliedern, sogenannten »Peletons«. Wurde dann auf Befehl gefeuert – und zwar schoß ein Peleton nach dem anderen –, dann ging es wie ein Donnerwetter über das Feld, die Salven fielen wie aus einem Gewehr, das Ganze mit einer solchen Präzision, daß die ausländischen Beobachter vor Erstaunen fast aus dem Sattel fielen. Zum Schluß ein fröhliches Lied: »So leben wir, so leben wir, so leb'n wir alle Tage...«

War Friedrich Wilhelm mit den Darbietungen eines Regiments zufrieden, dann umarmte und küßte er den Kommandeur vor der Front, trat an die Soldaten heran, redete in seiner derb-leutseligen Weise mit ihnen, ließ sich Wünsche oder Klagen vortragen, und anschließend speiste er mit den Offizieren dieser Einheit vor offenem Zelt, während sich die Truppe rundherum lagerte und nach den Marketenderinnen rief. War er dagegen unzufrieden, lehnte er die Einladung des Kommandeurs zum Essen schroff ab, ritt im Galopp zum nächsten Dorf und aß dort mit den Bauern in einer Scheune oder unter einem Baum an der Landstraße.

Es gab Leute, die das erstaunliche Aufbauwerk Friedrich Wilhelms I. schon damals mit wachem Blick verfolgten. Bereits am 27. Juni 1725 berichtete der österreichische Chefspion, Graf Seckendorff, dem Prinzen Eugen in Wien von der eindrucksvollen »Schönheit und Ordnung« der preußischen Truppen, von dem erstklassigen Zustand, in dem sich Mannschaften und Pferde, Gewehre und Ausrüstung befanden. Friedrich Wilhelm war offensichtlich ein militärisches Kunstwerk gelungen, das in der Welt kein Beispiel hatte. Aber zugleich bemerkte Seckendorff in seinem Bericht: »Dabei werden Offiziere und Gemeine in einer knechtischen Furcht und sehr harten Disziplin gehalten, dergestalt, daß ein Offizier, der sich keinen Puder auf seine Haare streuen würde, Gefahr liefe, kassiert zu werden.« (Zur damaligen Dienstvorschrift gehörte das Bestäuben der Perückenhaare mit weißem Puder.)

Das war die Kehrseite der glänzenden Medaille: Friedrich Wilhelm zwang seine Armee in das Joch einer geradezu barbarischen Disziplin. »Räsonnieren«, das heißt Murren und Widersprechen im Glied, wurde sofort mit Prügeln geahndet. Wer den Befehl verweigerte, wurde dreißigmal durch die Gasse gejagt (auch »Spießrutenlaufen« genannt), aus der er nur als Halbtoter wieder auftauchte. Auf Fahnenflucht beziehungsweise Desertion stand die Todesstrafe. Das war bei allen Heeren so, mit einer Ausnahme: der kleinen hannoveranischen Armee, die auf ausländische Söldner verzichtete und in der man es verabscheute, die Soldaten mit Prügeln zu traktieren. Am schlimmsten und am unmenschlichsten war das Los des einfachen Mannes auf den Schiffen der englischen Flotte, dessen Rücken beim geringsten Vergehen von der »neunschwänzigen Katze« zerfleischt oder der an den Rahen seines Schiffes hochgezogen und langsam erdrosselt wurde. Bei den Preußen ging es nicht viel humaner zu. Allerdings, das hat Graf Seckendorff gut beobachtet, in einem Punkt unterschied sich das preußische Heer sehr wohltuend von allen anderen: Der Offizier konnte nicht wie ein Modeaffe herumstolzieren und die »Behandlung« der Gemeinen den Unteroffizieren überlassen; er trug, wie jeder andere in der Armee, die volle

Last der Verantwortung und des Dienstes, und das Auge des allgegenwärtigen Monarchen ruhte auf ihm besonders kritisch.

Die preußische Infanterie wurde durch das ewige Exerzieren und Evolutionieren zu einer unvergleichlichen Truppe. Sie schoß mit einer Feuergeschwindigkeit von neun Salven – nach Peletons gerechnet – in der Minute, wodurch sie fast den Effekt eines Dauerfeuers erreichte, denn alle acht oder neun Sekunden krachte es aus ihren Linien. Daß die einzelnen Handgriffe bis zur Bewußtlosigkeit geübt wurden, amüsierte ausländische Beobachter, die gern verächtlich von der »Potsdamer Wachtparade« Friedrich Wilhelms sprachen, und selbst ein weltberühmter Feldherr wie Prinz Eugen täuschte sich vollständig, als er herablassend über die Preußen schrieb: »Das Exerzieren der preußischen Truppen hat immer etwas Gekünsteltes an sich. Es ist nicht zu verwundern, daß große Körper, welche wohlgenährt sind und keine Strapazen ausgestanden haben, sich am Tage einer Parade mit Leichtigkeit bewegen.« Er selbst sollte es zu seinem Glück nicht mehr erleben, aber 1741, bei Mollwitz, bekamen es dann die Österreicher bitter zu spüren, was es mit der »Potsdamer Wachtparade« auf sich hatte.

Ein Schwachpunkt der preußischen Armee war ohne Frage die Reiterei, und der Sohn des Soldatenkönigs, Friedrich der Große, sollte das im Ersten Schlesischen Krieg zu seinem Leidwesen erfahren. Obwohl Friedrich Wilhelm und sein Freund, der Dessauer, selbst leidenschaftliche Reiter waren, machten sie den Fehler, auch die Kavalleristen nach der Größe, nach der »Stattlichkeit« auszuwählen. Waren aber die Reiter große, schwere Leute, dann mußten sie auch massive Pferde unter sich haben. Fast der gesamte Pferdeersatz der Kavallerieregimenter kam demgemäß aus Holstein, obwohl die landeseigenen ostpreußischen Pferde viel geeigneter gewesen wären. Der König begutachtete persönlich die Remonten und sah auf Größe und Stärke des Pferdebaues. So saßen die weißen Kürassiere und Dragoner wie plumpe Mehlsäcke auf riesigen, gutgenährten Zossen, und da Sparsamkeit auch hier die oberste Maxime war, schonten die Kommandeure ihr wertvolles Pferdematerial zu sehr. Zu einer donnernden, alles vor sich niederwerfenden Attacke wären diese Regimenter kaum fähig gewesen. Sie begnügten sich damit, die avancierende Infanterie im Schritt oder Trab als Flankenschutz zu begleiten.

Probleme gab es auch mit der Artillerie. Unter Friedrich I. hatten zehn Kompanien existiert. Da sie jedoch mit ihren Geschützen in den verschiedenen Festungen standen – Küstrin, Spandau, Kolberg, Pillau, Memel, Magdeburg, Minden, Wesel – und keine Bespannungen hatten, war es praktisch nicht möglich, sie in größeren Verbänden exerzieren zu lassen. Unter Friedrich Wilhelm legten die Artillerie und das Ingenieurkorps (Pioniertruppen) allmählich ihren mittelalterlichen Zunftcharakter ab, wurden zu voll integrierten Waffengattungen des Heeres. Seit 1715 war General von Linger Chef des gesamten preußischen Geschützwesens und sämtlicher Artillerieabteilungen. Entscheidend war jedoch, daß der Soldatenkönig zusätzlich zur Festungsartillerie eine bewegliche Feldartillerie schuf und daß 1734 auf seine Anregung hin der Dessauer eine Spezialinstruktion für die Artillerie verfaßte, welche die Einteilung in Batterien regelte und das Verhalten im Gefecht festlegte, wobei für die bespannte Feldartillerie nachdrücklich gefordert wurde, daß der Stellungswechsel der Batterien nicht zur Feuerpause in der Schlacht führen dürfe.

In dieser Armee war alles organisiert, und so kann es nicht wundernehmen, daß Friedrich Wilhelm auch für den Offiziersnachwuchs sorgte. Nach französischem Vorbild wurden die Söhne von Offizieren, die für den Militärdienst bestimmt wurden, »Kadetten« genannt. Der König zog die ursprünglichen Kadettenhäuser in Kolberg und Magdeburg nach Berlin zusammen und wies ihnen ein geräumiges Grundstück an der Spree zu. Im Jahre 1734, als er nach schwerer Krankheit ganz unverhofft genas, entschloß er sich, quasi als gute Tat oder als Dank an Gott, für elternlose Soldatenkinder beiderlei Geschlechts das große Militärwaisenhaus in Potsdam zu stiften, das dann bis 1945 existierte. Der gerade wieder genesene König setzte sich damals an den Schreibtisch, und es ist sehr bezeichnend für seine Gesinnung, für sein Verantwortungsbewußtsein, mit welchen Worten er die Stiftungsurkunde schloß:

An dieser Stiftung wollen Wir, nicht nur solange Uns der allerhöchste Gott das Leben fristet, festhalten; sondern es ist auch Unser ernster, redlicher und fester Wille, daß alle unsere Nachkommen sie ohne allen Mangel erfüllen und im allergeringsten nichts dawider handeln oder thun sollen. Sollte aber Gott Unseren Stamm dereinst erlöschen und Unser Königreich an einen anderen Agnatenstamm gerathen lassen, so ersuchen Wir diejenigen, welchen Gott zu solcher Zeit das Szepter überreichen wird, daß sie nichts thun oder thun lassen, was der Stiftung zum Nachteil gereichen könnte.

Er überflog die Sätze noch einmal, den Federkiel in der Hand. Bei dem Gedanken, irgendwelche unwürdigen Nachfolger könnten sich von der finanziellen Last des großen Militärwaisenhauses befreien wollen, bildete sich die gefürchtete Zornesfalte zwischen den Augenbrauen, und er setzte wütend hinzu: »Widrigenfalls sie sich Unseren Fluch und Gottes schwere Strafgerichte über den Hals ziehen werden!«

Der Soldatenkönig löste die finanziellen Probleme seiner Heeresvermehrungen ebenso mit volkswirtschaftlichem Verstand wie mit unkonventioneller Schlitzohrigkeit. Haupteinnahmequelle für die Bedürfnisse der Armee war die sogenannte »Kontribution«, eine Grundsteuer, die in den verschiedenen Provinzen auf unterschiedliche Art errechnet und erhoben wurde. Zusätzlich ließ er einige Sonderabgaben weiterlaufen, die ihren ursprünglichen Bestimmungszweck längst verloren hatten. Beispielsweise wurden die Legationsgelder, die sein Vater einst zur Bestreitung des diplomatischen Aufwands bei internationalen Kongressen und Vertragskonferenzen eingeführt hatte, ungeniert weiter für die Kriegskasse erhoben, obwohl die Anlässe längst verfallen waren. Die Sondersteuer für den Ausbau des Berliner Schlosses wurde auch nach Abschluß aller Umbauten keineswegs abgeschafft. So finanzierte er die Armee jährlich mit zwei Dritteln der Staatseinnahmen, die im Durchschnitt pro Jahr um 175 000 Taler anstiegen, ohne daß er die übrigen Staatskassen angreifen oder den eifersüchtig gehüteten Staatsschatz in Anspruch nehmen mußte, an den er Jahr für Jahr 360 000 ersparte Taler überwies. Ein glänzendes Kunststück an schlauer und umsichtiger Finanzpolitik! Ohne fremde Hilfe schuf Friedrich Wilhelm die beste Armee Europas, und dabei konnte er sich sagen, daß er jedes Jahr über eine halbe Million Taler »Plus« machte.

Aber dieser Gewinn wäre ja zur Gänze wieder aufgefressen worden, wenn er seine komische Liebhaberei, die Anwerbung der »langen

Kerls«, aus dem normalen Staatsetat hätte finanzieren müssen. Daran dachte er jedoch mitnichten. Die zwölf Millionen Taler, die ihn seine närrische Passion während seiner Herrscherzeit kostete, finanzierte er über die sogenannte »Rekrutenkasse«, einen Etatposten, der noch aus der Zeit des Großen Kurfürsten stammte und der damals als »Marinekasse« geführt worden war. Der Soldatenkönig, bar jeden maritimen Ehrgeizes, ließ diese Kasse – unter neuem Namen – weiterbestehen und machte daraus mit der Zeit eine höchst merkwürdige, durchaus illegale Einnahmequelle des Staates. Denn es handelte sich bei der Rekrutenkasse keineswegs um eine ordentliche Steuerinstitution. Vielmehr könnte man von einer listigen Institutionalisierung des Schmiergeldwesens sprechen. Wer in Preußen etwas werden wollte, wer eine Beförderung oder ein Amt begehrte, wer irgendein Privileg für sich erringen wollte, dem ließ der König mehr oder weniger diskret bedeuten, daß es eine Rekrutenkasse gäbe und daß die einen namhaften Zuschuß durchaus gebrauchen könnte. Wer einen höheren Titel haben wollte – und wer wollte das schon nicht? –, wurde offen oder versteckt auf die ominöse Institution hingewiesen. Wenn ein Jude heiraten wollte, mußte er tausend Taler an diese illegale Kasse berappen. Wer etwas ausgefressen hatte und nun um Straferlaß nachsuchte, erfuhr plötzlich, daß es vielleicht einen gangbaren Weg über die »Rekrutenkasse« gäbe. Es war die reine Erpressung! Der Sohn des Soldatenkönigs, Kronprinz Friedrich, erklärte dem Grafen Seckendorff, eigentlich müsse er sich für den Vater schämen, solches Geld könne er eines Tages nicht mit gutem Gewissen erben. Friedrich Wilhelm lachte nur dröhnend. Wie er in der Praxis vorging, zeigen folgende Beispiele:
- Der Inspektor Wrede zu Küstrin bittet darum, ihm in Anbetracht seines Alters den Sohn im Amt zur Seite zu geben. Randbemerkung: Ja, wenn er sich mit der Rekrutenkasse abfindet.
- Ein gewisser Schwanhäuser in Reppen bietet 15 Taler, wenn er dafür zum Ratsmitglied von Reppen ernannt würde. Randbemerkung: 40 Taler.
- Ein Zollbeamter, der wegen Veruntreuung abgesetzt wurde, die unterschlagene Summe inzwischen ersetzt hat, ersucht darum, ihn gegen 50 Taler mit weiteren Untersuchungen zu verschonen. Randbemerkung: 200 Taler.

- Eine Zollkontrollstelle in Crossen fragt an, welchen von mehreren Bewerbern sie einstellen soll. Randbemerkung: Wer 600 Taler oder mehr zahlt, soll die Stelle haben.
- Eine Freifrau von Kniephausen, die im Witwenstand ein uneheliches Kind zur Welt gebracht hat, wird zu 13 000 Talern an die Rekrutenkasse verdonnert. (Diese Adlige ist reich, also soll sie ordentlich blechen!)

Man schätzt, daß Friedrich Wilhelm auf diese Weise im Monatsdurchschnitt 40 000 Taler für seine Rekrutenkasse einnahm. Die Marotte der »langen Kerls« war damit voll finanziert.

Genug, durch Friedrich Wilhelm I. erhielt ein deutsches Land das erste stehende Heer in der Geschichte. Wenn man später gesagt und geschrieben hat, Preußen sei unter diesem König zu einem »Militärstaat« geworden, so war das eine unzulässige Vereinfachung. Richtig wäre zu sagen, daß innerhalb des preußischen Staates ein gesonderter Militärstaat entstand. Und dieser Militärstaat war eine Welt für sich: jedes Regiment ein kleiner Kosmos, ein geschlossenes Gemeinwesen mit eigener Justiz, Wirtschaft, Finanzverwaltung, mit eigenen Geistlichen und eigener Schule, denn jeder Soldat mußte lesen, schreiben, rechnen lernen. Darüber das Offizierskorps, wieder ein Mikrokosmos für sich: streng abgestuft in den Diensträngen vom jüngsten Fähnrich bis zum ältesten Feldmarschall. An der Spitze der Armeepyramide der König: nicht um Welten entfernt auf einem goldglänzenden Thronsessel, sondern selber Soldat, in Uniform, mit Degen und Offiziersschärpe, quasi in Reih und Glied. Nirgends in der Welt gab es mehr Unterschiede, gab es auch eine strengere Hierarchie; doch nirgendwo gab es mehr Gleichheit. Denn alle trugen das Preußischblau, und alle dienten »um Ehre«, dienten dem Staat und der Fahne. Ein Beobachter der preußischen Szene schrieb 1717:

Ich sehe hier einen königlichen Hof, der nichts Glänzendes, nichts Prächtiges als seine Soldaten hat. Es ist also möglich, daß man ein großer König sein kann, ohne die Majestät in äußerlichem Pomp und in langem Schweif gold- oder silberglänzender Creaturen zu suchen... Wenn man vom Berliner Hof redet, versteht man darunter fast nur die Kriegsleute... Die Räthe, Kammerherren, Hofjunker und dergleichen, wenn sie nicht zugleich Kriegsämter haben, werden nicht viel geachtet und kommen meistenteils wenig nach Hofe...

An diese Zustandsbeschreibung fügte der Betrachter das Urteil:

Hier, in Preußen, ist die Hohe Schule der Ordnung und der Haushaltungskunst, wo Große und Kleine sich nach dem Exempel ihres Oberhauptes selbst meistern lernen. Die Zucht macht Leute, und die preußische ist herrlich...

Genau das war es, worum es Friedrich Wilhelm im Kern ging: eine Hohe Schule der Ordnung und der Haushaltungskunst! Denn Kriege wollte er nicht führen, und er führte sie ja auch nicht, wie wir noch erfahren werden. Dazu also hätte er keiner Armee bedurft. Nein, es war das Uhrwerk, das künstlich geschaffene Modell eines perfekten Staates, um das es seinem praktischen Sinn ging. Obwohl er es gar nicht wußte und sicher nicht hätte wahrhaben wollen, war Friedrich Wilhelm, dieser berserkerhafte Mann, diese in vielem so mittelalterlich wirkende Erscheinung, doch bereits ein Kind des anbrechenden 18. Jahrhunderts, des Jahrhunderts der Aufklärung und des Rationalismus. Denn nur in der kalten, klaren Luft der Vernunft, die immer stärker durch den Zeitgeist zu wehen begann, war es möglich, sich ein derart künstlich konstruiertes Modell wie den preußischen Heeresapparat auszudenken und es wider alle Traditionen und Gegebenheiten in der Welt zu etablieren. So roh und unbeleckt, so vorsintflutlich das äußere Gebaren in Friedrich Wilhelms Militärwelt in manchem nach außen auch wirkte, der Gesamttrend lief doch unverkennbar auf Rationalisierung, Modernisierung, ja selbst Verwissenschaftlichung.

Gewiß, dieser König wetterte gern über die »Blackscheißer«, über die Gelehrten und Intellektuellen. Und doch war er es, der mit seiner wohldurchdachten Heeresreform damals an der Spitze des Fortschritts marschierte. Bereits ein Jahr nach seinem Regierungsantritt, 1714, ließ er ein Dienstreglement unter dem Titel »Evolutionen der Königlichen Preußischen Infanterie« im Druck erscheinen. Und daran hatten seine schnauzbärtigen Obristen und Generäle zu kauen. Die Parole hieß: lesen und lernen. 1718 und 1726 erschienen weitere Dienstreglements für die Infanterie, 1720 und 1727 solche für die Kavallerie (mit getrennten Vorschriften für Kürassiere und Dragoner). Der Buchstabe begann in der Welt zu regieren, die Ratio bemächtigte sich auch des Militärwesens. Dieser Soldatenkönig sprach gern von »Glauben und Gehorchen« und verachtete die Gebildeten; aber die von ihm vorangetriebene Entwicklung zielte auf »Arbeiten und Lernen«. Welchen organisatorischen und experimentellen Vorsprung die Armee Friedrich Wilhelms vor allen anderen Heeren besaß, kann man ermessen, wenn man sich klarmacht, daß die berühmte französische Armee, die bis dahin als die erste der Welt galt, erst 1732 und 1733 Dienstreglements inaugurierte und daß das altberühmte österreichische Heer erst 1737 folgte.

Die preußische Welt des Mannes Friedrich Wilhelm war durchaus originär (ursprünglich) und im besten Sinne des Wortes originell (neuartig, schöpferisch). Die Armee, so sah es der Soldatenkönig, war nicht nur Selbstzweck; mehr als alles andere war sie die große Schule der Nation. So stark sich daraus Gefahren einer einseitigen Militarisierung der Gesellschaft ergaben, die unbestritten sind, so sehr diente diese Auffassung zugleich dem historischen Fortschritt der Gesellschaft. Während die Bürgersöhne in Berlin, Stettin und Königsberg, also die jungen Leute aus den wohlhabenden Kreisen, nichts mehr fürchteten, als in die blaue Montur gesteckt zu werden und unter die Fuchtel grober Unteroffiziere zu geraten, war der königliche Dienst für die Landbevölkerung – und das war damals die große Masse des Volkes – geradezu ein Akt der Befreiung aus den unsäglichen Zuständen des Mittelalters. Denn was machte es einem Bauernjungen aus Brandenburg, Pommern oder Ostpreußen wirklich aus, zu den Fahnen des Königs gerufen zu werden? Zuhause, auf dem Gut oder im Dorf, mußte er von frühmorgens bis spätabends auf dem Hof oder auf den Feldern schuften; vom Vater bekam er Ohrfeigen, vom Verwalter Prügel mit der Peitsche. Von Schule keine Rede; der sonntägliche Gottesdienst die einzige Abwechslung im öden Einerlei der Woche. Zog er jedoch die bunte Montur an, denselben Rock, den der König trug, dann war er wer. Das Schreien und Fuchteln der Unteroffiziere auf dem Exerzierplatz lief an einem solchen Burschen ab wie Wasser an der Ölhaut; von zuhause war er viel Schlimmeres gewöhnt. Kam er dann wieder zurück aufs Dorf, dann hatte er lesen und schreiben gelernt, die große Welt mit ihren Manieren in der Stadt gesehen, wußte, daß man sich hinter den Ohren waschen, die Zähne und Fingernägel putzen mußte, stolzierte wie ein Pfau über die Dorfstraße, mit Kopf hoch, Brust raus und geradem Rücken, so daß die Mädchen vor Bewunderung die Hände zusammenschlugen, und wenn der Gutsherr vorbeiritt, dienerte er nicht mehr, sondern machte straff Front und salutierte: er war ein Mann des Königs.

Das war die soziale und zugleich die ideologische Komponente. Mit seiner Heeresreform veränderte Friedrich Wilhelm nicht nur die Strukturen des Landes, sondern auch das Bewußtsein in der Gesellschaft. Die konsequente Militarisierung bewirkte zugleich die Politisierung der Menschen, indem sie – selbstredend unter den unzulänglichen Bedingungen der damaligen Zeit – an die Stelle von Dorfgenügsamkeit, Spießerschaft und Provinzlertum den Zug zur Zentralisierung, Modernisierung, zum neuzeitlichen Staatsbürgertum setzte. Hinzu kam der ökonomische, der volkswirtschaftliche Aspekt: Industrie und Handwerk arbeiteten mit Volldampf und Vollbeschäftigung für die Armee; diese wiederum förderte mit ihren technischen und personellen Anforderungen den Wissensstand der Bevölkerung und das Wirtschaftswachstum des Landes. Es war ein sich ständig selbst ergänzender Kreislauf, eine Art staatspolitisches Perpetuum mobile.

Dieses Wunderwerk an Präzision und Effektivität, an Disziplin und Ordnung, an Befehlsnotstand und Unterordnung, an ständigem Arbeiten- wie Gehorchenmüssen, von aller Welt bald als typisch »preußisch« empfunden, es war ausschließlich dem Wirken dieses merkwürdigen, dieses einzigartigen Königs zuzuschreiben. Und gerade derjenige, der diesen Mann am meisten gehaßt und verachtet hat, der eigene Sohn, Friedrich der Große, hat in der Rückschau – nachdem er sich über die Wurzeln seines eigenen Strebens und Handelns klargeworden war – das anschaulichste Bild von der Arbeit des Vaters entworfen:

> Wenn es wahr ist, daß man den Schatten der Eiche, der uns beschützt, der Kraft der Eichel verdankt, aus der die Eiche entsproß, so wird alle Welt darin übereinstimmen, daß in dem arbeitsreichen

Leben dieses Fürsten und den Maßnahmen, die er mit Klugheit ergriff, die Grundlagen des Erfolges zu finden sind, dessen sich das Königshaus nach seinem Tode zu erfreuen hatte.

Man kann, aus nachträglichem Wissen, es noch deutlicher sagen: kein Aufstieg Preußens zur europäischen Großmacht ohne die grundlegende Arbeit Friedrich Wilhelms I., des Soldatenkönigs.

Der Tyrann

Jedes Jahr am 27. August, in aller Hergottsfrühe, stand ein Wagenpark vor dem Berliner Schloß. König Friedrich Wilhelm I. führte seine Frau Sophie Dorothea höflich zum Kutschenschlag. Hinter ihnen folgten die kleinen Prinzen und Prinzessinnen sowie einige Hofdamen. Alles steckte in grünen Jagdkostümen. Die Kutscher knallten lustig mit der Peitsche, und die Wagen setzten sich über den Lustgarten hin in Bewegung. Man nahm die südöstliche Richtung, zum königlichen Jagdschloß Wusterhausen. Die Entfernung vom Stadtkern betrug etwa fünfundzwanzig Kilometer, genausoviel wie nach Potsdam im Südwesten. Die Wagen holperten über staubige märkische Sandwege. Linker Hand grüßten Köpenick und Friedrichshagen, blinkte von ferne der Große Müggelsee. Weiter ging es durch tiefe Wälder, begleitet vom Langen und vom Zeuthener See, bis die Dahme, die Fortsetzung der Spree, sich bei Wusterhausen in den Krimnick-See zwängte. Nirgendwo, von der Potsdamer Gegend und der Grafschaft Ruppin abgesehen, präsentierte sich die Mark Brandenburg schöner und wildromantischer als hier.

Am Ziel erwartete der König die auseinandergezogene Wagenkolonne. Er stand vor dem Jagdschloß Wusterhausen, das nichts anderes war als ein einfaches kleines Wohnhaus, dem lediglich ein uralter Turm mit einer hölzernen Wendeltreppe zur Zierde gereichte. Der Schloßkomplex bestand aus einem offenen Viereck: dem Hauptgebäude und zwei niedrigen Seitenflügeln. Die vierte Seite schloß ein eisernes Gitter ab. Um drei Seiten der Gesamtanlage lief eine breite Terrasse, die wiederum von einem tiefen Graben umzogen war, in dem sich schwarzes stehendes Wasser staute. Drei kleine Brücken über diesen Graben ermöglichten den Zugang vom Schloß zum Garten und zum Hof. Im Hauptgebäude wohnte die königliche Familie samt Dienerschaft, in den Seitenflügeln wurden die Gäste des Königs untergebracht. Alles war im einfachsten rustikalen Stil gehalten; selbst die Prinzessinnen wohnten und schliefen in winzigen Dachkammern.

Am Tage spielte sich das Ferienleben im Hof ab. Trat man aus dem Schloß, so fiel der Blick auf das eiserne Gitter, hinter dem dichter, fast unergründlicher Mischwald begann. An das Gitter waren zwei weiße und zwei schwarze Adler gebunden (die preußischen Farben Weiß und Schwarz!) und ans Gittertor zwei schwarzbraune Bären, denen niemand – außer dem König – zu nahe kommen durfte. In der Mitte des Hofes erhob sich ein plätschernder Springbrunnen. An ihm vorbei eilten die Köche und Diener mit den Speisen, denn es wurde nur draußen gegessen, selbst bei Regenwetter; dann stand die Tafel unter einem Zelt, das im Schutz einer großen alten Linde aufgespannt wurde.

Gewöhnlich saßen vierundzwanzig Personen zu Tisch; am Kopfende der König. Es gab Erbsen mit Speck oder Graupen, Linsen, Weißkohl mit Hammelfleisch, Eisbein mit Sauerkraut, an den Feiertagen Reh- und Wildschweinbraten. Friedrich Wilhelm schmeckte alles ausgezeichnet, Sophie Dorothea löffelte pikiert in den Eintopfgerichten, und die hochmütige Wilhelmine, die älteste Prinzessin, machte regelrechte Fastenkuren durch, weil ihr nichts mundete. So dinierte man, während die Bären brummten und die Adler wütend mit den Flügeln schlugen, bis gegen dreizehn Uhr. Dann stand Friedrich Wilhelm schwerfällig auf, denn er aß »bis zum Platzen«, ging auf die Terrasse und schlief dort in einem Lehnstuhl, in brütender Sonnenhitze, tief und fest eineinhalb Stunden, während sich die Kinder zu seinen Füßen lagerten, wo sie sich nicht mucksen durften, denn der Buchenstock stand immer griffbereit. Die Königin indessen, die es regelmäßig ablehnte, in den Garten zu gehen, der ihr zu wild und ungepflegt war, zog sich mit ihren Damen aufs Zimmer zurück, wo nun stundenlang Patience gelegt oder Trocadille gespielt wurde. Abends dann, wenn die Frauen bereits zu Bett gegangen waren, saß Friedrich Wilhelm bei Windlichtern auf dem Hof, rauchte seine holländische Tonpfeife gegen die Mückenplage, trank schäumendes Bernauer Bier, schimpfte auf die Blackscheißer oder die Franzosen, ließ »Germania teutscher Nation« hochleben, lauschte in den nächtlichen Wald oder erzählte sich mit seinen Kumpanen die tollsten Jagdgeschichten.

Wenn es irgend etwas gab, was das Herz dieses Mannes – neben seinen geliebten »blauen Kindern« – erfreuen konnte, dann war es die Jagd. Bereits am ersten Tag nach der Ankunft in Wusterhausen, am 28. August, wurde die Saison des Rebhuhnjagens eröffnet. Dazu begab man sich auf die in der Nähe gelegene Feldmark Machnow, und dann ging es den ganzen Tag »Piff-paff-puff«, denn Friedrich Wilhelm, der ein exzellenter Schütze war, schoß schnell und gut, zwei hinter ihm stehende Büchsenspanner reichten ihm abwechselnd die frischgeladenen Gewehre (doppelläufige Flinten kannte man damals noch nicht). So brachte er es pro Tag mühelos auf eine Strecke von zweihundert Rebhühnern, während der gesamten Jagdzeit auf zweitausend bis zweitausendfünfhundert Stück; ein regelrechtes Massenmorden. Die erlegten Rebhühner schenkte Friedrich Wilhelm der Königin, die sie nach Berlin und Potsdam verkaufen durfte, machte aber selbst mit seiner Frau noch ein kleines Geschäftchen, denn Sophie Dorothea mußte im Gegenzug auf ihre Kosten Pulver und Blei für die Rebhuhnjagd liefern.

Ein Jagdvergnügen, das unblutig war und an dem auch die Damen gern teilnahmen, war die sogenannte Reiherbeitze. Falkoniere aus Holland, meistens aus dem Bezirk s'Hertogenbosch, erschienen mit ihren sorgsam abgerichteten Jagdfalken, und ungesäumt brach alles zu Pferd oder zu Wagen auf. Man ritt oder fuhr zum Schmöckwitzer Werder, einer verschilften, morastigen Flußhalbinsel, auf der die Reiher ihre Reviere und Brutstätten hatten. Stiegen nun Reiher auf, so wurden die Jagdfalken von der Faust gelassen, die sich dann pfeilschnell nach oben schwangen und, aus der Sonne kommend, von erhöhter Position aus auf die Reiher stürzten, sie schließlich zur Erde zwangen. Dort hielten sie die Reiher solange mit ihren Fängen am Boden fest, bis die Falkoniere erschienen. Die gefangenen Reiher wurden dem König oder der Königin gebracht, die sie »beitzten«, das heißt ihnen einen kupfernen Ring um den Hals legten, bevor sie wieder in die Freiheit entlassen wurden. Manchmal wurden so vier oder fünf Reiher an einem Vormittag gebeitzt.

War es dann Mittagszeit geworden, wurde in der Mitte der Werderinsel ein großes Feuer entzündet. Man speiste vergnügt im Freien und sah den Prinzessinnen zu, die mit hochgeschürzten Röcken übermütig ein Ballspiel vorführten. An solchen Jagden nahm sogar Kronprinz Friedrich teil, der es sonst strikt ablehnte, auf Wild zu schießen. Der Junge verabscheute die blutigen Massenschlächtereien von ganzem Herzen, womit er sich den Spott seines Vaters zuzog. Der Prinz nahm lieber einen französischen Roman zur Hand und setzte sich in den Garten. Oder er ging mit seiner Querflöte in den Wald und gab auf einer kleinen Lichtung den Vögeln ein verträumtes Solokonzert, während rings um ihn der Wald vom Anschlagen der Meute und dem Hallo der Jäger hallte.

Friedrich Wilhelm, aus anderem Holz als der träumerische Sohn geschnitzt, favorisierte die Parforcejagd. Die riesigen Jagdgehege von Wusterhausen, die meilenweit von schnurgeraden Schneisen durchschnitten wurden, waren ein ideales Gelände, um vier, fünf Stunden hinter einem Hirsch herzujagen, über Stock und Stein, selbst durch Teiche und Seen, bis das arme Tier ermattet zu Boden stürzte, wo es von den aufgeregten Hunden umstellt wurde und schließlich vom König oder vom Oberhofjägermeister den Fangstoß erhielt. Mit wahrer Wollust galoppierte Friedrich Wilhelm auf solcher Parforcejagd durch die Wälder. Sein Gesicht glühte, der Schweiß rann ihm in Strömen übers Gesicht, im Jagdfieber stieß er laute Schreie aus. Er brauchte diese gewaltsame, bis zur Erschöpfung getriebene körperliche Betätigung, mochte er auch die Pferde dabei zuschanden reiten. Keinen Augenblick kam ihm ein Gedanke daran, wie roh und grausam doch dieses »Jagdvergnügen« war.

Danach, bei Tisch, hörte er sich eine Strafpredigt des Wusterhausener Pastors Freylingshausen an, der die Parforcejagd für eine große Sünde erklärte, mit der Hand zornig auf den Tisch schlug und sagte, es sei entsetzlich und unmenschlich, ein Tier so zu Tode zu hetzen, die geängstigte Kreatur seufze um Hilfe zu Gott, der diese Barbarei nicht ungestraft lassen werde. Friedrich Wilhelm hörte, seine Pfeife rauchend, ruhig zu, widersprach auch nicht. Aber am nächsten Morgen sprang er in den Sattel, und die Hatz ging weiter.

So ging es im September und Oktober. Am 3. November jeden Jahres beging man in Wusterhausen das Hubertusfest, und zugleich gedachte man des Jahrestages der Schlacht bei Malplaquet, an der Friedrich Wilhelm als Kronprinz teilgenommen hatte. Bereits am frühen

Morgen trafen die geladenen Generäle und Obristen ein. Sie sprangen von den Pferden und bauten sich sporenklirrend, den Hut unter dem linken Arm, vor den beiden Majestäten auf. Die braungebrannten, schnauzbärtigen Gesichter glänzten unter den weißen, gepuderten Perücken, und Friedrich Wilhelm schüttelte jedem kräftig die Hand. Allmählich füllte sich der Hof mit diesen rauhen Gesellen; das laute Stimmengewirr reizte die angebundenen Adler und Bären. Aus riesigen Pokalen wurde Bier und Wein getrunken, und wenn der König einen Trinkspruch ausbrachte – auf seine Frau, den Kaiser oder das Deutsche Reich –, dann krachten rund um das Schloß die Böllerschüsse. Die Hofnarren mußten trinken, bis sie umfielen; ihre »Bierleichen« wurden auf den nächsten Misthaufen geschleppt. Abends, wenn die Windlichter brannten, geriet der König beim Essen in die allerfidelste Stimmung. Sobald die Damen sich auf ihre Zimmer begeben hatten, wurde es immer lustiger. Der König faßte seine Generäle unter und tanzte mit ihnen unter lautem Gesang auf dem Hof herum: ». . . des Abends bei dem Branntewein – des Morgens bei dem Bier – mit einem Mägdlein fein – dann im Nachtquartier.« Immer höher schwang die fröhliche Majestät beim Tanzen die Beine, bis sie umfiel. Dann trugen die Kameraden ihren militärischen Chef auf die Terrasse, wo er zugedeckt seinen Rausch ausschlief.

Im Winter, im Januar und Februar, folgte der nächste »Mordsspaß«: das Sauhetzen. Diese Saujagden beschränkten sich nicht nur auf Wusterhausen, sondern fanden im ganzen Land statt. Es war eine Sportart, die keineswegs ungefährlich war, denn die Wildscheine wurden damals noch nicht geschossen, man stellte sich ihnen zu Fuß mit vorgestrecktem Spieß entgegen. Es war ein verbissener Zweikampf zwischen Mensch und Tier, der dem Jäger eine beträchtliche Portion Kaltblütigkeit abverlangte und der nicht immer zu seinen Gunsten ausging. Am 15. Januar 1729 wäre der vierzigjährige Friedrich Wilhelm in der Nähe Köpenicks fast ums Leben gekommen, als ihn ein schwerer Keiler zu Boden warf. Nur die schnell hinzuspringenden Saupacker retteten den König. Aber das alles machte ihm ja gerade Spaß. (Im Jahre 1733 wurden allein in den Revieren um Stettin 1 084 Wildschweine erlegt, woraus zu ersehen ist, welche immense Rolle das Problem der Wildschweinplage damals für Land und Leute spielte.)

Die erlegten Wildschweine wurden teils verschenkt, teils der Kämmerei in der nächstgelegenen Stadt angeliefert, mit dem strikten Befehl des Königs, sie an die Bürger zu verhökern. Ob die Leute wollten oder nicht, sie mußten Wildschweine kaufen, das Stück zu drei bis sechs Talern, entsprechend dem jeweiligen Marktpreis, der gerade für Rindfleisch galt. Für Friedrich Wilhelm war es ein Mordsvergnügen, auch die Juden dazu zu zwingen, ihm die Wildschweine abzukaufen. Sie protestierten unter lautem Geschrei und wiesen wehklagend darauf hin, daß ihre Religion es ihnen verbiete, unreines Fleisch zu genießen. Es half alles nichts, sie mußten berappen, und der König lachte schallend, rieb sich vergnügt die Hände, wenn er erfuhr, daß die Juden seine erlegten Wildschweine zu Dutzenden an die Hospitäler und an die Armen verschenkten.

Was für ein merkwürdiger Mann! Ein Kerl voller Gegensätze. Proper und reinlich, etepetete bis zum Exzeß – und dann wiederum ein Vielfraß und Saufaus bis zum »Gehtnichtmehr«. Als er zwölf Jahre alt war, so haben wir gehört, war er seiner Großmutter, der Kurfürstin Sophie, wie ein »Engelchen« erschienen: hübsch und wohlgebildet, blond und mit gutdurchbluteter weißer Haut (worüber er sich selbst geärgert hatte). Als er den Thron bestieg, mit vierundzwanzig Jahren, war er ein nicht gerade schlanker, aber gutaussehender, stattlicher junger Mann, der sich neben seiner pompösen Sophie Dorothea durchaus sehen lassen konnte. Doch dann legte er von Jahr zu Jahr zu. Das Essen und das Trinken schmeckten ihm über alle Maßen, und so sehr er sich in der Gewalt hatte, wenn es um das liebe Geld ging, so wenig gab er auf sich acht, wenn er die Serviette vor das Kinn band, nach Messer und Gabel griff und reinhaute, als gelte es nicht zu essen, sondern eine Schlacht zu schlagen. Sein Bauch rundete sich zusehends, seine Taille maß 1,26 Meter, seine Gesamterscheinung wirkte klotzig: kurz und breit. Mit fünfzig Jahren wog er fast dreihundert Pfund, obwohl er nur 1,65 Meter groß war.

Welch unverwüstlichen und kerngesunden Eindruck hatte er doch als Kronprinz gemacht. Wenn einer das blühende Leben am preußischen Hofe zu verkörpern schien, dann war es Friedrich Wilhelm gewesen. Seine Konstitution schien – ganz im Gegensatz zu der seines Vaters – eisenfest und unerschütterlich. Aber seine unbezähmbare Eßlust, die sich mit Vorliebe auf schwerverdauliche Speisen richtete, seine wahnsinnigen Parforcejagden, sein jähes Wechseln zwischen Ausharren in brütender Sonne und Herunterstürzen kalter Getränke, sein rücksichtsloser Arbeitsstil, der auf die eigene wie auf fremde Gesundheit keinerlei Rücksicht nahm, die ständigen Strapazen tage- und wochenlanger Besichtigungsreisen in stoßenden, stuckernden Kaleschen – das alles hatte die schlimmsten Folgen. Er wurde immer kurzatmiger, die Gichtanfälle, die sich von Jahr zu Jahr steigerten, bereiteten ihm fast unerträgliche Schmerzen. Wenn er gar nicht mehr aus noch ein wußte, von der Gicht krummgezogen im Lehnstuhl saß und auf mannshohen Kartons mit bunten Farben seine lieben »langen Kerls« malte, die vor ihm stramm Modell stehen mußten, dann schrieb er ächzend an den Rand der Bilder: »in tormentis pinxit« (unter Schmerzen gemalt). Spätestens mit vierzig Jahren, 1728, war Friedrich Wilhelm ein todkranker Mann. Nur seine glühende Leidenschaft, sein fanatischer Lebenswille hielten ihn noch ein Dutzend Jahre aufrecht.

Und dann: auf der einen Seite seine Zartheit und Keuschheit, auf der anderen sein rohes, abstoßendes Benehmen! Wie wir wissen, duldete es Friedrich Wilhelm niemals, daß in Gegenwart von Frauen und Mädchen Zoten oder Zweideutigkeiten artikuliert wurden, daß sich jemand unchevaleresk zu Damen benahm. Was sein Verhältnis zum anderen Geschlecht anging, konnte er den Höfen und der damaligen Gesellschaft Europas wahrhaft zum Vorbild dienen. Sein Ehe- und Liebesleben war makellos in einer Zeit, in der Mätressenwirtschaft, Hurerei und sexuelle Liederlichkeit zum guten Ton gehörten. Paris und Versailles glänzten als Brutstätten moralischer Laxheit, Dresden unter August dem Starken war eine einzige Lasterhöhle von Promiskuität und Blutschande, an den Höfen von London und Hannover betrieb man Ehebruch zur Bekämpfung der fürstlichen Langeweile, Zar Peter von Rußland legte jede Frau aufs Kreuz, die ihm gerade in den Weg kam. Friedrich Wilhelm, dieses Bündel von Potenz, ließ sich nicht anstecken. Er hat selbst bekannt, daß er von Natur kein Tugendbold war; wie jeder andere Mann hatte er Kämpfe der Selbstüberwindung zu überstehen, und einmal ist seine königliche Hand sogar in den reizvollen Busenausschnitt einer jungen Hofdame geraten (wofür er sich eine saftige Ohrfeige einhandelte). Aber er stand, aus welchen Motiven auch immer, in einer Zeit des moralischen Schlamms sittlich großartig da. Und auf der anderen Seite dann dieses flegelhafte, rohe Benehmen, das er in seinen Männergesellschaften oder auf den Parforcejagden an den Tag legte und das ihm nicht zuletzt das Herz seines empfindsamen »Fritzchens« von früh auf entfremdete. Vor allem dieser elementare Mangel an Mitleid und Weichherzigkeit, wenn er nicht nur die Hirsche und Rehe, auch die eigenen Reitpferde erbarmungslos, ja brutal zu Tode hetzte.

Alle diese unbegreiflichen Widersprüche führten schon sehr bald nach der Thronbesteigung Friedrich Wilhelms zu einem weltweiten Negativ-Image. Wie die Menschen eben sind, übersah man völlig die positiven, die bestechenden Züge seines Charakterbildes, klatschte und tratschte dafür mit Hingabe über seine despotischen Launen, seine befremdlichen Eigenschaften. Daß der Preußenkönig – im Gegensatz zur gesamten europäischen Umwelt – sauber, fleißig, sparsam, daß er seinem »Fiekchen« treu war, wurde keineswegs mit Wohlwollen kommentiert. Sein Ehe- und Liebesleben wurde als spießig und kleinbürgerlich abqualifiziert; bestenfalls gestand man ihm Skurrilität zu. Friedrich Wilhelm galt international halb als komische, halb als Schreckensfigur. Seine Soldatennarretei trug ihm den verächtlichen Spitznamen »der königliche Feldwebel« oder »der königliche Sergeant« ein. (Das war eine Wortschöpfung und subtile Rache Georgs II. von England, dem immer noch der Hintern von den preußischen Hieben Friedrich Wilhelms brannte.) Womit sich der Soldatenkönig aber selbst das Wohlwollen seiner wenigen Freunde und Sympathisanten verscherzte, das war seine ungehemmte Prügelsucht, war sein Prügelfetischismus, mit dem er wirklich Furore in der preußischen Geschichte gemacht hat.

Wir wissen ja, daß er seit frühester Kindheit die Gewohnheit angenommen hatte, in allem und gegen jeden seinen Willen zu bekommen. Heftigkeit, Hitze und Jähzorn loderten und glühten schon im Innern des kleinen Prinzen, und niemand stellte sich seinem ungestümen Temperament entgegen, mäßigte ihn, führte ihn – mit ernsten oder harten Worten – zu Besonnenheit und Selbstdisziplin. Sophie Charlotte hatte es als einzige versucht; ihr weiches Mutterherz war an Trotz und Starrsinn des geliebten Sohnes gescheitert. So hatte er nicht gelernt, daß es

Grenzen gab, hatte sich daran gewöhnt, alles durchzusetzen, was ihm gerade einfiel, egal, ob es vernünftig oder verrückt war, ob es etwa einem anderen Menschen weh tun mußte. Mit geballter Faust – und zwar in des Wortes wahrer Bedeutung – schlug er alles zu Boden, was ihm nicht nach Sinn und Gusto war.

Als Junge schon hatte er jeden verprügelt, der nicht so wollte wie er. Und je älter er wurde, desto mehr ließ er sich in seinen Leidenschaften gehen, ließ er seiner überkochenden Wut die Zügel schießen. Er schlug mit der Faust, und er schlug mit dem Stock. Nicht, daß er in einer Gemütsaufwallung die Beherrschung verloren oder gelegentlich mal einen gezielten Schlag ausgeteilt hätte. Nein, er prügelte mit wahrer Lust und Leidenschaft, bis ihm der Arm lahm wurde oder der Atem ausging. Dabei lief er im Gesicht dunkelrot an, die stieren blauen Augen traten ihm fast aus dem Kopf hervor. Der Betrachter solcher Szene mußte den Eindruck haben, einen Wahnsinnigen, einen total Übergeschnappten vor sich zu haben.

Ein unglaublicher Mann, dieser Friedrich Wilhelm! Ein Berserker, ein glühender Vulkan, der eine Lava von Jähzorn und Leidenschaft aus sich herausschleuderte. Und das Schlimmste: ein Mensch ohne alle Selbstdisziplin und ohne jede Spur von Selbstkritik. Nur vor seiner Frau und vor den Offizieren seiner Armee machte der Buchenstock halt. (Einmal hatte er sogar gegen einen Major vor der Front des Regiments den Stock erhoben. Doch der hatte sofort seine Pistole gezogen, zuerst dem König vor die Füße und dann sich selbst in den Kopf geschossen.) Ansonsten verschonte er niemanden mit seinem Prügeltraktament. Selbst hochgestellte Staatsbeamte bekamen seinen Zorn in Gestalt von Hieben zu spüren. Die ehrenwerten Mitglieder des hochwohllöblichen Kriminalkollegiums zu Berlin konnten ein Lied davon singen. Sie hatten einen »langen Kerl« des Regiments von Dönhoff, der 6000 Taler gestohlen hatte, zum Tode verurteilt. Dönhoff, der viel Geld für diesen langen Rekruten ausgegeben hatte und der den Mann nicht verlieren wollte, protestierte gegen das Urteil und verwies darauf, daß dasselbe Gericht kurz zuvor einen höheren Beamten, der 30000 Taler unterschlagen hatte, nicht zum Tode, sondern zu Zuchthaus verurteilt hatte. Der Kriminalspruch ging jedoch in Ordnung, denn in ganz Europa stand damals nach den Gesetzen auf Diebstahl die Todesstrafe (erst Friedrich der Große schaffte den mittelalterlichen Brauch ab), während auf Unterschlagung nur Zuchthaus stand. Friedrich Wilhelm interessierten so künstliche Unterscheidungen nicht. Die juristischen Blackscheißer wollten offensichtlich wieder einmal einem Soldaten einen Tort antun. Er ließ die Justizbeamten ins Schloß kommen, brüllte sie mit hochrotem Gesicht an, schlug einigen die Köpfe blutig, und dann verfolgte der rasende Monarch die hohen Gerichtsherren mit geschwungenem Stock durch die Flure des Schlosses, über die große Freitreppe bis in den Lustgarten. (Damit war alles abgemacht, die Männer blieben in Amt und Würden; denn der König war ja nicht rachsüchtig oder nachtragend, sondern handelte jäh und momentan, in blinder Wut.)

Seine persönlichen Bedienten, die Köche, Kutscher und Lakaien, mit dem Stock durchzuprügeln, war ihm ein unstillbares Bedürfnis. So hatte er es bei seinem Freund, dem russischen Zaren, gesehen, und was der konnte, konnte er schon lange. Wenn ihn die Gicht anfiel, er den Stock nicht gebrauchen konnte, ließ er sich mit Salz geladene Pistolen neben den Lehnstuhl legen, mit denen er dann auf faule Lakaien feuerte, nicht anders, als wenn er auf Rebhühner, Hirsche oder Hasen schoß. Wir werden noch sehen, daß er mit derselben Wut und Raserei gegen die eigenen Kinder vorging, ja, er handelte sich die unangenehmsten diplomatischen Verwicklungen ein, als er eines Tages den Stock gegen den englischen Gesandten erhob. Kurz: mit der Faust, mit dem Stock, mit Fußtritten wütete dieser Mann gegen seine Umgebung.

An den Höfen Europas waren die sonderbaren Launen und merkwürdigen Lebensgewohnheiten, war vor allem die Prügelsucht des Preußenkönigs Tagesgespräch. Man lachte und tratschte, man mokierte und echauffierte sich über den Berliner Wüterich, diesen »königlichen Feldwebel« und Prügelfetischisten. Verwunderlich war das nicht, angesichts der Horrornachrichten aus Potsdam und Berlin. Die internationale Klatschsucht blühte. Aber im Grunde war es pure Heuchelei. Denn das 18. Jahrhundert nahm es nicht so genau mit dem Prügeln, mit der Unverletzlichkeit der Menschenwürde. Höhergestellte schlugen und traten die Untergebenen, ohne die geringsten Gewissensbisse zu empfinden. An allen Höfen wurden die Bedienten, in allen Bürger- und Bauernstuben wurden die eigenen Kinder geprügelt. Ein Menschenleben zählte eigentlich gar nichts. Zar Peter von Rußland, den alle Welt als »Kraftgenie« anhimmelte, schlug und trat den ganzen Tag um sich, ja, er nahm nicht Anstand, achtzig seiner aufrührerischen Leibgardisten mit eigener Hand zu köpfen. In England krähte kein Hahn danach, wenn Matrosen oder Bergwerksarbeiter so lange gepeitscht wurden, bis sie qualvoll verröchelten. Solche »Strafaktionen« wurden als öffentliche Belustigungen organisiert. Eine kräftige Backpfeife gegen Mann, Frau oder Kind war nicht der Rede wert, solange es einfache Leute betraf. Selbst ein Genie wie Wolfgang Amadeus Mozart mußte noch 1780, als vierundzwanzigjähriger Konzertmeister in Salzburg, Ohrfeigen und Fußtritte einstecken. Die Würde eines Menschen zählte wenig, und sie zählte nichts, wenn es einem fürstlichen oder adligen Autokraten so gefiel.

Nein, die Prügelsucht Friedrich Wilhelms war zu damaliger Zeit nicht sensationell. Was den Despotismus des Preußenkönigs so ungewöhnlich, so außerordentlich erscheinen ließ und die Mäuler der europäischen Klatsch-Schickeria in rastlose Bewegung setzte, war etwas ganz anderes: Dieser Mann im fernen, weithin unbekannten Preußen nahm auf Hoch und Niedrig keinerlei Rücksicht. Das machte die Sache zum internationalen Skandal. Dieser Monarch traktierte jedermann; er machte zwischen »vornehm« und »gering« mitnichten Differenzen, ja, es hatte den Anschein, daß sein muskulöser Arm es auf die Rücken der »feinen Leute« ganz besonders abgesehen hatte. Sein Buchenstock machte keine Klassenunterschiede, sein despotischer Zorn achtete keinerlei feudale oder sonstige Privilegien; er prügelte quasi »demokratisch«, machte alle Rücken gleich. Das hatte die kastenmäßig gegliederte Gesellschaft Europas noch nicht erlebt.

Freilich, für die Betroffenen war das kein Trost. Ganz Berlin seufzte im Gedenken an die liederlichen, aber lustigen Tage des vorigen Königs. Lieber Gott, wie sollte das bloß enden? Wenn draußen auf dem Straßenpflaster der Krückstock des Soldatenkönigs pochte, wenn seine knurrende oder befehlende Stimme durch Fenster und Türen drang, dann begann das große Zittern, in Berlin ebenso wie in Potsdam, dann verkroch sich alles in Stuben und Kammern.

Und dieses Zittern, diese knechtische Furcht vor dem gnadenlosen königlichen Terror machte selbst vor den Schlössern nicht halt, vor der eigenen Familie des Monarchen. Ob Prinz oder Bauer, ob Minister oder Ratsherr, ob Sohn oder Tochter – dieser König verlange, den Stock drohend erhoben, von allen das gleiche: Fleiß, Sauberkeit, Einfachheit, Pünktlichkeit, Sparsamkeit. Genauigkeit, peinlichste Ordnung und vor allem Gehorsam und immer wieder Gehorsam; bis zum Exzeß, bis zur sklavischen Unterwerfung.

Befehl und Gehorsam, Ordnung und Unterordnung, Gesetz und Unterwerfung: Das waren die beherrschenden Kriterien im Staate Friedrich Wilhelms, nach denen sich jedermann »ohne Räsonnement« zu richten hatte. Und so, wie der Soldatenkönig den Gesamtstaat regierte, so verordnete er selbst die Freizeit und das Vergnügen seiner Bürger. Traurig sollte es ja nicht zugehen, vielmehr derb und puppenlustig, wenn nur vorher die Tagesarbeit getan war.

Die kostspieligen Hoffeste des vorigen Königs gehörten unwiderruflich der Vergangenheit an. Friedrich Wilhelm überlegte angestrengt, wie man in den beiden Residenzstädten an den langweiligen Winterabenden Vergnügungen auf die Beine stellen könnte, bei denen es recht »bürgerlich« und »behaglich« zugehen sollte, ohne daß er selbst tief in die Tasche greifen mußte. Schließlich kam er auf die Idee, sogenannte Assembléen zu verordnen. Das waren Gesellschaften, die bei den Adligen und wohlhabenden Bürgern Berlins nun der Reihe nach abends stattfinden mußten. Selbstredend überschlug sich jeder Assemblée-Gastgeber, den König und seine Familie einzuladen. Und Friedrich Wilhelm kam immer. Er saß dann äußerst vergnügt im Rauchsalon, dampfte aus seiner Tonpfeife, freute sich diebisch darüber, daß ihn der ganze Spaß keinen Pfennig kostete, sah mit Wohlgefallen auf die jungen Leute, die im Nebenzimmer Spiele und Tänze veranstalteten, achtete aber mit Argusaugen darauf, daß nichts Unschickliches geschah, daß die anwesenden Herren nicht schamlos mit den jungen Damen poussierten.

Kurz nach seinem dreißigsten Geburtstag, 1718, lernte Friedrich Wilhelm den »starken Mann« Karl von Eggenberg kennen. Das war ein Seiltänzer, Zauberkünstler, Schauspielunternehmer und Jongleur, dessen Geschicklichkeit und körperliche Kräfte allgemeines Staunen erregten. Er stemmte mit einer Hand eine Kanone hoch, auf der ein Tambour mit seiner Trommel saß, und hielt sie so lange in der Luft, bis der Trommler einen Krug Bier ausgetrunken hatte. Zwei Pferde waren nicht imstande, ihn von der Stelle zu ziehen; dicke Schiffstaue zerriß er wie Zwirnsfäden. Das war ein Mann nach dem Herzen Friedrich Wilhelms. Mit offenem Mund bestaunte er die unglaublichen Kraftakte des »starken Mannes«, befühlte sachverständig seine Muskeln. Er machte ihn zum königlichen Hofkomödianten und erteilte ihm ein sehr merkwürdiges Hofprivilegium:

Er darf in allen Städten und Landen seine Exercitia zum Zeitvertreib derjenigen, die nicht viel zu thun haben, öffentlich und ohne jemandes Hindernis präsentieren, doch dergestalt, daß er dabei keine gottlosen, ärgerlichen, sündlichen und unehrbaren oder dem Christentum schädlichen Dinge spielt oder vorstellt, sondern lauter Sachen, wodurch die Leute ein honettes Vergnügen haben. Widrigenfalls aber hat er zu gewärtigen, daß das Privilegium sofort wieder aufgehoben wird.

Diesen Eggenberg bestimmte der König nach einiger Zeit dazu, die winterlichen Assembléen in Berlin auszurichten, und zwar in der Karnevalszeit (Dezember und Januar). Er räumte ihm dazu einige Säle im Berliner Fürstenhaus ein, das später als Werdersches Gymnasium bekannt wurde. Damit wurden selbst die Vergnügungen in Preußen zentralisiert. Am 7. Januar 1733 erließ Friedrich Wilhelm folgende sehr komische Kabinettsordre:

Weil Sr. Majestät wollen, daß die Assembléen wieder ihren Anfang nehmen sollen, aber bei den bisherigen Assembléen wahrgenommen haben, daß viele Leute in ihren Häusern den erforderlichen Raum nicht gehabt, es ihnen überdies auch viele Incommodité (Unbequemlichkeit) verursacht, auch an ihre Meubles (Möbeln) Verluste erlitten, haben Sr. Majestät beschlossen, daß der sogenannte Starke Mann, Karl von Eggenberg, in Zukunft Entrepreneur (Veranstalter) der Assembléen sein soll, und zwar wöchentlich zweimal, am Dienstag und Freitag, wozu er Holz, Licht, Spieltische und zwei Chöre Hauptboisten stellen muß. Dafür sollen ihm diejenigen, welche in nachfolgender Liste bisher Assembléen gehalten haben (es folgen vierundzwanzig Namen von Ministern, Generälen und Gesandten), jeder dreißig Thaler geben und davon den ganzen Winter frei hingehen, auch Caffee, Thee, Chocolade und Limonade umsonst haben. Diejenigen aber, die nicht auf der Liste stehen, sollen für das Entrée acht Groschen und extra für Caffee, Thee, Chocolade und Limonade sowie, wenn sie spielen wollen, sechzehn Groschen Kartengeld bezahlen. Die Kapitäns und Subaltern-Offiziers der Armee aber sollen von allem diesen befreit sein. F. W.

Die Sache mit dem »starken Mann« Eggenberg ging nicht lange gut. Er wirtschaftete schlecht oder in seine Tasche, und die Kaffeekränzchen im Fürstenhaus schliefen mit der Zeit ein. Ende 1733 beschwerte sich Generalmajor Graf Dönhoff, der auf Befehl des Königs als eine Art Berliner Vergnügungsintendant fungieren mußte, mit bitteren Worten darüber, daß der »starke Mann« und seine Frau in volltrunkenem Zustand mit anderen Komödianten eine so wüste Prügelei angefangen hätten, daß das Volk zusammengelaufen sei und er, Dönhoff, das ungebärdige Ehepaar habe in der Wache auf dem Neuen Markt inhaftieren lassen müssen. Eggenberg leistete, nachdem er ausgenüchtert war, beim König Abbitte, und da er ihm dreizehn Pferde spottbillig zum Kauf anbot, verzieh ihm Friedrich Wilhelm und genehmigte sogar, daß er auf dem Königlichen Stallplatz ein Theater aufschlagen durfte, auf dessen Bühne er italienische Komödien in deutscher Sprache spielte. Die Einnahmen waren jedoch so gering, daß Friedrich Wilhelm sich entschloß, die siebenköpfige Eggenberg-Truppe in eigenen Sold zu nehmen. Zwanzig bis zweiundzwanzig Taler zahlte er den Schauspielern monatlich pro Kopf. Dafür mußten sie am Dienstag und am Donnerstag in Berlin oder in Potsdam vor dem königlichen Hof spielen, und je derber es auf der Bühne zuging, je mehr Maulschellen und Purzelbäume das Ensemble produzierte, desto köstlicher amüsierte sich der König. (Sophie Dorothea fand es unter ihrer Würde, an diesen Klamauk-Darbietungen teilzunehmen.) Was die anderen Wochentage anging, befahl der König den Berliner Beamtenkollegien, größere Mengen von Theaterbillets zu erstehen und täglich einige ihrer Mitglieder in Eggenbergs Komödien zu schicken, um einen Teil seiner Ausgaben für die »Kunst« auf diesem Weg wieder hereinzubekommen.

1734 kam eine Gruppe von Marionettenspielern nach Berlin, die beim Publikum großen Zulauf fand. Als die Geistlichkeit an den frechen, ironischen Texten der Marionettenspieler Anstoß nahm, ging Friedrich Wilhelm persönlich in eine Aufführung. Da er aber seinem eigenen Urteil in »Komödiantendingen« mißtraute, nahm er den Theologie-Kandidaten Kühze mit, der später als wohlbekannter Pastor an der Nikolaikirche wirkte. Zuerst lachte der König herzlich über die witzigen Texte der Marionettenspieler, klatschte mehrmals laut in die Hände. Dann bemerkte er, daß Kandidat Kühze mit gerunzelter Stirn eine Schreibtafel hervorzog und ein Schauspielerzitat notierte. Sofort stand der Monarch auf und verließ den Saal. Noch am selben Abend erhielt die Marionettentruppe den Befehl, Berlin zu verlassen und sich nicht wieder blicken zu lassen. In punkto Religion verstand der Soldatenkönig keinen Spaß.

Gleich nach seiner Thronbesteigung hatte Friedrich Wilhelm die prächtige Musikkapelle seines Vaters zum Teufel gejagt, bis auf den Kapellmeister Pepusch, der sich aus Regimentsmusikern ein neues Orchester zusammenstellen mußte. Die Hautboisten (Holzbläser) dieser Soldatenkapelle waren dann dieselben, die abends bei den Assembléen zum Tanz aufspielten. Bei Staatsbesuchen malte man ihnen die Gesichter und Hände schwarz und steckte sie in Mohrenkostüme. Es ist nicht wahr, daß Friedrich Wilhelm total unmusikalisch war, wie verschiedentlich von Historikern behauptet worden ist. Die Musik bereitete ihm großes Vergnügen, wenn sie »strahlend« und »volltönend« war. Die Händelschen Opernkompositionen liebte er vor allem. Sie mußten für ihn derart instrumentiert werden, daß die Geigen fortfielen; nur die Blasinstrumente (Trompeten, Posaunen, Oboen) sowie die Trommeln, Pauken und Triangel fanden Gnade vor seinen Ohren. Nachmittags saß er gern allein in einem großen Saal mit »strahlender« Akustik und lauschte den Weisen Georg Friedrich Händels, der als brandenburgischer Staatsbürger in Halle geboren war und seit 1714 als Hofmusikus in London komponierte. Manchmal nickte Friedrich Wilhelm, ungeachtet der enormen Lautstärke, dabei ein, und dann mußten die Musiker die Partien wiederholen, welche die Majestät verschlafen hatte.

Als Friedrich Wilhelm eines Abends im Oktober 1717, nachdem er sich Teile der Händel-Oper »Julius Caesar« hatte vorspielen lassen, seine Schritte zum Tabakskollegium lenkte, präsentierte ihm der Generalleutnant von Grumbkow einen vierundvierzigjährigen Mann, der die possierlichsten Kratzfüße und Verbeugungen machte. Grumbkow hatte ihn in der Berliner Bierschenke des Kellerwirts Bleuset kennengelernt und stellte ihn nun dem König vor: Jacob Paul Gundling, geboren am 19. August 1673 zu Hersbruck im Fränkischen. Friedrich Wilhelm erinnerte sich: Richtig, dieser Gundling war bei seinem Vater Professor an der Ritterakademie, königlicher Historiograph und Rat beim Oberheroldsamt gewesen. »Ein Tintenkleckser also! Und nichts im Kopf als Wind, blauen Dunst und Narrenspossen...« Grumbkow zog den König beiseite und flüsterte ihm zu, dieser Gundling sei seit vier Jahren, seit dem Regierungswechsel, stellungslos, unterhalte abends die Gäste der Bierschenke mit seinen gelehrten Vorträgen prächtig und bekomme dafür vom Kellerwirt Bleuset freie Zeche – das sei der richtige Zeitungsvorleser und Spaßmacher für das Tabakskollegium. Eine perfide Einflüsterung des intriganten Grumbkow, auf die Friedrich Wilhelm sofort begeistert einging.

So wurde Gundling der Hofnarr des Soldatenkönigs, der ihm – unter dröhnendem Gelächter aller Anwesenden im Tabakskollegium – den Titel eines Königlichen Oberzeremonienmeisters verlieh. Drei Jahre danach wurde Gundling Geheimer Oberappellationsrat, Kriegs- und Hofkammerrat, Präsident der Berliner Akademie der Wissenschaften, königlicher Historiograph und zuständiger Minister für »Seidenwürmer im gantzen Lande«. Wiederum drei Jahre später war er Mitglied des Kammergerichts, des Oberappellationsgerichts und des General-Finanzdirektoriums, also der höchsten preußischen Behörden, und dies alles »cum voto cessionem« (mit Sitz und Stimme), wie der König sich in seinem Küchenlatein ausdrückte.

Es war alles nichts als Hohn und Spott. Endlich hatte Friedrich Wilhelm eine willfährige Kreatur wie jenen Popen und Hofnarren, den er im Gefolge seines Freundes, des russischen Zaren, kennengelernt und um den er Peter so glühend beneidet hatte. Endlich hatte er einen Menschen, an dem er jeden Abend seinen Spaß haben und an dem er seine fortwährend wechselnden Launen auslassen konnte.

Tatsächlich wurde Gundling dem König unentbehrlich. Abend für

Abend spielte dieser Unglücksmensch im Tabakskollegium seine Narrenrolle als Hofrat und Zeitungsreferent. Selbst an der Mittagstafel mußte er des öfteren erscheinen und aus den in- und ausländischen Gazetten vorlesen. Machte Friedrich Wilhelm seinen Generälen oder Ministern Besuche, so war Gundling immer dabei; und immer war er die Zielscheibe der Verspottung.

Ursprünglich durfte der eingebildete Jacob Paul Gundling, der sich selbst für einen der größten Gelehrten Europas hielt, durchaus glauben, er sei zum Günstling des Soldatenkönigs aufgestiegen. Natürlich war er klug genug zu bemerken, daß die rohe Militärgesellschaft des Tabakskollegiums kaum verhohlen grinste, wenn er seine geschraubten Analysen und Kommentare ausländischer Zeitungsartikel mit hohlem Pathos vortrug. Aber in seiner grenzenlosen Eitelkeit fühlte er sich den schnauzbärtigen Haudegen, die sich mit dröhnendem Lachen auf die Schenkel schlugen, unendlich überlegen. Er glaubte wirklich an die Gunst des Monarchen und bemerkte nicht, daß die Mischung von Gespreiztheit, Pedanterie und Geschwätzigkeit, die er bot, alle Welt nur zum Lachen reizte. Gewiß hatte Gundling in seinem Kopf eine Unmenge toten Wissens aufgespeichert, aus Unsummen dicker Foliobände zusammengelesen. Aber da er ein schwerer Trinker war und die Wein- und Bierkeller des königlichen Schlosses nach Belieben frequentieren durfte, sank er in kürzester Zeit zum gemeinen Trunkenbold herab, wurde er vom König als ganz gewöhnlicher Hofnarr behandelt.

Der Fall Gundling ist das traurigste und würdeloseste Kapitel in der Geschichte des Soldatenkönigs. Friedrich Wilhelm mißbrauchte diesen schwachen, haltlosen Menschen in brutalster und schamlosester Weise. Fast täglich wurde mit Gundling der übelste Schabernack getrieben, vor allem abends, wenn er sich wieder vollgetrunken hatte und – sinnloses Zeug brabbelnd – im Tabakskollegium herumstolzierte. Dann krachte die Tischplatte von den Soldatenfäusten, und Friedrich Wilhelm kullerten die Tränen über die Backen. Die ungeschliffenen Kumpane des Königs legten dem armen Narren eines Tages einen Bären ins Bett und schlossen beide für die Nacht im Zimmer ein, aus dem man tiefes Brummen und die spitzen Angstschreie Gundlings vernahm. Oder Friedrich Wilhelm ließ den Narren zur Winterszeit in Wusterhausen auf eine der drei Schloßbrücken schleppen und ihn über das Geländer abseilen, bis er mit seinem Körper durchs Eis brach und bis über die Schultern im Wasser versank. Der König fiel fast um vor Lachen, ließ sich die Szene malen, die er dann in den Schlössern von Potsdam und Berlin aufhängte.

So verwirrt Gundlings Geist auch war, so unterentwickelt sein Gefühl für Würde und Selbstachtung auch sein mochte, er tat doch nicht alles, was der König von ihm forderte. »Kein Spaß ohne praktischen Nutzen«, dachte Friedrich Wilhelm bei sich und setzte Gundling als eine Art Spion in den höchsten Staatsgremien ein, um zu erfahren, ob seine Minister und Räte auch wirklich arbeiteten, sich hinreichend Mühe gaben, für den Staat ein Plus zu erwirtschaften. Gundling, eine gutmütige Natur, dachte nicht daran, zu intrigieren und andere Leute beim Monarchen zu verpfeifen; als »Spion des Königs« wollte er nicht gelten. Schließlich wurde ihm überhaupt alles zu dumm, und er floh bei Nacht und Nebel nach Halle zu seinem Bruder, der dort Professor war. Friedrich Wilhelm ließ ihn mit Gewalt zurückschaffen und wieder auf sein Zimmer im Berliner Schloß bringen. Dorthin begab sich anderntags das gesamte Tabakskollegium zur »Abbitte«, und Gundling war charakterlos genug, nachdem ihm der König tausend Taler Gehaltserhöhung bewilligt und in feierlichem Spott den Freiherrntitel verliehen hatte, seine alten Ämter wieder an- und sein degoutantes Leben wieder aufzunehmen.

Im Jahre 1726 traf ein Professor namens David Faßmann in Berlin ein, der sich durch ein Buch mit satirischen Totengesprächen einen Namen gemacht hatte. Er wurde Gundlings Konkurrent im Tabakskollegium, und wenn die beiden halbbetrunkenen »Gelehrten« hitzig miteinander diskutierten und sich lateinisch, deutsch, französisch gegenseitig die bittersten Sottisen an den Kopf warfen oder gar mit Fäusten aufeinander losgingen, kannte der Jubel im »Tabaksparlament« kein Ende. Schließlich griffen die beiden Disputanten zu den glühenden Torfpfannen, die rund um den Tisch standen. Der stärkere Faßmann warf Gundling zu Boden, entblößte dessen Sitzfläche und bearbeitete sie derart mit der kochendheißen Pfanne, daß der »Freiherr« schlimme Brandverletzungen erlitt.

1731 starb Gundling im Alter von achtundfünfzig Jahren. Er hatte sich zu Tode gesoffen. Friedrich Wilhelm ließ ihn in einem Weinfaß beerdigen. Die höhnende Inschrift lautete:

> Hier liegt in seiner Haut
> halb Schwein, halb Mensch, ein Wunderding.
> In seiner Jugend klar, in seinem Alter toll,
> des Morgens voller Witz, des Abends toll und voll.
> Bereits ruft Bacchus laut:
> ›Das theure Ding ist Gundeling!‹ ...

Selbst die Beisetzung auf dem Kirchhof des Dorfes Bornstedt bei Potsdam blieb nicht frei von Spott und Niedertracht. Die Geistlichkeit hatte es abgelehnt, dem verwüsteten Leben des armen Narren ein christliches Trostwort zu spenden. Im Beisein des Königs, der Minister und Generäle hielt »Professor« Faßmann am Grabe Gundlings eine satirische Leichenrede. Weiter konnte man die Rohheit, die Geschmacklosigkeit nicht treiben.

Ein Jahr später flüchtete Faßmann, der Nachfolger Gundlings, ins Ausland und rächte sich an seinem früheren Arbeitgeber mit einer ironischen Schrift von mehr als tausend Seiten, die 1735 publiziert wurde und den preußischen Soldatenkönig der Lächerlichkeit preisgeben sollte. Friedrich Wilhelm ließ das Buch in seinem Staat verbieten. Aber er konnte den Verlust von Gundling und Faßmann nicht verwinden. Immer wieder rief er: »Wo ist mein Narr? Schafft mir einen Narren!« Endlich wurde ihm mitgeteilt, ein gewisser Jakob Salomon Morgenstern, »Magister der schönen Künste«, sei in Berlin eingetroffen, auf der Durchreise nach Moskau. Dieser Morgenstern hatte bis dahin Vorlesungen in Leipzig und Halle gehalten, hatte auch eine Spezialschrift über russisches Staatsrecht verfaßt, die er der Zarin Anna (Peter I. war 1725 gestorben) gewidmet hatte. Er spekulierte auf eine Festanstellung im russischen Reich. Der Soldatenkönig, halbkrank vor Sehnsucht nach einem gelehrten Hofnarren, befahl kurzerhand: »Soll hierbleiben! Soll heute abend eine Pfeife mit uns rauchen!« So kam Morgenstern ins Tabakskollegium, wurde er der Nachfolger Gundlings und Faßmanns.

Fünfhundert Taler Gehalt sowie freie Verfügung über die Wein- und

Bierkeller des Schlosses bekam Morgenstern zugesprochen. Er wurde Hofrat, Präsident der Akademie der Wissenschaften und Vizekanzler der Universität zu Frankfurt/Oder. Wieder betrieb Friedrich Wilhelm das würdelose Spiel, die Intellektuellen, die er so sehr verachtete, durch Titelverleihungen an seinen Hofnarren lächerlich zu machen. Höhepunkt der königlichen Kampagne sollte eine »gelehrte« Disputation an der Frankfurter Universität werden, auf der sich die Akademiker selbst – so hoffte der König – vor aller Welt als Narren entlarven sollten.

Am 10. November 1737 traf Friedrich Wilhelm I., begleitet von Morgenstern, in der Stadt an der Oder ein. Der hochwohllöbliche Magistrat der Stadt und eine Abordnung der Studentenschaft hießen den beleibten Monarchen willkommen. Am nächsten Tag wurde die Frankfurter Messe besichtigt; abends brachten die Studenten dem König ein lärmendes Ständchen. Friedrich Wilhelm trat unter sie, und während die angehenden Akademiker mit ihren Pauksäbeln aus den Pflastersteinen Funken schlugen, forderte er sie auf, mit ihm gemeinsam Sprechchöre gegen alle Spitzel, Spione, Häscher und Pedelle, gegen alle »unnützen Kerls« anzustimmen, und bald hallte die Straße von dem vielstimmigen Ruf »Pereat« (Nieder).

Am Donnerstag, dem 12. November 1737, um acht Uhr morgens betrat der König die Aula der Universität; hinter ihm in lächerlichster Ausstaffierung Vizekanzler Morgenstern, der im Auftrag seines Monarchen eine Vorlesung über das Thema »Vernünftige Gedanken von der Narretei« ausgearbeitet hatte. Im selben Augenblick wurden von Unteroffizieren der Armee die Universitätsprofessoren hereingeführt, die sich geweigert hatten, mit dem königlichen Hofnarren öffentlich vor ihren Studenten zu disputieren. Der König klatschte in die Hände, und das Spektakel nahm seinen Anfang. Morgenstern mußte in langen, verworrenen Ausführungen den Nachweis führen, daß alle Gelehrten seit eh und je nichts als »Salbaderer und Narren« seien; die Professoren Fleischer und Roloff hatten die Aufgabe, diese »These« vom Katheder her zu widerlegen. Eine Stunde lang amüsierte sich Friedrich Wilhelm so köstlich, daß ihm vor Lachen die hellen Tränen in den Augen standen. Dann hatte er genug, sprang auf, pfiff auf den Fingern und klatschte rhythmisch in die Hände, kurz: er führte sich auf wie ein Halbstarker oder wie ein Rockfan von heute. Das war natürlich nach dem Herzen der Studenten. Sie pfiffen, klatschten, johlten zusammen mit dem König. Es war eine tolle Atmosphäre, halb »Show«, halb »Demo«, würden wir heutzutage sagen, und den Professoren fielen vor Schreck fast die Perücken von den Köpfen.

Dann gebot Friedrich Wilhelm plötzlich mit einer Handbewegung Ruhe. Er sah alle fest an und erklärte in tiefem Ernst: »Ein einziges Quentchen Mutterwitz ist mehr wert als ein ganzer Zentner Universitätsweisheit!« Man hätte in der Aula eine Stecknadel fallen hören können. Danach trat er an den sechsunddreißigjährigen Rechtsgelehrten Professor Johann Jakob Moser heran, dessen erster Band seines fünfzigbändigen Riesenwerkes *Teutsches Staatsrecht* soeben erschienen war. Er fragte ihn, was er von dem Philosophen Christian Wolff halte, den er, Friedrich Wilhelm, auf Grund falscher Anschuldigungen der Hallenser Pietisten 1723 von der Universität Halle vertrieben hatte, um dessen Rückkehr er sich aber – inzwischen eines Besseren belehrt – seit 1735 unablässig mühte. Moser, randvoll angefüllt mit Eifersucht auf den berühmteren achtundfünfzigjährigen Kollegen, dessen Aufklärungsphilosophie zu der Zeit fast alle Lehrstühle Deutschlands beherrschte, erklärte mit gelangweilter Miene, er kenne Wolffs Schriften nicht. Der König war perplex. Es entwickelte sich nun folgender Dialog:

König: »Was? Ihr habt Wolffens Schriften nicht gelesen?«

Moser: »Als ich studierte, war Wolff noch ein kleines Licht. Danach habe ich dann zuviel anderes zu tun gehabt...«

König: »Ei, wenn Ihr nicht genug Zeit habt, dann müßt Ihr Euch eben von anderen daraus referieren lassen.«

Friedrich Wilhelm biß sich auf die Lippen. Mit Mühe meisterte er seinen aufsteigenden Zorn über die Eitelkeit und Eifersucht der ihm ohnehin suspekten Intellektuellen.

König: »Was doziert Ihr hier?«

Moser: »Hauptsächlich das ius publicum...«

König: »Hm. Ius publicum und Philosophie, das sind nützliche Sachen! Aber die Pandekten (Hauptinhalte des Römischen Rechts), die werden von Leuten gemacht, die nur den anderen Leuten das Geld aus der Tasche spielen wollen...«

Friedrich Wilhelm betrachtete den eingebildeten Moser aufmerksam. Dann sagte er: »Ein jeder hat seinen Sparren. Ich habe meinen Soldatentick, ein anderer (dabei deutete er auf Moser) hat seinen geistigen Hochmutstick.« Als Moser erbleichte, lachte Friedrich Wilhelm auf und klopfte ihm auf die Schulter: »Na, es ist ja alles nur Spaß und Scherz.« Moser, in seinem Narzismus tief gekränkt, replizierte humorlos, solche Scherze seien eines Christenmenschen unwürdig, in der Bibel stehe geschrieben, daß man für jedes falsche Wort einmal werde Rechenschaft ablegen müssen. Friedrich Wilhelm hörte ihn mit zusammengezogenen Augenbrauen an und sagte ruhig: »Gehe Er nur nach Berlin zum Probst Roloff. Der wird Ihm diesen Spruch anders erklären.« Dann drehte er sich um und trat unter die Professoren und Studenten, die einen dichten Kreis um ihn bildeten. Als Professor Fleischer sich darüber beklagte, daß die Studenten nicht fleißig die Philosophie-Vorlesungen besuchten, versprach er den Erlaß einer Kabinettsordre, wonach Studenten mit schlechten Noten im Fach »Philosophica« keine Staatsanstellungen erhalten sollten. Die anwesenden Studenten murrten, und der König lachte. Sehr erfreut zeigte sich Friedrich Wilhelm darüber, daß es auf der Universität Frankfurt keine Pietisten und »sonstigen Mucker« gäbe. Er fügte, mit einem Seitenblick auf Moser, hinzu: »Ich halte von Betschwestern überhaupt nichts! Es ist lauter Heuchelei.« Die Studenten verabschiedeten ihren König mit donnerndem Applaus und hallenden »Vivat«-Rufen.

War Friedrich Wilhelm, der Soldatenkönig, denn kein frommer Mann? Wir wissen, daß er von Jugend an die Religionsfrage mit heiligem Ernst behandelte, ja, daß er die eigene Mutter als »schlechte Christin« getadelt hatte. Aber wie ließen sich dann derart ketzerische Ansichten erklären, wie er sie vor den Studenten von Frankfurt an der Oder zum Besten gab?

Das Verhältnis des Menschen Friedrich Wilhelm zu Gott läßt sich am besten aus seiner ganz und gar soldatischen Denkweise erklären. So wie ihm die preußischen Untertanen ohne Wenn und Aber zu gehorchen hatten, so fühlte er sich als direkter Untergebener des Allmächtigen im Himmel, an den er mit kindlicher Ehrfurcht glaubte und dessen durch das Neue Testament vermittelten Gebote er niemals zu übertreten gewagt hätte. Aber wie ein Grenadier bei allem Respekt vor sei-

Der Große Kurfürst (1620–1688)
und seine Gemahlin Luise Henriette.
Ölgemälde von M. Czwiczek.

Friedrich I., 1657–1713.
Kupferstich von J. G. Wolfgang.

Sophie Charlotte, 1668–1705. Zweite Gemahlin Friedrichs I.
Kupferstich von J. G. Wolfgang.

Sophie Dorothea 1737, fünfzig Jahre alt.
Ölgemälde von Antoine Pesne.

Die beiden ältesten Kinder 1714.
Prinzessin Wilhelmine fünf, Kronprinz Friedrich zwei Jahre alt.
Ölgemälde von Antoine Pesne.

Friedrich Wilhelm I. 1728, vierzig Jahre alt.
Ölgemälde von Antoine Pesne.

Oben: Das Tabakskollegium Friedrich Wilhelms I.
Gemälde eines unbekannten Künstlers.

Unten: Die berühmten letzten Sätze
der handschriftlichen Ordre Friedrich Wilhelms I. vom 1. November 1730,
die den Tod Kattes besiegelten.

Der Sohn Friedrich 1740, achtundzwanzig Jahre alt.
Ölgemälde von Antoine Pesne.

nem Bataillonskommandeur doch immer bestrebt blieb, sich gewisse persönliche Freiräume in seinem alltäglichen Soldatenleben zu erhalten, so nahm sich auch Friedrich Wilhelm das Recht heraus, in praktischen Fragen der Religionsausübung eigene Wege zu gehen. Von Geburt und Taufe her gehörte er der reformierten, der kalvinistischen Glaubensgemeinschaft an, und er ist ihr bis ans Lebensende treu geblieben. Er war aber nicht gesonnen, sich bestimmten Dogmen zu unterwerfen, die ganz offensichtlich nicht aus Gottes Verkündigung, sondern aus den engherzigen Auslegungen der eifernden Kirchenhierarchie stammten. Deshalb erkannte er den endlosen Dogmenstreit zwischen Reformierten und Lutheranern, der schon seit zweihundert Jahren schwelte, einfach nicht an. Für ihn waren beides protestantische Bekenntnisse, also ein und dasselbe, und die Unterschiede in den Zelebrationen der Gottesdienste erklärte er ärgerlich für eitle Eingebungen »zänkischer Pfaffen«. Die beiden evangelischen Konfessionszweige sollten gefälligst gleichen Schritt miteinander halten, Seitenrichtung und Vordermann, zum Donnerwetter! – nicht anders als seine braven Grenadiere und Musketiere. Er haßte die Wichtigtuereien der Prediger auf den Kanzeln, die mal lang, mal kurz zur Gemeinde sprachen, und setzte per Dekret die Dauer einer Predigt – egal, ob lutherisch oder kalvinistisch – auf sechzig Minuten fest; wer länger »salbaderte«, mußte zwei Taler Strafe an die Rekrutenkasse zahlen. Die Kirche, die er prinzipiell und aus tiefem Glauben bejahte, war in seinen Augen ein integraler Bestandteil des Staates, des einzigen Ordnungsgefäßes Gottes auf Erden. Auch sie hatte sich in das große Uhrwerk einzupassen, das präzise, ohne Fisimatenten und Schnurrpfeifereien, auf Kommando zu funktionieren hatte.

Mit anderen Worten: Auch das Christentum, das diesem König Herzens- und Glaubenssache war, sollte, wie alles im Staat, nach nützlichen und praktischen Gesichtspunkten exerziert werden. Als die durch Feuer zerstörte Petrikirche zu Berlin neu errichtet worden war, griff er die Gelegenheit, auf die er schon lange gewartet hatte, beim Schopf und verordnete eine stark vereinfachte Liturgie, und zwar ohne Unterschied für Reformierte wie für Lutheraner. Die Geistlichkeit der beiden protestantischen Konfessionen schrie Zeter und Mordio, aber der König antwortete ihnen, er werde das »Pfaffengesocks« zum

Teufel jagen, wenn es nicht gehorchen wollte. Pastor Braun im Dorfe Priesen wurde kurzerhand kassiert, als er sich dem königlichen Edikt nicht beugen wollte.

Friedrich Wilhelm, der ohne die geringste Reservation an einen persönlichen Gott glaubte, vor dem er sich am Jüngsten Tag werde verantworten müssen wie ein Kompaniechef vor seinem Regimentskommandeur, beurteilte alle Fragen der Religionsausübung mit erstaunlicher Liberalität und Toleranz, in einer Zeit, in der religiöser Dogmatismus, ja Fanatismus noch als Normalität galt. Wenn er nicht krank war, besuchte er jeden Tag den Gottesdienst, ob in der Residenz oder auf seinen zahllosen Inspektionsreisen. Dann saß er in der Kirche, mit gefalteten Händen, den Blick fest auf das Abbild des Heilands gerichtet, und dröhnend oder schnarrend fiel seine Stimme beim Schluß des Gottesdienstes in den Choral ein. Es war ihm völlig gleichgültig, ob er eine reformierte oder lutherische Andacht besuchte, wenn sie nur recht einfach, für jedermann verständlich, von Herzen fromm und für die Seele erbaulich verlief. »Ein feste Burg ist unser Gott«, dies fröhlich-trutzige Bekenntnis Martin Luthers war ihm so ganz aus dem eigenen Sinn gesprochen. Es kam ihm auf echte Frömmigkeit, nicht auf kirchliche Formen an. Und als Probst Roloff, den er außerordentlich schätzte, sich wegen »unüberwindlicher Schwierigkeiten in seinem Gemüte« weigerte, in der Kirche zu Friedrichsfelde abwechselnd reformiert und lutherisch predigen zu lassen, wie der König es wünschte, da verstand Friedrich Wilhelm die Welt nicht mehr. Kam es denn vor Gott auf die äußeren Umstände an? Und nicht auf die innere feste Liebe und Treue? Er hielt sich damals in Wusterhausen auf, ließ sich einen Schreibtisch auf die Terrasse bringen und schrieb Roloff einen Brief, der in seiner kindlichen Naivität wie in seiner unvoreingenommenen Klugheit bis heute seinesgleichen sucht:

Ich halte Eure Einwendungen nur für Possen. Der Unterschied zwischen unseren beiden evangelischen Religionen ist wahrlich nichts als Pfaffengezänk. Nur äußerlich ist ein großer Unterschied; wenn man es aber examiniert, so ist es derselbige Glaube in allen Stükken. Nur auf der Kanzel, da machen sie eine dicke Sauce drumherum, eine saurer als die andere ... Gott verzeihe allen Pfaffen, denn sie werden am Gerichtstag Gottes Rechenschaft darüber ablegen müssen, daß sie auf den Kanzeln disputieren, daß sie Schulratzen aufwiegeln, daß sie das wahre Wort Gottes in Uneinigkeit bringen. Wahrhaft gute Prediger aber, die würden sagen, daß einer den anderen dulden und daß man nur Christi Ruhm vermehren soll. Solche Prediger werden gewiß selig werden... Es wird dereinst nicht heißen: bist du lutherisch, oder bist du reformiert? Es wird heißen: hast du meine Gebote gehalten, oder bist du ein Disputator gewesen? Es wird heißen: weg mit dem Disputator, ins Feuer mit ihm und zum Teufel! Über die aber, die meine Gebote gehalten: kommt her zu mir in mein Reich...

In dieses Himmelreich wollte Friedrich Wilhelm kommen. Er hielt sich für einen frommen König und hatte niemals das Gefühl, ein Tyrann zu sein. Unkompliziert und unreflektiert lebte er sich aus. Den Spiegel der Selbstkritik und des Selbstzweifels kannte er nicht. Sein Blick ging nicht nach innen, auch nicht in das Innere anderer Menschen. Er sah nur das Stück Umwelt, das ihm von seinem Herrgott anvertraut war, es zu beherrschen und zu modeln. Daß die Untertanen ihn fürchten, daß die »Blackscheißer« und »Tintenkleckser«, daß die armen Hofnarren und Bedienten ihn hassen könnten, kam ihm nicht in den Sinn. Sie hatten allesamt zu gehorchen, und damit basta. Auch er mußte ja gehorchen; und zwar seinem Gott, so wie er ihn verstand. Daß dieses Verständnis ganz persönlich und willkürlich war, von ihm selbst so zurechtgeschnitten, daß es seiner robusten despotischen Kraftnatur kaum Grenzen setzte, das hat er nie begriffen.

Die Gesellschaft

Der 20. Dezember 1722 war ein klirrend kalter Tag. Der Soldatenkönig stand am Fenster seines Jagdhauses Schönebeck in der Schorfheide und blickte auf die tiefverschneite märkische Landschaft. Er hatte sich an den beiden Tagen zuvor von Berlin über Oranienburg, wo er das kleine Schloß seiner holländischen Großmutter Luise Henriette besucht hatte, hierher begeben, fünfzig Kilometer nordostwärts der Hauptstadt, weitab von allem politischen und privaten Getriebe. Er suchte die Einsamkeit.

Friedrich Wilhelm drehte sich um, nahm sich eine der holländischen Tonpfeifen und setzte sich an das flackernde Kaminfeuer. Er starrte in die unruhigen Flammen und dachte an das knappe Jahrzehnt seit dem Februar 1713, als er die königliche Macht in seinem Staat übernommen hatte. Er paffte Tabakwolken in den Raum und versuchte, Bilanz zu machen. Konnte er mit seinem Wirken, mit dem bisher Erreichten und Geleisteten zufrieden sein? Preußen, das war ja sein Haus, sein Hof; und er, der König, war nichts anderes als der Hausvater, dem Gott die Autorität und die Verantwortung verliehen hatte. Er würde eines Tages, vielleicht schon bald – er war schließlich vierunddreißig Jahre alt, und seine Mutter war kaum älter geworden –, Rechenschaft über sein Tun und Lassen ablegen, dem Allmächtigen und dem eigenen Nachfolger Rede und Antwort stehen müssen, wie er mit der Macht, wie er mit dem Staate umgegangen war. Er warf einen Holzkloben ins Feuer, ging nachdenklich zum Schreibtisch am Fenster, setzte sich, nahm die Feder zur Hand und schrieb:

Als mein Vater starb, war das Land Preußen (er meinte damit die Provinz Ostpreußen) von der Menschenpest und von der Viehpest fast ausgestorben. Im ganzen Staat waren die Domänen (die königlichen Güter) meist verpfändet oder in Erbpacht, die Finanzen in einem Zustand, daß ein Bankrott nahe war, die Armee in schlechter Verfassung und von geringer Zahl, so daß ich alle gewesenen Mängel gar nicht genug beschreiben kann. Da ist es gewiß ein rechtes Meisterstück gewesen, daß in neun Jahren alle Geschäfte wieder in gute Ordnung und Verfassung gebracht wurden, die Domänen sämtlich ganz schuldenfrei sind. Die Armee und die Artillerie sind in so gutem Stande wie nur irgendwo in Europa. Von meinen Mitarbeitern habe ich dabei wenig Assistenz (Unterstützung) gehabt, wohl aber bin ich von ihnen direkt und indirekt contercariert (gestört) worden. Also habe ich in den verflossenen neun Jahren nicht mehr thun können.

Er lehnte sich zurück und dachte an seinen zehnjährigen Sohn Friedrich. Eines Tages würde dieser Junge an seiner Stelle stehen, und es war seine, Friedrich Wilhelms, verdammte Pflicht und Schuldigkeit, ihm das väterliche Erbe in perfekter Ordnung zu hinterlassen. Das »Fritzchen« sollte kein Chaos, keinen halbbankrotten Staat vorfinden.
Der Soldatenkönig schloß die Augen. Im Geist ließ er noch einmal die Stadien des letzten Jahrzehnts vor sich Revue passieren. Richtig und von grundlegender Bedeutung war es gewesen, daß er am 13. August 1713, ein knappes halbes Jahr nach seiner Thronbesteigung, sämtliche Provinzen des Königreiches für *unteilbar* und sämtliche königlichen Besitzungen (Domänen, Schatullgüter, Forsten etc.) für *unveräußerlich* erklärt hatte. Jahrhundertelang hatte es im Belieben der Fürsten gestanden, ihre Länder willkürlich unter den Erben aufzuteilen und ihre persönlichen Besitzungen zu verkaufen oder zu verpachten, so wie es sein Vater in seiner ständigen Geldnot getan hatte. Damit war nun ein für allemal Schluß gewesen. Mit seiner Verfügung vom 13. August hatte er, Friedrich Wilhelm, die *Staatseinheit* aller Länder Preußens garantiert, und zugleich hatte er die königlichen Besitzungen praktisch zu *Staatseigentum* erklärt. Das war beispiellos in Europa gewesen, und er durfte sich sagen, damit die preußische Staatsmacht und das Haus Hohenzollern für lange Zeit stabilisiert zu haben.
Er stand vom Schreibtisch auf, lief unruhig im Zimmer auf und ab, trommelte mit den Fingerspitzen gegen die Fensterscheiben, auf die

der Frost Eisblumen gemalt hatte. Gewiß, vom ersten Tage seiner Regierungstätigkeit an war es ihm klar gewesen, daß eine einheitliche Finanzverwaltung in Preußen hergestellt werden mußte, wenn im Staat Überblick und Ordnung herrschen sollten. Kein Mensch vor ihm hatte erkannt, daß alle öffentlichen Einnahmen in eine einzige Kasse gehörten; denn nur so war es denkbar, eine zentral gesteuerte Staats- und Volkswirtschaft zu ermöglichen. Bis zum Tod seines Vaters hatte es zwei getrennte Geldwirtschaften in Preußen gegeben, und niemand in Berlin hatte einen Gesamtüberblick über die Einnahmen und Ausgaben des Staates gehabt. Teils waren die Gelder dem General-Kriegskommissariat, teils waren sie dem Domänen-Direktorium zugeflossen. Und daneben hatte noch eine Geheime Hofkammer für den Unterhalt der königlichen Familie existiert. Ein finanzpolitisches Tohuwabohu. Und das Schlimmste: Das sogenannte Domänen-Direktorium in Berlin hatte als Zentralbehörde eigentlich nur auf dem Papier gestanden, denn die »Kontributionen« waren in die zersplitterten Domänen-Provinzialkassen der einzelnen Provinzen geflossen und dort meist spurlos versickert. Von zentraler Erfassung, Bewirtschaftung und Verteilung der staatlichen Mittel war nie die Rede gewesen.

Das liebe Geld aber, das war der »nervus rerum« der gesamten Staatspolitik! Nur wer über sämtliche Finanzmittel verfügte, hatte die Macht zur Veränderung in seiner Hand. Hier durfte es keine Verzettelung, kein ständisches oder städtisches Mitspracherecht geben. Die Provinzen wie die Stände (Adel, Bürgertum, Bauernschaft) waren nur Teile des Staatsganzen. »Und der Staat«, murmelte er vor sich hin, »der Staat, der bin ich, wer sonst?« Es war vollkommen richtig gewesen, daß er einen Monat nach dem Tod seines Vaters gleich scharf durchgegriffen, die Geheime Hofkammer und das Domänen-Direktorium zu einer neuen Zentralbehörde unter dem Titel »General-Finanzdirektorium« verschmolzen hatte. Ja, ja, die alten Minister des vorigen Königs, sie hatten bedenklich »ob solch unerhörter Neuerung« mit den Perücken gewackelt. Aber er hatte sich nicht daran gekehrt, hatte den ehemaligen Regimentsauditeur Kreuz, einen hervorragenden Mann aus einfachsten Verhältnissen, zum Chef der neuen Behörde gemacht, und siehe da: Die Einnahmen hatten sich inzwischen fast um das Doppelte vermehrt.

Dieser Reformschritt war nicht nur richtig, er war absolut notwendig gewesen; dessen war er sich gewiß. Aus drei Zentralinstanzen waren zwei geworden: das »General-Kriegskommissariat« und das »General-Finanzdirektorium«. Und war er nicht noch einen Schritt weitergegangen? Am 3. Oktober 1714 hatte er durch Kabinettsordre die »Generalrechenkammer« geschaffen, eine oberste Kontrollinstanz des Staates, in der beide Zentralbehörden mit eigenen Unterabteilungen vertreten waren. Er hatte sich persönlich die Leitung dieses obersten Kontrollgremiums vorbehalten, nicht nur, um jeden einzelnen Beleg, um jeden Ein- und Ausgang penibel überprüfen zu lassen – denn Vertrauen war gut, aber Kontrolle war besser! –, sondern vor allem, um die beiden großen Zentralbehörden, das Kriegskommissariat und das Finanzdirektorium, auf dem Wege gemeinsamer Überprüfungen zur Kooperation, zum einvernehmlichen Wirtschaften für das Ganze, für den Staat, zu bringen.

Friedrich Wilhelm blieb abrupt stehen, grunzte ärgerlich vor sich hin und warf sich in den Lehnstuhl vorm Kaminfeuer. Nein, wenn er es sich recht überlegte, waren die Maßnahmen von 1713 und 1714 halbe Sachen gewesen; er hatte es doch nicht richtig gemacht. Sicher, die Zusammenlegung von drei zu zwei Behörden war prinzipiell der richtige Schritt in die richtige Richtung, zur Staatszentralisierung, gewesen. Und dem finanzpolitischen Chaos der zersplitterten Provinzialkassen hatte er den Garaus gemacht, indem er sie zugunsten der vorgesetzten Zentralbehörde entmachtet hatte. Aber was war nun in der Hauptstadt, in Berlin, geschehen? Statt zusammenzuarbeiten, hatten die beiden mächtigen Generalinstanzen, das Kriegskommissariat wie das Finanzdirektorium, sich untereinander den Krieg erklärt und alles versucht, sich gegenseitig die Steuern oder sonstigen Einkünfte streitig zu machen, ja, sie hatten um einzelne Posten Prozesse miteinander geführt. Diese Schurken! Statt dem Wohle des Staates zu dienen, diese Tintenkleckser, diese Blackscheißer, hatten sie Zeit, Kosten und Arbeitskraft in lächerlichen Streitigkeiten und Ressorteifersüchteleien vergeudet. Sie hatten überhaupt nicht begriffen, daß alle Staatseinnahmen dem Staatsganzen dienen mußten. Statt dessen hatten sich diese hochmögenden Herren Beamten ihrem borniertem Ressortdenken hingegeben, und er, der König, hatte fast zehn Jahre damit verbracht, in diese Machtkämpfe schlichtend einzugreifen, den unerträglichen Zwiespalt in seiner Staatsverwaltung immer wieder zu kitten.

Wie war es doch Anno 1716 gewesen? Da hatte sich die kurmärkische Provinzialkammer wegen verschiedener Schlampereien, hinter die er nur durch Zufall gekommen war, damit entschuldigt, daß sie keine betreffenden Instruktionen vom vorgesetzten Finanzdirektorium in Berlin erhalten habe. So schob es einer immer auf den anderen! Zwar hatte er den Herren vom Finanzdirektorium am 6. Januar 1717 geschrieben: »Ich habe erfahren, daß solche Schelmereien mit mir vorgehen, daß ich hinter das Licht geführt werde. Aber mit der Zeit erfahre ich doch alles, und wenn die Herren hinführo weiter etwas verschweigen, so wird der Donner dreinschlagen, ehe man es sich vermuthet«, aber nach einigen Wochen des großen Zitterns war der alte Schlendrian wieder eingerissen, hatte er wieder vernehmen müssen, daß das Kriegskommissariat das Finanzdirektorium beschuldigte und umgekehrt, daß der permanente Kleinkrieg der beiden Zentralinstanzen von den Provinzialkammern ausgenutzt wurde, die eigenen Versäumnisse zu bagatellisieren. Verwünschte Bande! Alles nur »Flatterien« (Vertuschungen), um ihm, Friedrich Wilhelm, ein X für ein U vorzumachen.

Nein, so ging es nicht weiter. Es durfte nicht zwei Regierungen in ein und demselben Lande geben, die noch dazu gegeneinander administrierten. Er würde jetzt einen Entschluß fassen, der schon lange in ihm arbeitete. Warum sollte es nicht möglich sein, eine weitere Vereinfachung und Zentralisierung der Verwaltung vorzunehmen? Wenn man aus drei Stücken zwei Stücke machen konnte, warum dann nicht auch aus zwei nur eins?

Friedrich Wilhelm nahm einen tiefen Zug aus einem Steinkrug mit heißem Braunbier und setzte sich wieder an den Schreibtisch. Er überflog das bis dahin Geschriebene und schob es beiseite. Nein, Bemerkungen über die Mißwirtschaft seines Vaters gehörten nicht in einen offiziellen Erlaß für die Behörden. Jetzt ging es um die Zukunft! Jetzt ging es um eine grundlegende Instruktion für den endgültigen Verwaltungsaufbau seines Staates.

Der Soldatenkönig nahm die Schwanenfeder zur Hand, und in wenigen Stunden schrieb er eine der interessantesten und umstürzendsten

Staats-Instruktionen der Geschichte nieder; eine Staats-Instruktion, die den Verlauf der Innenpolitik Preußens für hundertfünfzig Jahre fundamentiert hat. Mit einem Federstrich, so darf man sagen, hob Friedrich Wilhelm I. die Doppelgleisigkeit und das Gegeneinander der preußischen Staatsverwaltung auf, indem er das General-Kriegskommissariat und das General-Finanzdirektorium zu einer einzigen Zentralbehörde verschmolz: dem »General-Ober-Finanz-Kriegs- und Domänen-Direktorium«, das man bald abgekürzt nur noch das »Generaldirektorium« nannte.

Damit war – wie wir heute sagen würden – ein Ministerrat oder ein Ministerkabinett geschaffen, und zwar als oberstes zentrales Regierungsorgan des Gesamtstaates, und da Friedrich Wilhelm sich selbst zum Präsidenten des neuen Generaldirektoriums machte, vereinigte er von nun an die Ämter des Monarchen (Staatsoberhauptes) und des Premierministers (beziehungsweise Ministerpräsidenten) in *einer* Person. Es war ein umwälzender, revolutionärer Akt von oben, der mit einem Schlage den jahrhundertealten, aus dem Mittelalter überkommenen Verwaltungswirrwarr beseitigte und die unerschütterliche Grundlage eines modernen, zentralisierten Staates legte.

Liest man die Instruktion durch, so ist es unmöglich, sich der größten Bewunderung zu enthalten: Aufgebaut auf einer unverrückbaren theoretischen Gedankenbasis nach dem Grundsatz »Einheit schafft Potenz, Ordnung garantiert Effektivität«, ergänzt durch eine Fülle praktischer Details aus genauester Kenntnis aller Sachzusammenhänge des täglichen Lebens, geschrieben mit der rücksichtslos-derben Energie und in der drastischen Sprache dieses Mannes, im Hintergrund der Zeilen manchmal ein listiges Schmunzeln, manchmal der symbolisch erhobene Buchenstock als Drohung gegen Korruption und Schlendrian; es ist eine Pracht-Instruktion ohne Beispiel! Mit diesem eigenhändigen Schriftstück des Soldatenkönigs, gegliedert in fünfunddreißig ausführliche Paragraphen, wurde das Grundgesetz des preußischen Staates der Zukunft geschaffen.

Die Instruktion begann sogleich mit einem Donnerwetter. Die bisherigen Behörden, also das Kriegskommissariat und das Finanzdirektorium, hätten:

... bisher nichts getan als Kollisionen gegeneinander anzurichten. Als wenn das Kriegskommissariat nicht sowohl des Königs von Preußen wäre als die Domänenverwaltung! Das Kriegskommissariat hält Rechtsgelehrte und Advokaten aus meinem Beutel, um gegen die Domänenverwaltung zu fechten; also gegen mich. Umgekehrt hält die Domänenverwaltung aus meinem Beutel Advokaten, um mit dem Kriegskommissariat zu streiten; also mit mir. Die Herren hätten vielleicht gemeint, daß sie es mit einem Narren zu tun hätten, dem sie etwas vormachen könnten?! Ein solches Konfusionswerk kann ich nicht länger gewähren lassen, will ich nicht meinen und meiner Untertanen äußersten Schaden und Untergang dulden. Ich habe daher Gottes Beistand angerufen, die Sache reiflich überlegt und schließlich beschlossen, die beiden bisherigen Behörden zu kassieren (aufzulösen).

Es folgte ausführlich und in aller Form die Inauguration des neuen »Generaldirektoriums«, das ab Januar 1723 die oberste Regierungsbehörde des Königreichs Preußen sein würde und dem fortan die gesamte finanzielle und innere Verwaltung des Staates unterstand, einschließlich aller wirtschaftlichen Angelegenheiten des Heeres. Das neue Generaldirektorium setzte sich aus vier Provinzialdepartements zusammen, an deren Spitze jeweils ein dirigierender Minister stand, dem drei bis vier Vortragende Räte zur Hand gingen. Das erste Departement unter Generalleutnant von Grumbkow war zuständig für die Provinzen Ostpreußen, Pommern, Neumark, das zweite unter dem Wirklichen Geheimen Rat Kraut für die Kurmark, Magdeburg und Halberstadt, das dritte unter dem Minister Görne für die rheinischen Gebiete und das vierte unter Kreuz für die westfälischen Ländereien. Diese Regionalgliederung wurde ergänzt durch die Zuweisung bestimmter gesamtstaatlicher Sachgebiete: Für die Grenz- und Rodungsfragen war das erste Departement zuständig, für die Militärökonomie und das Marschwesen das zweite, für das Post- und Münzwesen das dritte, für die Kassen- und Rechnungssachen das vierte unter dem unübertrefflich korrekten Geheimen Finanzrat Kreuz. Der Geschäftsgang des Generaldirektoriums wurde vom König kollegialisch geregelt. Die Departements sollten unter keinen Umständen ein Eigenleben führen und damit wieder in die alten Ressorteifersüchteleien, in das verderbliche Fachidiotentum früherer Zeiten zürückfallen. Alle Vorträge mußten vor versammelter Behörde gehalten werden, so daß jedermann im Generaldirektorium einen Gesamtüberblick hatte. Minister und Räte, so postulierte Friedrich Wilhelm, sollten kollegial zusammenarbeiten und gemeinsame Beschlüsse fassen. War das nicht möglich, mußte die Entscheidung des Präsidenten des Generaldirektoriums, also des Königs, angerufen werden.

So, da stand nun der neue Staatsaufbau, schwarz auf weiß. Auch die wichtigsten Personalentscheidungen waren getroffen: Grumbkow, Kraut, Görne, Kreuz, die Departement-Minister, kannte er seit langem, und außerdem würde er den Herrn von Katsch zum Vizepräsidenten des Generaldirektoriums, zu seinem Stellvertreter, ernennen und ihn mit der Verwaltung der Justizangelegenheiten betreuen. Halt! Sehr bedeutsam war, daß die Beamten in den untergeordneten Provinzialkammern nicht in ihren Heimatgebieten eingesetzt werden durften, um von vornherein Vetternwirtschaft und Klüngelei auszuschließen. Überhaupt – er durfte nicht vergessen, das in die Instruktion zu schreiben – war von entscheidender Bedeutung, daß die Beamten im Generaldirektorium und in den nachgeordneten Provinzialkammern ausnahmslos von bester Qualifikation waren. Bei Neuanstellungen, das bat er sich aus, waren nur die fähigsten Leute zu nehmen, »die weit und breit zu finden sind, und zwar von reformierter oder lutherischer Konfession, die es treu und redlich meinen, die offene Köpfe haben, die Wirtschaft verstehen und selber betreiben, und die von Kommerzien, Manufakturen und dergleichen Sachen gute Information besitzen; mit einem Wort, es müssen solche Leute sein, die zu allem capables (befähigt) sind, wozu sie gebraucht werden«.

Das war das Grundsätzliche. Nun zu den Details, die immer das Wichtigste sind. Das neue Generaldirektorium hält an vier Tagen in der Woche (Montag, Mittwoch, Donnerstag und Freitag) seine Sitzungen ab. Sitzungsbeginn ist im Sommer um sieben, im Winter um acht Uhr morgens. Tagungsort wird ein Saal im Berliner Schloß. Jeder der vier Minister hält an einem der vier Wochentage Vortrag über seine speziellen Departements-Angelegenheiten, so daß jede Provinz und jedes gesamtstaatliche Sachgebiet einmal pro Woche zur Sprache kommen. Bis mittags um vierzehn Uhr sollen alle anfallenden Arbeiten erledigt sein. Sind sie es nicht, muß bis achtzehn Uhr weitergearbeitet werden. Die Schloßküche verabreicht dann den Ministern und Räten um vierzehn Uhr »vier gute Gänge Essen nebst Wein und Bier«. (Der Sohn, Friedrich der Große, hob bei seiner Thronbesteigung diese Bestimmung mit den Worten auf: »Wenn sie fleißig sind, können sie bis Mittag fertig werden! Wenn sie sich aber was erzählen und die Zeitung lesen, so werden sie nie zu Ende kommen.«) Der Soldatenkönig setzte hinzu: Wenn die Herren Minister meinten, in der vorgeschriebenen Zeit ließen sich die notwendigen Arbeiten nicht bewältigen, »dann sollen sie gefälligst die Köpfe anstrengen. Und befehlen Wir ihnen hiermit ernstlich, es ohne Räsonnement möglich zu machen«.

Friedrich Wilhelm runzelte beim Schreiben die Brauen. Was nützte es schon, neue Verwaltungsstrukturen zu schaffen, wenn die Beamten den alten Schlendrian fortsetzten, nicht pünktlich und gleichmäßig ihren Dienst taten? Also fügte er noch an: Wenn ein Minister oder ein Rat eine Stunde zu spät kommt, muß er hundert Dukaten Strafe zahlen. Diejenigen, die eine Sitzung ohne Erlaubnis des Königs versäumen, erhalten sechs Monate lang kein Gehalt, egal, ob Minister oder Räte. Feixend schrieb er: »Denn Wir bezahlen sie dafür, daß sie arbeiten sollen!« Weiter: Die Dienstage und Sonnabende sind nicht zum Faulenzen da, sondern dazu, zu Hause die schriftlichen Dekrete zu verfassen, die sich aus den Kollegiumssitzungen beziehungsweise den Spezialberatungen ergeben haben. Für die Schönschrift der Reskripte und ihre Expedition stehen vier Schreiber und acht Kanzlisten zur Verfügung; ein weiterer Kanzlist wird dem Herrn von Katsch beigeordnet.

Soweit zur Organisation und zur Stellenbesetzung. Jetzt zum Sinn des Ganzen. Ordnung, Sparsamkeit und Gewissenhaftigkeit müssen die Grundgesetze der neuen Staatsverwaltung werden. Friedrich Wilhelm schrieb: »Von allen auf Wind und blauen Dunst hinauslaufenden Prinzipiis muß man gänzlich abstrahieren!« Das hieß, die Beamten sollten ihr Augenmerk ausschließlich auf das Notwendige, nämlich auf das Gesamtwohl des Staates richten, nicht aber auf persönliche Wichtigtuerei oder ressortmäßige Eifersucht. Wenn die hohen Herren das tun, »so werden sie alle Hände voll zu tun haben. Und sie werden nicht nötig haben sich damit zu amüsieren, Prozesse gegeneinander zu führen«. Er hielt einen Augenblick inne, grinste und fuhr fort: »Aber ach, die armen Teufel, die Juristen! Die werden bei der neuen Verfassung so überflüssig werden wie das fünfte Rad am Wagen.«

Das war gut. Das würden sie schon verstehen. Noch einen Schluck Braunbier, dann weiter. Für jedes Verwaltungsressort, so schrieb der König, solle von nun an ein ordnungsgemäßer Jahresetat aufgestellt werden. Das Aufstellen allein aber genüge nicht, es komme auf das Einhalten der Etatvorschriften an. Sämtliche Etats müßten viermal im Jahr, und zwar jeweils dreißig Tage nach Quartalsende, von den Departement-Ministern, dem Vizepräsidenten von Katsch und der Generalrechenkammer überprüft, sodann ihm zur Abzeichnung vorgelegt werden. Verluste dürften nicht vertuscht werden; alles sei übersichtlich und korrekt zu präsentieren. »Wir wollen die Flatterien durchaus nicht haben! Man soll Uns die reine Wahrheit sagen und mit nichts hinterm Berge halten noch Uns mit Unwahrheiten unter die Augen gehen. – Wir sind doch Herr und König, und Wir können thun, was Wir wollen.«

Punktum. Sollten sich die Herren Räte und Minister das hinter die Ohren schreiben und endlich lernen, daß Nebenregierungen in seinem Staat nicht statthaft waren. Jetzt das Wichtigste: Aufgabe des neuen Generaldirektoriums wird es sein, ohne Wenn und Aber eine wohldurchdachte Politik des Merkantilsystems zu betreiben, das heißt, alle wirtschaftlichen Kräfte des Landes zu erfassen und sie zur Stärkung der zentralisierten Staatsmacht zu mobilisieren. In der Praxis bedeutete das: 1. eine staatlich gelenkte Förderung des Außenhandels mit dem Ziel einer aktiven Handelsbilanz; 2. die staatlich geförderte Beschleunigung des Industrialisierungsprozesses (also des Manufakturwesens und des Verlagssystems); 3. die staatlich initiierte Ausweitung von Handel und Verkehr in Preußen.

Friedrich Wilhelm überflog das Geschriebene. Hm. Noch nicht klar genug; die Details fehlen! Also schrieb er weiter: Das Geld, dieser »nervus rerum« aller Nationalökonomie, müsse unbedingt im Lande bleiben, dafür aber möglichst viel fremdes Geld hineingezogen werden. Wenn man Rohprodukte ins Ausland schickt und dann die verarbeiteten Fertigwaren wieder für sündhaft teures Geld importieren muß, dann ist das nicht nur eine Torheit, sondern ein Verbrechen. Wer beispielsweise preußische Rohwolle ausführt, muß schwer bestraft werden. Fertige Tuche ja, aber keine Rohwolle! Die immer wieder vorgebrachte Behauptung, man könne die ganze Wolle im eigenen Land nicht verarbeiten, sei eine leere Ausrede. Die Herren Minister sollten nur möglichst viele ausländische Wollweber ins Land ziehen; er, Friedrich Wilhelm, würde die Umsiedlungskosten bezahlen und den Einwanderern auf seine Kosten Webstühle schenken. Auf die Autarkie, auf die wirtschaftliche Unabhängigkeit des Staates, komme es an. Nur so sei Preußen voranzubringen. Und überhaupt, bei allen neuen Projekten müsse man in Zukunft fragen: a) »Was kostet es?« und b) »Was bringt es ein?« Nur was gehörigen Zinsertrag abwerfe, sei in Angriff zu nehmen. Alles andere sei schädlich und überflüssig: »ergo Wind!«

Nun war alles gesagt, bis aufs letzte Tüpfelchen. Dennoch hielt er es für nötig, noch einmal mit dem Buchenstock zu drohen: »Wir versichern alle getreuen und gehorsamen Diener unserer königlichen Gnade. Diejenigen aber, die nicht in allen Stücken der Instruktion nachleben, sondern es wieder auf den alten Schlendrian kommen lassen, die mögen wissen, daß Wir ihnen nichts schenken, sondern ihren Ungehorsam und ihre Widerspenstigkeit auf gut russisch bestrafen werden.« Er lachte vor sich hin. Das wußten alle, wie Zar Peter mit seinen Mitarbeitern umging; das würde den Herren zu denken geben.

Der König stand auf, reckte und streckte sich. Die große Staats-Instruktion lag fertig geschrieben vor ihm auf dem Schreibtisch. Er rief nach seinem Adjutanten und befahl, für den nächsten Tag die Abreise vorzubereiten. Übermorgen, am Heiligen Abend, wollte er bei seiner Familie in Potsdam sein. Und dahin sollte sich nach den Feiertagen auch der Geheime Sekretär Thulemeier begeben, von Berlin aus. Ihm würde er die Instruktion in die Feder diktieren, so, wie er sie in einem Zuge niedergeschrieben hatte.

Bis zum 21. Januar 1723 wurde der Inhalt der großen Instruktion streng geheimgehalten. Am Morgen des nächsten Tages versammelten sich die Minister und Räte im Berliner Schloß. Der König erschien, und der Minister Ilgen (zuständig für auswärtige Angelegenheiten, der also selbst nicht zum Generaldirektorium gehören würde) mußte die Instruktion den Anwesenden vorlesen. Danach begab sich der König in sein Audienzzimmer, wohin ihm die neubestallten Beamten, die Minister an der Spitze, folgten. Alle mußten ihm dort in die Hand versprechen, »daß sie Sr. Majestät Nutzen und Bestes, vornehmlich die Vermehrung seiner Einkünfte und die Wohlfart seiner Untertanen, soviel nur menschenmöglich fördern und alles, was dem zuwider ist, abwenden und verhüten würden«.

Unverzüglich danach begann das neue Generaldirektorium seine Arbeit in den zugewiesenen Räumen des Berliner Schlosses. (Und dabei blieb es für dreiundsechzig Jahre, bis zum Tode Friedrichs des Großen.) Der Soldatenkönig präsidierte hin und wieder in eigener Person den Sitzungen des Gremiums. Damit jedoch sein Geist und Wille ständig präsent waren, ließ er im großen Versammlungssaal sein Bildnis in Lebensgröße aufhängen, auf dem er mit dem Feldmarschallstab auf eine Statue der Gerechtigkeit mit einer Waage in der Hand deutet, auf deren einer Schale »Kriegskasse« und auf der anderen »Domänenkasse« zu lesen ist.

Die neuen Verwaltungsstrukturen Preußens waren geschaffen; das Generaldirektorium hatte von nun an alles fest im Griff. Der staatliche Zentralismus hatte auf der ganzen Linie gesiegt. Und wenn das kleine, rückständige Preußenland, das 1723 über etwa zwei Millionen Menschen verfügte (so viele also, wie heutzutage in Westberlin leben), in den folgenden zweihundert Jahren einen geradezu märchenhaften Siegeszug antrat, der es unter die bedeutendsten Mächte der Erde führte, so darf man getrost eine der wesentlichen Ursachen dieses Aufstiegs in der Pracht-Instruktion des Soldatenkönigs vom 20. Dezember 1722 sehen. Sie führte sein Agrarland mit einem Schlag unter die modernen Staaten Europas. Ja, man darf weitergehen: Denn die augenblendenden Triumphe des bürgerlichen Kapitalismus, vor allem in England, Holland und in Nordamerika, führten ja nur zu materiellem Reichtum hauchdünner Herrschaftsschichten, beförderten letztendlich nichts als Imperialismus und Kolonialismus, während der »Staatssozialismus« Friedrich Wilhelms I. die unverzichtbare Grundlage dafür schuf, daß die Preußen (und später, die Deutschen) in den nächsten zwei Jahrhunderten den bestorganisierten Sozial- und Wohlfahrtsstaat der Welt entwickelten, wovon Bundesrepublik und DDR heute noch profitieren.

1723 war natürlich von alledem noch keine Rede. In den real existierenden Verhältnissen des alten agrarischen Preußen, noch auf den sperrigen Trümmern jahrhundertealter Verkrustungen, ging es zuerst nur ächzend und mühsam voran. Ein Befehl von oben, in Form einer königlichen Instruktion, machte noch keinen Frühling. Selbst im Behördenapparat gab es noch Friktionen. Die Provinzialkammern, die die Domänen verwalteten und die landwirtschaftlichen Interessen betreuten, verfochten freihändlerische Tendenzen. Die Landwirte wollten schließlich ihr Getreide, ihr Vieh, das Holz aus den Forsten exportieren, um »gutes Geld« in die Kassen zu bekommen. Die Kommissariatsbehörden dagegen, die die Städte und die Garnisonen im Sinn hatten, suchten die Gewerbe und das Manufakturwesen zu befördern, vertraten demgemäß eine streng merkantilistische Schutzpolitik hoher Zoll- und Handelsschranken, wandten sich strikt gegen jede Einfuhr von Getreide und Rohwolle. Ihr ökonomisches Interesse richtete sich auf den Export veredelter Fertigwaren, von Tuchen bis Bajonettklingen oder Schmuckgegenständen, deren Produktion vermehrte Arbeitsplätze und steigenden Umsatz in den Kommunen schuf. Aber das alles führte nun zu gegenseitigem Wettbewerb und nicht mehr zu Chaos und Prozessen. Die preußische Nationalökonomie gehorchte den Weisungen des Generaldirektoriums wie die preußische Armee nach den Befehlen ihres Königs exerzierte.

Der Verwaltungsüberbau, die moderne preußische Staatsstruktur stand also. Doch was war mit der Basis? Wie lebte das *Volk* darunter?

Seit siebenhundert Jahren, seit dem Beginn des 11. Jahrhunderts, galt für das gesamte christliche Abendland die sogenannte »Drei-Stände-Doktrin«. Das heißt, die Gesellschaft war – ganz gleich, wie sich das Land nannte und wie die Regierungsform lautete – überall funktional in drei »Stände« gegliedert (den soziologischen Terminus der »Klasse« kannte man noch nicht). Es gab den Stand der Kleriker, weiter den des Adels, und es gab den »dritten Stand« der Arbeitenden, worunter Bürger, Bauern, Tagelöhner, Leibeigene etc. zu verstehen waren. Die allgemeine Ständedevise lautete: »Tu ora, tu protege tuque labora« – »Du bete, du schütze und du arbeite«. Fundamentiert und abgesegnet durch die Dogmen der christlichen Kirche, hatte diese Dreiteilung, die die Menschen in eine Kastengesellschaft gliederte, wie sie heute noch in Indien existiert, über viele Jahrhunderte hinweg gegolten. Die Religionsspaltungen und Glaubenskriege des 16. und 17. Jahrhunderts hatten lediglich den Stand der Kleriker auf die zweite Stufe gedrückt, während der Adel, angetrieben und befördert durch die allgemeine Verweltlichung, unbestritten und konkurrenzlos zum ersten Stand der Gesellschaftspyramide aufgestiegen war. Die Versuche des Bürgertums in den Städten, sich aus dem niedrigsten »dritten Stand« und aus der kompromittierenden Gemeinsamkeit mit den Bauern zu befreien, waren nur dort zum Erfolg gediehen, wo Kapital- und Kolonialakkumulationen gelungen waren: in England, Holland und in Paris. Ansonsten galten Bürger und Bauern als deklassiertes Fußvolk der Gesellschaftsprozession. Insgesamt war die Drei-Stände-Doktrin auch zu Beginn des 18. Jahrhunderts noch voll intakt.

In Brandenburg-Preußen hatte sich nur insofern eine Sonderentwicklung vollzogen, als der Stand der Kleriker nach dem Sieg der Reformation auch nicht annähernd seine frühere Gesellschaftsfunktion zu behaupten wußte. Die Prediger des reformierten und lutherischen Bekenntnisses waren im Grunde zu kirchlichen Beamten der Krone, des Königtums, denaturiert worden. Sie herrschten noch über die Gewissen und die Seelen der Untertanen in der Kirche und – soweit es das schon gab – in der Schule, waren aber bei weitem nicht mehr imstande, als eigenständige gesellschaftspolitische Kraft zu operieren.

Der preußische *Adel* stellte faktisch wie juristisch die herrschende Menschenklasse im Staat dar, verteidigte seine überkommenen gesellschaftlichen Prärogativen mit Zähnen und Klauen. Wir wissen schon, daß der Soldatenkönig mit seiner »Allodifikation« der junkerlichen Lehensgüter tief in die tradierte Privilegienwelt des Adels, vor allem in seine Steuerfreiheit eingriff. Das geschah durch sein Edikt vom 5. Januar 1717. Wir wissen auch, daß er das Mittel der Aufsplitterung anwandte, um den adligen Widerstand zu brechen, denn er hütete sich wohlweislich, die Provinzial-Landstände einzuberufen. Er war gezwungen, einen listigen Umweg zu beschreiten und die Sache in den einzelnen Kreisen oder Ämtern zu verhandeln. Dennoch rebellierten die Junker und überschütteten den König mit protestierenden Eingaben. Friedrich Wilhelm ließ sich nicht beeindrucken. Am 17. April 1717 setzte er per Resolution eine permanente Steuer von vierzig Talern jährlich auf jedes Ritterpferd fest; und da kam schon – auf das ganze Königreich gesehen – ein beträchtliches »Plus« für die Staatskasse zustande.

In den meisten Provinzen resignierten die Herren Junker, aber in Ostpreußen und im Magdeburgischen gab es offenen Widerstand. Die Magdeburger Ritterschaft verweigerte starrköpfig die neue Abgabe, rief sogar das Urteil des Reichshofrates in Wien an, der denn auch zugunsten der adligen Steuerfreiheit entschied. Als Friedrich Wilhelm diesen Spruch ignorierte, wurden einige Reichskreise mobilisiert, um den ungehorsamen »Kurfürsten von Brandenburg« per Reichsexekution zur Vernunft zu bringen. Der Soldatenkönig war außer sich. An Graf Seckendorff schrieb er:

Man will die schwäbischen, fränkischen und niederrheinischen Kreise, also beinahe das ganze Reich, gegen mich in Waffen rufen. Und das um bloßer vierzig Thaler pro Ritterpferd willen! Hierdurch werde ich bei meinen Unterthanen geradezu prostituiert und außer allen Respect gesetzt. Ich bitte den Herrn Grafen selbst zu urtheilen, ob man es härter mit mir hätte machen können, wenn ich ein Complott gemacht hätte, um das ganze Reich über den Haufen zu werfen?

Beirren ließ er sich durch die junkerliche Meuterei jedoch nicht, und die Magdeburger Herren mußten schließlich klein beigeben.

Die ostpreußischen Dickschädel aber dachten nicht so schnell an Kapitulation. Fünfzehn Jahre lang, bis 1732, hielt das Gemaule und Genörgele der dortigen Aristokratie an. Doch wo der Soldatenkönig auf offenen Widerstand traf, verschärfte er die Gangart. So ordnete er für den Adelsbesitz in Ostpreußen im Jahre 1730 eine feste Grundsteuer an. Da hatten nun die blaublütigen Frondeure ihre Antwort. Landmarschall Graf zu Dohna reagierte mit einem Protestschreiben, in dem es hieß, »daß durch diese landesverderbliche, höchst bedenkliche und unnützerweise kostspielige Einrichtung der Ruin des Landes herbeigeführt« würde. Das war eine offene Provokation! Dohna hatte sich der französischen Phrase »tout le pays sera ruiné...« bedient. Nun bekam er vom König eine Antwort, die dem hochmütigen Adel wie eine schallende Ohrfeige ins Gesicht schlug. Zornig und zugleich ironisch schrieb Friedrich Wilhelm zurück: »Tout le pays sera ruiné? Nihil kredo (Ich glaube nicht); aber das kredo (aber das glaube ich), daß die Junkers ihre Autorität wird ruiniert werden! Ich stabiliere meine Souveränité wie einen rocher von bronce.«

Nichts, was der Soldatenkönig gesagt oder geschrieben hat, ist so berühmt geworden wie dieser Satz. Es war die schärfste Kampfansage, die jemals irgendwann, irgendwie und irgendwo der Ritterschaft ins Gesicht geschleudert wurde. Und die Junker haben es nie vergessen; gerade, weil sie sich unterwerfen mußten. Noch hundertzwanzig Jahre später zürnte der Junker Otto von Bismarck dem Soldatenkönig, der den Adel »kujoniert« habe.

Andererseits aber war das das Äußerste, was Friedrich Wilhelm dem ersten Stand seines Staates an Herausforderung zumuten konnte. Die Brechung des Privilegs der Steuerfreiheit und der Zwang zum Offiziersdienst in der Armee – damit mußte er sich begnügen, wollte er nicht den Bogen überspannen und durch Todfeindschaft mit der Aristokratie den gesamten Staatsaufbau sprengen. Wir haben ja bereits erfahren, daß er ein Trostpflaster auf die Wunden klebte, indem er die gesellschaftliche Bevorteilung des Adligen in der neuen Funktion des Offiziers nach Kräften förderte. Den sozialen Druck und die brutalen Ausbeutermethoden des Adels gegenüber dem armen Landvolk mißbilligte er schärfstens; aber er war machtlos dagegen. Hier blieb dem König nur wenig Spielraum.

Die *Bauern* waren die ärmste und niedrigste Menschenklasse in der damaligen europäischen Gesellschaft. Ja, eigentlich wurden sie kaum als Menschen angesehen. Man behandelte sie wie rechtlose Negersklaven. In Deutschland war es nicht anders als in Frankreich, England, Spanien oder Polen; allenfalls in den Königreichen Schweden und Dänemark und in der Republik der Niederlande führte der Bauernstand ein halbwegs menschenwürdiges Dasein. Die Verhältnisse im Reich hatten sich seit dem Ende des Großen Deutschen Bauernkrieges von 1525/26 etwas differenziert. In Süddeutschland, von Schwaben bis Tirol, war infolge der revolutionären Bauernerhebung – ungeachtet des blutigen Scheiterns – eine leichte Besserung in den sozialen Abhängigkeiten und in den Gerechtsamen eingetreten. In Ostdeutschland dagegen, vor allem in Mecklenburg, Pommern und Ostpreußen, hatte sich das Los der Bauern in den letzten zweihundert Jahren noch drastisch verschlechtert. Die Junker bläuten es ihnen ein, diesen verfluchten und verachteten Bauern; sie sollten nie wieder »rappelköpfisch« oder gar aufrührerisch werden.

Man kann sich heute gar nicht mehr vorstellen, was die Bauern damals erdulden mußten. Von frühmorgens bis spätabends schufteten sie auf den Feldern der Gutsherren, sechs Tage in der Woche (mit Ausnahme des Sonntags). Aufseher schwangen die Peitsche über ihnen, trieben sie unablässig mit Flüchen und Prügeln an, gleich, ob es sich um Männer, Frauen oder Kinder handelte. Die Anzahl der Frondienste und der Druck der Steuerschraube waren niederschmetternd. Für Getreide, Schweine, Hühner, Eier, Honig, Flachs, selbstgewebte Leinwand: für alles mußten sie Abgaben entrichten. (Pferde und Kühe besaßen fast nur die Gutsbesitzer.) Die ganze Woche arbeiteten sie für ihren Herrn, bestellten seine Äcker, fingen ihm die Fische, gingen für ihn auf die Jagd, schlugen sein Holz, striegelten seine Pferde, fütterten und melkten seine Kühe, putzten ihm die Stiefel, erledigten die Botengänge etc. Wer aufmuckte, der flog ins Gefängnis oder in die Folterkammer; wer eine Stunde zu spät zum Frondienst kam, den schraubte man in den Stock oder gab ihm die Peitsche zu schmecken.

So hatten diese beklagenswerten Menschen kaum Zeit, die paar Quadratmeter privaten Bodens zu bebauen oder das eigene Federvieh zu füttern. Mit Ausnahme des Sonntags wurden sie pausenlos in Atem gehalten. Die Leibeigenen, die auf den adligen Gütern in kümmerlichen Hütten hausten, hatten nicht mehr als Wasser, trocken Brot und Grütze, mal einen Hering, um den Hunger zu stillen. Typisch für die damalige Zeit war die Unterernährung der Landbevölkerung. Schmalbrüstige, »schiefe«, skrofulöse Figuren bevölkerten die ärmlichen Dorfstraßen; kleine, krumme, verarbeitete Elendsgestalten. So kann man sich erklären, warum der Soldatenkönig sich den Spleen der »langen Kerls« in den Kopf gesetzt hatte: Ein neues, großes, guternährtes Menschengeschlecht sollte entstehen, in nichts mehr ähnlich diesen armseligen Landbewohnern.

Alle anderen Stände verachteten den Bauern, machten sich unverhohlen über ihn lustig. »Dummer Bauer« hieß eine stehende ,Redewendung, drückte den äußersten Grad von Geringschätzung aus. An den Höfen von Hannover und Dresden war es gang und gäbe, zu den Hoffestlichkeiten Bauernpaare »einzuladen«, die sich vor der Tafel der hohen Herrschaften prügeln mußten, die mit Wasser übergossen wurden, auf den Hof oder in den Misthaufen getrieben wurden, während sich die »feine« Hofgesellschaft vor Lachen bog. Jedermann hielt diese diskriminierende Behandlung für ganz normal, von alters her überkommen; keine Regierung in ganz Europa empfand eine soziale Verpflichtung, der geschundenen Bauernschaft Hilfe zu leisten. Selbst die Bürger der Städte rümpften die Nase, wenn sie den rohen, schmutzigen, analphabetischen Bauern begegneten, mit denen man sich nicht einmal unterhalten konnte, die einen nur blöde – den Hut verlegen in der Hand – anstarrten, dümmlich grinsten und unverständliches Zeug lallten. Fürsten, Adlige, Kleriker und Bürgerliche sahen im Bauernstand die niedrigste Gesellschafts- und Menschenklasse.

Das Herzzerreißende dabei war, daß die Bauern sich selbst so sahen. Seit Jahrhunderten grausam unterdrückt, völlig unwissend und ungebildet, hielten sie ihren erbarmungswürdigen Zustand für unabänderlich und gottgegeben. Und die Prediger auf den Kanzeln bestärkten sie mit frommen Sprüchen in ihrer Passivität und Ergebenheit, richteten ihre verzweifelten Hoffnungen und Sehnsüchte auf das Jenseits. So ein armer, geprügelter Mensch war überglücklich, wenn der gnädige Herr überhaupt mal ein nicht unfreundliches Wort an ihn richtete, staunte mit offenem Mund, wenn sich ein städtischer Bürger, der doch selbst für die Herrschenden ein Niemand war, herabließ, ihm die Hand zu geben. Die Bauern hielten sich selbst für dumm, da sie nicht lesen und schreiben konnten, scheuten vor jeder Berührung mit anderen Ständen zurück, feierten ihre kümmerlichen Dorffeste für sich, auf denen sie sich sinnlos betranken und in einem fort Inzucht trieben. Trotz war ihnen unbekannt. Tücke war ihre einzige Überlebenswaffe. Die Sagen, Märchen, Sprichwörter aus jener Zeit handeln nicht umsonst immer wieder von der Hinterlist, Verstocktheit und dumpfen Verschlagenheit des Bauernvolkes.

Friedrich Wilhelm I. fand diese Zustände vor, und er wäre nie auf die Idee gekommen, die sakrosankte Ständegliederung umzustürzen. Das wäre ihm auch schlecht bekommen, hätte ihn vermutlich Leben und Staat gekostet. Es mußten noch hundert Jahre ins Land gehen, bis es zur Bauernbefreiung kam. Vor allem: Es gab ja kein Menschenpotential für drastische Veränderungen; die »Basis« war nicht vorhanden, denn – wie wir gesehen haben – die Bauernklasse bestand mitnichten aus selbstbewußten Individuen, die für Reformen zu motivieren und zu mobilisieren gewesen wären. Der größte Aufklärungsphilosoph des 18. Jahrhunderts, Voltaire, nannte die bäuerliche Bevölkerung eine »schwachsinnige Masse«.

Der Soldatenkönig, den man als einzigen Fürsten jener Zeit als »volksfreundlich« bezeichnen darf, war mit der skandalösen Behandlung des Bauerntums, wie sie sich der Adel herausnahm, keineswegs einverstanden, was wenig mit Humanität, aber viel mit Ökonomie zu tun hatte. Sein gesunder Menschenverstand, sein »Quentchen Mutterwitz« sagte ihm, daß ordentliches oder gar fröhliches Arbeiten mehr Plus bringen mußte als schlechtes, unwilliges Schuften. Doch was konnte er praktisch tun, wenn er nicht dem Adel offenen Krieg erklären, wenn er nicht die Gesellschaftspyramide ins Wanken bringen wollte? Veränderungen auf dem platten Lande konnte er nur indirekt bewirken, und dafür boten sich drei Wege an: der über die Militärreform – und den hat er mit durchschlagendem Erfolg beschritten, denn die Enrollierung und das Kantonreglement waren die grundlegenden Voraussetzungen für die spätere Bauernbefreiung; sodann der über die Schulpflicht für das Landvolk – davon werden wir später noch Interessantes vernehmen; schließlich und nicht zuletzt der über eine Domänenreform.

Domänen waren königliche Besitzungen, die entweder aus gutsähnlichen Vorwerken oder sogenannten Amtsdörfern bestanden. Hier hatte kein Junker etwas zu sagen, hier bestimmte allein der Besitzer, der König. Es handelte sich um Kronland. Neben den adligen Gutsbesitzern und den freien Bauern (vor allem im Westen des preußischen Staatsgebietes) gab es also im Monarchen einen dritten Grundeigentümer.

Daß Friedrich Wilhelm I. mit einer seiner Amtshandlungen die Unveräußerlichkeit der Domänenbesitzungen dekretiert hatte, erwies sich schon bald als sozialpolitischer Akt von weittragender Bedeutung. In den Nachbarstaaten, vor allem in Polen und im Baltikum, gelang es den einheimischen Adelscliquen, fast das gesamte Kronland an sich zu reißen, was katastrophale Auswirkungen auf die soziale Lage der dortigen Bauernschaft zeitigte. Friedrich Wilhelm verhinderte das in Preußen und ging zugleich zur Gegenoffensive über. Nicht nur, daß er jeden Verkauf von Domänengrundstücken verbot, er schritt selbst konsequent zum Aufkauf von Junkerland. (Bauernland wurde von ihm nie angetastet.) Bereits 1717 und 1718 erwarb er für 600000 Taler überschuldeten adligen Grundbesitz. Er legte sich dadurch scharf mit den Junkern an, kannte aber in dieser Beziehung keinen Kompromiß. Er zahlte bar, und in Geldgeschäfte ließ er sich grundsätzlich nicht dreinreden. 1740, am Ende seiner Regierungszeit, waren fast fünfunddreißig Prozent der landwirtschaftlichen Flächen des Königreiches Preußen königlicher Domänenbesitz.

Und das war ein Segen. Ein Segen für die Bauern und Tagelöhner. Denn auf den Domänen gab es keine junkerliche Willkür. Der Grundeigentümer, der König, betrachtete sich ja persönlich als Hauswirt und Hofbesitzer, und so kümmerte er sich auch hier um jedes Detail, griff immer wieder in die Bewirtschaftung ein, sah den Verwaltern mißtrauisch auf die Finger. 1716 hob er überall die Erbpacht auf und führte statt dessen die Zeitpacht auf sechs Jahre ein, so daß unfähige, faule, korrupte oder brutale Verwalter gekündigt und durch bessere Kandidaten ersetzt werden konnten. Am 4. April 1718 erließ dieser Prügel-König das sogenannte »Prügel-Mandat«, das allen Gutsbesitzern und Verwaltern in Preußen streng untersagte, die Bauern mit Schlägen zu traktieren (nur für »das faule Landvolk« Ostpreußens sollte die Verordnung auf Friedrich Wilhelms Einschränkung hin nicht gelten). Die Junker kümmerte das wenig. Aber auf den Domänen mußten die Verwalter Stock und Peitsche wegschließen.

Natürlich wollte Friedrich Wilhelm auch auf seinen Domänen ordentlich »Plus« machen. Er tat alles, um Schwung in die Landwirtschaft zu bringen, um die Erträge zu verbessern. Im Minister von Görne fand er ab 1720 einen tatkräftigen Mitarbeiter voller Unternehmungsgeist und Sachverstand. Die Domänengrundstücke wurden sorgfältig vermessen und, je nach Beschaffenheit des Bodens, in Güteklassen eingeteilt. Die Häuser auf den Domänen wurden instand gesetzt, großenteils neue Stallungen errichtet, die Viehhaltung wurde ausgebaut, die Düngung der Felder verbessert. Für Neuerungen, wenn sie »Plus« und »Zinsen« versprachen, stand praktisch jede Summe aus des Königs Schatulle zur Verfügung. Es war ein äußerst erfolgreiches Wirtschaftsunternehmen, das Friedrich Wilhelm in den fünfundzwanzig Jahren von 1715 bis 1740 auf seinen Domänenbesitzungen praktizierte. Es genügt, sich vor Augen zu halten, daß die Domäneneinkünfte in dieser Zeit auf mehr als das Doppelte stiegen, von knapp 2 auf 4,5 Millionen Taler, was den Löwenanteil am Staatshaushalt ausmachte.

Grundfalsch wäre es jedoch, nur auf den ökonomischen Nutzen und Profit zu sehen, den der Soldatenkönig auf den Domänen erwirtschaftete. Hier ging es auch und ganz konkret um Sozialpolitik! Konnte er die Junker auch nicht zur Vernunft zwingen, so erreichte er über die Domänenwirtschaft doch, daß etwa die Hälfte aller nichtselbständigen Bauern in Preußen am Ende seiner Regierungszeit »freie« Rücken hatten, auf denen nicht mehr die Peitsche tanzte. Es ist eine merkwürdige Ironie der Geschichte, daß der königliche Prügelfetischist zum Prügel-Befreier der Bauern wurde. Ein Amtmann beziehungsweise Verwalter, der in den Ruf eines »Bauernschinders« kam, hatte keine Aussicht, daß ihm der König die Pacht verlängerte. Wo immer es möglich war, wandelte Friedrich Wilhelm die unwürdige Form der Leibeigenschaft, die in Ostpreußen und Pommern üblich war, in das halbfreie »Erbuntertänigkeitsverhältnis« um, das man in der Kurmark kannte. Das geschah durch Patent vom 10. Juli 1719 und betraf nicht nur die Domänenbauern im Gesamtstaat, sondern auch die Leibeigenen der Provinz Ostpreußen. Von diesem Tage an war das Königreich Preußen, abgesehen von der rückständigen Provinz Hinterpommern, frei von Leibeigenschaft. Auf den Domänen gelang allmählich die Halbierung der Frondienste von sechs auf drei Tage pro Woche. Ja, der König setzte es durch, daß man mit der Ablösung der persönlichen Fronarbeiten durch niedrig festgesetzte Geldabgaben begann. Kurz: Es war der Soldatenkönig, der mit seiner zielgerichteten Sozialpolitik unter der Devise »Konservation des Bauernstandes« tief in die mittelalterlichen Gesellschaftsstrukturen schnitt und der gegen den Klassenegoismus des Adels einen ersten Schutzdamm zugunsten der Bauernschaft errichtete.

Die *Bürger* in den Städten zählten, nicht anders als die Bauern, zum »dritten«, also zum untersten Stand der Gesellschaft. Doch dieses Bild trog. In Wahrheit war die Bürgerschaft seit undenklichen Zeiten selbst in zwei Klassen geschieden: in die der Besitzenden und die der Besitzlosen. Wie überall im Deutschen Reich, aber auch nicht anders als in England oder Holland, wurden die Städte in Preußen oligarchisch regiert (Oligarchie: Herrschaft der Wenigen). In jeder Stadt existierte eine wohlhabende Clique von sogenannten »Patriziern« (auch »Stadtehrbarkeit« genannt), die seit Jahrhunderten, im ewigen Kreislauf und in permanenter Inzucht, die Macht und den Reichtum der Gemeinde unter sich aufteilte. Die Masse der Bürgerschaft hatte nichts zu sagen; sie hatte zu kuschen. Die Patrizier betrachteten ihr Stadtregiment nicht als soziale Verpflichtung, sondern als Pfründe persönlicher Bereicherung. Man blieb exklusiv unter sich, schanzte sich gegenseitig die besten Häuser, Grundstücke oder städtischen Forsten zu, feierte Feste, die ungeniert aus dem Stadtsäckel finanziert wurden, und duckte die übrigen Bürger, insbesondere das kleinstädtische Proletariat, mit harter Faust. Nicht anders als der Landadel gerierte sich das städtische Patriziat als rücksichtslos herrschende, schmarotzende Klasse.

Auf die führenden Patriziercliquen aber brauchte der Soldatenkönig, anders als auf die Junkerschaft, keinerlei Rücksicht zu nehmen. Die städtischen Bürger, soweit sie Besitz hatten, waren vom Militärdienst befreit, kamen also für die Offizierskader der Armee ohnehin nicht in Betracht. Hier konnte aufgeräumt werden. Die hanebüchene Mißwirtschaft der alten »Stadtehrbarkeiten« offenbarte sich allein darin, daß fast sämtliche preußischen Städte bei Thronbesteigung Friedrich Wilhelms I. hoffnungslos überschuldet waren. Der König setzte unverzüglich staatliche Untersuchungskommissionen für die einzelnen Provinzen ein, die in kurzer Zeit das Schuldenwesen der Städte aufnehmen und regulieren sollten. Zumeist waren das gemischte Beamten- und Offizierskommissionen, die nicht viel fackelten. Nicht lange, und es gab im Königreich Preußen keine verschuldete Kommune mehr. Aber zugleich verloren die Städte ihre kommunale Selbständigkeit, wurden zu Bestandteilen der staatlichen Zentralverwaltung. An die Stelle der alten großen Patrizierräte traten kleine Magistratskollegien, die sich aus festbesoldeten Beamten zusammensetzten und vom König ernannt wurden.

So wurden auch die Städte Zug um Zug der staatlichen Zentralisierung und den Anweisungen des Berliner Generaldirektoriums unterworfen. Während auf dem Lande jedem Kreis ein *Landrat* vorstand, der noch von den Ständen gewählt wurde, allerdings mehr und mehr zu einem Exekutivorgan des Gesamtstaates evolutionierte, unterstanden die Städte der Kontrolle eines *Steuerrates*, der ausschließlich ein Beamter der Krone war. Über sechs bis zwölf (kleinere) Städte führte ein solcher Steuerrat die Aufsicht, der oft ein ehemaliger Regimentsquartiermeister oder Auditeur, also ein abkommandierter Offizier der Armee war. Für die Schreibangelegenheiten und das Rechnungswesen stand ihm ein gelernter Kreiskalkulator zur Seite; außerdem begleitete ihn ein berittener Polizeiinspektor. So reisten sie zu dritt durch ihren Bezirk, denn der König hatte befohlen, daß jede Stadt mindestens zweimal im Jahr inspiziert werden mußte. Erschien das Terzett vor dem Stadttor, begann bei den Magistratskollegien das große Zittern, während sich die armen Bürger mit ihren Gesuchen und Bittschriften vor der Karosse des Steuerrats drängten.

Von kommunaler Selbstverwaltung war bald keine Rede mehr (und es sollte fast noch ein Jahrhundert vergehen, bis die Städtereform des Freiherrn vom Stein hierin Wandel schuf). Von stolzem, freiem Bürgersinn existierte keine Spur. Alles regelte der allmächtige, zentralisierte Staat. Die Stadtbewohner schauten kaum über ihre Kirchturmspitze hinaus, verkapselten sich in kleinkariertem Spießbürgertum. Aber war es vorher besser gewesen? Hatten nicht die Patriziercliquen im Laufe der Generationen die städtischen Gemeinwesen geistig und materiell verkommen lassen? Jetzt aber ging es wirtschaftlich aufwärts, die Städte dehnten sich aus, ihre Bevölkerung vermehrte sich beträchtlich, ihre Industrialisierung machte Fortschritte, ihr Steueraufkommen verdoppelte sich. Vor allem aber: Die himmelschreienden Ungerechtigkeiten in den gesellschaftlichen Beziehungen der Bürger untereinander wurden gemildert, wurden autoritär von oben eingeebnet. Zum ersten Mal seit Jahrhunderten gab es eine Instanz, nämlich die des Staates, die sich der Sorgen und Bedürfnisse der kleinen Leute annahm. Wir besitzen die Listen des Steuerrats Reinhardt, der auf seinen Visitationen und Inspektionen – im Auftrag des Königs – regelrechte Fragebögen aufstellte, Sozialstatistiken im modernen Sinne des Wortes. Nach allem wurde darin gefragt: Kopfzahl, Alter, Gesundheitsstand und Konfession einer Familie – Anzahl und Ausbildungschancen der Kinder – Zustand des Hausgeräts, der Kleidung und des Mobiliars – Einkommensverhältnisse, Verpflichtungen und Schuldenlast – räumliche und gewerbliche Möglichkeiten zur Aufstellung von Webstühlen auf Kosten des Staates – säuft der Mann und prügelt er Weib oder Bälger? – hurt die Frau mit anderen Kerlen herum? – ist es faules Pack, oder sind es fleißige Leute? – Intelligenzeindruck der Kinder – Chancen des sozialen Aufstiegs bei Gewährung zinsfreier staatlicher Darlehen etc. etc.

Dieser König wollte *alles* wissen, um *detailliert*, also konkret eingreifen, verbessern und helfen zu können. Es gibt in der gesamten Sozial- und Gesellschaftspolitik der Geschichte kein vergleichbares Beispiel an ökonomischer und pädagogischer Doppelstrategie in einem.

Friedrich Wilhelm I. war ein Kind seiner Zeit. Die Gesellschaftspyramide umzustürzen, die in tausend Jahren gewachsen war, wäre ihm nicht einmal im Traum eingefallen. So, wie es war, war es offensichtlich gottgewollt: der Adel sollte die Beamten und Offiziere stellen, der Bürger Handel und Gewerbe treiben, der Bauer Land und Vieh versorgen. An dieser gesellschaftspolitischen Grundordnung hielt er fest.

Das war die eine Seite. Andererseits – und das war das Neue, das durchaus Revolutionäre an ihm – behandelte er die krassen Standesunterschiede der Zeit als Etatist und Zentralist, und das hieß: von oben herab, mit Ironie und Verachtung. »Ich halte es für eine Lumperei, wenn sich einer ›Baron‹ nennt«, knurrte er seine Adligen an. Er machte kein Hehl daraus, daß die Junker in seinen Augen nur dann ihre Privilegien zu Recht verdienten, wenn sie ihr Standes- in ein Staatsbewußtsein umfunktionierten, wenn sie sich bereit fanden, als Kaderelite dem Staat Preußen zu dienen. Die ganze Titelsucht, das gespreizte Getue der Vornehmen ging ihm lebenslang auf die Nerven. Er beutete den gesellschaftlichen Hochmut der höheren Stände grinsend für seine »Rekrutenkasse« aus, doch im Grunde verhöhnte er ja den Adel, wenn er seine Hofnarren, die er mit Fußtritten bedachte, öffentlich mit Baronats- und Freiherrntiteln schmückte. Als ein Baron aus dem Cleveschen sich bei ihm darüber beschwerte, daß der Regierungsrat Pabst, der erst von ganz jungem Adel war, einen Platz über ihm in der

Kirche beanspruchte, schrieb ihm Friedrich Wilhelm: »Dieses ist Torheit! *In Berlin ist kein Rang*, und in Cleve muß keiner sein. Wenn dieser Herr von Pabst in der Kirche über mir sitzt, so bleibe ich doch, was ich bin.« Besser konnte man auf solche Albernheiten und Narrenspossen nicht antworten. Arbeiten sollten diese verdammten Kerle, ihre Pflicht tun auf dem Platz, an dem sie standen. Es gab in Preußen »keinen Rang« als den des Königs – und der, der war auch nur der Amtmann Gottes.

Die Junker, denen er damit drohte, ihre Autorität »zu ruinieren«, wenn sie nicht gehorchten, sollten schön stille sein. Für sie und ihre Söhne war das gesamte Offizierskorps der Armee reserviert, und niemals hat Friedrich Wilhelm einem Bürgerlichen ein Offizierspatent erteilt. Seine Minister und führenden Beamten dagegen waren meist bürgerlicher Herkunft. Berühmt wurden Ilgen, Kreuz und Kraut, auf deren Akkuratesse, Verschwiegenheit, Hingabe und Fachwissen sich Friedrich Wilhelm jederzeit verließ. Er selbst sprach ohnehin am liebsten mit Bürgern, Bauern und Soldaten, mit den »einfachen Leuten« eben. Es gab Zeiten, in denen er allabendlich Potsdamer oder Berliner Bürger zu sich aufs Schloß lud, um mit ihnen eine Pfeife Tabak zu rauchen und einen Humpen Bier auszutrinken. Dabei ging es ganz »holländisch« zu: reinlich, offen, derb, gemütlich. Nicht über blauen Dunst wurde geredet, über modische Allfanzereien, die man sich in Paris ausgedacht hatte, sondern über praktische Fragen der Landwirtschaft, über Stadtangelegenheiten, über das »Plusmachen«, über Ehe- und Familiensachen. So hatte er's gern, und so sollte es sein. Ein jeder Stand in seiner Ordnung, und alle zusammen an einem Strang: für Preußen, für den Staat.

Die kastenmäßig gegliederte Gesellschaft des 18. Jahrhunderts wurde dadurch nicht zerbrochen. Und doch betrieb der Soldatenkönig – gewollt oder ungewollt – schon das Geschäft der Gleichheit, wenn er alle Stände mit drohend erhobenem Stock zur rastlosen Arbeit und immerwährenden Pflichterfüllung antrieb. Äußerlich trugen sie alle noch verschiedene Kleider, die einen prächtig, die anderen zerlumpt, betrachteten sich die Gesellschaftsklassen gegenseitig noch ohne jede Spur von Gesamtsolidarität. In der Arbeit für den König von Preußen, für den Staat, waren sie alle schon gleich.

In der Geschichtswissenschaft spricht man bei Betrachtung dieser Epoche vom Absolutismus, sprich: Selbstherrschaft. Und Friedrich Wilhelm I. trieb die Autokratie wirklich auf die höchste Spitze. Preußen sah damals so aus: Die Regierung, das Generaldirektorium, saß in Berlin und arbeitete, daß die Fetzen flogen. Alles, selbst die letzte Kleinigkeit, wurde dem König gemeldet, der sich zumeist in Potsdam und Wusterhausen aufhielt. Dort entschied er ganz allein, quasi diktatorisch, und ließ seine Sekretäre die Kabinettsordres ausfertigen, die dann durch alle Lande flogen und wie Donnerwetter des lieben Gottes wirkten. Der König gab für jeden das Vorbild an Eifer und Arbeitstempo. Und an der Basis war alles in ständiger Bewegung: die Minister schwitzten, die Offiziere drillten, die Soldaten präsentierten, die Bürger produzierten und die Bauern schufteten in Feld und Stall. Der ganze Staat exerzierte wie ein Bataillon auf dem Paradeplatz.

Dieses Preußen Friedrich Wilhelms, es war staatliches Patriarchat in Reinkultur. Befehl und Gehorsam, Zucht und Ordnung, Fleiß und Produktivität; so bewegte sich die Maschine vorwärts. Aber eben *vorwärts*. Der preußische Staat der Ökonomie und der Wohlfahrt, diese volksfreundliche Arbeitsmonarchie Friedrich Wilhelms I., marschierte in den Bahnen des historischen Fortschritts: geplant, exakt, rauh und unnachgiebig, unaufhaltsam aus den verrotteten Zuständen des Mittelalters in Richtung der bürgerlich-industriellen Zukunft. Keine Aufklärungsreformen Friedrichs des Großen, keine Stein-Hardenbergschen Sozialreformen, kein Wirtschaftswunder im Kaiserreich ohne dieses einzigartige Avantgarde-Unternehmen vom Anfang des 18. Jahrhunderts.

Es war alles das Werk *eines* Mannes, des Soldatenkönigs, den der kluge, fortschrittliche Reform-Oberpräsident Schön hundert Jahre später »Preußens größten inneren König« genannt hat.

Das Maskenspiel

»Den älteren Herrschern und Mächten gegenüber bin ich doch nur ein junger Anfänger«, sagte Friedrich Wilhelm, kaum daß er König geworden war, zu Ilgen, seinem außenpolitischen Berater, »von der Diplomatie verstehe ich nichts.« Ilgen hätte sofort protestieren müssen. Schließlich hatte er bereits als Geheimer Rat unter dem Großen Kurfürsten gearbeitet, wußte also besser als jeder andere, daß Schüchternheit oder Zaghaftigkeit in der Außenpolitik vom Argen war. Der ältere Herr schwieg jedoch vorsichtig, war vielleicht nur zu froh, daß der junge König ihm nicht ins Handwerk pfuschen wollte. Friedrich Wilhelm nahm sein Schweigen als Zustimmung.

Kurze Zeit später kam Zar Peter durch Berlin und bemühte sich um ein Bündnis mit Preußen. Es sollte ihm in seinem permanenten Kampf mit Schweden um die Vorherrschaft im Ostseeraum zur Seite stehen. Friedrich Wilhelm wich aus: ein Jahr brauche er mindestens, um die Finanzen des Staates in Ordnung zu bringen, danach werde er sich dann entscheiden. Es war die pure Verlegenheit. Der Preußenkönig wußte nicht, wie er sich betten sollte. Er sympathisierte mit Peter I., seinem Freund und Beherrscher des allmächtigen Rußland, aber auch mit Karl XII., dem König von Schweden, jenem jungen Genie, das Europa mit seinen kriegerischen Taten in Erstaunen setzte. Doch ausschlaggebend war die innere Unsicherheit Friedrich Wilhelms auf dem Felde der Diplomatie und der Außenpolitik. Von Finanzen und Soldaten, von Landwirtschaft und Manufakturwesen verstand er etwas. Das Intrigenspiel, das man euphemistisch als »Konzert der Mächte« bezeichnete, war ihm immer ein Buch mit sieben Siegeln und ein Gegenstand des Abscheus geblieben. Trugen sie nicht alle eine Maske vorm Gesicht, diese Diplomaten und Gesandten der Höfe, diese Heuchler und Betrüger, die ewig nur lächelten und aus deren Mund nichts als

Täuschungen und Lügen kamen? O nein, das war nicht seine Welt. Friedrich Wilhelm beschloß, vorerst eine beobachtende, eine abwartende Position in der internationalen Politik einzunehmen.

Freilich blieb ihm auch kaum etwas anderes übrig. Europas Großmächte – England, Frankreich und das Haus Habsburg – hatten sich seit fünfundzwanzig Jahren, seit dem Tode des Großen Kurfürsten, nur allzusehr daran gewöhnt, auf Berlin wenig Rücksicht zu nehmen. Preußen sah man lediglich als Auxiliarmacht an, als einen mittleren Staat also, der in einem Konfliktfall Unterstützungstruppen für die eine oder andere Seite stellen konnte, ohne eigene machtpolitische Interessen ins Spiel zu bringen. Im Grunde war Preußens Stellung in der Welt kaum mehr als die einer Satellitenposition. Und das sollte sich sogleich auch in der Praxis erweisen, als es im April 1713, zwei Monate nach Friedrich Wilhelms Regierungsantritt, zum Utrechter Frieden kam.

Seit zwölf Jahren, seit 1701, hatte der »Spanische Erbfolgekrieg«, in dem sich England, Holland und das Reich gegen die Hegemonialgelüste des Franzosenherrschers Ludwigs XIV. stemmten, Europa in Atem gehalten. Jetzt war Frankreich am Ende seiner Kraft. Seine Bevölkerung hatte sich in den siebzig Jahren der Herrschaft des vielgerühmten »Sonnenkönigs« von einundzwanzig auf achtzehn Millionen Menschen vermindert; der französische Staat war mit einer Schuld von achtzehn Jahresbudgets belastet. Es kam zu Friedensschlüssen der Erschöpfung mit England, Holland und Preußen, während sich der Krieg zwischen Frankreich und Habsburg noch ein Jahr mühsam dahinschleppte, bis im März 1714 der Friede zu Rastatt geschlossen wurde. Das Reich der Deutschen ging mit leeren Händen aus dem dreizehnjährigen Krieg hervor: Das Elsaß und die Reichsstadt Straßburg, die dreißig Jahre zuvor mitten im Frieden von den Franzosen überfallen und annektiert worden waren, blieben in französischer Gewalt. Und Preußen? Friedrich Wilhelm konnte froh sein, daß ihm der Friedensschluß wenigstens die bis dahin verweigerte Anerkennung der preußischen Königswürde durch Frankreich einbrachte. Die Friedensverhandlungen selbst zeigten eklatant, daß die Großmächte dem nackten Egoismus ihrer imperialen Interessen folgten und sich um mittlere Staaten wie Preußen, Dänemark oder Portugal keinen Deut scherten. (Die Friedensparagraphen zwischen Frankreich und Preußen brachte der britische Gesandte Lord Stafford zu Papier.) England, Frankreich und das Haus Habsburg verhandelten untereinander in derselben arroganten Weise über die Köpfe ihrer »Verbündeten« hinweg, wie das heutzutage die USA und die Sowjetunion tun.

Dominierten England, Frankreich und Österreich das politische Geschehen im Westen Europas, so waren Rußland, Schweden und Sachsen-Polen die Großmächte, die im Nordosten des Kontinents die Gesetze vorschrieben. Und auch in dieser Region brannte seit Beginn des Jahrhunderts das Feuer eines militärischen Konflikts, den die Hofkanzleien als »Nordischen Krieg« bezeichneten. Schweden kämpfte mit Rußland, Dänemark und Sachsen-Polen verbissen um die Prädominanz im Ostseeraum. Daß die beiden Riesenkriege im Westen und im Osten Europas nicht zu einem einzigen Feuerbrand zusammenschlugen, war in erster Linie auf die preußische Neutralitätspolitik Friedrichs I. zurückzuführen. Neutralität ist dann gut und klug, wenn sie bewaffnet, wenn sie ein Ausdruck von Stärke und Selbstbewußtsein ist. Im Falle Friedrichs I. handelte es sich um eine Neutralitätspolitik der Furcht und Schwäche, die mit einem hohen Preis bezahlt werden mußte. Wir haben ja bereits gehört, daß Friedrich Wilhelm im Sommer 1711 als Kronprinz zähneknirschend mitansehen mußte, wie Russen, Polen und Sachsen auf ihrem Zug gegen die Schweden unbekümmert durch preußisches Staatsgebiet (Hinterpommern) marschiert waren. »Preußen«, so seufzte Friedrich I. in seinen letzten Lebenstagen, »ist der Diskretion, der Gnade fremder Völker überliefert.«

Im Juli 1713, fünf Monate nach Friedrich Wilhelms Thronbesteigung, waren die Russen wieder da: 24000 Mann sowie sechzig schwere Geschütze mit sächsisch-polnischer Bedienungsmannschaft. Der Zug ging gegen die pommersche Haupt- und Hafenstadt Stettin, die seit fünfundsechzig Jahren, seit Ende des Dreißigjährigen Krieges, in der Hand der Schweden war. Jetzt spielte sich der »Nordische Krieg« praktisch vor der Haustür Berlins ab (Entfernung Berlin–Stettin: hundert Kilometer), und nun mußte Friedrich Wilhelm aktiv werden, ob er wollte oder nicht. Am 6. Oktober 1713 schloß er zu Schwedt an der Oder mit der antischwedischen Koalition einen Vertrag, der besagte, daß preußische Truppen unverzüglich Stettin und das Gebiet zwischen

Oder und Peene mit den Städten Demmin, Wolgast und Anklam besetzen sollten, um es als neutrale Macht in »Sequester« (verpfändete Verwaltung) zu nehmen, während die beiden Kriegsparteien ihre Streitkräfte abziehen mußten. Einen Tag später, am 7. Oktober, rückten preußische Sequester-Kontingente in Stettin ein. Damit war der Kriegsbrand an den Grenzen der Mark Brandenburg und Hinterpommerns erst einmal ausgetreten. Entscheidend waren jedoch – wie bei jedem internationalen Vertrag – die an das Schwedter Abkommen angehängten Geheimartikel. In ihnen versprach Friedrich Wilhelm, an Zar Peter und an August von Sachsen-Polen je 200 000 Taler »Belagerungskosten« zu zahlen, wofür ihm beide Mächte wiederum zusicherten, das unter Sequester genommene pommersche Gebiet bei künftigen Friedensverhandlungen Preußen zuzuschlagen.

Ein Jahr lang stand Friedrich Wilhelm mit dem Schwedenkönig in Briefwechsel, um eine gütliche Übereinkunft zu erzielen. Dessen ungeachtet war er eisern entschlossen, Stettin, das er als Hafenstadt Berlins betrachtete, und die für Preußen lebenswichtigen Odermündungen nie wieder herzugeben. Er verstärkte die preußische Besatzung in Stettin bis auf 15 000 Mann und ließ auf den Inseln Usedom und Wollin, die die Ausflüsse der Oder beherrschten, starke Verschanzungen anlegen. Zu Beginn des Jahres 1715 wurde klar, daß ein Waffengang mit den Schweden um Stettin unausweichlich war.

So kam Friedrich Wilhelm I., zwei Jahre nach seiner Thronbesteigung, zum ersten und einzigen Krieg, den er in seinem Leben für Preußen führte. Am 26. April 1715 übergab er dem Geheimen Staatsrat folgende schriftliche Instruktion:

Meine Frau soll während meiner Abwesenheit von allem informiert und sie soll in allem um ihren Rat gefragt werden. Dieweil ich aber ein Mensch bin und kann todtgeschossen werden, so befehle ich Euch, für Fritz (den dreijährigen Kronprinzen) zu sorgen. Wofür Euch Gott belohnen wird. Allen, von meiner Frau angefangen, verspreche ich meinen Fluch, daß Gott sie strafen möge, falls sie mich nach meinem möglichen Tode nicht im Gewölbe der Schloßkirche begraben (wo seine Eltern und Großeltern beigesetzt waren). Sie sollen dabei aber keine Festivitäten und Zeremonien machen. Sie sollen nur die Regimenter der Reihe nach das Gewehr aufnehmen und sie über das Grab schießen lassen. Ich bin versichert, daß Ihr alles mit der größten Sorgfalt von der Welt bestellen werdet, wofür ich allezeit eifrig, so lange ich lebe, Euer Freund sein werde.

Zwei Tage später verließ Friedrich Wilhelm mit 32000 Preußen und hundertfünfzehn Geschützen seine Hauptstadt Berlin.

In Schwedt fand die erste Musterung einer preußischen Feldarmee statt. Friedrich Wilhelm und der Dessauer ritten gemeinsam die Front der jubelnden Truppen ab, die darauf brannten, sich mit den Schweden zu messen, die vierzig Jahre zuvor, bei Fehrbellin, schon einmal von den Brandenburgern des Großen Kurfürsten geschlagen worden waren. Neben den 32000 Preußen waren 20000 Dänen und 8000 Sachsen zur Parade angetreten. Englische und holländische Beobachter waren erstaunt über das glänzende Aussehen und die »kriegerische Haltung« der preußischen Truppen.

Furchtbare Unwetter und strömender Regen verhinderten während der Sommermonate größere Operationen beider Parteien. Erst in der Nacht vom 18. zum 19. Oktober begann die Belagerung der schwedisch besetzten Hafenstadt Stralsund durch die Preußen. Vor neunzig Jahren hatte der große Feldherr Wallenstein, als er die Stadt im Dreißigjährigen Krieg berannte, geschworen, er würde Stralsund nehmen, und wenn es mit Ketten an den Himmel geschmiedet wäre. Stralsund widerstand damals. Und fast schien es so, als sollte sich die Geschichte wiederholen, bis man sich im preußischen Hauptquartier darauf besann, daß der Große Kurfürst Stralsund bezwungen hatte, indem er die vorgelagerte Insel Rügen besetzte. Das Verfahren wurde nachgeahmt: Während die Hälfte der Belagerungsarmee Scheinangriffe gegen die Verschanzungen der Vorstädte richtete, landeten 20000 Preußen und Dänen, angeführt vom alten Dessauer, am 15. November unter dem Schutz dichten Nebels bei Stresow auf der Insel, und begannen sich ungesäumt zu verschanzen. Am nächsten Morgen erschien Karl XII., der gefürchtetste Kriegsheld der Epoche, mit 6500 Schweden und acht Kanonen, um die Verbündeten wieder ins Meer zu werfen. Als wüßten sie, daß es der letzte Kampf der schwedischen Großmacht war, fochten die Soldaten des Schwedenkönigs mit beispielloser Wildheit und Tapferkeit. Fünfzehn Stunden dauerte der Kampf, unaufhörlich rannten die Schweden gegen die Schanzen der Alliierten an, bis neunzig Prozent ihrer Mannschaft tot oder verwundet auf dem Schlachtfeld lagen. Ein dänischer Leutnant nahm um ein Haar den verzweifelten Schwedenkönig gefangen, den er schon am Arm ergriffen hatte. Karl XII. griff nach seiner Reiterpistole, schoß ihn nieder und entkam mit wenigen Getreuen nach Stralsund. Die Preußen nahmen fünfhundert unverwundete Schweden gefangen, und die Insel Rügen blieb im Besitz der Verbündeten.

Am 1. Dezember begann das Bombardement Stralsunds. Eine Woche später hatten die Preußen sämtliche Außenwerke gestürmt. In der Nacht vom 20. zum 21. Dezember schiffte sich Karl XII. mit zehn Begleitern auf der einzigen schwedischen Fregatte, die noch im Hafen von Stralsund lag, nach Schweden ein, von wo er noch drei Jahre lang Krieg gegen Dänemark führte, aber nie wieder deutschen Boden betrat, bis er im Dezember 1718 bei der Belagerung der norwegischen Festung Frederikshall sechsunddreißigjährig sein abenteuerreiches Leben verlor. Danach schied Schweden für immer aus der Reihe der europäischen Großmächte aus, ein Vorgang, der von weittragender Bedeutung für den Aufstieg Preußens zur Großmacht war, da nun jeglicher militärisch-politischer Druck aus dem Norden entfiel.

Am 22. Dezember 1715 kapitulierte Stralsund. Am zweiten Weihnachtsfeiertag zog Friedrich Wilhelm I. an der Spitze seiner Truppen in die alte deutsche Hansestadt ein. Es vergingen aber noch mehr als vier Jahre, bis es endlich, im Januar 1720, zum Friedensschluß zwischen Preußen und Schweden kam. Ein Jahr später machten die Schweden auch mit Rußland Frieden.

Zwanzig Jahre hatte der »Nordische Krieg« gedauert. Aber die preußischen Truppen Friedrich Wilhelms waren nur zwei Monate, von Oktober bis Dezember 1715, in Kämpfe verwickelt gewesen und hatten keine nennenswerten Verluste erlitten. Der junge Preußenkönig, umsichtig beraten von Ilgen, hatte sein Land mit einer Mischung von Passivität und Sturheit, vor den Schrecken der Kriegsfurie bewahrt; nicht eine einzige Schlacht hatte auf preußischem Boden stattgefunden. Schweden war der große Verlierer des Kampfes. Hannover bekam gegen eine Million Taler Bremen und Verden von den Schweden.

Dänemark ging fast leer aus: es erhielt 600000 Taler von Stockholm und durfte wieder den Sundzoll erheben. Der große Gewinner war Peter I. von Rußland, der sich Estland und Ingermanland, also das Baltikum, für zwei Millionen Taler von den Schweden nahm. An die Stelle der schwedischen Großmacht trat Rußland.

Friedrich Wilhelm überwies zwei Millionen Taler nach Stockholm; nach siebenjährigem Sparsamkeits-Regime zahlte er die Summe fast aus der Hosentasche. Er behielt dafür Stettin und den Teil Vorpommerns zwischen Oder und Peene, mit den vorgelagerten Inseln Usedom und Wollin. Es handelte sich nur um ein kleines Territorium von ca. 4000 Quadratkilometern (etwa doppelt so groß wie das Saargebiet), aber der Preußenkönig strahlte vor Vergnügen. Der fünfjährige Kriegszustand hatte ihn sechseinhalb Millionen Taler (davon vier Millionen reine Kriegsaufwendungen), aber kaum Menschenleben gekostet. Er hatte den unerfüllten Traum seines Vorfahren, des Großen Kurfürsten, wahr gemacht, die Odermündungen in Besitz zu nehmen, und Stettin konnte nun wirklich zur Hafenstadt Berlins werden, denn Spree und Oder waren durch einen Kanal miteinander verbunden. Der ökonomische Effekt – und nicht die geostrategische Machterweiterung – war es, der den praktischen Sinn Friedrich Wilhelms beherrschte. Mit dem Besitz von Stettin, so schrieb er bei Friedensschluß hochzufrieden, »haben wir einen Fuß am Meer und nehmen wir am Commercio (Handel) der Welt theil«.

Am 24. Januar 1721 feierte man den neunten Geburtstag des kleinen preußischen Kronprinzen. Der Vater umarmte und küßte das »Fritzchen«, verlieh ihm eine blaue Uniform und den Rang des jüngsten Leutnants der preußischen Infanterie. Am nächsten Tag begab sich Friedrich Wilhelm in Begleitung des Dessauers und zahlreicher Generäle auf den Weg nach Stettin, zur neuen Hauptstadt seiner Provinz Pommern. Im Jagdhaus Schönebeck wurde Station gemacht; der König und sein Gefolge erlegten in der Schorfheide fünfhundert Wildschweine. Nach Eintreffen in Stettin fand ein Vorbeimarsch der bewaffneten Bürgerschaft mit flatternden Fahnen und klingendem Spiel vor dem neuen Landesherrn statt. Der Soldatenkönig war derart enthusiasmiert von der trotzig-männlichen Haltung der Pommern, daß er sie spontan mit Wein und Kuchen bewirtete. Goldene und silberne

Gedenkmünzen im Wert von 80000 Talern regneten auf die Einwohnerschaft nieder. Höhepunkt der Feierlichkeiten war die Huldigung durch die pommerschen Landstände. Der König ließ der Ständeversammlung durch den neuernannten Präsidenten von Massow versichern, daß er sie in ihren überkommenen Freiheiten, Privilegien und Gerechtsamen achten und schützen werde. Großer Jubel, und der Soldatenkönig schüttelte jedem kräftig die Hand. Etwas länger wurden die pommerschen Gesichter, als am Schluß der Festlichkeiten die Huldigungspredigt verlesen wurde. Friedrich Wilhelm hatte höchstpersönlich den Bibeltext ausgesucht. Und der lautete: »Fürchtet Gott, und ehret den König.«

Friedrich Wilhelm war heilfroh, daß die pommersche Angelegenheit so unblutig für Preußen abgegangen war. Dieser Soldatennarr verabscheute den Krieg. In seinen Augen war es das höchste Glück eines Fürsten, wenn das Land gut bevölkert war, wenn die Leute »brav Kinder machten«, sich zahlreich vermehrten. Darin sah er den rechten Reichtum, sah er die wahre Wohlfahrt des Staates begründet. Das alles war jedoch nur im Frieden möglich, in einem langdauernden Frieden, den eine »formidable« Armee garantieren sollte. Dieses staatspolitische Verantwortungsbewußtsein erfuhr seine Ergänzung durch die tiefe Gottesfurcht, die ihn seit 1708 beseelte. Es ist äußerst merkwürdig für eine Zeit, in der alle Welt Kriege als eine ruhmreiche Sache der Könige betrachtete, in der selbst das geistige Oberhaupt der Aufklärung, Voltaire, der kriegerischen Gloire seinen philosophischen Tribut zollte, daß Friedrich Wilhelm fest davon überzeugt war, der Herrgott habe ungerechte Kriege verboten, und er würde von den Regenten unnachsichtig Rechenschaft für den Tod jedes Gefallenen fordern. Im Januar 1722 beschwor er in einer großen Testamentsschrift seinen Nachfolger immer wieder, »keine ungerechten Kriege anzufangen«, rückte ihm seine Verantwortung vor Gott für die Erhaltung des Friedens mit eindringlichen Worten vor Augen. So ruhmvoll und ehrenwert diese Einstellung Friedrich Wilhelms I. war, sie schadete ihm außenpolitisch doch ungemein. Denn da er dieser seiner Überzeugung immer wieder und allerorten beredten Ausdruck gab, sprach es sich bald an den Höfen herum, daß man vom Soldatenkönig, der sein Land und seine Armee schonen wolle, nichts zu befürchten habe, und das allgemeine Resümee war natürlich, diesem preußischen »Pazifisten« gegenüber könne man sich ungestraft fast alles erlauben.

Friedrich Wilhelm hatte eben nicht den Ehrgeiz eines großen Eroberers. Sein Blick richtete sich nicht nach außen auf das europäische Umfeld, sondern nach innen, auf das eigene Staatswesen. Dort galt es, auf friedlichem Wege »Eroberungen« zu machen! Dennoch verfolgte er ein territoriales Lieblingsprojekt, von dessen Berechtigung und Rechtmäßigkeit er zutiefst durchdrungen war. Das Haus Hohenzollern hatte historisch begründete Erbansprüche auf zwei rheinische Besitzungen: die Grafschaft Jülich im Raum Aachen und das Herzogtum Berg mit der Hauptstadt Düsseldorf. Der jahrzehntelange (friedliche) Kampf um die Realisierung des Anspruchs vergiftete – je länger er sich hinzog, desto mehr – die Seele dieses Mannes, wuchs sich zu einem regelrechten Trauma des Soldatenkönigs aus, mit dem er die europäischen Mächte, insbesondere den Kaiserhof zu Wien nervte.

Der deutsche Kaiser Karl VI., der drei Jahre älter als Friedrich Wilhelm und zwei Jahre vor ihm auf den Thron gekommen war, verfolgte ebenfalls eine fixe Idee, mit der er Europa zwei Jahrzehnte in Unruhe versetzte. Da er keine männlichen Nachkommen hatte – 1717 wurde ihm eine Tochter namens Maria Theresia geboren, die später weltberühmt werden sollte –, plagte ihn die Furcht, das Haus Habsburg, das im Laufe der Jahrhunderte bereits sechzehn deutsche Kaiser gestellt hatte, könnte durch seinen Tod der Kaiserkrone verlustig gehen. Denn das deutsche Kaisertum war keine Erbmonarchie; die Kurfürsten des Reiches wählten den neuen Herrscher, der nach dem alten Gesetz der »Goldenen Bulle« männlichen Geschlechts sein mußte. Beinahe ein Jahrzehnt lang zerbrach sich Karl VI. den Kopf darüber, wie er dem späteren Mann seiner Tochter Maria Theresia, die eines Tages Erzherzogin von Österreich und Königin von Böhmen sowie Königin von Ungarn werden würde, die deutsche Kaiserkrone sichern könnte. Schließlich hatte er den Einfall einer »Pragmatischen Sanktion«, also eines Vertrages, der für heilig, für absolut unverletzlich gelten und den alle größeren Staaten Europas akzeptieren beziehungsweise unterschreiben sollten. Prinz Eugen, sein ruhmreicher Feldherr, der »Türkenbezwinger«, meinte achselzuckend, bessere Garantien als ein solcher pragmatischer Vertrag, der ja doch nur ein Stück Papier bleiben werde, würden ein wohlgefüllter Staatsschatz und ein schlagkräftiges Heer darstellen. Doch Karl VI. hielt hartnäckig an seiner Idee fest, man müsse die europäischen Mächte auf dem Verhandlungswege dazu bringen, die Habsburger Kaiserkrone und damit zugleich den ungeteilten Fortbestand seines Reiches für alle Zeiten zu garantieren. Er bemerkte gar nicht, daß er die ausländischen Staaten mit fortgesetztem Insistieren auf Anerkennung seiner »Pragmatischen Sanktion« ganz nervös machte, ja, daß er die fremden Kanzleien damit erst auf den Gedanken brachte, man müsse aufpassen, eines Tages sei es so weit, daß man ein kräftiges Gerangel um die deutsche Kaiserkrone aufführen, daß man unter Umständen sogar das ganze Reich der Deutschen auseinanderdividieren und unter sich aufteilen könne.

So begann das große Maskenspiel der internationalen Diplomatie: das Geschachere um die »Pragmatische Sanktion«, mit ständig wechselnden Verkleidungen, mit inneren Vorbehalten und Rückziehern, mit falschen Versprechungen und Hintergedanken. Hätte es nicht soviel Unglück angerichtet, könnte man es nachträglich eine perfekte Komödie nennen.

Damals befand man sich in der Epoche der Vertragssysteme, der permanenten Allianzunterhandlungen. Nicht, daß die militärischen Konflikte durch die hektische Aktivität der Höfe abgeschafft wurden: Nie sind mehr Kriege geführt worden als im 18. Jahrhundert und in der zweiten Hälfte des 20. Jahrhunderts, nach 1945. Aber man erfand zu jener Zeit das feingesponnene Seidennetz der internationalen Diplomatie. In einem fort waren die Staatskanzleien damit beschäftigt, Verträge zu schließen und wieder zu lösen, Zusagen zu geben und wieder zu brechen, einem Bündnis – nach langem Gefeilsche – beizutreten und es – nach schlauen Intrigen – wieder gegen ein anderes zu vertauschen. Als höchste politische Kunst galt, durch Wechseln und Neuformierungen von Allianzen das eigene Interesse zu befördern und die Partner übers Ohr zu hauen. Hundert Jahre lang, bis zur Französischen Revolution (1789) und dem Auftreten fanatisch-unflexibler Ideologien, beherrschte das diplomatische Maskenspiel der absolutistischen Höfe die europäische Szenerie. Ein Fürst, der nicht seine Bündnisse wechselte wie die Hemden, galt als Naivling, als kompletter Narr. Unaufhörlich schmiedete man Koalitionen, zog man sich gegenseitig an, stieß man sich voneinander ab: ein verdecktes, listenreiches Spiel an jenem Pokertisch, der die hochtrabende Aufschrift »europäisches Gleichgewicht« trug.

Das alles war für Friedrich Wilhelm I. eine fremde Welt, auf die er mit Furcht und Ingrimm blickte. Er konnte befehlen, rechnen, organisieren und – wenn es not tat – mit der Faust auf den Tisch schlagen. Zur Verstellung, zur feingesponnenen Intrige war er absolut unfähig. Entweder, wenn er sich unter Freunden wähnte, war er arglos und offenherzig – oder er verkapselte sich in abgrundtiefes Mißtrauen, wenn er sich einer undurchsichtigen Sache oder einem durchtriebenen Menschen nicht gewachsen fühlte. Mal erzählte er ausländischen Diplomaten anbiedernd Dinge, die sie nie hätten erfahren dürfen, mal versteifte er sich in Verhandlungen zu grimmigem Schweigen, wenn Offenheit und werbendes Vertrauen nützlich gewesen wären. Daß Politik ohne Hintergedanken nirgendwo existiert, ist ihm nie aufgegangen. Er reagierte spontan und emotional, nach inneren Sympathien und Antipathien, nach Gefühlen also, die in den internationalen Beziehungen nichts zu suchen haben. Machte ihm ein französischer Diplomat seine Aufwartung, mit Allongeperücke, in Brokatseide und Parfümwolken gehüllt, elegante Kratzfüße drechselnd, dann winkte Friedrich Wilhelm seiner Umgebung mit den Augen, räusperte sich und spie aus. Besuchte ihn dagegen ein Vertreter des Kaisers, dann wartete er nicht ab, ob es um Habsburger Hausinteressen oder solche des Deutschen Reiches ging, sondern drückte ihm kräftig die Hand, klopfte ihm kameradschaftlich auf die Schulter und erklärte, er, Friedrich Wilhelm, sei ein *deutscher* Fürst, ein Mann von echter *deutscher* Gesinnung.

War dies alles schon höchst befremdlich, ein Verhalten, das ihm in Paris schadete und in Wien nichts nutzte, so kam noch der vollständige Mangel an Menschenkenntnis hinzu, den wir ja schon in der Kronprinzenzeit an ihm beobachten konnten. Damit wurde es niemals besser. Und so erklärt es sich, daß er bis kurz vor seinem Tode nicht gewahr wurde, wie sehr er an seinem Hof von Spitzeln und Spionen umgeben war. Vom allmächtigen General von Grumbkow an, der dem ersten Departement des Generaldirektoriums vorstand, bis hinunter zu den Kammerdienern, Hofnarren und Türstehern war die ganze Umgebung des Königs vom Ausland bestochen. Ja, selbst seine Gesandten an den auswärtigen Höfen standen in fremdem Sold. Seine Frau und seine beiden ältesten Kinder, Wilhelmine und Friedrich, kollaborierten hinter seinem Rücken mit fremden Mächten. Kurz: Es gab so gut wie nichts am preußischen Hof, was dem Ausland verborgen blieb. Alles, was Friedrich Wilhelm dachte oder tat, wurde ausgespäht, wurde unverzüglich weitergemeldet und von den internationalen Maskenspielern hohnlächelnd gegen ihn benutzt.

Jedenfalls, der Soldatenkönig geriet in arge Verlegenheit, als der Kaiser auch ihn mit dem Hirngespinst seiner »Pragmatischen Sanktion« zu bedrängen begann. Nachdem Karl VI. 1720 die österreichischen und böhmischen Stände, 1723 die ungarischen Notabeln auf sein heiliges Hausgesetz verpflichtet hatte, proklamierte der siebenunddreißigjährige Kaiser am 6. Dezember 1724 öffentlich und in aller Feierlichkeit die »Pragmatische Sanktion«, und seine Diplomaten schwärmten unverzüglich aus, die fremden Höfe zur Anerkennung zu bewegen. Darunter natürlich auch Preußen.

Nun begann ein neunmonatiges, enervierendes Tauziehen um die Seele des Soldatenkönigs. Die europäische Kräftekonstellation hatte sich in den zehn Jahren seit Beendigung des »Spanischen Erbfolgekrieges« wieder einmal gründlich verschoben. Frankreich stand jetzt gemeinsam mit England gegen Österreich und Spanien. Beide Seiten bewarben sich emsig und ausdauernd um ein Bündnis mit Preußen. Der Kaiser zu Wien machte eine Anerkennung seiner »Pragmatischen Sanktion« durch Preußen zur Vorbedingung einer Allianz. Frankreich und England wünschten einem Bündnis mit Preußen eine deutliche Spitze gegen Österreich zu geben.

Friedrich Wilhelm schwankte hin und her, konnte sich nicht entscheiden. Die Franzosen mochte er nicht, diese »Zieraffen« und »Modenarren«; aber in England saß sein Schwiegervater Georg I. auf dem Thron, und Preußen wie England galten als protestantische Mächte. Für den Kaiser in Wien sprach, daß er das Oberhaupt des zersplitterten Reiches der Deutschen war, und das Herz des Soldatenkönigs schlug nun einmal für die deutsche Sache. Vielleicht wäre ihm die Wahl leichter gefallen, wenn ihm irgendeine Seite die Erbfolge in Jülich und Berg garantiert hätte. Doch in Wien dachte man nicht daran, dem »Kurfürsten von Brandenburg«, der schon viel zu mächtig geworden war, zu weiterem Territorialbesitz im Reichsgebiet zu verhelfen, und die Franzosen ihrerseits liebäugelten ebenfalls mit den rheinischen Ländern.

In dieser entscheidenden Situation meldete sich Ende 1724 die Königin Sophie Dorothea zu Wort. Die ehrgeizige Dame hatte es vor einem Jahrzehnt triumphierend begrüßt, als ihr Vater König von England, Schottland und Irland geworden war. Seitdem hatte sich ihr angeborener Hochmut weiter entfaltet. Sollte es nicht möglich sein, die Häuser Hannover und Hohenzollern noch enger miteinander zu verbinden? Der Glanz der dreifachen Krone Großbritanniens, der unermeßliche Reichtum, den Englands meerbeherrschende Flotten seit dem Ende des Dreißigjährigen Krieges herangeschafft hatten, beanspruchten ihren Sinn ausschließlich. Je länger sie von der glänzenden Verbindung träumte, desto klarer zeichnete sich ihr der Weg ab, der zum gewünschten Ziel führen mußte. Die Sache schien doch sehr einfach: Es galt, eine eheliche Vereinigung der Kinder ihres Bruders, des englischen Thronfolgers, mit Wilhelmine und Fritz, ihren beiden ältesten Kindern, zustande zu bringen. Konnte denn jemand im Ernst dagegen sein? Mußte nicht jedermann, an beiden Höfen, dem goldenen Schimmer einer vierfachen Kronen-Kombination erliegen? So entstand in ihrem Kopf das Projekt der »Doppelheirat«, das Europa mehrere Jahre in Aufregung stürzen und zur schrecklichsten Katastrophe im Leben des Soldatenkönigs führen sollte.

Der große Plan Sophie Dorotheas bestand in der Absicht, a) ihre Tochter Wilhelmine mit deren Cousin, dem Herzog Friedrich Ludwig von Gloucester, dem ältesten Sohn des englischen Thronfolgers, zu verheiraten – und b) den eigenen Sohn, Kronprinz Friedrich, mit Prinzessin Amalie, der Schwester des Herzogs von Gloucester, unter einen ehelichen Hut zu bringen. Alles unter dem Motto: doppelt genäht hält besser. Gelang das Projekt der »Doppelheirat«, dann sah sich Sophie Dorothea gewissermaßen als Mutter zweier Königreiche, England und Preußen.

Die ehrgeizige Frau ließ alle diplomatischen Minen springen. Sie intrigierte gemeinsam mit ihren Verwandten in Berlin, in Hannover und London, und zwar ständig hinter dem Rücken ihres Ehemannes, der ihrer Idee sehr reserviert gegenüberstand. Denn wovon Sophie Dorothea träumte und was ihrer fürstlichen Eitelkeit schmeichelte, das war für die Großmächte Europas eine hochbrisante Frage internationaler Machtpolitik. Kam tatsächlich eine solche dynastische Verbindung zwischen Berlin und Hannover–London zustande, dann mußte das unvermeidlich zur Folge haben, daß sich Preußen den »Seemächten«, also England und Frankreich, anschloß und auf Gegenkurs zur Politik Österreichs und Spaniens ging.

Dem Soldatenkönig zerriß es fast das Herz. War es denn denkbar, daß er, ein überzeugter Deutscher, jemals dem Oberhaupt des Reiches untreu werden sollte? Andererseits verkannte er nicht die bedeutsame Prestigeaufwertung, die seinem Staat durch eine Doppelverbindung mit dem reichen und mächtigen England zuteil werden mußte. Sophie Dorothea sprach natürlich nur von Britanniens Glanz und Ruhm, betrieb eine unnachgiebige Seelenmassage. Sie wußte jedoch, daß ihr Vater, König Georg I. von England, dem Heiratsprojekt seiner Tochter nur dann zustimmen würde, wenn *zuvor* ein Bündnis mit Preußen zustande gekommen war. Ihr Mann dagegen bestand auf der Maxime »Zug um Zug«, also auf Gegenseitigkeit und Gleichzeitigkeit. Das war der vertrackte Knoten, den es geschickt zu lösen galt. Mit Ilgens erfahrener Hilfe gelang es ihr, Friedrich Wilhelm zu überlisten. Anläßlich eines Besuches in Hannover, beim hannoveranisch-englischen Schwiegerpapa, sah sich der Preußenkönig plötzlich und unvorbereitet in der Situation, in eine Geheimverhandlung zwischen England und Frankreich verwickelt zu werden, aus der er sich kaum heraushalten konnte, wenn er nicht einen Eklat riskieren wollte. Und ehe er es sich recht versah, war er schon der Dritte im Bunde: Am 3. September 1725 paraphierten England, Frankreich und Preußen im Schloß Herrenhausen bei Hannover einen Bündnisvertrag.

Sophie Dorothea triumphierte. Das Herrenhauser Bündnis war auf fünfzehn Jahre abgeschlossen, bis 1740, und verpflichtete die drei Könige, sich gegenseitig Schutz und Hilfe bei allen Streitigkeiten mit Dritten zu gewähren. Eine glänzende Voraussetzung für Sophie Dorotheas Heiratspläne! Dabei war diese Allianz eigentlich ein Treppenwitz der Weltgeschichte, demonstrierte sie doch in grotesker Weise die Abnormität der deutschen politischen Zustände. Denn der König von England und der König von Preußen waren ja in ihrer Eigenschaft als Kurfürsten von Hannover und von Brandenburg unbestreitbar Reichsmitglieder, also gewissermaßen Untertanen des deutschen Kaisers. Im Grunde hatten beide Souveräne »Reichsverrat« begangen, als sie ein Bündnis mit Frankreich gegen den Kaiser und Spanien schlossen, und niemand war sich dessen mehr bewußt als Friedrich Wilhelm, den man in Herrenhausen übertölpelt hatte. Immerhin stand die aberwitzige Konstruktion in dem Vertrag, daß beide Könige – falls das Reich den Franzosen den Krieg erklären sollte – ihre kurfürstlichen Truppen einer Reichsarmee zur Verfügung stellen konnten, ohne daß dann Frankreich von einem Vertragsbruch sprechen durfte. In Versailles wollte man sich totlachen, als man diese verrückten Bestimmungen las. Der französischen Diplomatie genügte es vollständig, eine Annäherung zwischen Berlin und Wien durch den Pakt zunichte gemacht zu haben.

Sophie Dorothea weihte nun ihre Kinder, die sechzehnjährige Wilhelmine und den dreizehnjährigen Friedrich, in das glänzende Projekt der »Doppelheirat« ein und wurde nicht müde, ihnen die goldigsten Aussichten für die Zukunft vorzugaukeln. Friedrich Wilhelm dagegen geriet in den Zustand äußerster Verzweiflung. Er ärgerte sich blau und grün, daß er seiner Frau und seinem Schwiegervater wie ein Tölpel in die Falle gegangen war. Als er Ende 1725 erfuhr, daß sich die Zarin Katharina I., die Witwe seines verstorbenen Freundes Peter, in einem Geheimvertrag an Österreich und Spanien attachiert hatte, geriet er in Panik. Jetzt erst durchschaute er das Spiel, das in London und Versailles mit ihm getrieben worden war: Kriegsbereit standen sich zwei mächtige Militärkoalitionen in Europa gegenüber, und die Rolle Preußens – jedenfalls in den Augen der Briten und Franzosen – war ganz offensichtlich die des Sturmbocks oder des Schlachtfeldes, je nachdem, im Kampf gegen die beiden großen Kaisermächte im Osten, Österreich und Rußland.

Noch schlimmer: Der Krieg, der auf der europäischen Bühne drohte, er fand bereits in der häuslichen Umgebung des Königs statt. Der preußische Hof spaltete sich in zwei Parteien; eine englische und eine österreichische. An der Spitze der englischen Partei stand die Königin. Wilhelmine und Fritz aber schlossen sich aufs engste der Mutter an, die ihnen ein Leben in Glanz, Ruhm und Luxus versprach, während der Vater nur immer sein »cito! cito!« oder – noch häufiger – »habe kein

Geld« knurrte. Wie gerne hätte Friedrich Wilhelm mit seinem Buchenstock dazwischengefunkt und Ordnung in seinem Hause geschaffen. Aber damals stand gerade für Sophie Dorothea eine große Erbschaft aus dem Nachlaß ihrer Mutter, der Prinzessin von Ahlden, in Aussicht. Der Soldatenkönig saß jeden Abend am Schreibtisch und berechnete hochroten Kopfes, was er alles mit dem vielen Geld in seinem Staat und für den Ausbau seiner Armee anfangen könne. So war er lieb und freundlich zu seinem »Fiekchen«, faßte sie brünstig um die stattliche Taille und hütete sich, Ehestreit anzufangen. Diese berechnete Verstellung, dieser ungewohnte Zwang, seinem ungestümen Temperament Fesseln anzulegen, seiner Brutalität Grenzen zu setzen, diese erzwungene Notwendigkeit, sich selbst zu beherrschen, was er doch niemals gelernt hatte, das alles machte den König krank, untergrub seine Nervenverfassung. Wenn er allein war, ließ er sich gehen, zerbrach Stühle, traktierte den Schreibtisch mit Fußtritten, ballte ohnmächtig die Fäuste. Kurz: Friedrich Wilhelm war allerschlechtester Laune, im Schloß herrschte eine fürchterliche Atmosphäre.

Wenn der König sich morgens von seinem harten Soldatenbett erhob, blickte er dem kommenden Tag schon mit dunklen Ahnungen entgegen. Kaum ließ er sich dann sehen, so begannen die beiden haßerfüllten Hofparteien schon wieder an ihm zu zerren und zu ziehen. Rüdiger von Ilgen, der die Königin bei der Verfolgung ihres Heiratsprojektes beraten und unterstützt hatte, war von dem Herrenhauser Geheimbündnis alles andere als angetan. Wie hatte sein Monarch in eine solch plumpe Falle tappen können! Er lag dem König in den Ohren, sich nicht von Briten und Franzosen verschaukeln zu lassen, vor allem nicht den Kaiserhof in Wien zu brüskieren. War Ilgen gegangen, so rauschte die Königin herein und begann ihre probritischen Litaneien. Der Wortschwall Sophie Dorotheas war einfach nicht zu stoppen, und ihr Mann mußte mit zusammengebissenen Zähnen alles über sich ergehen lassen. Ging der König über den Flur und traf dort Wilhelmine oder Fritz, so schnitten die beiden hochmütige Gesichter, führten sich auf, als würden sie bereits in Wolken von Weihrauch durch den Buckingham Palace schreiten. Es war zum Auswachsen! Zu allem Unglück erschien August Hermann Francke bei Hof, ein leidenschaftlicher Pietist aus Halle, der dem König strenge Vorhaltungen über seinen bisherigen Lebenswandel machte. Friedrich Wilhelm, der den verdienten Francke hochschätzte, verfiel in tiefe Melancholie. Er verbrachte die Tage mit Beten und Psalmsingen. Er hatte keinen Appetit mehr und fand keinen Schlaf. Nachts sah man ihn ruhelos durch die Gemächer und Flure des Schlosses streifen, immer auf der Suche nach einem Ausweg aus dem selbstverschuldeten Dilemma. Dämmerte dann der Morgen, fiel Friedrich Wilhelm auf die Knie, schickte ein verzweifeltes Stoßgebet zu Gott. Wie schwer ihn die Krise schüttelte, erkannte seine Umgebung daran, daß er nicht mehr auf die Jagd ging, daß er nicht einmal mehr seine geliebten Händelschen Kompositionen anhörte. Er machte sich Selbstvorwürfe, zog aber keine Erkenntnisse daraus, sondern gab in stundenlangem Brüten den verfluchten Maskenspielern, diesen »Blackscheißern« und Intriganten, die Schuld. Er sorgte sich um seinen Staat, den er von allen Seiten ernstlich bedroht sah.

In Wien war man sehr bald über das Herrenhauser Bündnis im Bilde. Es war wieder einmal alles verraten worden. Es kam nun darauf an, die gefährliche Allianz zu durchkreuzen und den Preußenkönig auf die österreichische Seite herüberzuziehen. Doch wie sollte das geschehen? Prinz Eugen war es, der auf die raffinierte Idee kam, den Generalleutnant Graf Seckendorff nach Berlin zu schicken, der sich bereits 1725 längere Zeit in Berlin aufgehalten und scharfsinnige Berichte nach Wien geschickt hatte.

Friedrich Wilhelm kannte den Grafen schon lange, seit den Tagen von Malplaquet und seit den Feldzügen in Pommern. Er hatte ihn als »ehrliche Soldatenhaut« und als einen »allzeit lustigen Kavalier« schätzen gelernt. Hier gab es also günstige Anknüpfungspunkte. Ein weiteres Positivum in den Augen des Königs war, daß Seckendorff einer der wenigen Protestanten in österreichischen Diensten und außerdem gut belesen und beschlagen war (ein Onkel von ihm war der berühmte Kirchengeschichtsverfasser gleichen Namens), was unter den Militärs der damaligen Zeit als Seltenheit gelten konnte.

Seckendorff machte sich mit den Instruktionen des Wiener Hofes von seinem Gut Meusselwitz bei Altenburg auf nach Berlin, tat so, als wenn er nur auf der Durchreise sei, und ging schon am nächsten Tag, wie zufällig, vor den Fenstern des Schlosses spazieren. Der König sah ihn und ließ ihn zu sich befehlen. Seckendorff machte es spannend, schützte mehrere Tage lang vor, er müsse sofort wieder zurück zum Kaiser nach Wien, und erst nach zweimaliger erneuter Aufforderung trat er schließlich vor den Soldatenkönig. Friedrich Wilhelm, außer sich vor Freude, endlich einem Menschen zu begegnen, der ihn nicht hierhin oder dorthin zerren wollte, stürzte ihm mit den Worten entgegen: »Ich weiß, Sie halten mich für gut hannöverisch... Aber auf Offiziersparole, mein lieber Graf: ich bin besser kaiserlich als hannöverisch!« Seckendorff verbeugte sich tief, um das triumphierende Funkeln in seinen Augen zu verbergen.

Dann ging er wohlbedacht zu Werke. Er richtete sich in Berlin eine Wohnung ein, ging regelmäßig auf Gesellschaften und wußte bald, wo er ansetzen mußte. Er hatte nichts Geringeres vor, als die engste Umgebung des Königs »österreichisch« zu unterwandern, um so dem englischen Einfluß der Königin erfolgreich entgegenwirken zu können. Er begriff sehr schnell, daß es ihm unmöglich sein würde, mit seinen listenreichen Machinationen in das Offizierskorps der Armee einzudringen. Dreizehn Jahre Herrschaft des Soldatenkönigs hatten genügt, um die Junker, die des Königs bunten Rock trugen, unerschütterlich auf den preußischen Staat einzuschwören. Um so leichter gelang es ihm, in den Hofstaat einzubrechen. Fast jeder war hier bestechlich. Und da Seckendorff sich beim Prinzen Eugen ausbedungen hatte, jährlich zwischen acht- und zehntausend harte österreichische Gulden als »Schmiergelder« verwenden zu dürfen, gelang es ihm beinahe im Handumdrehen, Proselyten zu machen. Mit äußerster Raffinesse kaufte er sich vier Subjekte, mit deren Hilfe es ihm gelingen mußte, den arglosen König zu umgarnen: Grumbkow, den Chef des ersten Departements im Generaldirektorium – Gundling, den Hofnarren, der jeden Abend im Tabakskollegium anwesend war – Eversmann, den persönlichen Kammerdiener des Königs, dem Tag und Nacht im Schloß nichts verborgen blieb – und Reichenbach, den preußischen Gesandten in London, durch dessen Hände der gesamte diplomatische Schriftverkehr zwischen den beiden protestantischen Königshöfen lief. Das genügte. Von nun an geschah nichts in Potsdam oder Berlin, was nicht unverzüglich dem Wiener Hof zur Kenntnis kam.

Selbstredend hatten die gekauften Kreaturen eine doppelte Agenten-Aufgabe: Sie mußten Seckendorff alles berichten, was politisch von Relevanz war, und sie hatten ihrerseits alles zu tun, den schwankenden Monarchen pro-österreichisch zu beeinflussen. Dem ausgefuchsten Grafen genügte es aber nicht, die Höflinge zu korrumpieren. Das alles war gut und schön, aber sein höchstes Ziel war es, den preußischen König selbst zu bestechen! Seckendorff, ausgestattet mit hervorragender Menschenkenntnis und scharfer Beobachtungsgabe, erspähte im Nu die beiden wesentlichen Charakterschwächen Friedrich Wilhelms: seinen Tick für die »langen Kerls« und seine ungeheure Freßlust. Und das machte er sich rücksichtslos zunutze. So oft es nur ging, lud er den König zu sich ein und bewirtete ihn mit erlesenen Köstlichkeiten, mit Kaviar, mit den feinsten Weinen. Friedrich Wilhelm, dem es bei dem Gedanken, daß ihn das alles nichts kostete, großartig mundete, vergaß seine Schwermut, geriet in die allerbeste Stimmung und redete sich alle seine Sorgen von der Seele. Seckendorff sah dem König dann offen und gerade in die Augen, eben wie ein richtiger »Mannskerl«, schenkte neu nach und notierte alles in seinem Kopf. So erfuhr er im April 1726 auch, daß es ernste Verstimmungen zwischen dem Soldatenkönig und seinem englischen Schwiegervater gab, weil Georg I. sein Versprechen von Herrenhausen nicht halten wollte, dem Preußenkönig zwei Dutzend »lange Kerls« zu überweisen. Sofort schrieb Seckendorff an den Prinzen Eugen und beantragte, einen Trupp »großer, unnützer« Heiducken in Ungarn einzufangen und sie als persönliches Geschenk des Kaisers nach Berlin in Marsch zu setzen.

Eine perfekte Umgarnungsstrategie, muß man sagen, die bald durchschlagende Erfolge zeitigte. Jede Woche erhielt Wien aus Berlin oder Potsdam einen Geheimbericht über die vertraulichen Beratungen des preußischen Generaldirektoriums. Im Juni 1726 führten Seckendorff und Grumbkow ihren Hauptschlag. Sie luden den König auf Grumbkows Landgut bei Potsdam ein, dazu die Minister Ilgen und von Katsch, und ließen an Leckerbissen auffahren, was in den letzten Wochen aus Hamburg, Krakau, Lüneburg und Wien herangeschafft worden war. Der herrlichste Wein funkelte in den Pokalen, ein Toast folgte dem anderen – vor allem natürlich auf »Germania teutscher Nation!« –, bis schließlich Friedrich Wilhelm der Dienerschaft befahl, sich zurückzuziehen, und jedem der Anwesenden das Ehrenwort abnahm, über das, was er nun sagen würde, strengstes Stillschweigen zu bewahren. (Eine Szene etwa so, als wenn ein Reisender einer Räuberbande in der Herberge unter dem Siegel tiefster Verschwiegenheit mitteilt, er habe 100000 Taler bei sich.) Dann lehnte sich der Soldatenkönig im Sessel zurück und sagte: »England und Frankreich haben mich im vorigen Jahr durch große Versprechungen auf ihre Seite gezogen. Sie wollten mich in ein Bündnis ziehen, das den Kaiser über den Haufen werfen soll, wobei ich für sie die Kastanien aus dem Feuer holen muß... Ich aber will mit England und Frankreich gar nichts zu tun haben. Ich will auf die Seite des Kaisers treten.« Seckendorff verschluckte sich fast an dieser Stelle. Friedrich Wilhelm hob die Stimme: »Die Anwartschaft auf Jülich und Berg aber muß ich haben!« Alle beeilten sich, lauthals zuzustimmen. Der Soldatenkönig, vom edlen Wein angefeuert, erhob sich: »Meine lieben Blauröcke (seine Infanterie), sie stehen dem Kaiser allesamt zur Verfügung! Ich begrüße die Freundschaft zwischen dem Kaiser und Rußland von Herzen und offeriere mich auf billige Condition zum dritten Mann. Dann wollen wir doch sehen, wer uns dreien etwas anhaben kann...«

So. Nun war alles klar. Mehr brauchte Seckendorff wirklich nicht zu erfahren. Der Preußenkönig hatte sich ihm regelrecht ausgeliefert. Bereits am 24. Juli sandte der Spionage-Graf einen Vertragsentwurf nach Wien, der ein Geheimbündnis zwischen dem Wiener und Berliner Hof anvisierte, das die Allianz-Vereinbarungen von Herrenhausen praktisch zunichte machen und den Soldatenkönig ganz an die österreichische Politik fesseln sollte. Er vergaß nicht hinzuzufügen, daß es nützlich und sogar unumgänglich wäre, Grumbkow, Katsch, Ilgen und Gundling kräftig zu »schmieren«, während man Friedrich Wilhelm I. »kein angenehmeres Geschenk thun könne, als ihn mit großen Figuren zu erfreuen«.

In Wien war man mit alledem hochzufrieden, aber nach wie vor nicht bereit, dem Hohenzollernfürsten in der Sache Jülich–Berg entgegenzukommen. Seckendorff, der Friedrich Wilhelms Stimmungslage genau kannte und von Verzögerungen nur Schlimmes befürchtete, denn die englische Partei Sophie Dorotheas ruhte schließlich auch nicht, drängte mit Brief vom 20. August den Prinzen Eugen, zu einem schnellen Vertragsabschluß zu kommen: »Mit dem Könige von Preußen läßt sich nicht anders als geschwind umgehen. Wenn er erst einmal eine

Sache im Kopf hat, muß sie in 24 Stunden abgethan sein! Alle guten, triftigen Raisonnements (Argumente) gelten nichts; das Conzept, das er sich einmal von einer Sache gemacht hat, ist nicht wieder zu ändern.«

Jedoch in Wien ließ man sich Zeit. Da man ja durch Seckendorffs Geheimberichte wußte, wie es wirklich um Friedrich Wilhelms Intentionen stand, glaubte man, ihn in der Hand zu haben, sah keinerlei Veranlassung, ihm in Sachen Jülich–Berg entgegenkommen zu müssen. Seckendorff wurde angesichts dieser Verzögerungstaktik angst und bange. Er schrieb nach Wien:

Wenn man den König in diesem Punkte nicht wird vergnügen können, dann wäre es meiner Meinung nach besser gewesen, man hätte sich überhaupt nicht in Verhandlungen mit ihm eingelassen. Wenn man damit plötzlich nicht mehr fortfährt, so sind des Königs Haß, Zorn und Rache unausbleiblich! Er wird dann den Gedanken fassen, man habe ihn absichtlich mit angenehmen Vorschlägen, die man gar nicht einzuhalten gedachte, nur amüsiert und seiner gespottet, um ihn in Wahrheit der englischen und französischen Freundschaft verlustig zu machen, so daß ihm nur noch verbliebe, sich der kaiserlichen Diskretion (Gnade) zu ergeben.

In der Wiener Kanzlei begriff man, daß Gefahr im Verzuge war, daß gehandelt werden mußte. Man beschloß, zum Schein auf die preußische Erbfolge in Jülich und Berg einzugehen, im übrigen aber die Frage dilatorisch zu behandeln, also auf Zeit zu spielen. Seckendorff schilderte dem Soldatenkönig das kaiserliche Entgegenkommen in den rosigsten Farben, und so kam es denn am 12. Oktober 1726 tatsächlich zum Wusterhausener Geheimvertrag. Darin erkannte Friedrich Wilhelm die »Pragmatische Sanktion« an (zahlte also einen Preis, für den er vom Kaiser fast alles hätte haben können, wenn er gepokert, wenn er mit verdeckten Karten gespielt hätte), und beide Herrscher versprachen sich gegenseitig, einander mit 10 000 bis 12 000 Mann zu unterstützen, falls sie von Dritten angegriffen würden.

Graf Seckendorff hatte erreicht, was er wollte: Das Bündnis Preußens mit den beiden Seemächten war nichts mehr wert, und der Soldatenkönig konnte sich nur noch an Österreich klammern, wenn er nicht international gänzlich isoliert dastehen wollte. In Wien war man höchst zufrieden. General Grumbkow erhielt vom Wiener Hof eine geheime lebenslängliche Pension von tausend Dukaten jährlich zugesprochen, dem »Freiherrn« von Gundling verehrte der Kaiser sein mit Brillanten besetztes Portrait, und Friedrich Wilhelm, der betrogene König, bekam vierundzwanzig lange Kerls.

Alle an dem Komplott Beteiligten rieben sich vergnügt die Hände. Am glücklichsten aber war der Soldatenkönig. Endlich war die Zeit der Zerrissenheit, des inneren Zwiespalts vorbei; endlich war es nicht mehr nötig, sich zu verstellen, der englischen Partei am Hofe ein berechnet-freundliches Gesicht zu zeigen. Endlich konnte er wieder so sein, wie er sein wollte: offen, gerade, derb und unverstellt. Kaum, daß er das ratifizierte Vertragsexemplar in der Hand hielt, eilte er freudestrahlend durch die Gänge des Potsdamer Schlosses und betrat tief aufatmend das Tabakskollegium. Er gebot seinen schnauzbärtigen Militärkumpanen Ruhe, griff nach dem Bierkrug, trank auf das Wohl der deutschen Nation und hielt aus dem Stegreif eine Rede, die selbst den abgefeimtesten Schurken wie Seckendorff und Grumbkow zu Herzen ging. »Alle deutschen Fürsten sind Schelme, die es nicht gut mit Kaiser und Reich meinen! Und ich müßte auch einer sein, wenn ich mich anders verhielte.« Er blickte sich in der Runde um und fuhr fort: »Einen Kaiser müssen wir haben! Also bleiben wir beim Hause Österreich, und der ist kein ehrlicher Deutscher, der hierzu nicht einwilligt.« Er machte eine Pause, um dann in tiefem Ernst zu sagen: »Kein Engländer und Franzose soll über uns Deutsche gebieten! Ich will meinen Kindern Pistolen und Degen in die Wiege geben, daß sie die fremden Nationen aus Deutschland helfen abhalten! Die Ausländer wollen uns Befehle geben und über uns kommandieren, als ob sie die Herren in Deutschland wären. Wenn die Franzosen auch nur ein einziges Dorf in Deutschland attackieren, dann müßte das ein Kujon von einem deutschen Fürsten sein, der nicht den letzten Blutstropfen daran wagt, sich dagegenzusetzen!« Friedrich Wilhelm holte tief Luft. Er hatte sein deutsches Bekenntnis mit größter Leidenschaft hervorgestoßen und schloß mit den Worten: »Nichts wäre besser, als wenn man einen großen Kurfürsten- und Fürstentag ausschriebe, wo wir den Kaiser selbst sprechen könnten. Ich will der erste sein, der dabei erscheint. Und ich will gewiß zeigen, daß ich gut patriotisch bin ...«

Die Freude währte nicht allzu lange. Denn selbstverständlich wurde auch das Geheimabkommen von Wusterhausen verraten. Frankreich und England machten dem Soldatenkönig heftige Vorwürfe, während Königin Sophie Dorothea geradezu außer sich geriet. Ihr ausgetüftelter Plan der Doppelheirat war ernsthaft in Frage gestellt. Keinen Augenblick dachte sie jedoch an Resignation; bewaffnet mit dem Stolz und dem Hochmut des Welfenhauses, verdoppelte sie ihre Anstrengungen, bestärkte ihre beiden ältesten Kinder in der englischen Tendenz und strickte in ihren Frauengemächern an neuen Kabalen. Doch der Tod ihres Vaters, Georgs I. von England-Hannover, am 22. Juni 1727 verschlechterte die Situation. Zwar setzte sich Rüdiger von Ilgen, der langjährige Leiter der preußischen Außenpolitik, noch in seinen letzten Lebenstagen für ein gutes preußisch-englisches Verhältnis ein, aber die tief sitzende Antipathie zwischen Friedrich Wilhelm und seinem Schwager, dem neuen britischen König Georg II., verhinderte jede Annäherung zwischen Berlin und London. Georg II. war derjenige, der es nie verwinden konnte, daß ihn Friedrich Wilhelm einst, als sie noch in Hannover miteinander spielten, so kräftig verdroschen hatte. Wo immer es ging, machte er süffisante Bemerkungen über den Preußenkönig. Er nannte ihn entweder »Bruder Unteroffizier« oder bezeichnete ihn ironisch als »des Heiligen Römischen Reiches Erzsandstreuer«. Friedrich Wilhelm revanchierte sich, indem er Georg II. als »Bruder Braunkohl« oder als »den Komödianten« titulierte.

Das war natürlich Wasser auf Seckendorffs Mühlen. Je schlechter die Beziehungen zu den Westmächten wurden, desto leichter gelang es ihm, den Soldatenkönig in der Freundschaft mit Wien zu erhalten. Er war mit anwesend, als Friedrich Wilhelm in seiner grenzenlosen Naivität am 24. Februar 1728 einen Brief an den Kaiser diktierte, in dem es hieß: »Ich gebe Ew. Majestät mein königliches Wort, daß nichts jemals vermögend genug sein soll, mich im Geringsten von demjenigen abzulenken, was ich Ew. kaiserl. Majestät aus so vielen und starken Considerationen schuldig bin, und bei dessen gewissenhafter Erfüllung ich bis an mein Grab verharren werde.«

Nun verwandelte sich das Berliner Schloß in eine Hölle. Sophie Dorothea, die alle ihre Felle davonschwimmen sah, spie Gift und Galle. Seckendorff berichtete nach Wien: »Mein Gesicht ist der Königin so verhaßt, daß ich während der Tafel oft nur mit vieler Mühe Antwort erhalten kann.« Vor allem aber entbrannte jetzt, im Frühjahr 1728, ein haßerfüllter Konflikt zwischen Vater und Sohn, zwischen Friedrich Wilhelm und dem sechzehnjährigen Kronprinzen Friedrich. Wir werden von dieser größten Tragödie im Leben des Soldatenkönigs im nächsten Kapitel hören. Volle fünf Jahre, bis 1733, sollte dieses beispiellose Familiendrama währen, mit Zuspitzungen auf Leben und Tod, bis an den Rand der physischen und psychischen Existenz der Beteiligten.

1729 nahm Sophie Dorothea ihre Bemühungen um das Projekt der Doppelheirat erneut auf. Kronprinz Friedrich, mit dem Vater tödlich verfeindet, erklärte jedem, der es hören oder nicht hören wollte, er werde niemals einer anderen Frau als seiner englischen Cousine Amalie die Hand zur Ehe reichen. Prinzessin Wilhelmine schaltete sich in das Intrigenspiel ein und trieb mit Umsicht und Klugheit die Annäherung an London voran. Seckendorff machte sorgenvolle Stunden durch; die englische Partei in Berlin war wieder in vollem Vormarsch begriffen.

Das britische Parlament, in dem die Whigpartei eifrig für ein enges Zusammengehen mit Preußen warb, beschloß nun, die Initiative in Sachen der geplanten Doppelheirat zu ergreifen. Am 2. April 1730 traf Sir Charles Hotham als Außerordentlicher Gesandter des englischen Königs in Berlin ein. Er überbrachte ein großzügiges Angebot: König Georg II. verzichtete auf jede Mitgift für Prinzessin Wilhelmine, wenn sie den britischen Thronfolger ehelichte, während Amalie, wenn sie Kronprinz Friedrich die Hand reichte, eine Aussteuer von 100 000 Pfund Sterling und die Statthalterschaft über Hannover bekommen sollte. Das Londoner Parlament bot an, daß Kronprinz Friedrich mit seiner jungen Gemahlin auf englische Kosten sorgenfrei in Hannover residieren könne, bis er eines Tages zum preußischen König berufen würde.

Wilhelmine und Fritz faßten sich an den Händen und tanzten jubelnd durch die Schloßzimmer. Sophie Dorothea frohlockte. Jetzt schien alles auf dem besten Wege. Friedrich Wilhelm jedoch war von den englischen Angeboten wenig begeistert. Daß Wilhelmine nach London heiraten und englische Thronfolgerin werden sollte, vor allem, daß er ihr keinen Pfennig Mitgift zahlen mußte, fand seinen vollen Beifall. Was jedoch den Sohn Friedrich anbetraf, mit dem er fast jeden Tag furchtbare Auftritte hatte, den er für einen nichtsnutzigen, eingebildeten Fant hielt, behagte ihm der Gedanke an eine Übersiedlung desselben nach Hannover gar nicht. Was sollte aus diesem hochmütigen Bengel werden, wenn er in Saus und Braus in Hannover lebte, wenn er das von den Engländern gepumpte Geld sorglos aus dem Fenster warf, es für seine Allotria-Allüren verschwendete? Dieser eitle junge Mensch, der ihm, dem Vater, in allem so konträr war, der nichts von Pflicht und Schuldigkeit hielt, der die leichtfertigen Weiber und das unmännliche Flötenspiel liebte, der sollte dann eines Tages der König von Preußen werden? Wenn dieser Fritz, der den eigenen Vater offensichtlich haßte, Statthalter von Englands Gnaden in Hannover wäre, würde er nicht eines Tages, in einem möglichen Kriegsfalle, gar den Degen gegen sein preußisches Vaterland ziehen? Diesem Kerl, der nur verächtliche Fratzen schnitt, wenn man ihm ins Gewissen redete, war gewiß alles zuzutrauen. »Nein«, sagte Friedrich Wilhelm zu Hotham, »der Fritz ist noch zu jung zum Heiraten (Kronprinz Friedrich war achtzehn Jahre alt). Er muß sich erst bewähren. Er muß sich erst die zur Führung eines Hauswesens nötigen Eigenschaften erwerben und wenigstens achtundzwanzig Jahre alt werden.«

Der Gesandte Hotham wies sofort darauf hin, daß das britische Verhandlungspaket nicht aufgeteilt werden könne, ließ sich im übrigen durch die Unentschlossenheit des preußischen Monarchen nicht weiter irritieren, behielt ständigen Kontakt mit Sophie Dorothea und ihren Kindern. Aber auch Seckendorff und Grumbkow, durch Hothams Mission alarmiert, blieben nicht untätig, bearbeiteten die Seele des Soldatenkönigs. Abends, im Tabakskollegium, im Gespräch mit dem Dessauer, philosophierte Friedrich Wilhelm vor sich hin:

Allianz! Was heißt das schon? Ist man dadurch besser Freund in der Welt? Weiß Gott, ich wünsche meinen Blutsverwandten (dem Welfenhause) von Herzen alles Glück und Wohlsein. Wenn es nur nicht auf meine Kosten und gegen meine Verfassung (also seinen preußischen Militär- und Wohlfahrtsstaat) geht. Denn die sticht den Herren Engländern-Hannoveranern in die Augen! *Meine Verfassung, c'est la pierre de touche* (das ist der Probierstein).

Vielleicht wäre Hotham, ungeachtet der Gegenminen, die Seckendorff ständig legte, zu vollem Erfolg gelangt, wenn er nicht einen entscheidenden taktischen Fehler begangen hätte. Er trug dem Soldatenkönig vor, daß sein Gesandter von Reichenbach, der in London residierte, ein gekauftes Subjekt der Österreicher sei, verlangte dessen Abberufung und überdies Grumbkows Sturz, der mit im Komplott sei. So unbestreitbar richtig dies alles war, der britische Sondergesandte trat damit der Souveränität des preußischen Königs entschieden zu nahe. Friedrich Wilhelm, sichtlich indigniert, war aber von der nichtvorhersehbaren Attacke dermaßen überrascht, daß er erklärte, erst wolle er schriftliche Beweise der Verrätereien Reichenbachs und Grumbkows sehen, bevor er sich entscheide.

Während Sir Charles Hotham einen Eilboten nach London jagte, um die Beweisstücke aus den britischen Archiven zu holen, ging Seckendorff, der alles erfahren hatte, und zwar dadurch, daß Sophie Dorothea und Wilhelmine nicht den Mund halten konnten, zum Gegenangriff vor. Ob er, der König, sich dem britischen Herrscher unterordnen wolle, der ihm seine Minister vorschriebe, fragte er Friedrich Wilhelm abends im Tabakskollegium. Das sei nur der Anfang; bald werde London über Berlin regieren. Friedrich Wilhelm, in seiner fürstlichen Würde getroffen, brütete finster vor sich hin. Sodann trafen Geheimberichte Reichenbachs in Berlin ein, die Seckendorff heimlich bestellt hatte und die auf die Behauptung hinausliefen, das ganze Heiratsprojekt sei in London nur erdacht, um den Preußenkönig für immer mit dem Kaiser in Wien zu entzweien; England wolle Preußen wieder zur englisch-französischen Allianz zurückbringen, und die angebotene Statthalterschaft in Hannover für den Kronprinzen habe nur den Hintersinn, eines Tages, wenn Friedrich König werde, den Hohenzollern-Staat wie eine abhängige Provinz gängeln zu können.

Das alles war nichts als bestellte Arbeit im österreichischen Interesse. Und doch war auch wieder alles wahr, denn die Briten dachten nicht daran, selbstlos zu handeln. Ihr wirkliches Ziel war natürlich, den zukünftigen preußischen König, der später unter dem Namen »Friedrich der Große« in die Geschichte eingehen sollte, schon als Kronprinz an sich zu fesseln und ihn zu einem Satelliten Großbritanniens zu zähmen. Der Soldatenkönig, so impulsiv und chaotisch es auch in seinem Herzen zuging, erspürte diese Absichten in seiner Bauernschlauheit sehr genau.

Andererseits war er unfähig zu erkennen, daß Großmachtpolitik immer mit Hintergedanken betrieben wird und daß es eine bürgerliche Moral in der internationalen Diplomatie nun einmal nicht gibt (was sein Sohn Friedrich später so erfolgreich erkennen und praktizieren sollte), weil er selbst für ein listenreiches Maskenspiel einfach nicht geboren war. Seine Hilflosigkeit, seine Unfähigkeit, beherrscht, kühl und überlegen zu reagieren, schlug in maßlose Wut um. Als Gesandter Hotham am 10. Juli 1730 bei ihm zur Audienz erschien und ihm die Schriftstücke übergeben wollte, die soeben aus London angekommen waren und Grumbkows Verrat unzweifelhaft bewiesen, entlud sich sein Grimm in einer beispiellosen Szene. Er nahm die Briefe, warf sie verächtlich zu Boden, hob wütend den Krückstock, nannte Sir Charles einen »Scheißer«, drohte ihm pantomimisch Fußtritte an, verließ den Audienzsaal und warf hinter sich krachend die Tür ins Schloß.

Natürlich bereute er seinen Wutausbruch sofort und ließ sich durch den Minister von Borck bei Hotham entschuldigen. Die Forderung des arroganten Briten, der König müsse die Schriftstücke dort, wo er sie hingeworfen habe, in Gegenwart des Gesandten wieder aufheben, lehnte er jedoch kategorisch ab und ließ den schäumenden Hotham, ohne ihn nochmals zu empfangen, nach London abziehen. Das fünfjährige Drama um das Projekt der »Doppelheirat« war für immer zu Ende. Sophie Dorothea resignierte, und in den letzten zehn Jahren der Ehe fiel das derbe Kosewort »mein Fiekchen« nicht mehr. Die Zeche der ganzen Intrige mußte – schon bald – der Sohn, Kronprinz Friedrich, bezahlen.

In den Jahren von 1730 bis 1732 beschränkte sich Friedrich Wilhelms Außenpolitik auf das angestrengte Bemühen, sein »herzliches Einvernehmen« mit dem Kaiserhaus zu erhalten. In London und Paris war das Ansehen Preußens auf einen Tiefpunkt gesunken, die Beziehungen zu Rußland waren seit dem Tode Peters I. erkaltet. Hin und wieder wurde dem Soldatenkönig seine selbstverschuldete Isolation schon bewußt. Aber er klammerte sich dann um so enger an den Kaiser, Karl VI., dem er am 12. Oktober 1731 schrieb:

> Ihro kaiserlichen Majestät werther Freundschaft halte ich mich gänzlich versichert. Die meinige soll unverbrüchlich sein, solange ich lebe! Denn wenn auch alle übrigen dieselbe verlassen sollten, so bin ich fest entschlossen, bei diesem meinem wahren Freunde treu und aufrichtig zu stehen, sein Glück und Unglück immerdar zu theilen.

Der »wahre Freund« Karl war keineswegs geneigt, die rührende Anhänglichkeit des Preußenkönigs zu honorieren. Er hatte von Friedrich Wilhelm das bekommen, was er gewollt hatte, nämlich die Anerkennung der »Pragmatischen Sanktion«, und er dachte nicht einen Augenblick daran, seine vagen Versprechungen von Wusterhausen hinsichtlich der Sache Jülich–Berg zu konkretisieren. Insbesondere wünschte er nicht, mit dem preußischen Herrscher persönlich zusammenzutreffen, worauf Friedrich Wilhelm seinerseits unablässig drängte. Die kaiserlichen Minister zu Wien führten ihrem Monarchen immer wieder vor Augen, daß es von »summae consequentiae« wäre, wenn der Kaiser einem gewöhnlichen Kurfürsten die rechte Hand geben, ihn als gleichberechtigten Monarchen behandeln müßte; es handele sich bei dem Mann in Berlin um einen bloßen, mitnichten ebenbürtigen »Emporkömmling«. Doch Seckendorff wies warnend darauf hin, daß es ein verhängnisvoller Fehler wäre, dem Soldatenkönig die Erfüllung seines Herzenswunsches, sich »von Mann zu Mann« mit dem Kaiser auszusprechen, zu verweigern. Und so kam es denn im Sommer 1732 endlich zu der lang diskutierten Zusammenkunft, zu einem »Gipfeltreffen«, wie wir heute sagen würden.

Am 27. Juli 1732 verließ Friedrich Wilhelm Berlin. In seiner Begleitung befanden sich Grumbkow, Seckendorff, der holländische Gesandte Ginkel und mehrere preußische Generäle. Die Reise ging über Frankfurt/Oder, Liegnitz und Glatz nach Böhmen. Der dicke Preußenkönig schwitzte furchtbar in der Sommerhitze, aber selten hatte man ihn so vergnügt und fröhlich wie auf dieser Fahrt gesehen. Von Jaromierz, einem böhmischen Städtchen, in dem man Station machte, wurde General Grumbkow vorausgeschickt, um dem kaiserlichen Ehepaar, das auf dem Jagdschloß Chlumetz weilte, die Komplimente zu machen. Karl VI. bestimmte Kladrub zum Ort des Zusammentreffens, wo er ein großes Gestüt besaß. Das war eine glatte Unverschämtheit, eine Brüskierung des Preußenkönigs. In Wien wünschte man eben, die Bedeutung des unerwünschten Zusammentreffens vor der Öffentlichkeit kräftig herunterzuspielen. Friedrich Wilhelm I., in seiner Naivität, ignorierte alle Prestigefragen.

In der Nacht schlief der Soldatenkönig kaum, so aufgeregt und voller Vorfreude war er. Am nächsten Morgen stieg er zu Pferde und war der erste in Kladrub, wo er vom Prinzen Eugen empfangen wurde. Als die kaiserliche Karosse herankam, konnte sich Friedrich Wilhelm nicht mehr bezwingen: Er eilte auf den Wagen zu, riß den Türschlag auf, schloß den überraschten Kaiser in seine Arme und drückte ihn ans Herz. Er vergoß Freudentränen. Der Kaiser war über dieses Benehmen äußerst irritiert. Steif und schweigsam schritt er auf das Holzgerüst zu, das zur Besichtigung der Stuterei für die hohen Herrschaften errichtet worden war, während Friedrich Wilhelm hinter ihm hergehen und die schöne Kaiserin Elisabeth an der Hand führen mußte.

Mittags saß man zwei Stunden bei der Tafel. Friedrich Wilhelm hätte so gerne Toaste ausgebracht, auf den Kaiser, auf Deutschland, auf die Freundschaft. Aber Karl VI. stocherte in spanischer Hofgrandezza gelangweilt und abwesend in den Speisen herum. Es war ein Glück, daß die anmutige und kluge Kaiserin Elisabeth, eine gebürtige Prinzessin von Braunschweig, dem Preußenkönig gegenübersaß. Sie kannte ihren geistlosen Mann und störte sich nicht an seinem verletzenden Benehmen. Munter plauderte sie mit Friedrich Wilhelm, und sie war die einzige in der ganzen Hofgesellschaft, die an der unverstellten Offenheit, an dem gesunden, praktischen Menschenverstand des preußischen Herrschers Gefallen fand.

Friedrich Wilhelm begab sich anschließend für einige Tage nach Prag, und der Kaiser ließ sich herab, dort ebenfalls zu erscheinen, allerdings nur »incognito«, also ohne den äußerlichen Glanz und Rahmen eines Gipfeltreffens. Verletzender konnte die Behandlung des preußischen Monarchen kaum mehr ausfallen, doch Friedrich Wilhelm nahm alles in Kauf, nur um seinem »Freund«, dem Kaiser, nahe sein und mit ihm in aller Offenheit über Jülich–Berg reden zu können. Daß sich in diesen Prager Tagen hinter seinem Rücken ein dramatischer Umschwung der europäischen Koalitions-Arithmetik vollzog, ahnte er nicht einmal. Während er in einem fort hinter dem muffligen Kaiser herlief, erschien der britische Sondergesandte Robinson in Prag und begann mit seinen antipreußischen Intrigen.

Zwischen den Seemächten England und Holland und dem Kaiserhaus in Wien bahnte sich eine Annäherung an, die sich gegen Frankreich richtete. Georg II. von England, der sich zu der Zeit in Hannover aufhielt (was Friedrich Wilhelm nicht einmal mitgeteilt wurde), wünschte, daß sein preußischer Schwager in der neuen Koalition nur eine untergeordnete Satellitenrolle spielen und daß ihm die Anwartschaft auf Jülich–Berg verweigert werden sollte. Sogleich ging Robinson also zum Prinzen Eugen und trug ihm als Wunsch des englischen Kabinetts vor, man solle doch dem Preußenkönig schonungslos klarmachen, daß eine Hohenzollern-Erbfolge in Jülich–Berg, an den Gestaden des Rheins, weder vom Kaiserhof noch von einer anderen Macht in Europa jemals geduldet werden könne.

Prinz Eugen, hocherfreut, daß die Briten ihm in die eigenen Karten spielten, suchte am selben Abend noch eine Aussprache mit dem Soldatenkönig, zu der er Seckendorff mitnahm. Bereits am folgenden Tag konnte er Robinson triumphierend berichten, der Druck auf den völlig überraschten Preußenkönig habe Früchte getragen, Friedrich Wilhelm beginne in der Sache Jülich–Berg weich zu werden. Prinz Eugen zu Robinson:

> Ich habe ihm die Gefahr seiner Lage vorgestellt. Ich habe ihm zu erkennen gegeben, daß er keinen Freund als den Kaiser und Rußland hat, und er könne doch nicht verlangen, daß der Kaiser um seinetwillen mit der ganzen Welt in Konflikt komme. Er möge die Lage seines Staates erwägen, der sich gleichsam von Rußland bis zu den Niederlanden erstrecke und von allen Seiten durch solche Mächte exponiert sei, die – bei sonst sehr unterschiedlichen Interessen – gegen ihn so gut wie uniert seien...

Man muß sich das vorstellen: Der vom Soldatenkönig hochverehrte Prinz Eugen, der erste Berater seines »Freundes«, des Kaisers, drohte Preußen praktisch mit der Einkreisung, wenn es nicht Order parieren wollte! Tiefer konnte ein angeblich souveräner Staat nicht sinken. Friedrich der Große und Bismarck (die natürlich gar nicht erst nach Kladrub oder Prag gefahren wären) hätten eine solche unzumutbare Sprache niemals geduldet, hätten unverzüglich Sonderbotschafter nach Paris gesandt, um mit den Franzosen ins Gespräch zu kommen, und dem kaiserlichen Hof wäre – angesichts einer preußischen Armee von 70000 Mann – sehr schnell die Luft ausgegangen.

Nichts von alledem bei Friedrich Wilhelm. Er geriet für den Augenblick in »Rage« und war dann tief deprimiert, daß alle seine Freundschaftsschwüre und Liebesbeteuerungen für den Kaiser so geringen politischen Effekt erzielten. Während er dumpf vor sich hinbrütete, machte sich sein engster Berater, Graf Seckendorff, an den Briten Robinson heran, um sich der neuen diplomatischen Situation zwischen London und Wien anzuschmiegen. »Soll ich denn Ihres Königs Gnade niemals verdienen?« fragte er Robinson in gespielter Verzweiflung, um dann fortzufahren: »Ich danke Gott, Papiere bei mir zu haben, welche beweisen, daß ich an der Verlobung des preußischen Kronprinzen mit der Prinzessin von Bevern (die im März 1732 stattgefunden hatte) wirklich keinerlei Anteil habe.« Als Robinson, der Seckendorffs Agentenrolle in Berlin im Auftrag des kaiserlichen Hofes genau kannte, vorsichtig und zurückhaltend blieb, legte der Spionage-Graf rückhaltlos seine Karten auf den Tisch: »Ihr seid verstimmt, daß wir ein besonderes Engagement mit dem König von Preußen haben. Ich kann versichern: Wir haben jetzt keins, haben auch keins mit ihm erneut, noch werden wir solches thun! Wir haben ihn so weit heruntergebracht als möglich ist; weiter als wir selbst erwarten konnten, ohne ganz mit ihm zu brechen...« So sprach Seckendorff, der sich des intimsten Vertrauens Friedrich Wilhelms rühmen durfte, über seinen Wohltäter mit dem Vertreter einer dritten Macht.

Kein Wunder, daß das politische Ergebnis des Prager »Gipfels« für Preußen äußerst mager ausfiel. Die Bestätigung der Erbfolge in Jülich–Berg, Friedrich Wilhelms Herzenswunsch, blieb in unerreichbarer Ferne. Er hatte seine Zustimmung zur »Pragmatischen Sanktion« des

Kaisers für nichts weggegeben, hatte angesichts seiner ehrlichen Treueschwüre für das Haus Österreich keinerlei Druckmittel in der Hand, denn jedermann in Europa wußte, daß dieser »teutsche« Monarch nicht einmal zum Schein mit Frankreich anbändeln und hasardieren würde. Er konnte froh sein, daß ihm der Kaiser die Erbanwartschaft auf Ostfriesland zusicherte. Und auch das geschah ja nur, weil die Österreicher glaubten, diesen tumben König könne man beliebig an der Nase herumführen, ihm gegenüber brauche man Versprechungen niemals einzuhalten. (Niemand ahnte, daß der Sohn dieses Friedrich Wilhelm aus ganz anderem Holz geschnitzt war und daß er zwölf Jahre später, gestützt auf die kaiserliche Zusage von Kladrub, nach Aussterben des dortigen Mannesstammes kurzerhand Ostfriesland besetzen und in den preußischen Staat integrieren würde.)
Vier Monate vor dem Zusammentreffen in Kladrub und Prag, im März 1732, hatte Friedrich Wilhelm seinen zwanzigjährigen Sohn Friedrich mit der Prinzessin Elisabeth Christine von Braunschweig-Bevern, einer Nichte der Kaiserin, verlobt. Er hatte Fritz, der über diese Verbindung verzweifelt gewesen war, mit Androhung härtester Konsequenzen zur Einwilligung gezwungen, denn er war der Meinung gewesen, daß eine familiäre Konnexion mit dem kaiserlichen Hause für Preußen und für seinen Nachfolger nur die schönsten Früchte tragen konnte. Es war ihm gleichgültig gewesen, daß seine Frau, Sophie Dorothea, ein hochmütig-verächtliches Gesicht gezogen, daß sein Sohn, Kronprinz Friedrich, nur Hohn und Spott über diese Zwangsverbindung ausgegossen hatte; die Staatsräson Preußens hatte allem voranzugehen. Nun, einige Monate nach dem »Gipfel« von Prag, im Herbst 1732, fiel Friedrich Wilhelm aus allen Wolken, als ihm endlich ein Licht über die Veränderung der politischen Landschaft in Europa aufging. Mit allem hatte er gerechnet, aber nicht mit einer Annäherung von London und Wien! Er hatte ehrlichen Herzens geglaubt, daß ein Techtelmechtel zwischen dem österreichischen Adler und dem britischen Walfisch ganz ausgeschlossen sei.
Für die Hofräte in Wien sah die diplomatische Welt, an deren Kontinuität Friedrich Wilhelm in Prag noch immer geglaubt hatte, längst anders aus. Eine enge familiäre Anbindung Berlins an den kaiserlichen Hof lag kaum noch in ihrem Interesse. Viel wichtiger schien es jetzt,

Berlin und London miteinander zu versöhnen, um durch Beitritt Preußens die antifranzösische Koalition zu stärken. Demgemäß erhielt Seckendorff aus Wien die Instruktion, das längst totgeglaubte Projekt der »Doppelheirat«, das die österreichische Politik jahrelang bekämpft und schließlich zum Scheitern gebracht hatte, erneut ans Tageslicht zu befördern. Der Agenten-Graf sollte Friedrich Wilhelm dazu bewegen, die Verlobung Kronprinz Friedrichs mit Elisabeth Christine von Braunschweig–Bevern rückgängig zu machen.

Das schlug dem Faß den Boden aus. Der Soldatenkönig geriet außer sich über ein Intrigen- und Maskenspiel, das ihm schurkisch und ehrlos erschien. Seckendorff, als er den König im Wiener Auftrag bedrängte, erhielt zum ersten Mal »unmanierliche Antworten«, mußte sogar für einige Zeit den Hof verlassen. An einem Dezemberabend des Jahres 1732 brach im Tabakskollegium die ganze Verzweiflung aus Friedrich Wilhelm heraus: »Nein, ich kann es nicht mehr aushalten!« Er schlug mit der Faust auf den Tisch. »Es frißt mir das Herz ab! Mich zur Begehung einer Niederträchtigkeit bringen wollen! Mich! Mich!« Er warf einen Bierkrug um. »Nein, niemals! Die verfluchten Intrigen! Der Teufel soll sie holen!« Grumbkow, dem bei diesem Sturzbach der Leidenschaft nicht wohl war und der sich ohne Seckendorffs Anwesenheit unsicher fühlte, wollte begütigen. Aber Friedrich Wilhelm sprang auf: »Was? Mich zum Schelm machen? Ich will es allen laut heraussagen, daß mich gewisse verfluchte Schurken haben betrügen wollen! Leute, die mich kennen sollten (er spielte auf Seckendorff an), wollen mich einen faux pas machen lassen... Man mutet mir Dinge wider meine Ehre zu! Soll mein Haus aussterben, so ist es besser, es stirbt ohne die Schande aus, daß das, was man heute gewollt, morgen wieder umgestoßen wird...«

Schon am nächsten Tag traf sich Grumbkow heimlich mit Seckendorff an der preußisch-sächsischen Grenze und schilderte ihm ausführlich die dramatische Szene im Tabakskollegium. Seckendorff, der bald wieder am preußischen Hof erscheinen durfte, denn das Gespräch mit ihm war Friedrich Wilhelm unentbehrlich, berichtete alles nach Wien und warnte davor, die Gutmütigkeit und Naivität des Preußenkönigs zu überfordern. In Wien zuckte man die Achseln. Diesen Pruzzenkönig würde man schon leiten können, wie man wollte. Und da die Vermählung des Kronprinzen Friedrich mit Elisabeth Christine noch nicht anstand, forderte man Seckendorff auf, den Monarchen in Berlin zu beruhigen. So geschah es. Seckendorff hielt in den nächsten zwei, drei Monaten im Tabakskollegium wieder seine treuherzigen Propagandareden für den Kaiser, und für Friedrich Wilhelm war die Welt wieder in Ordnung. Am 23. März 1733 schrieb er nach Wien: »Meine Feinde mögen thun, was sie wollen, so gehe ich doch nicht ab vom Kaiser! Oder der Kaiser muß mich mit den Füßen wegstoßen, sonst ich mit Treue und Blut bis ans Grab sein verbleibe.«

Das ironische Lächeln auf den Gesichtern der Wiener Hofräte beim Lesen dieser Zeilen kann man sich unschwer vorstellen. Und so kam, was kommen mußte: Als in Wien bekannt wurde, daß die Vermählung des preußischen Kronprinzen mit der braunschweigischen Prinzessin kurz bevorstehe, erhielt Seckendorff von dort den gemessenen Auftrag, noch im letzten Augenblick energisch bei Friedrich Wilhelm gegen die Eheschließung zu intervenieren. Selbst dem aalglatten Spionage-Grafen war diesmal nicht wohl bei der Sache; der preußische Hof hatte sich bereits nach Salzdalum bei Wolfenbüttel begeben, wo in wenigen Tagen die Hochzeit stattfinden sollte. Sogar sein Freund Grumbkow ließ ihn diesmal im Stich und sagte, das ginge zu weit, das könne nicht gutgehen, der Graf solle die Finger davon lassen. Aber was half es? Befehl war Befehl. Seckendorff eilte nach Salzdalum.

Einen Tag vor der Hochzeit, am Morgen des 11. Juni 1733, trat Graf Seckendorff in das Vorzimmer des Königs. Er erkundigte sich vorsichtig bei dem von ihm bestochenen Kammerdiener Eversmann und erfuhr zu seiner Beruhigung, daß Friedrich Wilhelm gut geruht hatte. Inzwischen war es neun Uhr geworden. Seckendorff zögerte. Niemand kannte ja besser als er die ungestüme, hitzige Natur Friedrich Wilhelms. So schickte er erst einmal Eversmann mit der Nachricht ins Schlafzimmer, er, Graf Seckendorff, habe durch Eilkurier eine Depesche aus Wien erhalten und dem König etwas sehr Wichtiges, aber durchaus nichts Unangenehmes vorzutragen. Friedrich Wilhelm, noch im Bett und voller Vorfreude auf den Hochzeitstag, ließ den Grafen ohne weitere Umstände eintreten.

Wir kennen die folgende Szene aus einem Brief Seckendorffs an den Prinzen Eugen, den er zwei Tage später, am 13. Juni, aufsetzte. Der

Graf schrieb: »Beim Eintritt in das Schlafgemach sagte ich zu dem im Bette liegenden König mit lächelndem Munde(!), daß mir vom Prinzen Eugen durch Eilkurier ein Befehl zugekommen sei, und ich hätte ihm einige Eröffnungen über eine äußerst wichtige Sache zu machen, aber er müsse mir im voraus versprechen, mich in Geduld anzuhören und sich nicht zu ereifern.« Friedrich Wilhelm, in strahlender Laune, versprach alles, und Seckendorff trug nun in aller Ausführlichkeit das Begehren des Wiener Hofes vor, die für den nächsten Tag angesetzte Hochzeit der beiden jungen Brautleute im Interesse höherer Politik und seiner »treuen Freundschaft« zum Kaiser rückgängig zu machen. Friedrich Wilhelm hörte in steinerner, für ihn ganz ungewöhnlicher Ruhe zu. Er war offensichtlich wie vom Donner gerührt und benötigte eine Weile, sich zu fassen. Dann sagte er in tiefem Ernst (Seckendorff hat es überliefert):

Wenn ich Sie nicht so gut kennte und nicht wüßte, daß Sie ein ehrlicher Mann sind, dann glaubte ich – ich träume! Hätte man so vor drei Monaten mit mir gesprochen, so wüßte ich nicht, was ich aus Liebe für Ihro kaiserliche Majestät alles getan hätte... Aber nun, da ich mit der Königin schon hier bin und ganz Europa weiß, daß morgen das hochzeitliche Beilager geschehen soll, so ist es abermals eine *englische* Finesse, mich vor der ganzen Welt für einen wankelmütigen Menschen ansehen zu machen, der weder Ehre noch Parole zu halten gewohnt ist.

Seckendorff begriff blitzschnell, daß der Soldatenkönig die skandalöse Intrige gar nicht durchschaute, sondern alles für Machinationen der bösen Briten hielt. Er versicherte Friedrich Wilhelm der herzlichsten Liebe des Kaisers, der ja nur die besten Absichten für seinen preußischen Freund verfolge. Der König erheiterte sich bei diesen Worten sichtlich, nahm ganz ruhig die Depesche des Prinzen Eugen aus Seckendorffs Hand, las sie und gab sie dem Grafen mit den Worten zurück: »Geben Sie das Schreiben an Grumbkow und Borck weiter. Sagen Sie ihnen, daß ich mich durch keine Vorteile in der Welt würde bewegen lassen, meiner Ehre einen solchen Schandfleck anzuhängen und die in vierundzwanzig Stunden zu vollziehende Hochzeit aufzuschieben oder gar abzusagen.« Dann stand Friedrich Wilhelm auf, sagte, das Aussöhnungswerk mit England überlasse er vertrauensvoll ganz und gar dem Kaiser, reichte Seckendorff die Hand und schloß, er sei ein ehrlicher Mann und habe nur seine Pflicht getan.

Ein Jahr später, 1734, brach der »Polnische Erbfolgekrieg« aus. England und Holland hielten sich neutral, aber der Kaiser, Karl VI., stritt sich mit Frankreich über die Frage, wer den polnischen Thron innehaben solle, nachdem August der Starke ein Jahr zuvor gestorben war. Für Preußen war die Sache höchst gleichgültig, jedenfalls keinen Schuß Pulver wert. Aber der Kaiser setzte auf dem Reichstag in Regensburg durch, daß Frankreich der »Reichskrieg« erklärt wurde. Die deutschen Kurfürsten von Köln, Bayern und von der Pfalz dachten mitnichten daran, ihrem Kaiser zu folgen und sich mit den Franzosen anzulegen; sie zogen ihre eigenen Interessen denen des Kaisers vor. Friedrich Wilhelm jedoch war sofort Feuer und Flamme: »Germania teutscher Nation« mußte geholfen werden! Hatte er nicht einmal an festlicher Tafel im Schlosse zu Berlin laut ausgerufen: »Der ist ein Hundsfott, der mich für französisch hält!« und darauf einen Toast ausgebracht? Er bot dem Kaiser sofort ein preußisches Koalitionsheer von 50000 Mann an, eine ungeheure Truppenmacht für die damalige Zeit, und war maßlos verblüfft, als man in Wien abwinkte und nur die üblichen 10000 Mann forderte. Merkte er denn immer noch nicht, daß man am Kaiserhof Preußen als untergeordnete Auxiliarmacht betrachtete, daß man in ihm, Friedrich Wilhelm, ungeachtet aller schönen Worte nichts als den »Kurfürsten von Brandenburg« sah?

Anfang Mai 1734 marschierten 10000 Mann preußischer Truppen an den Rhein zur kaiserlichen Armee, die unter dem Befehl des einundsiebzigjährigen Prinzen Eugen stand. Im Juli trafen Friedrich Wilhelm und sein Sohn, der zweiundzwanzigjährige Kronprinz Friedrich, auf dem Kriegsschauplatz ein. Der Soldatenkönig teilte alle Beschwernisse seiner Soldaten, kümmerte sich um die Organisation, die Verpflegung und die Betreuung der Kranken. Es waren ja schließlich seine »lieben blauen Kinder«. Den Prinzen Eugen behandelte er mit größtem Respekt, als einen alten, vertrauten Freund. Sein Sohn aber hielt die Augen auf. Er sah, daß die österreichische Armee nichts taugte im Vergleich zu den preußischen Truppen. Er analysierte kühl die Feldherrntätigkeit des senilen Prinzen Eugen, der operativ nichts mehr zustande brachte und sich sogar die Festung Philippsburg von den Franzosen vor der Nase wegschnappen ließ. Dieser junge Mann sah alles; sein scharfer, durchdringender Blick ließ sich nichts vormachen. Er empfand nicht die geringste Verbindlichkeit den Kaiserlichen gegenüber, lächelte gleichwohl jedermann freundlich an, fragte die österreichischen Offiziere bis aufs Hemd aus und notierte alles – für später – in seinem blitzgescheiten Kopf. Welch ein Gegensatz zum Vater, der darunter litt, daß seine Landsleute, die lieben »Teutschen«, so wenig gegen die verfluchten Franzosen ausrichteten.

Mitte August verließ der König den Kriegsschauplatz. Sichtlich deprimiert reiste er den Rhein hinunter nach Wesel und begab sich dann zu einem kleinen Erholungsurlaub auf das Gut des holländischen Gesandten in Berlin, General Ginkel, das an der deutsch-holländischen Grenze lag. Hier fand er Trost und Zuspruch, beging der schwergewichtige Mann in fröhlicher Runde seinen sechsundvierzigsten Geburtstag. Am nächsten Tag war er todkrank. Die Wassersucht machte ihn völlig bewegungsunfähig, stöhnend und seufzend rang er um Luft. Mitte September schaffte man ihn mit Mühe nach Potsdam.

Drei Monate lang, bis Mitte Dezember, ging es dem König sehr schlecht. Er verbrachte die Tage und Nächte im Bett oder im Rollstuhl. Seine schriftlichen Arbeiten erledigte er mit zusammengebissenen Zähnen weiter, gab auch Audienzen und leitete Besprechungen. Aber dann ließ er sich wieder ruhelos durch die Gänge des Schlosses fahren und rief ängstlich nach Luft. Es war – abgesehen von der Katastrophe seines Konflikts mit dem Sohn – die schwerste Zeit im Leben des Soldatenkönigs. Er selbst wie alle Welt waren fest davon überzeugt, daß es mit ihm zu Ende ging. Aber diese furchtbaren Monate hatten auch ihr Gutes. Endlich stand Friedrich Wilhelm nicht mehr unter dem unheilvollen Einfluß Seckendorffs, der auf dem westlichen Kriegsschauplatz geblieben war. Und Sophie Dorothea, die ihren inneren Groll überwand und ihrem schwerkranken Mann viel Zuwendung entgegenbrachte, hielt auch den anderen Schuft, Grumbkow, weitgehend von ihm fern.

Und jetzt, zum ersten Mal überhaupt, begann Friedrich Wilhelm an »seinem« Kaiser zu zweifeln. War er nicht all die Jahre schändlich betrogen worden? Waren des Kaisers Zusicherungen für seine Anwartschaft auf Jülich und Berg vielleicht nur Finten gewesen? Hatte man ihn zum Narren gehalten, nur um seine Anerkennung der »Pragmatischen Sanktion« zu erreichen? Zum österreichischen Gesandten sagte er bitter:

> Man will mich glauben machen, schwarz sei weiß und weiß sei schwarz... Nun sehe ich klar, daß man in Wien den geheimen Vertrag mit mir nicht halten will, und daß ich leer ausgehen soll. Es scheint beinahe, als habe man in Wien Treue und Glauben beiseite gesetzt... Aber vielleicht kommt einmal die Zeit, wo der Kaiser bereuen wird, daß er seinen besten Freund so empfindlich beleidigt und anderen aufopfert...

Neuer österreichische Gesandter war ein gewisser Fürst von Lichtenstein, der an die Stelle Seckendorffs getreten war. Durch ihn kam nun auch das Schlimmste heraus. Lichtenstein beschwerte sich nämlich über bestimmte »derbe« Ausdrücke, die Seckendorff in seinen Berichten nach Wien verwandt habe. Und Friedrich Wilhelm mußte begreifen, daß all die streng vertraulichen, gänzlich rückhaltlosen Äußerungen und Privatschreiben, die er jahrelang an Seckendorff gerichtet hatte, von dem Spionage-Grafen unverzüglich nach Wien kolportiert worden waren, denn die »derben« Worte waren natürlich seine eigenen gewesen, die Seckendorff in den Berichten nach Wien brühwarm zitiert hatte. Der Soldatenkönig stöhnte auf. Er hatte eine Schlange an seinem Herzen genährt.

Als am 5. Oktober 1735 der Präliminarfriede zwischen dem Reich und den Franzosen in Wien unterzeichnet wurde und den polnischen Erbfolgestreit beendete, wobei Deutschland endgültig jeden Anspruch auf Lothringen verlor, wurde Friedrich Wilhelm nicht einmal unterrichtet. Man hielt es am Kaiserhof auch nicht für nötig, den »Brandenburger« über die Vermählung Maria Theresias mit Herzog Franz von Lothringen, zu verständigen, den der Preußenkönig ja schließlich als künftigen Deutschen Kaiser anerkennen sollte (wie es die »Pragmatische Sanktion« verlangte). Friedrich Wilhelm, der inzwischen durch die ärztliche Kunst des Professors Hoffmann aus Halle wieder notdürftig gesundet war, wollte das alles zuerst gar nicht glauben. Aber dann, im Zustand bitterster Enttäuschung, brach hervor, was sich so lange in ihm aufgestaut hatte: »Der Kaiser traktiert mich und alle Reichsfürsten wie Schubjaks!« Die hellen Tränen liefen ihm über die Wangen. »Ich habe das gewiß nicht an ihm verschuldet!« Und nach längerer Pause: »Ich examiniere mich immer wieder, ob ich jemals auch nur einen einzigen Gedanken gehabt habe, womit ich des Kaisers Interesse zu nahe getreten wäre. Allein, ich mag mich prüfen wie ich will, ich kann nichts finden ...«

Der Soldatenkönig arbeitete in den ersten Monaten des Jahres 1736 wie ein Berserker. Er wollte die durch seine Krankheit verlorene Zeit wieder einholen, und er suchte sich und seinen Kummer zu betäuben. Aber die Enttäuschung fraß an seiner Seele. Am 2. Mai 1736, anläßlich eines großen Paradeempfangs, an dem der Kronprinz und die gesamte Generalität teilnahmen, deutete Friedrich Wilhelm plötzlich auf seinen Sohn und sprach die merkwürdigen Worte: »Hier steht einer, der mich rächen wird.«

Genug. Es ist zum Erbarmen, die traurige Geschichte des Diplomaten und Außenpolitikers Friedrich Wilhelm berichten zu müssen. Selbst dem kältesten Zyniker muß es das Herz zerreißen, die tragikomische Posse um einen Gefoppten, um einen Naivling zu verfolgen. Es geschah nichts Bemerkenswertes mehr in den letzten vier Jahren der Regierungszeit Friedrich Wilhelms I. Niemand fürchtete ihn, alle verlachten ihn, die Großmächte beuteten seine lächerlichen Schwächen aus, die ihn für jedermann berechenbar und »bestechbar« machten. In Wien, London, Paris, Den Haag und Dresden betrachtete man ihn als Spielball der europäischen Politik, amüsierte man sich über seine umwerfende Tumbheit, über seine totale Unfähigkeit zum schlauen Maskenspiel.

Friedrich Wilhelm I. konnte den Ruhm für sich in Anspruch nehmen, der friedlichste Fürst seiner Zeit gewesen zu sein. Seine Landeskinder und Soldaten, die unter seiner harten Fuchtel seufzten, hatten kein Blut für seinen Ehrgeiz, seinen Ruhmesdurst vergießen müssen. Aber niemand dankte es ihm. Ludwig XIV., Karl XII., Peter I. und August der Starke, die allesamt im Blut oder Elend ihrer Völker gewatet waren, gingen mit Glanz und Gloria in die Weltgeschichte ein. Friedrich Wilhelm, den man den »Soldatenkönig« nannte, hatte sich nur lächerlich gemacht. Er konnte nicht ahnen, daß sein größter und zugleich geliebtester Feind, der Sohn Friedrich, eines Tages der Welt die Rechnung für seinen düpierten Vater präsentieren würde.

Der Vater

»Ich befehle Euch, für Fritz zu sorgen, wofür Euch Gott belohnen wird«, hatte Friedrich Wilhelm am 26. April 1715, beim Ausmarsch zum pommerschen Feldzug, an das Generaldirektorium geschrieben. Mit dem Gedanken an seinen Sohn war er in den Kampf um Stettin aufgebrochen.

Der Soldatenkönig hatte den Verlust der beiden ersten Söhne, die ihm Sophie Dorothea 1707 und 1710 geboren hatte, lange Zeit nicht verwunden. Als der erste Junge, Friedrich Ludwig, im Jahre 1708 starb, war Friedrich Wilhelm bis ins Innerste erschüttert auf die Knie gesunken und hatte sich ganz dem Willen und der Allmacht des »Allerhöchsten« verschrieben. Schweigend, mit stummer Ergebenheit, hatte er den zweiten Schlag empfangen, als der nachfolgende Sohn, der seinen Namen Friedrich Wilhelm trug, 1711 einer tückischen Krankheit erlegen war. Daß Prinzessin Wilhelmine, die 1709 geboren wurde, allen Kinderkrankheiten siegreich trotzte, tröstete ihn wenig. Nach den Hausgesetzen der Hohenzollernfamilie konnten sich nur Söhne die Königskrone aufsetzen.

Die Geburt des kleinen »Fritzchen« im Januar 1712 hatte Friedrich Wilhelm zum glücklichsten Vater der Welt gemacht. Aber die Furcht, auch diesem Jungen könne etwas zustoßen, hatte noch ein halbes Jahrzehnt angehalten. »Fritzchen« war der Augapfel des Soldatenkönigs; er war Sohn und Thronfolger zugleich. Mit seiner Existenz stand oder fiel das Lebenswerk des Vaters.

Zehn Jahre lang brachte dann Sophie Dorothea ausschließlich kleine Prinzessinnen zur Welt: Friederike Luise (1714), Philippine Charlotte (1716), Sophie (1719) und Ulrike (1720). Dann erst, 1722, wurde der zweite Sohn geboren, der den Namen August Wilhelm erhielt. Der Soldatenkönig hatte triumphiert: Jetzt stand die Zukunft seines Hauses bereits auf vier Augen. Sogleich hatte er jedoch seinem »Fiekchen« erklärt, daß er sich von Herzen ein »Gespann«, also vier Söhne, wünsche. Seiner Frau war nichts übriggeblieben, als von neuem seine leidenschaftlichen Liebesattacken zu ertragen. Und Friedrich Wilhelm setzte auch in dieser Beziehung seinen unbändigen Willen durch: Nachdem 1723 die sechste Prinzessin namens Amalie das Licht der Welt erblickt hatte, entband die Königin 1726 den Prinzen Heinrich und 1730, als sie bereits dreiundvierzig Jahre alt war, den Prinzen Ferdinand. Das »Vierergespann« war perfekt.

Dennoch war der älteste Sohn, war Kronprinz Friedrich in den Augen des Vaters immer die »Nummer eins« geblieben. Nicht, daß Friedrich Wilhelm die anderen Kinder weniger geliebt hätte. Aber Fritz war nun einmal der Nachfolger auf dem Königsthron; aus ihm mußte dereinst der künftige »Amtmann Preußens« werden.

Friedrich Wilhelm I. beging die Torheit aller Väter, im ältesten Sohn die Reinkarnation des eigenen Wesens zu suchen. Vielleicht hat niemals in einem Vaterherzen so leidenschaftlich der Wunsch gewuchert, den Sohn nach dem eigenen Ebenbild zu formen, wie in dem des Soldatenkönigs. Wie er ja überhaupt für Menschen und ihre originären Charaktere keinen Blick hatte, sich nie darum bemühte, sich in das Recht des anderen hineinzudenken, so schuf er sich in seiner Phantasie die Idealvorstellung eines Sohnes und Nachfolgers, die nichts als ein Abklatsch des eigenen Bildes war. Betrachtete er sein Söhnchen, so sah er es im Grunde gar nicht, wie es war, sondern nur, wie es werden sollte. Und das war ja klar: Fritz sollte ein braver Soldat, ein guter Christ, ein treusorgender Amtmann des Staates werden, er sollte den »Schnickschnack« des Zeitgeistes verachten, von Herzen »teutsch« gesinnt sein, hübsch »Plus« für Preußen machen und auf allen »blauen Dunst« und alle »Narrenspossen« der intellektuellen Klugscheißer pfeifen. Mit einem Wort: Er sollte in die Fußstapfen des Vaters treten, sollte des Soldatenkönigs Werk und Art verewigen.

Aber schon mit der ersten praktischen Entscheidung, die Friedrich Wilhelm im Leben seines Sohnes traf, konterkarierte er seine eigenen Absichten: Der kleine Kronprinz wurde in den ersten sieben Jahren seines Daseins von einer Hugenottin, Madame Marte du Val de Rocoulle, erzogen, die 1685 als Flüchtling aus Frankreich nach Berlin gekommen war und deren Zärtlichkeit, deren Fürsorge Friedrich nie aus seinem Gedächtnis streichen konnte. (Als er fünfundzwanzig Jahre alt war, 1737, schrieb er ihr aus Rheinsberg: »Ich nenne Sie Mutter, und ich hoffe, daß Sie diesen Namen erlauben werden. Er gehört Ihnen für all die Sorge und Mühe, die Sie auf die Bildung meiner jungen Jahre verschwendet haben. Ich versichere, daß ich das nie vergessen werde! Nächst meinen Eltern sind Sie der Mensch, gegen den ich die meiste Verpflichtung fühle.«) Natürlich sprach diese Hugenottin ausschließlich französisch mit ihrem Zögling. So waren die ersten Laute, die an das Ohr Friedrichs trafen, die ersten Silben, die seine eigenen Lippen formten, jener Sprache und jenem Wesen entnommen, die der Vater so sehr verabscheute. Und da auch die Mutter sich niemals anders als französisch oder englisch mit ihrem Sohn unterhielt, die geliebte ältere Schwester Wilhelmine kaum ein Wort in deutscher Sprache verstand, aber des Französischen völlig mächtig war, wuchs das kleine Bürschchen Fritz vom ersten Tag an in eine dem Vater gänzlich wesensfremde Welt hinein.

Fünf Jahre lang überließ Friedrich Wilhelm das Söhnchen der Frauenwelt. Dann, im Sommer 1717, diktierte er ein Reglement, »wie mein Sohn Friedrich seine Studien zu Wusterhausen halten soll«. Im Prinzip übernahm er die ausgezeichneten pädagogischen Grundsätze, die einst Premierminister von Danckelmann für ihn selbst verfaßt hatte und die so eindringlich zur Demut vor Gott ermahnt hatten. Er fügte jedoch eigenhändige Einschübe hinzu, die nur allzusehr sein eigenes Naturell verrieten. Vor allem sollte Fritz »die Liebe zum Soldatenstand« eingeflößt werden; der Prinz sollte von Kindesbeinen an begreifen lernen, daß nichts auf der Welt einem Fürsten soviel Ruhm und Ehre geben könne »wie der Degen«. Deshalb sollte sich das Fritzchen von Anfang an als Soldat und im Dienst fühlen. Alles an ihm sollte kurz, knapp, reinlich und »proper« sein. Des Morgens, nach dem Wecken, hatte es sich nicht mehr verschlafen im Bett umzudrehen, zu gähnen, sich zu kratzen, die Augen zu reiben; nein: mit einem Schwung raus aus dem Bett, an die Waschschüssel, Seife in die Hand, mit kaltem Wasser abschrubben, nicht rumstehen, Maulaffen feilhalten und sich von Kammerdienern bedienen lassen, sondern mit einem Sprung rein in Hose, Hemd und Rock – so hatte das zu gehen! Originalton Friedrich

Wilhelm: »Fritz muß man machen, daß er hurtig aus und in die Kleider kommt, soviel als menschenmöglich.«

Man vermag sich unschwer auszumalen, mit welch innerem Abscheu der kleine Kronprinz den Ferienwochen in Wusterhausen entgegensah, mit welchem Bangen er der Männerwelt des Vaters begegnete. Wieder zurück, in den Schlössern von Berlin und Potsdam, flüchtete er sich tief aufatmend in die behaglichen, warmen Frauengemächer, in denen nicht das rauhe Deutsch des Königs erklang, in denen es von Samt und Seide glitzerte, französisch parliert wurde, er von einer Umarmung in die andere flog, von jedermann verwöhnt und gehätschelt wurde. Dort roch alles nach feinstem Parfüm, aus den Kabinetten erklang Musik, Wilhelmine übte die ersten zierlichen Schritte des Menuetts, die Mutter rief zärtlich »mon bijou«, Madame de Rocoulle umarmte ihren hübschen kleinen Liebling, küßte hingerissen die großen ernsten Kinderaugen und flüsterte an seinem Ohr »mon chéri«. Als der Kronprinz Weihnachten 1717 vom Vater eine Kompanie Bleisoldaten geschenkt bekam, mit Gewehren und Trommeln, Fahnen und Standarten, dazu kleine Kanonen, die man mit Zündplätzchen abfeuern konnte, würdigte er sie kaum eines Blickes. Er beugte sich interessiert über das prächtig eingebundene Exemplar der Psalmenmelodien von Marot, und bald schon sollte der Prinz auf seiner Laute die ersten Noten üben und die weiblichen Zuhörer mit seinem musikalischen Talent in Verzückung setzen.

Dies schöne Leben, das nur hin und wieder von den verhaßten Ferienausflügen nach Wusterhausen unterbrochen worden war, erfuhr 1719, als Friedrich sieben Jahre alt wurde, eine drastische Veränderung. Der Vater ernannte zwei Offiziere, den Grafen Finkenstein und den Oberstleutnant von Kalckstein, zu Erziehern seines Sohnes, und der tägliche Unterricht erstreckte sich nun auch auf Exerzieren, Reiten und Fechten. Vielleicht hätten die beiden ehrenwerten, durchaus klugen und wohlmeinenden Männer mit Umsicht und Takt ein Gegengewicht zu den einseitigen, französisierten Einflüssen der Frauengemächer schaffen können, um einer bedrohlichen Entfremdung vom Vater, um einer Oppositionshaltung des Thronfolgers entgegenzuwirken. Aber Friedrich Wilhelm, bar jeder Menschenkenntnis, beging den zweiten verhängnisvollen Fehler, als er den französischen Emigranten

Duhan de Jandun, den früheren Hofmeister des Grafen Dohna, zum wissenschaftlichen Lehrer seines Sohnes bestellte. Duhan, ein belesener Mann, der sich mit feinfühliger Pädagogik förmlich im Handumdrehen die Liebe des kleinen Prinzen errang, kultivierte natürlich das »Franzosentum« in Friedrich, so daß im Kopf des heranwachsenden Jungen zwangsläufig die Vorstellung Platz greifen mußte, alles Deutsche, wie es der Vater so bewußt vertrat, sei in den Rang des Minderwertigen, des Halbbarbarischen, zu verweisen.

Nicht weniger verhängnisvoll gestaltete sich eine andere Personalentscheidung des Königs, als er den Hofprediger Andreä mit der religiösen Erziehung seines Sohnes beauftragte. Andreä paukte stur und knochentrocken dem widerstrebenden Jungen die Glaubenssätze christlicher Dogmatik ein, traktierte ihn endlos mit Auswendiglernen von Psalmen und Bibelsprüchen. Sein Nachfolger Noltenius begriff ebenfalls nicht, daß man dem aufgeweckten, kritischen und wißbegierigen Knaben Religion nur schmackhaft machen konnte, wenn man mit Religionsgeschichte begann, also die Voraussetzungen und Zusammenhänge beleuchtete, bevor man kritiklose Bekenntnisse abforderte. So war es nicht verwunderlich, daß eine Prüfung ergab, der Kronprinz habe »von den Informationen im Christenthume nicht viel profitieret«. Die Einführung von Nachhilfestunden am Montag nachmittag half auch nichts, führte lediglich dazu, daß der Prinz sich in seiner Abwehrhaltung gegen die christliche Kirche versteifte; ja, zusammen mit der angebeteten Wilhelmine, die den drei Jahre jüngeren Bruder immer stärker beeinflußte, entstand fast so etwas wie eine spöttisch-intellektuelle Opposition des Atheismus im Berliner Schloß, die mehr und mehr ihre Spitze gegen das naivgläubige Bekenntnistum des Vaters richtete. Wenn die beiden Geschwister, beschützt durch die Mutter, die niemals begriff, daß sie sich eines schweren Verbrechens schuldig machte, indem sie die Kinder gegen den Vater erzog, über ihren aufgeklärten französichen Romanen saßen, in denen es von frivolen Religionsspötteleien nur so blitzte, wenn sie ihr ungezügeltes Vergnügen darin fanden, die fragwürdige Kunst des Parlierens mit Ironie und Sarkasmus bis zur Perfektion auszubilden, vor keiner Schranke des Respekts oder der Ehrfurcht haltzumachen, so wußten sie sicher nicht, was sie taten. Aber de facto waren sie dabei, dem Vater den

Fehdehandschuh hinzuwerfen, eine provozierende Gegenfront zu seinem Leben und Streben aufzubauen.

Der König fragte sich immer häufiger, »was in diesem kleinen Kopf vorgeht? Ich weiß sehr wohl, daß er nicht so denkt wie ich«. Er nahm den Jungen des öfteren zu Paraden und Inspektionen der Truppen mit, mußte aber bald feststellen, daß sein Sohn nicht das geringste Interesse zeigte, daß er sich sichtlich langweilte und eine mokante Miene aufsetzte. Dann redete der Vater auf den Zwölfjährigen ein:

> Fritz, denke an das, was ich Dir sage: Halte immer eine gute und große Armee! Du kannst keinen besseren Freund haben und Dich ohne sie nicht halten. Unsere Nachbarn wünschen nichts mehr, als uns über den Haufen zu werfen. Ich kenne ihre Absichten, und Du wirst sie auch noch kennenlernen. Glaube mir: Denke nicht an die Eitelkeit, sondern halte Dich an das Reelle! Halte immer auf eine gute Armee und auf Geld. Darin besteht der Ruhm und die Sicherheit eines Fürsten...

Immer wieder appellierte der Vater an den künftigen König im Sohn, suchte er dem Nachfolger von früh an die künstliche, die gefährdete Lage des Staates Preußen klarzumachen.

Bis zum dreizehnten Lebensjahr Friedrichs blieben die heranreifenden Gegensätze zwischen Vater und Sohn noch halbwegs bedeckt. Dann begann Friedrich Wilhelm seine tiefsitzende Unzufriedenheit mit dem Kronprinzen von Tag zu Tag schärfer zu artikulieren. Alles mißfiel ihm, alles verdroß ihn, alles ärgerte ihn an diesem jungen Burschen, der nicht so wollte, wie er sollte; alles reizte sein verwundetes Vaterherz. Hatte er denn dem Fritz nicht klare, vernünftige Weisungen für seine Aufführung, für sein Benehmen gegeben? Dachte denn dieser Bengel keinen Augenblick daran, daß er eines Tages König und Vorbild sein mußte? Fritz wollte nichts von der holländischen Reinlichkeit wissen, die ihm der Vater vorlebte; alle Augenblicke beschmiß er sich mit Wolken von Puder und Parfüm, wie es nur das Weibervolk tat, drückte er sich vor Wasser und Seife. Von einem aufrechten Gang, von straffer soldatischer Haltung war nichts an ihm zu bemerken; der junge Fant tänzelte affektiert daher wie die französischen Modeaffen. Mit einfachen Leuten unterhielt sich der eingebildete Herr Sohn nicht, der ja auch kaum ein Wort Deutsch verstand; er dünkte sich etwas Besseres. An den Parforcejagden von Wusterhausen nahm die prinzliche Zierpuppe nicht teil, am Exerzieren fand der Gernegroß keinen Gefallen. Kam er abends in das Tabakskollegium, schnitt er ein hochmütig-indigniertes Gesicht, zuckte bei jedem derben Witzwort zusammen oder wedelte entrüstet mit der spitzenumbauschten Hand, wenn ihn der Tabaksqualm der Schnauzbärte einnebelte. Drosch der König bei Paraden oder Revuen auf die »verfluchten Racker« ein, die nicht richtig präsentierten, oder schmiß er den Herren Offizieren seine derben Kritiken an den Kopf, dann drehte Fritz sich verächtlich um, gab so vor aller Welt kund, wie sehr ihn das rohe Benehmen des Vaters anwiderte. Der »blaue Rock« der Armee war ihm, wie er einmal frech verlautet hatte, nichts als »ein Sterbekittel«; er kleidete sich, wann immer es ging, in Seide und Goldbrokat, natürlich nach dem letzten französischen Schnitt. Wollte der Vater in seiner geraden, direkten Art mit ihm reden, zog der Sohn gelangweilt die Augenbrauen hoch oder fand einen Vorwand, in die Frauengemächer zu entwischen.

Sobald Friedrich Wilhelm die bewußte Gegenposition des Sohnes erkannt hatte, ging er mit Brachialgewalt in die Erziehungsoffensive. Es hagelte Kritik und strengste Befehle. Die Folge war, daß der Sohn begann, sich zu verstellen, daß er jedem ernsthaften Gespräch auswich oder in hochmütiges Schweigen verfiel. Graf Seckendorff, der sich einige Monate in Berlin aufhielt, berichtete dem Prinzen Eugen am 27. Juni 1725, daß der dreizehnjährige Kronprinz anfange, seine jugendliche Unbekümmertheit zu verlieren, daß er einen gekünstelten, unnatürlichen, fast greisenhaften Eindruck mache. Mit scharfem Blick erkannte der Spionage-Graf dies als Ausfluß ständiger Verstellungskünste des Prinzen, dem die ganze Lebensart des Vaters contre cœur ging und der sich einem wachsenden Druck ausgesetzt sah, dem er sich, wenn überhaupt, dann nur zum Schein unterwerfen wollte.

In den folgenden Jahren spitzten sich die pädagogischen Auseinandersetzungen zu einem dramatischen Generationenkonflikt zu. Friedrich Wilhelm, tiefverletzt über die verstockte, unaufrichtige Art des Sohnes, verstärkte die Überwachung. Erwischte er den Prinzen beim geliebten Musizieren, so verspottete er ihn als »Flötenspieler« oder als »Querpfeifer und Poeten«. Der Schlafrock aus Goldbrokat flog kurzerhand ins Feuer, die französischen Romane wurden konfisziert und den Buchhändlern zurückgeschickt, mit dem strengen Vermerk, dem Kronprinzen nicht derart »liederliche« Lektüre anzudienen. Das Taschengeld wurde vom Vater bewußt knapp gehalten (fünfundzwanzig Taler im Monat), die allgemeinen Erziehungsinstruktionen wurden verschärft.

Vielleicht hätte sich ja alles noch einrenken lassen. Aber als es am 12. Oktober 1726 zum Wusterhausener Geheimvertrag mit dem Kaiser kam, der Sophie Dorotheas hochfliegendes Projekt der »Doppelheirat« zunichte machte, da setzte es in der Familie nur noch Gift und Galle. Das Jahr 1727 wurde für alle zum Fegefeuer. Die Königin, das Haupt der englischen Partei, brütete in ihren Gemächern Rache, während Seckendorff und Grumbkow den König im Tabakskollegium aufhetzten. Die ältesten Kinder, Wilhelmine und Fritz, inzwischen achtzehn und fünfzehn Jahre alt, wurden in die Intrigen eingespannt; die Mutter schickte sie vor. Zwei Jahre lang erwehrte sich Sophie Dorothea, die inzwischen die Vierzig überschritten hatte, mit allerlei Ausreden der Liebesangriffe ihres Mannes, dem sie wiederholt erklärte, es sei nun genug des Kindersegens, sie sei keine Gebärmaschine. Doch eine offene politische Konfrontation vermied sie. Sie klagte über Migräne, faßte sich ans Herz oder zog sich schmollend in ihr Kabinett zurück. Wilhelmine und Fritz aber mußten die Flüche und Maulschellen des Vaters einstecken, der in seinem hilflosen Zorn über die zerstörte Familienatmosphäre und die ungreifbaren Kabalen, die er dunkel in seinem Rücken spürte, seinem blindwütigen Temperament gänzlich die Zügel schießen ließ. Vor allem gegen den Kronprinzen, der doch zu ihm halten sollte! Der Vater kämpfte – mit den falschen Mitteln – um die Seele des Sohnes.

Zu Beginn des Jahres 1728 schien es eine Entspannung zu geben. Kronprinz Friedrich erhielt an seinem sechzehnten Geburtstag vom König den Rang eines Oberstleutnants der preußischen Infanterie verliehen, und Sophie Dorothea setzte durch, daß der Vater sich bereit erklärte, den Sohn zu einem offiziellen Staatsbesuch bei August dem Starken in Dresden mitzunehmen. Doch gerade auf dem spiegelblanken Dresdner Parkett verschärfte sich der Zwiespalt. Während sich der eitle, frivole Prinz in seine ersten' amourösen Abenteuer stürzte, schrieb Friedrich Wilhelm nach Berlin: »Es ist gewiß kein christliches Leben hier. Aber Gott ist mein Zeuge, daß ich kein Vergnügen daran gefunden habe und noch so rein bin, wie ich von zu Hause hergekommen und mit Gottes Hilfe beharren werde bis an mein Ende.«

Im Mai 1728 machte der Dresdner Hof seinen Gegenbesuch in Berlin. Friedrich Wilhelm hatte während des Aufenthaltes in der sächsischen Metropole wohl bemerkt, daß sich sein Filius in die kapriziöse Gräfin Orselska, eine natürliche Tochter August des Starken, verliebt hatte, und war entschlossen, eine weitere Eskalation der pubertären Gefühle des Kronprinzen durch strenge Beobachtung zu unterbinden. Die jungen Leute schlugen ihm jedoch ein Schnippchen. Die Gräfin Orselska quartierte sich zusammen mit zwei jungen polnischen Gräfinnen im Haus des 1725 verstorbenen Freiherrn von Printz in der Burgstraße, gegenüber der Kavaliersbrücke (spätere Kaiser-Wilhelm-Brücke), ein und eröffnete dort, von den Spähern des Königs unbeachtet, ein reizendes Liebesnest, dessen nächtlicher Dauerbesucher der preußische Kronprinz wurde, dem ein erlesener Einführungskurs in Sex und Liebe zuteil wurde. Erst nach der Abreise der sächsisch-polnischen Gäste erfuhr der Vater vom »liederlichen« Treiben seines Sohnes in der Burgstraße.

Auch von einer anderen Eskapade des Kronprinzen, die bereits politische Dimensionen annahm, vernahm der König erst nachträglich. Am 11. August 1728, als sich Friedrich Wilhelm zur Inspektion im Magdeburgischen aufhielt, vor der sich der Kronprinz unter Vorspiegelung heftiger Schwindelanfälle gedrückt hatte, brach Friedrich, begleitet von Oberstleutnant von Kalckstein, inkognito zu Pferde von Potsdam nach Berlin auf, wo er gegen fünfzehn Uhr eintraf und von der Damenwelt wie ein junger Gott empfangen wurde. Die Königin fuhr am Nachmittag mit ihren sämtlichen neun Kindern zum Schloß Monbijou hinaus. Bei Kerzenschein und weit geöffneten Flügeltüren fand ein »herrliches Concert« statt, wie ein zeitgenössischer Bericht schildert, bei dem Prinzessin Wilhelmine und Kronprinz Friedrich zwei Stunden lang auf dem Flügel »vortrefflich accompagnierten«. Um zehn Uhr abends war das Konzert beendet, und man stand noch eine

Stunde in zwanglosen Gesprächen beisammen, die Weingläser in der Hand. Der russische Sonderbotschafter von Mardefeld reichte, zum Entzücken der anwesenden Damen, ein selbstverfertigtes Portrait der vierzehnjährigen russischen Prinzessin Nathalia, der Schwester des Zaren, herum, deren Vorzüge er nicht genug preisen konnte. Auch der Kronprinz betrachtete das Bild, während Wilhelmine ihn neckte, die reizende Russenprinzeß könnte vielleicht eines Tages seine Braut werden. Friedrich lachte und erklärte coram publico: »Ich werde noch in vielen Jahren an keine Braut denken. Aber wenn es dann soweit ist, eine zu wählen, werde ich mir nichts vorschreiben lassen! Und ich will doch sehr hoffen, daß mein Herr Vater dann daran denkt, wie es ihm wohl gefallen hätte, eine Frau wider Willen zu nehmen.« Die Umstehenden applaudierten diskret. Man empfand die Äußerungen des Thronfolgers, in Anwesenheit ausländischer Diplomaten, als eine kaum verhüllte Oppositionserklärung wider den abwesenden König.

Erstaunen mußte der selbstsichere, der hochfahrende Ton des Sechzehnjährigen. Die Zeit vor drei Jahren, da Seckendorff den dreizehnjährigen Prinzen noch als verschlossen, steif, fast greisenhaft geschildert hatte, war offensichtlich vorüber. Der Erfolg seines Dresdner Auftretens, als die sächsisch-polnische Gesellschaft dem preußischen Kronprinzen-Kavalier Rosen gestreut hatte, war an Friedrich nicht spurlos vorübergegangen. Das Selbstbewußtsein des jungen Mannes war in demselben Maß gewachsen, in dem die Gesundheit und das internationale Ansehen des vierzigjährigen Soldatenkönigs gesunken waren. Die Hofgesellschaft wie die Diplomatenwelt begannen der »aufgehenden Sonne« zu huldigen, die intriganten Einträufelungen Wilhelmines und der Mutter fingen an, Wirkung zu zeigen. Der Sohn nahm jetzt wahr, daß der Vater, wenn er außerhalb seiner soldatischen Umwelt auftrat, wie ein täppischer Bär wirkte, daß er international von seinesgleichen nicht ernst genommen wurde. Er hatte gehört, daß man seinen Vater hinter der vorgehaltenen Hand den königlichen Unteroffizier oder Feldwebel nannte, daß man ihn für geistig beschränkt oder gar für einen halben Barbaren hielt. Alle Höflichkeiten und Huldigungen, die ihm zuteil geworden waren, hatten ihn nicht darüber hinwegtäuschen können, wie gering die allgemeine Achtung vor dem Königreich Preußen war. Das alles versteifte den Widerstand gegen den Vater. Friedrich setzte eine überlegene Miene auf oder lächelte geringschätzig, wenn er dem König begegnete. Fast täglich kam es zu dramatischen Zusammenstößen, und der Vater wütete um so schrecklicher, je mehr er den Widerstand des Sohnes fühlte. Der Kronprinz schrieb seiner Mutter, die ihren Sommersitz bezogen hatte:

Ich bin in der entsetzlichsten Verzweiflung. Der König hat ganz vergessen, daß ich sein Sohn bin, und er hat mich wie den gemeinsten Menschen behandelt. Ich trat diesen Morgen, wie gewöhnlich, in sein Zimmer. Er sprang sogleich auf mich los und schlug mich auf die grausamste Weise mit dem Stock so wütend, daß er nicht eher aufhörte, als bis sein Arm ermattet war.

Eine ausweglose Situation. Der Vater in hilflosem Rasen, gänzlich isoliert, dem Wahnsinn nahe – der Sohn verzweifelt, in seinem empfindlichen Stolz getroffen, manchmal mit Selbstmordgedanken spielend. Originalton Friedrich: »Ich habe zuviel Ehrgefühl, um solche Behandlung länger zu ertragen!« Ein Kompromiß zwischen solchen Naturen war ganz undenkbar. Aber wer sollte den Sieger, wer den Besiegten spielen? Der Kronprinz setzte sich hin und schrieb am 11. September 1728 folgenden Brief an den Vater:

Mein lieber Papa! Ich habe mich lange nicht entschließen können, meinen lieben Papa aufzusuchen. Teils, weil man es mir abgeraten hat, vornehmlich aber, weil ich einen noch schlechteren Empfang als den üblichen erwartete. So habe ich mich denn zu einem Brief entschlossen. Ich bitte also meinen lieben Papa, mir gnädig zu sein. Nach langem Nachdenken kann ich versichern, daß mein Gewissen mir nicht das mindeste zeigt, worin ich gefehlt haben sollte. Hätte ich aber wider Wissen und Willen doch etwas getan, was meinen lieben Papa gekränkt haben könnte, so bitte ich hiermit untertänigst um Vergebung. Ich hoffe inständig, daß mein lieber Papa den grausamen Haß, den ich aus all seinem Tun zur Genüge kennengelernt habe, wird fahren lassen. Ich könnte es sonst gar nicht verstehen, da ich doch immer gedacht habe, einen gnädigen Vater zu haben, und nun das Gegenteil feststellen müßte. So fasse ich denn das beste

Vertrauen und hoffe, daß mein lieber Papa dies bedenken und mir wieder gnädig sein wird.

Ein unglaubliches Dokument, das man mehrmals lesen muß. Scheinbar ein zerknirscht-demütiges Entschuldigungs- und Unterwerfungsschreiben, war es in Wahrheit jedoch eine meisterhaft verfertigte Anklageschrift, die den »grausamen Haß« des Vaters anprangerte und dem Alten alle Schuld zuschob. Der Sohn hatte nicht »das mindeste« an sich selbst auszusetzen; der Vater wurde angehalten, seine eigenen Fehler zu »bedenken«. Das Ganze aufgebaut auf dem Boden kalter Ironie. Dazu sechsmal »lieber Papa!« und hinter jedem »lieben Papa« eine schallende Ohrfeige, eine Provokation nach der anderen. Der Sohn versuchte, den Vater für dumm zu verkaufen.

Dem Soldatenkönig stand nicht die Waffe der sarkastischen Anspielungen, der ironischen Zweideutigkeiten zur Verfügung. Er war plump und direkt. Aber er durchschaute das Unaufrichtige, das Heuchlerische und Provozierende im Schreiben seines Sohnes. Als er seinen Antwortbrief diktierte, schlug er in tödlichem Ernst zurück. Und was er auch mit seinem grauenhaften Wüten bisher an seinem Ältesten verbrochen haben mochte, hier machte sich ein gequältes Vaterherz Luft, hier traf jeder Satz ins Schwarze:

Er ist ein eigensinniger, böser Kopf, der seinen Vater nicht liebt. Denn wenn man seinen Vater wirklich lieb hat, dann tut man, was er will. Und zwar nicht nur, wenn er dabeisteht, sondern auch dann, wenn er nicht alles sieht. Außerdem weiß Er wohl, daß ich einen effiminierten, verweichlichten Kerl nicht leiden mag, der weder reiten noch schießen kann, keinen Tabak raucht, schlampig in seiner Kleidung ist und seine Haare frisiert wie ein Narr. Und das alles habe ich tausendmal kritisiert; aber alles umsonst und keinerlei Besserung. Schließlich ist Er stolz und hoffärtig, spricht mit keinem Menschen, der nicht vom Hofe ist, ist nicht populär und leutselig, macht mit dem Gesicht Grimassen, als wenn er ein Narr wäre, und tut in nichts meinen Willen, es sei denn, Er wird mit Gewalt dazu angehalten. Er hat zu nichts Liebe und zu nichts Lust, als seinem eigenen Kopf zu folgen. Dies ist meine Antwort. Friedrich Wilhelm.

Hier standen sich zwei Welten gegenüber: unversöhnlich, schroff und beiderseits unnachgiebig. Der Kronprinz dachte gar nicht daran, sein Verhalten zu ändern und dem Vater entgegenzukommen. Seine Taktik ging darauf hinaus, den Soldatenkönig mit Heuchelei teils zu überlisten, teils zu provozieren und möglichst vor anderen lächerlich zu machen. Was Friedrich sein »Ehrgefühl« genannt hatte, also sein Selbstbewußtsein, das ließ ihn nun zu einem gefährlichen Gegner für den Vater werden, der sich mit seinen Brutalitäten immer mehr ins Unrecht setzte. Die unglaubliche Szene vom 3. Januar 1729 im Speisesaal des Berliner Schlosses (anwesend neben Vater und Sohn: der Alte Dessauer, sein Sohn Prinz Leopold, der sächsische Gesandte von Suhm und mehrere Generäle), beim Mittagessen, als der Kronprinz sich laut vor allen Anwesenden beim Herrn von Suhm über das Betragen des Vaters und über sein ständiges Leben in Knechtschaft beklagte, dazwischen immer scharf den König beobachtete und, wenn dieser aufblickte, emphatisch »Ich liebe ihn dennoch!« ausrief, danach sofort wieder mit seinen lauten Anklagen fortfuhr, um sich schließlich – als alles aufmerksam geworden war und das meiste gehört hatte – plötzlich exaltiert dem Vater an den Hals zu werfen, der als einziger die abgefeimte Komödie ahnte und verlegen brummte: »Schon gut, schon gut, werde Du nur ein ordentlicher Kerl«, während alle anderen, von Friedrich an der Nase herumgeführt, zu Tränen gerührt waren und den Kronprinzen hochleben ließen – es war hanebüchen, es war einfach bodenlos. Die Komödie war bis ins kleinste inszeniert.

Am Abend saß Friedrich wieder neben dem Gesandten von Suhm im Tabakskollegium und beobachtete halb spöttisch, halb haßerfüllt den Vater, der Bier trank und auf die »Blackscheißer« schimpfte. Für den Sohn war dieses Tabaksparlament (er nannte es französisch »die Tabagie«) der Inbegriff all dessen, was er verabscheute, ja verachtete. Hochmütig blickte er auf die plumpe Männergesellschaft, auf das ruppige, rohe Benehmen der altpreußischen Haudegen herab. Wie sehr ihm der Salon der Königin als Gegenwelt erschien, verrät eines seiner ersten Gedichte, das er mit sechzehn zu Papier brachte:

> Ich hab' mich aus der Tabagie verdrückt,
> Sonst wär' ich ohne Hexerei erstickt.

Dort kann man herzlich Langeweile spüren,
Gesprochen wird allein vom Bataillieren.
Mir, der ich Pazifist wohl bin,
Will dieses Thema gar nicht in den Sinn.
Die Flucht ergreifend, eile ich zum Mahl,
Nicht etwa, weil ich hungrig bin,
Nein, um mit einem Zuge den Pokal
Zu leeren auf die Königin.

Dennoch, in den nächsten zwölf Monaten herrschte zwischen Vater und Sohn eine Art von Windstille. Man kam sich nicht näher, aber beide Seiten vermieden es geflissentlich, den Konflikt weiter zu schüren. Der Kronprinz ging seit seinem siebzehnten Geburtstag mit heimlichen Plänen schwanger, von deren Ausführung wir im August 1730 hören werden und die er nicht vorzeitig gefährdet wissen wollte. Friedrich Wilhelm seinerseits wünschte dringend Frieden in der Familie, da sich die Königin erneut in anderen Umständen befand und er von seiner Frau jede Erregung fernzuhalten wünschte. Es war ja nicht allein der Streit mit dem Sohn, der zu einem Skandal nach dem anderen geführt hatte. Auch das Verhältnis zur ältesten Tochter Wilhelmine war getrübt, seitdem das Projekt der englischen Doppelheirat gescheitert war. Friedrich Wilhelm litt unsäglich unter diesen Verhältnissen.

Am 28. Februar 1730, nachmittags um fünfzehn Uhr, traf der König gemeinsam mit seinem Sohn, von Potsdam kommend, im Berliner Schloß ein und verfügte sich stantepede in das Schlafzimmer seiner Frau. Sophie Dorothea, hoch im sechsten Monat, hielt sich die Schläfen und klagte über starke Leibschmerzen. Friedrich Wilhelm sprach ihr Trost zu und fuhr fort: »Schaff' den Doktor Stahl ab, Fiekchen; ich werde ab sofort Dein Leibmedicus sein. Weg mit dem starken Kaffee, der zu nichts nütze ist! Du mußt nichts als Bouillon trinken. Dann wird sich der Affekt schon verlieren . . .« Sophie Dorothea, ganz gehorsame Ehefrau, ließ sich eine große Schale Bouillon reichen und spürte schon bald Linderung. Friedrich Wilhelm, höchst vergnügt, spazierte – die Hände auf dem Rücken – vor dem Bett seiner Frau auf und ab, setzte sich auf den Bettrand, nahm ihre Hände und sagte: »Fieke, ich habe Dich nun vierundzwanzig Jahre. Ich wünsche Dich auch zu behalten, so lange ich lebe. Mit dem Kind mag es Gott machen, wie er will, wenn er mir Dich nur läßt.« Dann durften Fritz und Wilhelmine eintreten. Die Prinzessin flog ihrem Vater aufschluchzend an den Hals: »Papa hat eine Ungnade auf mich geworfen, die ich nicht länger ertragen kann! Ich bitte meinen lieben Papa, mir doch wieder seine frühere Gnade zuzuwenden.« Friedrich Wilhelm streichelte seine Tochter und sagte: »Es ist nun alles wieder gut, Wilhelmine. Du bist allemal meine liebe Tochter.« Dann wurde in der Vorkammer die Abendtafel gedeckt, an der alle neun Kinder Platz nahmen, aßen und tranken. Der Vater ging zwischen der Tafel und dem Bett seiner Frau hin und her, erzählte Anekdoten und Schnurren, lachte laut, klopfte allen herzlich auf die Schulter, zeigte mit jedem Wort, mit jeder Geste, wie glücklich er über die heile Familienatmosphäre war. Als der Kleinste, der vierjährige Prinz Heinrich, zu weinen anfing, weil man ihm so kurz vor dem Zubettgehen nicht mehr von den Fischen, seiner Lieblingsspeise, geben wollte, sagte der Vater vergnügt zu seiner ältesten Tochter: »Wilhelmine, gib ihm ruhig ein wenig davon... Und hiermit setze ich fest, daß Du, solange Mama krank ist, Sorge für Heinrichen trägst...«

Die Familienidylle trog. Zwar durfte Friedrich Wilhelm drei Monate später jubeln, als am 23. Mai ein gesunder Prinz namens Ferdinand geboren wurde, womit das »Vierergespann« an Buben endlich komplett war. Doch schon wenige Tage später verdunkelte sich die Szene: Sir Charles Hotham, der britische Sondergesandte in Sachen »Doppelheirat«, war im Anmarsch. Mit einem Schlage verwandelte sich das Berliner Schloß wieder in eine Hölle der Kabalen und Intrigen, standen sich die englische und die österreichische Partei erneut kampfbereit gegenüber.

Wir wissen bereits, daß der Soldatenkönig wochenlang unentschlossen schwankte, von allen Seiten hin- und hergezogen, und daß sich die Verhandlungen mit Hotham dramatisch zuspitzten. Daß es schließlich zum Eklat kam, hatte nicht zuletzt auch mit dem Thronfolger zu tun. Graf Seckendorff ließ den König einen Bericht aus London zuspielen, aus dem hervorging, daß der Kronprinz – auf Betreiben der Mutter – heimlich an die Königin von Großbritannien geschrieben und ihr aufs feierlichste geschworen hatte, sich niemals mit einer anderen als einer englischen Prinzessin zu verheiraten.

Nun schlug es dreizehn für Friedrich Wilhelm. Das ihm, dem absoluten Herrscher des Königreiches Preußen? Heimliche Diplomatie hinter seinem Rücken? Eine Verschwörung gegen seine königliche Souveränität, angezettelt von Weibern und dem eigenen Sohn, um ihn vor aller Welt lächerlich zu machen? Sir Charles Hotham mußte sich pantomimische Fußtritte gefallen lassen. Aber den verstockten Sohn schlug der rasende König mit der Faust und mit dem Stock, bis das Blut floß. Zwischen Vater und Sohn herrschte offener Haß.

Der Kronprinz war außer sich. Im Gemach der Königin rief er aus, er werde »dieses Hundeleben« nicht länger ertragen, er werde ihm »auf die eine oder andere Weise« ein Ende machen. Im tiefsten Geheimnis, über das er nur mit Wilhelmine flüsterte, beschloß er, aus Preußen zu fliehen. Schon seit seinem siebzehnten Geburtstag hatte er sich mit Fluchtgedanken beschäftigt. Vor einem halben Jahr erst hatte er einen gewissen Leutnant Hans Hermann von Katte kennengelernt, Sohn eines preußischen Generalleutnants und Offizier im Eliteregiment Gens d'Armes, das in Berlin stationiert war. Katte war sechsundzwanzig Jahre alt, galant, liebenswürdig, gebildet, eitel bis zum Größenwahn, spielte hinreißend Flöte und Klavier und verehrte den acht Jahre jüngeren Kronprinzen über die Maßen. Friedrich weihte ihn in seine Fluchtabsichten ein und fand bei dem leichtsinnigen Katte nicht nur volles Verständnis, sondern auch tatkräftige Unterstützung. Nach England sollte die Flucht gehen, über Holland oder Frankreich. Eine gemeinsame Reise des Königs und des Kronprinzen nach Süd- oder Westdeutschland würde Friedrich die Gelegenheit zum Entweichen bieten. Katte sollte später von Berlin aus folgen.

Über seine Fluchtpläne verhandelte Friedrich auch mit dem britischen Gesandten, was bereits den Tatbestand des Hochverrats streifte. Das war die Frucht der unverantwortlichen privaten Oppositionspolitik, die Sophie Dorothea betrieb. Seit Jahren schon hatte die Königin ihre beiden ältesten Kinder dazu mißbraucht, den eigenen Vater zu bespitzeln oder zu provozieren. Jahrelang hatte sie geheime Gespräche mit den Gesandten der Westmächte, Englands und Frankreichs, gepflegt, um die österreichische Politik der Seckendorff und Grumbkow zu konterkarieren. Schritt für Schritt hatte sie den Sohn, den Kronprinzen, in eine fast hochverräterische Position geschoben. Vom englischen und polnischen Hof nahm Friedrich Geld, und zwar nicht unbeträchtlich; mit Versailles stand er in Verhandlungen. Der französische Gesandte in Berlin schrieb in einer diplomatischen Depesche: »Um den Vater zu entwaffnen, müßte man dem Kronprinzen eine Partei schaffen und eine Anzahl von Offizieren auf seine Seite bringen... Ich glaube, das würde gelingen. Jedenfalls müßte man den Prinzen in einer für Frankreich günstigen Gesinnung erziehen.« Hier war wirklich höchste Gefahr im Verzuge: Noch ein kleiner Schritt des Kronprinzen, und der Landesverrat war perfekt! Der Sohn balancierte am Abgrund eines todeswürdigen Verbrechens.

Friedrich Wilhelm I., bar jeder Kenntnis der Machenschaften, die sich hinter seinem Rücken vollzogen, setzte für Mitte Juli den Termin für die Reise nach Westen fest. Eine Frage Grumbkows, ob der Kronprinz mit von der Partie sein würde, bejahte er knurrend mit der Bemerkung, man würde schon sehen, wie der junge Fant sich im Ausland benehmen werde. Der Soldatenkönig hatte keine Ahnung, daß dieses Reiseunternehmen der tiefste und zugleich schmerzlichste Einschnitt in sein Leben als Vater und Familienoberhaupt sein sollte.

Am 15. Juli 1730 bricht der König mit dem Kronprinzen und einem Gefolge von zweiundvierzig Personen zur Reise nach Westen auf. Die Fahrt geht über Leipzig, Coburg, Bamberg, Erlangen und Nürnberg nach Ansbach, wo man am 21. Juli eintrifft und sich zehn Tage bei Verwandten aufhält. Vater und Sohn sprechen kaum miteinander, aber Zwischenfälle finden nicht statt. Friedrich schreibt heimlich einen Brief an Leutnant von Katte, er möge sich bereithalten; wenn ihm, dem Prinzen, die Flucht gelungen sei, möge er sich aufs Pferd werfen, aus Berlin fliehen und sich mit ihm in Den Haag treffen.

Am 31. Juli verläßt die Reisegesellschaft Ansbach, und es geht weiter Richtung Heilbronn. Die Nacht vom 4. auf den 5. August verbringt man in Scheunen unweit Sinsheim, in dem Dorf Steinsfurth. Jetzt, in dieser Nacht, will Friedrich fliehen. Im Morgengrauen wartet er vor einer Scheune auf den Pagen Keith, mit dem er heimlich im Einverständnis ist, und auf die Pferde. Die Begleiter des Kronprinzen werden wach und vereiteln im letzten Moment das Unternehmen. Der Vater hat noch nichts bemerkt, besichtigt nachmittags gemeinsam mit dem

Sohn die Sehenswürdigkeiten von Mannheim. Der Page, den Friedrich immer wieder bedrängt, neue Fluchtpferde zu besorgen, wirft sich dem König eines Abends zu Füßen und gesteht ihm die Pläne des Kronprinzen. Friedrich Wilhelm läßt sich zwei Tage nichts anmerken, dann, am 8. August, nachdem ihn ein fehlgeleiteter Brief Kattes erreicht hat, der die Fluchtabsichten des Prinzen unzweideutig bestätigt, schlägt er zu, und zwar im wahrsten Sinne des Wortes. Er läßt Friedrich verhaften und auf ein Rheinschiff bringen. Dort stürzt er sich auf den Sohn, schleift ihn an den Haaren über das Deck und schlägt ihn so lange mit dem Stock, bis dem Kronprinzen das Blut aus der Nase schießt. »Noch nie hat das Gesicht eines brandenburgischen Prinzen solche Schmach erlitten«, ruft dieser in höchster Verzweiflung.

Der Prinz wird auf Befehl des Königs als Staatsgefangener behandelt. Seinen Begleitern wird bei Androhung der Todesstrafe befohlen, den Arrestanten zu Schiff, auf dem Rhein, in die preußische Festung Wesel zu schaffen; tot oder lebendig. In Wesel treffen Vater und Sohn am 12. August erneut aufeinander. Der König zittert vor unterdrückter Wut. Friedrich ist totenblaß, aber er tritt dem Vater mit hocherhobenem Haupt entgegen. Es kommt zu folgendem Dialog:

König: »Warum hast Du desertieren wollen?«

Prinz: »Weil Sie mich nicht wie einen Sohn, sondern wie einen niederträchtigen Sklaven behandelt haben!«

König: »Du bist nichts als ein feiger Deserteur ohne jeden Funken Ehre!«

Prinz: »Ich habe soviel Ehre wie Sie! Und ich habe nur getan, was Sie selbst nach Ihren eigenen Worten längst getan hätten!«

Friedrich Wilhelm prallt zurück. (Tatsächlich hatte er seinen Sohn einmal angeschrien: »Wenn mein Vater mich so behandelt hätte wie ich Dich, wäre ich längst davongelaufen!«) Sein Gesicht läuft blaurot an, sein Atem geht stoßweise, seine Augen quellen schrecklich hervor. Rasend vor Wut zieht er den Degen, um sich auf seinen Sohn zu stürzen. Der Kommandant von Wesel, Generalmajor von Mosel, wirft sich dazwischen und breitet die Arme aus: »Sire, durchbohren Sie mich! Aber schonen Sie Ihren Sohn...«

In der Hauptstadt Berlin weiß man nichts von den schrecklichen Vorkommnissen in Wesel. Am 15. August, dem zweiundvierzigsten

Geburtstag des Königs, ist man noch heiter und vergnügt. Einen Tag später wird bekannt, daß der Leutnant von Katte verhaftet worden ist. Man nimmt die Sache aber nicht weiter tragisch; die Königin feiert am selben Tag mit einer glänzenden Tafel zu siebenundzwanzig Personen im Schloß Monbijou. Erst gegen Abend senkt sich eine Wolke der Furcht und der Ungewißheit über die preußische Residenz.

Am nächsten Morgen erhält die Oberhofmeisterin der Königin, Frau von Kamecke, einen Brief des Königs, den er am 12. August in Wesel geschrieben hat: »Fritz hat desertieren wollen. Ich habe mich genötigt gesehen, ihn arretieren zu lassen. Ich bitte Sie, meine Frau auf eine gute Art davon zu unterrichten, damit sie sich nicht erschreckt. Überdies beklagen Sie einen unglücklichen Vater.« Nun bricht offene Panik im Berliner Schloß aus. Die Königin und Prinzessin Wilhelmine bemächtigen sich der Schatulle des Kronprinzen, in der allerlei Briefe und Billets liegen, welche die Intrigen der beiden hohen Damen verraten könnten. Sie werden vernichtet, und dann schreiben Sophie Dorothea und Wilhelmine nächtelang harmlose Briefchen, die in der prinzlichen Schatulle deponiert werden. So vergehen zehn Tage in Angst und Schrecken. Die vergnügungssüchtige Königin läßt, wie der braunschweigische Gesandte seinem Hof berichtet, alle Veranstaltungen absagen.

Am Sonntag, dem 27. August, nachmittags gegen siebzehn Uhr trifft Friedrich Wilhelm I., von Potsdam kommend, vor dem Berliner Schloß ein. Er gibt den versammelten Offizieren der Armee die Parole aus: »Gott und Brandenburg.« Danach wird der inhaftierte Leutnant von Katte von einem Unteroffizier und drei Grenadieren ins Schloß geschafft; sein versiegelter Schreibtisch mit einer Privatschatulle wird hinterhergetragen. Anwesend sind der Generalleutnant von Grumbkow und die beiden hohen Justizbeamten Mylius und Gerbet. Als der König kommt, wirft sich ihm Katte zu Füßen. Friedrich Wilhelm reißt ihm das Johanniterkreuz vom Hals. Dann setzt es Fußtritte, Fausthiebe und Stockschläge. Beim Verhör gesteht Katte unumwunden, daß er dem Kronprinzen zur Flucht verhelfen und selbst auch fliehen wollte. Das, was der König hören will, nämlich das Wort »England« als Zielort der geplanten Flucht, nennt Katte nicht.

Im Nebenzimmer zittern die Königin und ihre Hofdamen. Als der

König eintritt, eilt ihm Sophie Dorothea bebend entgegen. Ihr Mann begrüßt sie mit den Worten, daß er den Fritz, diesen Schuft, habe hinrichten lassen. Eine Hofdame flüstert ihr hinter dem Fächer zu, das stimme nicht; man wisse genau, daß der Kronprinz noch am Leben sei. Friedrich Wilhelm verlangt mit rauher Stimme die Schatulle des Kronprinzen. Mit hochrotem Kopf blättert er die (falschen) Briefschaften durch. Währenddessen treten seine beiden Söhne August Wilhelm und Heinrich ein, gefolgt von den sechs Töchtern. Wie ein Tiger stürzt sich der Alte auf Wilhelmine. Die einundzwanzigjährige Prinzessin muß Ohrfeigen und Stockschläge einstecken. Schluchzend und schreiend drängen sich die jüngeren Geschwister dazwischen. Der König rast. Er ruft mit blaurotem Gesicht, er werde schon die Beweise für die Schuld von Fritz und Wilhelmine finden, und dann werde er sie hinrichten lassen. Die Königin stürzt tränenüberströmt aus dem Zimmer. Frau von Kamecke stellt sich schützend vor Wilhelmine und sieht den König furchtlos an:

Sire, bis jetzt haben Sie Ihren Ruhm darin gesehen, ein gerechter König zu sein, der Gott fürchtet. Fürchten Sie nun aber auch Gottes Zorn, wenn Sie von seinen Geboten abweichen! Die beiden Monarchen, welche ihre eigenen Söhne töteten, Philipp II. und Peter I., sind ohne Nachkommen gestorben. Ihre Namen werden in der ganzen Welt nur noch mit Abscheu genannt. Fassen Sie sich, Majestät! Eine Aufwallung des Zorns kann man entschuldigen. Wer aber keine Selbstbeherrschung zeigt, wird zum Verbrecher...

Friedrich Wilhelm greift sich an die Stirn, als erwache er aus einem furchtbaren Traum. Er tritt auf Frau von Kamecke zu, sieht sie lange an und räuspert sich: »Sie sind sehr dreist, Madame, so mit mir zu sprechen. Ich bin Ihnen aber nicht böse. Sie haben es gut gemeint. Ich achte Sie, weil Sie freimütig mit mir reden. Gehen Sie, beruhigen Sie meine Frau.«

Am 4. September wird der Kronprinz, der vom Rhein über Mittenwalde und Treuenbrietzen herantransportiert wurde, in eine Kerkerzelle der Festung Küstrin geworfen. Einen Tag später muß Duhan de Jandun, sein Lehrer, binnen sechs Stunden die Residenz verlassen und sich nach Ostpreußen, in die Stadt Memel, zurückziehen. Am selben Tag erläßt Friedrich Wilhelm eine Kabinettsordre an den Gouverneur in Küstrin:

> Mein lieber Generalmajor und Gouverneur von Lepel. Ich will, daß Ihr auf den Arrestanten Prinz Friederich genau acht haben sollet ... Ihr sollet ihn mit niemandem sprechen lassen, wer es auch sei, nicht einmal mit seinem Diener, wenn der kommt, um ihm etwas zu bringen. Der Diener darf auch nicht bei ihm wohnen, sondern in der Stadt. Wenn er Essen oder Wäsche bringet, muß allemal ein Offizier dabei sein, der alles visitiert und wohl acht hat, daß er dem Arrestanten keine Briefe oder andere Sachen zusteckt. Ihr sollt auch nicht gestatten, daß der Arrestant korrespondiert oder Post empfängt. Von allem, was er machet, sollt Ihr mir alle Woche Rapport abstatten. Wenn Euch aber sonsten jemand mündlich oder schriftlich fragt, ob er da sei oder was er mache, so sollt Ihr darauf nicht antworten; der Festungskommandant auch nicht, dem Ihr dies sagen sollt.

Der Soldatenkönig ordnet zusätzlich an, daß das Essen für den eingekerkerten Kronprinzen aus einer Küstriner Garküche zu holen sei, und zwar mittags für sechs, abends für vier Groschen. Messer und Gabel seien ihm zu verweigern; der wachführende Offizier habe das Fleisch kleinzuschneiden. Mitte Oktober wird bekannt, daß Kronprinz Friedrich einem Leutnant, der befehlsgemäß abends um acht Uhr die Kerze in seiner Zelle löschte, eine kräftige Ohrfeige gegeben und daß er sich über Geheimrat Gerbet, der ihn verhören sollte, mit den Worten lustig gemacht hat: »Was will dieser Kerl?! Der kann Schelme und Diebe verhören, aber nicht mich...« Am 22. Oktober befiehlt der König die Bildung eines Kriegsgerichts.

Drei Tage später tritt das Kriegsgericht unter dem Vorsitz des Generalleutnants von der Schulenburg in Köpenick zusammen. Ihm gehören drei Generalmajore, drei Obristen, drei Oberstleutnants, drei Majore und drei Hauptleute an. Generalauditeur Mylius, Geheimrat Gerbet und der Auditeur Rumpf vom Regiment Gens d'Armes sollen als nicht stimmberechtigte Fachberater fungieren. Das Gericht benötigt drei Tage, um zu einem Votum zu kommen. Was den Kronprinzen angeht, so erklärt es, daß es nicht zuständig sei, »über unseres Königs Sohn und Familie zu sprechen«; es empfehle den Sohn dringend der väterlichen Gnade. Hinsichtlich des Leutnants von Katte, dem Konspiration gegen die Krone und versuchte Fahnenflucht von der Armee vorgeworfen wird, stimmen neun Offiziere für den Tod und sieben für lebenslange Freiheitsstrafe. Da die Stimme des Vorsitzenden den Ausschlag gibt und Generalleutnant von der Schulenburg für den milderen Spruch votiert, empfiehlt das Gericht dem König für Katte lebenslängliche Festungshaft.

Am Vormittag des 29. Oktober liest Friedrich Wilhelm das Urteil des Kriegsgerichts. Er gerät in Wut, wirft die Akten auf die Erde und läßt den Geheimrat Gerbet kommen, der sich aber auf die Seite der Offiziere stellt. Abends, im Tabakskollegium, tobt der Soldatenkönig, er müsse den Kopf des Kronprinzen, des »Deserteurs Fritz« haben. General von Buddenbrock springt auf und ruft: »Sire, wenn es Sie unbedingt nach Blut dürstet, dann nehmen Sie meines! Jenes bekommen Sie nicht, solange ich noch sprechen kann...« Auch der Alte Dessauer argumentiert energisch für den Kronprinzen. Er betont, er spräche als Reichsfürst, und Kronprinz Friedrich sei schließlich als Kurprinz von Brandenburg auch ein Fürst des Reiches. Der König habe kein Recht, sich selbst zum Richter über seinen Sohn zu machen und den Kaiser in Wien zu übergehen. Friedrich Wilhelm, schwer gereizt, fährt auf: »So? Meinen Sie, Dessau? Na schön. Wenn Kaiser und Reich mir verwehren wollen, über den Kurprinzen von Brandenburg Recht zu sprechen, dann werde ich eben den Deserteur Fritz nach Preußen (sprich: Provinz Ostpreußen) bringen lassen und dort, im souveränen Königreich, der Gerechtigkeit ihren Lauf lassen...«

Am nächsten Tag, dem 30. Oktober, überbringt Graf Seckendorff dem Soldatenkönig handgeschriebene Vermittlungsschreiben des Kaisers und des Prinzen Eugen. Friedrich Wilhelm zieht sich nach der Lektüre für zwei Tage nach Wusterhausen zurück. Dann ist das Leben seines Sohnes gerettet! Was den Leutnant von Katte betrifft, erläßt der König am 1. November 1730 folgende Ordre an das Kriegsgericht:

Was den Leutnant von Katte und dessen Verbrechen und das vom Kriegsgericht gefällte Urteil anlangt, so sind S.K.M. zwar nicht gewohnt, die Kriegsrechte zu schärfen, sondern vielmehr, wo immer möglich, zu mildern. Dieser Katte ist aber nicht nur in meinen Diensten Offizier bei der Armee, sondern auch bei dem Garderegiment Gens d'Armes. Und da bei der ganzen Armee meine Offiziere mir getreu und hold sein müssen, so muß solches um so mehr geschehen von den Offizieren solcher Regimenter, die S.K.M. und Dero Königlichem Hause persönlich attachiert sind. Da aber dieser Katte mit der künftigen Sonne tramieret (soll heißen: mit dem künftigen König gekungelt hat), mit fremden Ministern und Gesandten die Desertion vorbereitete, und da er nicht dafür da war, mit dem Kronprinzen zu komplottieren, sondern im Gegenteil es S.K.M. und dem Herrn Generalfeldmarschall von Natzmer sogleich hätte melden müssen, so weiß S.K.M. nicht, warum ihm das Kriegsgericht nicht das Leben abgesprochen hat.

S.K.M. werden auf diese Art sich auf keinen Offizier noch Diener, die in Eid und Pflicht stehen, in Zukunft verlassen können. Denn solche Sachen, wenn sie einmal in der Welt geschehen, können öfters vorkommen. Es würden aber dann alle Täter den Vorwand nehmen, wie es dem Katte ergangen wäre und daß ihnen – weil der so leicht und gut durchgekommen wäre – dergleichen auch geschehen müßte.

S.K.M. sind in Dero Jugend auch durch die Schule gelaufen und haben das lateinische Sprichwort gelernt: Fiat Iustitia et pereat mundus. (Die Gerechtigkeit muß leben, und wenn die Welt zugrunde geht.) Also wollen S.K.M. hiermit, und zwar von Rechts wegen, daß der Katte, obschon er nach dem Gesetz verdient habe, wegen des begangenen Majestätsverbrechens mit glühenden Zangen gerissen und aufgehängt zu werden, er dennoch nur – in Ansehung seiner Familie – mit dem Schwerdt vom Leben zum Tod gebracht werden soll.

Der Schlußsatz dieses einzigartigen Dokuments lautet:

Wenn das Kriegsgericht dem Katten die Sententz publiciret, soll ihm gesagt werden, daß Sr. Königl. Majest. es leydt thäte; es wäre aber beßer, daß er stürbe als daß die Justiz aus der Welt käme. Wusterhausen d. 1. November 1730. Friedrich Wilhelm

Fünf Tage später, am 6. November, wird Leutnant von Katte, der in den letzten drei Tagen von Berlin nach Küstrin überstellt wurde, zu seinem letzten Gang geführt. Die Hinrichtung findet innerhalb der Festung statt, und so muß der Zug mit dem Delinquenten am Kerker des Kronprinzen vorbei. Friedrich steht leichenblaß am Gitterfenster seiner Zelle, von einem wachhabenden Offizier gestützt. Als er seinen Freund kommen sieht, aufrecht, den Hut vorschriftsmäßig unter dem linken Arm, stöhnt er verzweifelt auf und beginnt hemmungslos zu schluchzen. In französischer Sprache ruft er: »Mein lieber Katte, ich bitte tausendmal um Verzeihung! In Gottes Namen – Verzeihung, Verzeihung!« Katte wirft ihm eine ehrerbietige Kußhand zu und antwortet mit klarer, fester Stimme: »Nichts von Verzeihung, mein Prinz! Ich sterbe mit vielen Freuden für Sie.« Noch bevor der Scharfrichter den Todesstreich führt, verliert der Kronprinz das Bewußtsein und stürzt zu Boden.

Am nächsten Tag wird die Schreckensnachricht überall im Land bekannt. Bleierne Stille senkt sich über Preußen. Die Königin verschließt sich in ihren Gemächern. Prinzessin Wilhelmine, die der Leutnant von Katte leidenschaftlich verehrte, erleidet einen Nervenzusammenbruch. Ein paar Tage später kommt es auf dem Paradeplatz von Potsdam zu einem bezeichnenden Zwischenfall: Der achtjährige Prinz August Wilhelm, dem ein Offizier die wichtigsten Handgriffe beim Präsentieren der Muskete beibringen soll, weigert sich, weiter zu exerzieren. Der König, der das sieht, tritt an ihn heran und sagt: »Wenn Du nicht exerzieren willst, August Wilhelm, so sollst Du auch kein Portepee mehr tragen.« Der Achtjährige sieht ihn fest an und antwortet: »Mein lieber Papa! Das will ich gleich wieder zurückgeben...« Der Vater unterbricht ihn zornig: »Wilhelm! Dann kannst Du auch kein Offizier sein!« Der kleine Prinz gibt zurück: »Da frage ich nichts nach! Mein lieber Papa läßt ja seinen Offizieren die Köpfe abhauen...« Prompt setzt es Ohrfeigen und Faustschläge. Der Prinz muß aus dem Glied und bekommt Stubenarrest. Sein Erzieher, Kriegsrat Lindener, wird schärfstens verwarnt.

Ende November, nach dreimonatiger strenger Kerkerhaft, wird Kronprinz Friedrich erlöst. Er darf die Festung verlassen, muß aber zuvor einen feierlichen Eid schwören, daß er erstens sich an niemandem wegen seiner Gefangenschaft rächen werde; zweitens bereit und willens sei, sich in Zukunft vollkommen dem väterlichen Willen zu unterwerfen; drittens sich niemals ohne Wissen und Willen des Königs verheiraten werde. Sollte Friedrich diesen Eid brechen, so wird er unverzüglich des königlichen Thronfolgerechtes und der brandenburgischen Kurwürde verlustig gehen.

Zwei Tage nach seiner Entlassung, morgens um sieben Uhr, nimmt der Kronprinz seinen vom Vater befohlenen Dienst im Kammerkollegium Küstrin auf. Seine offizielle Bezeichnung ist »Auskultator«, also Referendar. Die Uniform darf er nicht tragen, denn er gehört der preußischen Armee nicht mehr an. Die Dienststunden in der Kammer sind täglich von sieben bis halb zwölf und von fünfzehn bis siebzehn Uhr. Seine Aufgabe ist es, den Kammerräten aufmerksam zuzuhören, gründlich die Akten zu studieren und penibel sämtliche Rechnungen zu prüfen. Nachmittags wird er mit Abschreibearbeiten beschäftigt, oder der Kammerdirektor Hille und der Kriegsrat Hünecke unterrichten ihn in Finanz- und Polizeiwesen, hauptsächlich aber in den verschiedenen Sparten der Volkswirtschaft. Auch für die Pausen sind die Gesprächsthemen mit den Ausbildern vom König streng vorgeschrieben: »... von göttlichem Wort, von der Landesverfassung, von Manufakturen, Polizeisachen, Bestellung des Landes, Abnahme von Rechnungen« und so weiter. Zum ersten Mal in seinem Leben beschäftigt sich Friedrich mit etwas Nützlichem. Sinnlose Schikane ist es dagegen, daß der Prinz nur einmal im Monat an Vater und Mutter schreiben darf; an sonst niemanden. Außerdem ist ihm verboten, Musik zu hören und Flöte zu spielen. Die Lektüre französischer Bücher ist ihm untersagt. Wenn er unbedingt lesen will, dann die Bibel, das evangelische Gesangbuch oder Arndts *»Vom wahren Christentum«*.

Den Dezember 1730, bis kurz vor Weihnachten, verbringt der Soldatenkönig, immer noch hocherregt, in Potsdam. Dreimal lädt er seinen Freund, den Dessauer, zu Besuch nach Potsdam ein; dreimal bekommt er eine Absage, was seine Laune nicht bessert. Im Berliner Schloß herrscht eine lastende Atmosphäre. Die Königin lebt völlig zurückgezogen, zitternd vor Furcht und schlechtem Gewissen. Wilhelmine hütet seit dem 7. November das Bett und spricht mit niemandem. Der braunschweigische Gesandte berichtet seinem Hof: »Summa ist es im Schloße alles gantz still.«

Das Weihnachtsfest 1730 verläuft in ziemlicher Tristesse. Der Heiligabend fällt auf einen Sonntag. Am Nachmittag geht der König auf den Berliner Christmarkt und kauft für die kleinen Prinzen und Prinzessinnen »allerhand kurtzweilige Sachen« ein. Abends darf die Königin die Geschenke an die Kinder verteilen; aber Fritz und Wilhelmine bekommen auf Befehl des Vaters nichts. Gesprochen wird kaum in der Familie. Die Frauen und Mädchen laufen mit verheulten Gesichtern herum. Über den einzigen Lichtblick für den Soldatenkönig in diesen düsteren Tagen berichtet der braunschweigische Gesandte: »Die verwitwete Generalin von Dörfling hat dem König am ersten Weihnachts-Tage eine gute Schüssel gekochten Sauer-Krauts mit einer gebratenen fetten Gans zum Schloße tragen lassen, weil Se. Maj. dergleichen gern essen, und am 2. Feyer-Tage auch eine Schüssel recht schöner Äpfel, so sehr gnädig aufgenommen wurden.«

Erst im April 1731 regen sich in Berlin Hoffnungen und Gerüchte, der König könne »Gnade vor Recht« ergehen lassen und zu einer Versöhnung mit dem Sohn schreiten. In Europa nimmt alle Welt leidenschaftlich Partei für den armen Prinzen. Während der Soldatenkönig die Roheit und Geschmacklosigkeit begeht, seinen soeben verstorbenen Narren Gundling in Potsdam in ein Weinfaß legen zu lassen, berichtet ein Gesandter am 28. April aus Berlin:

Nachrichten aus Küstrin beschreiben, was dem Cron-Printzen für allerhand Delikatessen an Weinen, Victualien, Liqueurs und anderen Galanterien aus Frankreich, Engelland, Holland, Hamburg, Lübeck, Dantzig und anderen Orten zugesandt würden; und zwar unter unbekanntem Namen; woraus zu schließen: daß fremde Herrschaften mit diesem ausbündigen Printzen viel compassion (Mitleid) haben, und hoffet man auch noch beständig: daß der König ihm nunmehro bald die freye Luft gönnen werde.

Die Wende in der Tragödie von Vater und Sohn bahnt sich jedoch erst am 10. Mai an. An diesem Tag trifft Fürst Leopold von Anhalt-Dessau, der viermal Einladungen des Königs abgelehnt hatte, in Potsdam ein und begibt sich zusammen mit dem Herzog von Bevern ins Stadtschloß. Der Soldatenkönig, überglücklich, daß sein Freund, der Alte Dessauer, wieder bei ihm erscheint, schließt sich mit den beiden Besuchern zu einer langdauernden Konferenz ein. Die Diskussion dreht sich ausschließlich um die Wiederaussöhnung des Königs mit dem Kronprinzen und der Prinzessin Wilhelmine. Der Dessauer bestürmt seinen königlichen Freund, endlich mit den beiden ältesten Kindern Frieden zu schließen. Er bietet an, selbst nach Küstrin zu fahren und den Kronprinzen dort abzuholen. Friedrich Wilhelm bleibt in puncto Friedrich noch hart, deutet aber die Möglichkeit einer Entspannung mit der Prinzessin an.

Vierzehn Tage später erwartet Wilhelmine im Berliner Schloß gemeinsam mit der zwölfjährigen Prinzessin Sophie und der achtjährigen Prinzessin Amalie den König, der sein Eintreffen offiziell angekündigt hat. Als er in das Zimmer tritt, wirft sich ihm Wilhelmine unter Tränen zu Füßen. Sie stammelt etwas von »gnädigster Vergebung« für das, womit sie den lieben Papa »erzürnt« habe. Der Vater, aufs höchste erregt, erleidet einen Weinkrampf, hebt die Prinzessin auf und umarmt sie. Sofort aber muß Wilhelmine ihm in die Hand versprechen, sich aller »englischen Flausen« zu enthalten und den Mann zu nehmen, den ihr der König aussuchen wird. Die Königin kommt dazu und ist überglücklich, daß ihre Lieblingstochter Wilhelmine, die sie seit Ende Januar nicht mehr gesehen hat, mit ihrem Mann ausgesöhnt ist. Der braunschweigische Gesandte schreibt an seinen Hof: »Es fehlet jetzo nur noch: daß der Cron-Printz auch wieder in Freiheit gestellet, als dann die Freude zur höchsten Vollkommenheit gelanget wäre.«

Am Abend des Aussöhnungstages mit Wilhelmine schreibt der König einen sehr ernsten Brief an den Hofmarschall von Wolden, der den Sohn in Küstrin bewachen und betreuen muß:

Der Kronprinz, Euer Untergebener, soll sich gewöhnen, ein stilles Leben zu führen. Er soll sich das englische und das französische Wesen aus dem Kopfe schlagen und nichts als preußisch sein und ein deutsches Herz haben! Er soll auch wissen, daß seine älteste Schwester in vier Wochen den Sohn des Markgrafen von Bayreuth heiraten wird; und wo ich es à propos finde, soll auch Fritz heiraten, und zwar eine Prinzessin, die nicht aus dem englischen Hause ist. Er wird aber zwischen mehreren die Wahl haben, was Ihr ihm meinetwegen sagen könnt.

Am 15. August 1731, dem dreiundvierzigsten Geburtstag des Königs, kommt es endlich zum Zusammentreffen von Vater und Sohn, die sich ein Jahr lang nicht mehr gesehen haben. Nach der ausführlichen Schilderung des Augen- und Ohrenzeugen Grumbkow verläuft das merkwürdige Ereignis folgendermaßen:
Friedrich Wilhelm I. begibt sich nach seiner Ankunft in Küstrin im Beisein »vieler hundert Menschen« sofort ins Haus des Gouverneurs. Bei ihm sind die Generäle von Grumbkow und von Lepel sowie der Oberst von Derschau. Hofmarschall von Wolden holt den Kronprinzen in seiner Wohnung ab, der denn auch nach wenigen Minuten, begleitet von den beiden Kammerjunkern von Rohwedel und von Natzmer, das Zimmer betritt, in dem der König am Fenster steht und mit den Fingern gegen die Scheibe trommelt. Als der Vater sich herumdreht, wirft sich der Sohn vor ihm auf die Knie. Friedrich Wilhelm befiehlt ihm aufzustehen und fährt ihn an: »Höre, mein Kerl. Auch wenn Du sechzig oder siebzig Jahre alt wärst, so solltest Du mir nichts vorschreiben! Es wird mir nicht an Mitteln fehlen, auch Dich zur Räson zu bringen.« Im härtesten Ton kommen noch einmal alle Vergehen des Prinzen zur Sprache, vor allem die Schulden, die er gemacht hat; denn ein Schuldenmacher sei wie ein Dieb. Ob er, der Sohn, sich eigentlich Gedanken darüber gemacht habe, was denn nach einer geglückten Flucht geschehen wäre? »Eure Mutter würde in das größte Unglück geraten sein, und Eure Schwester hätte ich lebenslänglich an einen Ort verbannt, wo sie weder Sonne noch Mond beschienen hätte.«
Während der Kronprinz, blaß bis unter die Haut, mit zusammengebissenen Zähnen, der Strafpredigt zuhört, geht der König vor ihm auf und ab. Er beruhigt sich und spricht sehr ernst zu seinem Sohn: »Ihr werdet Euch zu erinnern wissen, was nunmehro seit Jahren geschehen ist und wie schändlich Ihr Euch aufführtet, auch was für ein gottloses

Benehmen Ihr gehabt habt. Da ich Euch von Jugend an bei mir gehabt habe, habe ich alles in der Welt getan, im Guten wie im Bösen, um Euch zu einem ehrlichen Manne zu machen. Und nachdem ich Euer böses Benehmen immer wieder soupconieret, habe ich Euch aufs rüdeste und härteste traktieret, in der Hoffnung, Ihr würdet in Euch gehen, eine andere Haltung annehmen, mir Eure fauten offenbaren und um Vergebung bitten. Aber alles umsonst. Ihr seid immer verstockter geworden.«

Plötzlich vor ihm stehenbleibend, fragt der König den Sohn, ob nicht seine wahre »Intention« gewesen sei, nach England zu gehen. Der Prinz, der das in allen Verhören bestritten hat, antwortet bejahend. Der König nickt und sagt: »Das Einzige, was dieses reparieren kann, ist, daß Ihr mit allen Kräften suchet, diese faute wiedergutzumachen!« Der Prinz wirft sich ihm zu Füßen und bittet, ihn auf die härtesten Proben zu stellen. Er wolle alles ausstehen, nur um die Gnade des Königs wiederzugewinnen. Der Vater sieht seinen Sohn prüfend an. Dann kommt die entscheidende Frage:

König: »Hast Du Katten verführt? Oder hat Katte Dich verführt?«
Prinz: »Ich habe ihn verführt...«
König: »Es ist mir lieb, daß Ihr einmal die Wahrheit sagt.«
Der Prinz steht langsam auf. Im Raum herrscht Schweigen. Friedrich Wilhelm fährt in ruhigem Ton fort:

Wie gefällt Euch denn das Leben in Küstrin? Habt Ihr noch immer eine Aversion gegen Wusterhausen und gegen den ›Sterbekittel‹, wie Ihr einst die Uniform genannt habt? Es kann ja sein, daß Euch meine Lebensart nicht gefällt. Und es ist ja wahr: Ich habe keine französischen Manieren, ich kann auch keine bonmots hervorbringen, was ich übrigens für die größte Bärenheuterei halte. Nein, ich bin ein *deutscher* Fürst, und als solcher werde ich leben und sterben! So sagt mir doch, was Ihr mit Euren Capricen und Eurem bösen Herzen gewonnen habt? Ihr habt immer alles gehaßt, was ich geliebt habe! Wenn ich einen auszeichnete, dann habt Ihr ihn geschnitten. Wenn ich einen Offizier in Arrest geschickt habe, dann habt Ihr ihn beklagt und sich seiner angenommen. Die rechten Freunde, die es ehrlich mit Euch meinten, die habt Ihr gehaßt und verleumdet. Aber die, die Euch schmeichelten und in Eurem bösen Vorhaben bestärkten, die habt Ihr caressieret... Die Früchte von alledem seht Ihr nun.

Nach einer Weile kommt der König auf die »Prinzipia in der Religion« zu sprechen und zeigt seinem Sohn – nach Grumbkows Bericht –, »was für horrible suiten (schreckliche Folgen) aus dem absoluto decreto (aus der kalvinistischen Prädestinationslehre) entsprängen, darinnen man Gott zu einem Urheber der Sünde mache«. Der Kronprinz versichert, daß er ganz der christlichen Überzeugung des Vaters beistimme. Friedrich Wilhelm:

> Wenn Euch gottlose Menschen gegen Eure Pflichten, gegen Gott, den König und das Vaterland einnehmen wollen, dann fallt auf die Knie und bittet Jesum Christum inbrünstig, Euch zu retten und auf bessere Wege zu bringen! Und wenn Euch das von Herzen kommt, dann wird Jesus, der alle Menschen selig haben will, auch Euch nicht unerhört lassen.

Er reicht dem Sohn die Hand und vergibt ihm alles Vergangene. Friedrich bricht in Tränen aus.

Der König, stark bewegt, dreht sich um und geht in ein Nebenzimmer. Der Kronprinz geht ihm nach und gratuliert dem Vater zum Geburtstag. Friedrich Wilhelm umarmt seinen Sohn. Danach verläßt er das Gouverneurshaus und begibt sich zum Wagen. Friedrich folgt ihm und küßt ihm angesichts »vieler hundert Menschen« die Füße. Der König umarmt ihn mit den Worten: »Weil ich glaube, daß Deine Treue aufrichtig ist, will ich nun auch weiter für Dich sorgen.«

Drei Tage nach der Küstriner Szene trifft Friedrich Wilhelm gegen elf Uhr vormittags in der Hauptstadt ein. Die Berliner laufen in hellen Scharen seinem Wagen bis auf den Schloßplatz nach, weil sich das Gerücht verbreitet hat, Vater und Sohn seien völlig ausgesöhnt und der Kronprinz kehre nach Berlin zu seiner Mutter heim. Die Enttäuschung des Publikums ist groß, als kein Friedrich aus dem Wagen steigt. Zehn Tage später strömen die Berliner abends nach Monbijou, weil sie hoffen, dort den vergötterten Prinzen bei einem Abendkonzert der Königin sehen zu können. Der braunschweigische Gesandte berichtet: »Ihre glaubensvolle Hoffnung war vergebens, doch versichert man: daß dieser ausbündige Herr von Cüstrin recta nach Wusterhausen abgehen werde. Er ist in dieser Woche von dem Obristen von Wreech auf dessen 2 Meilen von Cüstrin gelegenen schönen Güthern bewirthet worden, und soll er sich daherum Tag täglich mit denen Jagden divertieren (vergnügen).« Es ist jedoch nicht wahr, daß Friedrich sich nach Wusterhausen begeben wird; sein fester Aufenthaltsort ist nach dem Befehl des Vaters weiterhin Küstrin. Wahr ist jedoch, daß der Kronprinz jetzt, mit Genehmigung des Königs, die Stadt Küstrin verlassen und kleine Reisen in die nähere Umgebung machen darf. Er ist nach wie vor als »Auskultator« bei der Küstriner Kammer tätig. Die ihm zugewiesene Aufgabe besteht aber nun darin, die Domänengüter zu inspizieren und deren Zustand in eingehenden Gesprächen mit den Pächtern und den Domänenbauern zu registrieren. Wieder zurück in Küstrin, muß er detaillierte Inspektionsberichte erstellen und an den Vater zur Prüfung senden. Er soll das Große im Kleinen erkennen.

Am Sonntag, dem 18. November 1731, findet um siebzehn Uhr in Berlin die feierliche Vermählung der Prinzessin Wilhelmine mit dem Markgrafen von Bayreuth statt. Zum ersten Mal seit eineinhalb Jahren, seit der Katastrophe von Wesel, sieht alle Welt wieder einen vergnügten Soldatenkönig, denn mit dieser Hochzeit scheint das Unglücks-Projekt der »englischen Heirat« für immer vom Tisch zu sein. (Der König kann nicht ahnen, daß in eineinhalb Jahren die ganze Intrige nochmals aufgerührt werden wird.) Friedrich Wilhelm hat sich zuvor höchstpersönlich davon überzeugt, daß die Ausstattung für die Braut, für Wilhelmine, auch vom Allerbesten ist. Nach der kirchlichen Trauung legt sich das frischgebackene Ehepaar »in Gegenwart aller illustren Anwesenden in köstlichen Schlafkleidern« zu Bett. Friedrich Wilhelm hält eine spaßige Rede auf das junge Ehepaar, singt ein lustiges Liedchen und fordert die beiden auf, sich einen herzhaften Kuß zu geben. Dann wünschen der König und die Königin eine gute Nacht, und alles tanzt im großen Ballsaal bis gegen Morgen. Dennoch liegt ein Schatten über dem Fest, denn der Kronprinz ist nicht erschienen, obwohl Wilhelmine den Vater unter Tränen darum gebeten hatte.

Fünf Tage später, am Freitag, dem 23. November, ist abends wieder großer Ball im Schloß; der König eröffnet ihn mit Wilhelmine. Am Berliner Stadttor erscheint inkognito ein junger Kavalier zu Pferde, der sich im Dunkeln als polnischer Offizier ausgibt. Es ist Kronprinz Friedrich. Der Vater hat ihn vor zwei Tagen durch Geheimkurier nach Berlin zum Ball beordert. Der Prinz begibt sich, der königlichen Ordre gemäß, stracks in die Vorstadt, zum Haus des Obersten von Derschau. Dort streift er einen schon bereitliegenden hechtgrauen Rock mit silbernen Tressen über. In diesem Aufzug – es ist die Kleidung eines königlichen Geheimrats – erscheint er plötzlich, eineinhalb Stunden nach Beginn der Veranstaltung, im Ballsaal des Schlosses. Alles erstarrt. Die Musik bricht ab. Nur der König reibt sich die Hände; er hat sich ja die Überraschung ausgedacht. Sobald die Geschwister Fritz erkannt haben, stürzen sie jubelnd zu ihm. »Die Freude ist unaussprechlich gewesen«, berichtet der braunschweigische Gesandte, »und haben viele herrschaftliche als auch andere Personen vor Freude Thränen vergossen.«

Für Friedrich Wilhelm ist dies der schönste Abend seines Lebens. Fröhlich grienend durchschreitet er die festlich geschmückten Säle. Er ist mit sich rundum zufrieden. Wilhelmine hat einen deutschen Fürsten geheiratet, und sein Sohn Fritz ist wieder in die Familie aufgenommen. Alles um ihn herum ist laut und lustig, und so will er es haben. In einem der Schloßsäle feiern die Bürgerlichen. Der König hat sie höchstpersönlich eingeladen. Da sieht man Räte, Sekretäre, Akzisekontrolleure, Kaufleute und einfache Handwerker, die alle mit ihren Ehefrauen erschienen sind. Nirgendwo in Europa wäre es sonst möglich, daß das »niedere Volk« zu einer königlichen Hochzeit ins Schloß geladen wird. Der Soldatenkönig fühlt sich hier am wohlsten. Eine Zigeunerbande spielt zum Tanz auf, und die Ehemänner fassen ihre Weiber unter, springen und hopsen mit ihnen johlend und juchzend durch den Saal. Friedrich Wilhelm steht an der Flügeltür und sieht dem lustigen, zwanglosen Treiben »mit höchstem Vergnügen« zu.

Um zehn Uhr abends geht es zur großen Festtafel; dazu spielt eine »virtuose Music«. Nach dem Essen faßt der König Wilhelmine unter und tanzt mit ihr vergnügt durch den Saal. Dann holt er sich die Herzogin von Bevern zum Tanz. (Kronprinz Friedrich tanzt mit niemandem, nicht einmal mit seinen Schwestern, sondern starrt mit gekreuzten Armen in das bunte Gewühl.) Um Mitternacht flüstert Friedrich Wilhelm den Wachen an den Flügeltüren den Befehl zu, in den nächsten drei Stunden niemanden herein- oder herauszulassen, und legt sich in seinem Kabinett zum Schlafen. In den folgenden Stunden steigt die Not in den Ballsälen auf das höchste. Fast alle empfinden ein dringendes Bedürfnis, doch niemand wird durch die Türen gelassen. Endlich, um drei Uhr morgens, kurz vor Eintritt einer unbeschreiblichen Katastrophe, erscheint Friedrich Wilhelm höchstvergnügt und läßt die Türen öffnen. Als er sieht, wie die Damen in ganzen Trauben davonstürzen, hält er sich den gewaltigen Bauch vor Lachen. Er pfeift auf den Fingern und ruft den Musikanten »Popolsky!« zu. Wie ein Sturmwind entfaltet sich die Mazurka, und der König tanzt mit seinen Töchtern Wilhelmine und Ulrike, schwenkt sie, bis sie ganz außer Atem sind. Zum Schluß ordnet sich alles zur Polonaise, der König an der Spitze stößt lustige Schreie aus, und der lange Zug hüpft durch drei, vier Säle, immer wieder von neuem.

Am Wochenende drängt sich alles, was Rang und Namen hat, zum Kronprinzen. Der aber macht sogleich jedermann auf die schärfste Weise klar, daß er sich wohl dem König, aber sonst niemandem unterworfen hat, daß mit ihm nicht gut Kirschenessen ist und daß er nichts vergessen hat. Er habe, berichtet der braunschweigische Gesandte, »dem einen oder andern General kein guth Gesichte gemacht, sondern selbige nur über die Achseln angesehen«.

Am Dienstag, dem 27. November, meldet sich Friedrich bei seinem Vater in dessen Arbeitskabinett zum Rapport. Der König umarmt ihn und nimmt ihn wieder in die preußische Armee auf. Er überreicht seinem Sohn die Uniform samt Offiziersdegen und ernennt ihn zum Generalmajor der Infanterie. Eine Woche später, am Dienstag, dem 4. Dezember, reist der Sohn, der in den dazwischen liegenden Tagen für jedermann unnahbar geblieben ist, im frühen Morgengrauen wieder zurück nach Küstrin.

Eineinhalb Jahre, vom August 1730 bis zum Dezember 1731, hatte sich die schreckliche Konfrontation zwischen Vater und Sohn hingezogen. In den nächsten eineinhalb Jahren ging alles seinen vom Soldatenkönig gewünschten Gang. Am 10. März 1732 verlobte sich Friedrich auf Befehl seines Vaters mit der ungeliebten Prinzessin Elisabeth Christine von Braunschweig-Bevern, einer Nichte der Kaiserin. Im Mai 1733 besichtigte der Soldatenkönig zum ersten Mal das Regiment seines Sohnes und sprach dem »Fritz« seine höchste Zufriedenheit aus. Am 12. Juni 1733 fand die Hochzeit der beiden jungen Leute auf Schloß Salzdalum bei Wolfenbüttel statt.

Friedrich Wilhelm I. hatte auf der ganzen Linie gesiegt. Er hatte nicht nur die »Autorität der Junker« ruiniert, sondern auch den Hochmut und Widerstand des Sohnes gebrochen. Aber um welchen Preis! Er hatte einen Menschen hinrichten lassen und die Seele seines Sohnes zerschlagen. Er hatte die Unterwerfung des Nachfolgers erzwungen, indem er durch unglaublichen Terror zitternde Furcht, kriecherische Anpassung und schlaue Verstellung bewirkte. Es war nicht Friedrich Wilhelms Verdienst, daß der Sohn innerlich von sich nichts preisgab, daß dieser erstaunliche junge Mann sogleich nach dem Tode des Vaters wie ein vom Sturmwind gebeugter Wipfel wieder nach oben schnellte und vor der Welt den aufrechten Gang annahm.

Der Vater hatte den Sohn durchschaut. Ein wahres Wunder, angesichts der miserablen Menschenkenntnis des Königs; nur erklärlich durch Liebe und Eigenliebe, denn im ältesten Sohn wollte sich Friedrich Wilhelm ja wiedererkennen. Friedrich war wirklich als junger Mensch eine zutiefst unsympathische Figur: hochmütig, zynisch, »nicht populär und leutselig«, wie der Vater immer wieder monierte, eingebildet auf das königliche Blut, in seinem Egoismus vor nichts zurückschreckend, nicht einmal vor »Verrat«, nämlich vor Kungelei mit auswärtigen Mächten gegen den eigenen Vater und damit gegen den Staat. Der Sohn hatte dem plumpen König, der nicht einmal geistreiche »bonmots« drechseln konnte, immer wieder seine Verachtung zu erkennen gegeben. Von der berserkerhaften Anstrengung dieses Mannes, der sein Land gegen alle Regeln der Kunst nach oben brachte, hatte er in seiner Arroganz keine Notiz genommen.

Der Triumph Friedrich Wilhelms war nur ein Pyrrhussieg. Die Liebe und Achtung seines Sohnes konnte er auch im letzten Jahrzehnt seines Lebens nicht erringen. Erst zwei Tage vor seinem Tode ging ihm eine Ahnung davon auf, welche ungeheuren Talente, welch niemals zu brechende Energie in diesem »Fritz« steckten. Als König hatte Friedrich

Wilhelm im Kampf um die Staatsautorität gesiegt; als Vater hatte er den Kampf um den Sohn verloren.

Es sollten noch viele Jahre vergehen. Erst in den Schrecken des Siebenjährigen Krieges, als Friedrich der Große verzweifelt um die Existenz des Staates Preußen focht und sich am Rande des Abgrunds wähnte, sollte es geschehen, daß er nachts, im Feldquartier, schweißgebadet aus dem Bett auffuhr und flüsternd fragte: »Vater, habe ich es gut gemacht?«

Dreißig Jahre nach Beginn der Vater-Sohn-Tragödie, im Frühjahr 1758, zwischen den blutigen Schlachten bei Leuthen und Zorndorf, wird Friedrich im Gespräch mit seinem Vorleser de Catt das rechte Urteil über den Vater formulieren:

Welch ein schrecklicher Mann! Aber auch welch gerechter, kluger und sachkundiger Mann! Sie können sich nicht vorstellen, welche Ordnung er in alle Verwaltungszweige gebracht hat. Kein Fürst erreichte ihn in der Fähigkeit, in die geringsten Einzelheiten einzudringen. Und er drang in sie ein, um, wie er sagte, alle Teile der Staatsverwaltung auf den höchsten Grad der Vollkommenheit zu bringen. Nur durch seine Sorgen, seine unermüdliche Arbeit, seine von peinlichster Gerechtigkeit erfüllte Politik, seine große und bewundernswerte Sparsamkeit und die strenge Mannszucht, die er in dem von ihm geschaffenen Heer einführte, nur dadurch sind meine bisherigen Leistungen ermöglicht worden.

Die Toleranz

Am Mittwoch, dem 8. August 1731, tritt frühmorgens ein königlicher Leibjäger in das Schlafzimmer Friedrich Wilhelms im Berliner Schloß. Der Soldatenkönig ist bereits aufgestanden, bietet aber ein Bild des Jammers. Ganz krumm und gebückt steht der zweiundvierzigjährige dicke Monarch neben seinem Bett, ächzend und stöhnend, mühsam nach Luft ringend. Die Gicht, sein altes Spezialleiden, hat ihn wieder gepackt; eines seiner Beine ist von der Wassersucht unförmig angeschwollen, das Atmen geht schwer. Der König winkt dem Leibjäger, der ihn ohne große Umstände über den Rücken nimmt und über die Schloßtreppe zur wartenden Kalesche trägt. Kammerdiener Eversmann ist außer sich, daß der König in seinem miserablen Zustand die Reise nach Potsdam antreten will. Friedrich Wilhelm knurrt ihn an, er solle sein »Papperlapapp« sein lassen, in Potsdam warte viel Arbeit auf ihn. Dann läßt er sich in die Kalesche heben, und los geht es mit »Hüh« und »Hott«, Generalmajor von Dockum zu Pferde immer links neben der Kutsche, über die sandigen Wege der Mark Brandenburg.

In derselben frühen Morgenstunde, in der Friedrich Wilhelm I. sich auf den Weg von Berlin nach Potsdam begibt, ereignen sich siebenhundert Kilometer entfernt, im Salzburger Land, das ebenso wie der preußische Staat völkerrechtlich zum Deutschen Reich gehört, außerordentliche Dinge. In dem Augenblick, in dem sich der Frühdunst verzogen hat und die Sonne ihr Licht über die Täler und Gipfel breitet, dringt ein kaiserliches Invasionskorps von 3 000 Reitern und 600 Artillerieknechten überfallartig ins Salzburgische ein, sperrt mit Verhauen sämtliche Übergänge und Gebirgspässe, besetzt lärmend die Dörfer, durchsucht sporenklirrend die Häuser der Bergbauern nach lutherischen Bibeln und führt 74 Männer evangelischen Glaubens ins erzbischöfliche Gefängnis der Stadt Salzburg ab.

Ein unerhörter, fast unglaublicher Vorfall. Seit hundert Jahren, seit den Zeiten des unseligen Dreißigjährigen Krieges, hat es das nicht mehr in Deutschland gegeben, daß Truppen eingesetzt wurden, um Andersgläubige zu verfolgen. Die Nachricht verbreitet sich mit Windeseile durch ganz Europa. Auch die Minister des preußischen Generaldirektoriums zu Berlin erhalten Informationen über den Salzburger Vorfall; Preußen ist schließlich die führende protestantische Macht im Reiche. Sie diskutieren erregt Hilfsmaßnahmen für die verfolgten evangelischen Glaubensbrüder im Salzburger Land und beschließen, sich mit einer Denkschrift an den König in Potsdam zu wenden.

Am 21. August morgens humpelt der Soldatenkönig im Potsdamer Stadtschloß zu seinem Schreibtisch. Die Gichtschmerzen haben nachgelassen, aber das eine Bein ist noch immer stark geschwollen. Ächzend läßt er sich nieder und streift die Ärmelschoner über, ohne die er sich nie an seine Schreibtischarbeit macht. Er liest den Bericht seines Ministerrates und schlägt vor Zorn mit der Faust auf den Tisch. Nachdem er sich beruhigt hat, liest er den Schluß des Schreibens, in dem die vier Minister Grumbkow, Viereck, Happe und Viebahn vorsichtig ventilieren (alles, was Geld kosten könnte, ist ihrem Herrscher ja ein Greuel!), ob nicht einige der verfolgten Glaubensbrüder als Flüchtlinge in Preußen aufgenommen werden könnten. »Gut! Sehr gut!« ruft Friedrich Wilhelm spontan aus. Er greift zur Feder und schreibt an den Rand des Memorandums: »Wenn man auch nur zehn Familien gewinnen kann, gut; wenn man tausend und mehr Familien bekommen kann, noch besser!« Er diktiert einen Befehl an das Generaldirektorium, die Frage einer Einwanderung von Salzburgern in das Königreich Preußen von Amts wegen zu prüfen.

Dieses Datum ist unbedingt festzuhalten: Dienstag, der 21. August 1731. Denn mit der königlichen Randbemerkung beginnt eine der spektakulärsten, eine der denkwürdigsten Aktionen, die jemals in der Geschichte zur Verteidigung der Menschenrechte und der Glaubensfreiheit vollzogen wurden. Und zugleich beginnt an diesem Tag Friedrich Wilhelms langgeplante Aufbau- und Kolonisationsoffensive für die Provinz Ostpreußen, die für sein letztes Lebensjahrzehnt im Vordergrund aller seiner vielfältigen Mühen und Plagen stehen wird.

Doch was war nun eigentlich im fernen Salzburger Land geschehen, daß selbst in Berlin und Potsdam die Wogen hochgingen? Was waren die Ursachen des Salzburger Spektakulums?

Blenden wir zweihundert Jahre zurück: Die reformatorischen Ideen Martin Luthers waren zu Beginn des 16. Jahrhunderts wie Brandfakkeln über ganz Deutschland gefahren. Schon nach kurzer Zeit hatten die Legaten des Papstes im Reich nach Rom berichtet, etwa neunzig Prozent des deutschen Volkes seien zum Protestantismus übergegangen. Das galt nicht zuletzt auch für die österreichischen Länder des Reiches, insbesondere für das Erzbistum Salzburg. Luthers Freund Staupitz, der zum Abt eines salzburgischen Benediktinerklosters ernannt worden war, hielt seine schützende Hand über die Lutherischen im Salzburger Land. Dann brach, 1525, der Große Deutsche Bauernkrieg aus, und ein Jahr später pflanzte Michael Gaismair aus Südtirol, der größte Revolutionär der deutschen Geschichte, die Fahne der sozialen Empörung und der nationalen Erhebung in Tirol wie im Salzburgischen auf. Die blutige Niederschlagung des großen deutschen Bauernaufstandes durch die herrschenden Fürsten bescherte auch den Salzburger Protestanten die grausamste Unterdrückung. Erzbischof Kardinal Matthäus Lange, der zugleich weltlicher Territorialfürst des Salzburger Landes war, betrieb mit Hinrichtungen und Folter eine rücksichtslose Gegenreformation. Dreizehn Jahre lang, bis zum Tode Langes im Jahre 1540, dauerten die Religionsverfolgungen (die selbstverständlich gleichzeitig soziale Unterdrückung waren). Die Salzburger Bauern unterwarfen sich nach außen hin, kehrten zum Schein in den Schoß der katholischen Kirche zurück und hielten doch in ihren harten Bauernschädeln am lutherischen Evangelium fest.

Eineinhalb Jahrhunderte lang blieben die Zustände in der Schwebe. Die Salzburger Protestanten wurden zwar ständig von Ordensgeistlichen bespitzelt und überwacht; doch von direkter Verfolgung konnte selten die Rede sein. Ende des 17. Jahrhunderts duldete Erzbischof Graf Harrach stillschweigend, daß die Bauern in seinem Lande ohne weitere Beanstandungen lutherische Bibelübersetzungen aus den freien Reichsstädten Nürnberg und Augsburg bezogen, daß sie im Geheimen, in ihren Hütten, evangelisch beteten und protestantische Choräle sangen. Das war kaum ein Ausfluß von Milde und Humanität. Der Erzbischof scheute davor zurück, die eindeutigen Bestimmungen des Westfälischen Friedens von 1648 zu verletzen, die den protestantischen Konfessionen im Reich Schutz vor Verfolgung und Bedrückung garantierten.

1728, im selben Jahr, in dem Friedrich Wilhelm I. zu Berlin seinen vierzigsten Geburtstag beging, änderte sich die Szenerie. Der neue Erzbischof, Leopold Anton Eleutherius Graf Firmian, ein seniler, starrer Fanatiker, der ein Jahr zuvor dem verstorbenen Grafen Harrach gefolgt war, eröffnete eine Verfolgungsoffensive gegen die protestantischen »Ketzer« in seinem Bistum. Das Studium lutherischer Bibelübersetzungen und sonstiger Reformationsschriften wurde unter strenge Strafe gestellt, die Jesuitenpatres erhielten Weisung, die weitverstreuten Berggehöfte der Bauern persönlich zu kontrollieren und die Familien regelmäßig beim Kirchenbesuch zu überwachen. Die Salzburger Protestanten wurden gezwungen, Klostertracht (das »Skapulier«) anzulegen, Rosenkränze mit sich zu führen und Heiligenbilder anzubeten. Per Dekret wurde verordnet, daß jedermann unterwegs mit »Gelobt sei Jesus Christus« zu grüßen sei und mit »In Ewigkeit Amen« zu antworten habe.

Die salzburgischen Protestanten reagierten verstockt. Nicht einen Augenblick dachten sie daran, sich den Glauben ihrer Väter, dem sie seit zweihundert Jahren anhingen, verbieten zu lassen. Wenn es über den Tälern und Bergen dunkel wurde, trafen sich die Familien heimlich in abgelegenen Hütten, um bei flackerndem Kerzenschein die Worte der Heiligen Schrift in Luthers deutscher Übersetzung vorzulesen und auszulegen. Einer der eifrigsten Bekenner der Lutherlehre, ein gewisser Lerchner, wurde schließlich »auf frischer Tat« ergriffen, ins Salzburger Gefängnis eingeliefert und nach peinlichen Verhören des Landes verwiesen.

Das war ein schwerer taktischer Fehler Firmians. Denn Lerchner, ein charakterstarker Dickkopf, dachte mitnichten an Resignation. Begleitet von einigen Bauernfreunden wanderte er Anfang 1730 nach Regensburg, zum Reichstag, und beklagte sich in öffentlicher Anhörung vor den Gesandten der evangelischen Reichsstände erregt über die Gewalttätigkeiten des Salzburger Erzbischofs, dem er Bruch der Westfälischen Friedensbestimmungen von 1648 vorwarf. Die bitteren Tränen, die Lerchner über den Verlust seiner angestammten Heimat vergoß, die verzweifelten Mienen und geballten Fäuste der ungelenken Bauerngestalten beeindruckten die Gesandten. Das Corpus Evangelicorum, also die Zusammenfassung aller evangelischen Gesandten beim Reichstag, wandte sich am 22. April 1730 mit einer dringenden Aufforderung an den Salzburger Erzbischof, die Verfolgung der Protestanten einzustellen oder ihnen freie Auswanderung und den vorherigen Verkauf ihrer Besitztümer zu gestatten. Der salzburgische Gesandte beim Reichstag verweigerte die Annahme der Verbalnote, unterrichtete aber unverzüglich Graf Firmian. Das einzige konkrete Ergebnis der Protestaktion bestand darin, daß der Erzbischof seine Unterdrückungsmaßnahmen verschärfte.

Ein Jahr später, am 16. Juni 1731, erschienen erneut Salzburger Bauern in Regensburg und überreichten dem Corpus Evangelicorum eine Beschwerdeschrift, in der es hieß:

Der Erzbischof zwingt uns, Rosenkränze und Skapulier zu tragen, Heiligenbilder anzubeten und bei zwei Gulden Strafe die Messe nicht zu versäumen. Katholische Geistliche drängen mit Gewalt in jedes Haus. Bei wem sich eine lutherische Bibel befindet, der erleidet Gefängnis, und wenn er nicht von seinem Glauben abfällt, Verbannung. Wobei es an Gelderpressungen und Gewalttätigkeiten aller Art nicht mangelt...

Bischof Firmian ließ am Reichstag erklären, von einer Verletzung der Westfälischen Friedensbestimmungen könne überhaupt keine Rede sein; im Jahre 1624, auf dessen konfessionellen Status sich der Westfälische Friede bezogen habe, hätte es in seinem Land überhaupt keine Protestanten gegeben (insoweit richtig, als den Salzburgern jedes aufrichtige religiöse Bekenntnis strengstens verboten war). Er richtete jedoch auf Druck der evangelischen Reichsstände eine erzbischöfliche Kommission ein, bei der sich innerhalb eines Monats 20678 Personen aus sieben salzburgischen Bezirken als Anhänger der lutherischen Konfession registrieren ließen, etwa fünfzig Prozent der Salzburger Protestanten.

Es waren praktisch Selbstanzeige-Listen, die so entstanden, denn Firmian erklärte sofort, es handele sich bei diesen Leuten um gefährliche »Schwärmer und Fanatiker«, die unter Polizeiaufsicht zu stellen seien. Dann sandte er den Domherrn Graf Thurn nach Wien, der vor dem Reichshofrat erklärte, im Salzburger Land sei »ein neuer Bauernkrieg« im Anzug (nichts vermochte die Herrschenden mehr zu schrekken als die Erinnerung an die revolutionären Jahre von 1525/26!), und den Kaiser im Namen des Erzbischofs um eine schnelle Militäraktion gegen die protestantischen »Aufrührer« ersuchte. In Wien wußte man recht gut, daß die Salzburger Bauern – wie es in einem Gesandtschaftsbericht aus jenen Tagen hieß – »keinerlei Unordnungen begangen und überhaupt niemandem Unrecht getan« hatten. Dennoch ließ der Kaiser sein berittenes Invasionskorps ins Salzburgische einrücken, und damit stand es nun um die dortigen Protestanten schlecht, ja verzweifelt. Denn gegen den Kaiser, die höchste Obrigkeit auf Erden, schien es keine Hilfe zu geben.

Dies ist der Augenblick, der 21. August 1731, an dem Friedrich Wilhelm I. im fernen Potsdam dekretiert, die preußische Regierung solle sich hochoffiziell um das Schicksal der Verfolgten im Salzburgischen kümmern. Er ergreift natürlich in seiner Eigenschaft als protestantischer Fürst, als führendes Mitglied der evangelischen Stände des Deutschen Reiches, Partei für die Glaubensbrüder in den Alpenregionen. Ganz im Stil der damaligen Zeit verläuft der Propaganda- und Notenkrieg, der sich nun entwickelt, denn auch in den Bahnen religiöser Überzeugungen und Bekenntnisse. Und mit der Glaubensfreiheit ist es Friedrich Wilhelm absolut ernst. Aber das Originelle, das zugleich Kennzeichnende für diesen Monarchen ist es, daß er die religiöse Bekenntnisfrage sogleich mit den ökonomischen Interessen seines Staates verbindet. (Wie hatte doch die Mutter, Sophie Charlotte, scharfblickend geurteilt, als sie dem Herzen ihres kleinen Sohnes den »Geist der Ökonomie« testierte!)

Wir wissen bereits, daß Friedrich Wilhelm I. sein königliches Amt dahingehend verstand, neben dem Aufbau einer »formidablen« Armee das wirtschaftliche und soziale Niveau der niederen Volksschichten, der Bauern und Bürger, zu heben. Das war, kurz gesagt, der ganze Sinn seiner Wirtschafts- und Wohlfahrtspolitik. Von »Humanethik« war dabei wenig die Rede; schließlich handelte es sich um das Schicksal steuerpflichtiger Untertanen, von denen der Staat nur etwas erwarten konnte, wenn er ihre Existenz und Effektivität ebenso schützte wie ermunterte. Das lebenslange Problem des Soldatenkönigs lag jedoch in der »Menschenleere«, in der dünnen Besiedelung seines Landes. Die verheerenden Auswirkungen des Dreißigjährigen Krieges, unter denen die Mark Brandenburg und auch Pommern litten, waren durch die grauenerregenden Pestjahre potenziert worden, die die Provinz Ostpreußen entvölkert und in eine Wüstenei verwandelt hatten.

Friedrich Wilhelm hatte von Anfang an erklärt, daß er Menschen für den größten Reichtum seines Landes erachte. Wie aber sollte man zu Menschen kommen? Der Soldatenkönig hatte sich seines berühmten Vorfahren, des Großen Kurfürsten erinnert. Dessen Bestreben war es gewesen, Immigranten aus Ländern, die materiell und kulturell höher entwickelt waren (beispielsweise aus den Niederlanden), ins eigene Land zu ziehen; und das setzte der Enkel konsequent fort. Der Große Kurfürst hatte aber auch den religiös und politisch verfolgten Hugenotten-Franzosen seine schützende Hand geboten; und auch diese Tradition der Toleranz nahm Friedrich Wilhelm bewußt auf. In seiner praktischen Art suchte er beide Intentionen von Anfang an miteinander zu kombinieren, unter der Devise: Schutz und Schirm den Verfolgten, Nutzen und Vorteil dem eigenen Staat. Charakteristisch für diese Denkmischung von Toleranz und Ökonomie war es, wenn er in einem Brief an Seckendorff über die fremden Einwanderer schrieb: »Und wenn noch 30000 kommen, ich habe Platz genug. Die Ausgaben, unter uns gesagt, sind nicht so groß; aber ich peupliere (bevölkere) mein wüstes Land.«

Zu Beginn seiner Regierungszeit hatte Friedrich Wilhelm einen Lernprozeß durchmachen müssen. Die rigorosen finanziellen Einschnitte, die er in den Etats der Hofverwaltung und der hauptstädtischen Luxusbranche vornahm, hatten zu beträchtlicher Unruhe unter den Hugenottenfamilien Berlins und Potsdams geführt. Rückwanderung drohte, und Friedrich Wilhelm begriff, daß der Staat den Einwanderern, seinen neuen Bürgern, mit der Gewährung und Garantierung spezieller Rechte entgegenkommen mußte, wenn er den Einschmelzungsprozeß mit Erfolg vorantreiben wollte. Die Erkenntnis war ihm nicht leichtgefallen. Doch in den folgenden fünf Jahren, von 1715 bis 1720, hatte er die französischen Kolonisten sehr pfleglich behandelt.

Er ernannte den General Forcade zum Vorsitzenden des »grand conseil«, das es sich zur Aufgabe gesetzt hatte, die Rechte und Freiheiten, die der Große Kurfürst den Hugenotten in seinem berühmten Potsdamer Toleranzedikt garantiert hatte, auch weiterhin am Leben zu erhalten. Forcade wurde in allem vom König unterstützt, und als sich der Soldatennarr auf dem Thron sogar dazu durchrang, die französischen Kolonisten weitgehend vor den gierigen Fangarmen der preußischen Werbeoffiziere zu schützen, zeigten sich bald die wohltätigen Auswirkungen. Das Vertrauen zwischen König und Kolonisten wurde wiederhergestellt, und die Einwanderung französischer Protestanten nach Preußen war wieder in Fluß gekommen. Die neuen hugenottischen Einwanderungsschübe wurden vornehmlich nach Stettin und Potsdam gelenkt. Laut Anweisung des Königs durften die Einwanderer dort – wie in Berlin – in besonderen französischen Kolonien leben, mit dem ausdrücklichen Recht, eigene Beisitzer zu den Magistratsgremien zu wählen, deren Pflicht und Aufgabe es war, die Interessen der Immigranten zu vertreten.

Das war ein lehrreiches Exempel für den Soldatenkönig gewesen. Man durfte also die Untertanen nicht bürokratisch über einen Kamm scheren; man mußte differenzieren. Der Staat mußte materielle Vorleistungen erbringen, wenn er in der neu eingewanderten Bevölkerung geistige Loyalitäten erwecken wollte. Diese Erfahrung veranlaßte Friedrich Wilhelm zur Abfassung des Einwanderungs-Edikts vom 6. Juni 1721, in dem er die Prinzipien festlegte, nach denen hinfort allen Immigranten gegenüber zu verfahren war: Es sollten ihnen ausnahmslos drei Freijahre gewährt werden, in denen sie von sämtlichen Steuerabgaben entlastet waren; die Befreiung vom Militärdienst sollte langfristig oder – wenn es sich um religiöse »Pazifisten« wie beispielsweise die Böhmischen Brüder handelte – für immer sein; wüst liegende Plätze in den größeren, kultivierten Städten sollten ihnen bevorzugt zum Bau neuer Häuser angeboten werden; für alle Einwanderer freies Bauholz und eine Übernahme von 12,5 Prozent der Baukosten durch den Staat; großzügige Staatskredite für die zuwandernden Gewerbetreibenden.

Die positiven Auswirkungen dieses klugen und zugleich praktischen Edikts zeigten sich denn auch sogleich. Jährlich zogen nun etwa 6000

Einwanderer nach Preußen: Deutsche, Holländer, Schweizer, Böhmen, Franzosen. Sie verbreiteten in sämtlichen Provinzen Ostelbiens die Erfahrungen und Kenntnisse, die sie sich in den weiterentwickelten Gebieten des Westens in allen Zweigen des Handels, der Gewerbe und der frühkapitalistischen Industrieproduktion erworben hatten. Das Land bevölkerte sich allmählich, vor allem die Städte wuchsen, und ebenso stetig wie unspektakulär hob sich das materielle und kulturelle Niveau der Bewohner dieses Staates, den man noch vor kurzem – halb mitleidig, halb verächtlich – die »Streusandbüchse des Reiches« genannt hatte.

Jetzt, am 21. August 1731, steht Friedrich Wilhelm I. den Salzburger Ereignissen mit der ganzen Kompetenz des erfahrenen Einwanderungs-Fachmannes gegenüber. Er kann auf zehn Jahre erfolgreicher Toleranz- und Immigrationspolitik zurückblicken. Soeben hat er eine mehrwöchige Inspektionsreise durch die Provinz Ostpreußen absolviert, hat sich durch persönlichen Augenschein insbesondere über das Leben der evangelischen Einwanderer aus der Pfalz und aus den katholischen Bistümern am Rhein und am Main informiert, die er im letzten Jahrzehnt zu Tausenden in Ostpreußen angesiedelt hat, und hat sich – wie das seiner Art entsprach – um das letzte Detail gekümmert: um die Anlage der Häuser, die Belüftung der Stallungen, um die Art der Aussaat, den Zustand der Ackergeräte, um die Viehaltung etc. (Er hat auch strengstens die Kassenbücher der Domänengüter revidiert, worüber wir bald Näheres hören werden!) Und das alles verschafft ihm die Kompetenz und Souveränität, sogar auf dem Felde internationaler Verwicklungen aufzutreten, dem er sich sonst so gern entzieht. Gewappnet mit den fortschrittlichen Toleranzideen des Aufklärungszeitalters, ausgerüstet mit detaillierten Fach- und Sachkenntnissen in der Einwanderungspolitik, tritt Friedrich Wilhelm nun auf die europäische Szene, um eine glänzende Rolle zu spielen. Und hier zeigt sich, daß dieser König, der dem internationalen Maskenspiel der Diplomatie so wenig gewachsen ist, einfach großartig daherkommt, wenn er sich in der Materie sicher fühlt, wenn es um praktische und menschliche Dinge geht; nicht um Wortklaubereien, Intrigen und Finessen.

Am 26. August erfolgen gleichzeitig, im Salzburgischen wie im Preußischen, zwei Donnerschläge, die die allgemeine Sommerstille durchbrechen und die deutsche Öffentlichkeit zusammenfahren lassen. Der Kaiser, der ein schlechtes Gewissen wegen der Militäraktion gegen die Salzburger Bauern hat und um den guten Ruf seiner Pragmatischen Sanktion fürchtet, will in der Stadt Salzburg ein sogenanntes »Dehortatorium« veröffentlichen lassen, in dem er die Protestanten zu Ruhe und Gehorsam gegenüber der erzbischöflichen Obrigkeit ermahnt, ihnen aber seine Hilfe verspricht, falls sie sich aus religiöser Gewissensnot mit schriftlichen Beschwerden an ihn wenden. Erzbischof Firmian, der sich in seiner »Landeshoheit« gekränkt sieht, läßt die Bekanntmachungen des Kaisers in der Stadt Salzburg abreißen und verschärft seinen Unterdrückungskurs mit ernsten Drohungen gegen das ketzerische »Bauerngesindel«. Am selben Tag wird in Königsberg, der Hauptstadt Ostpreußens, auf Befehl Friedrich Wilhelms I. der Domänen-Kammerrat von Schlubhut öffentlich vor dem Schloß gehenkt. Dieser Herr von Schlubhut, ein »Cavalier von uraltem Adel«, verwandt mit dem Grafen Truchsess von Waldburg, also von allervornehmstem Herkommen, ist vom Kriminalgericht in Berlin nach dreiwöchigem Verfahren des Verbrechens überführt worden, in seiner Eigenschaft als ostpreußischer Domänen-Kammerrat »mit den Unterthanen unbarmherzig« umgegangen zu sein und »den aus fremden Landen dahin transportierten Colonisten« Deputatgelder im Wert von mehr als 1700 Talern unterschlagen zu haben. Der Soldatenkönig hat das Todesurteil sofort exekutieren lassen.

Das Entsetzen in den vornehmen Kreisen Preußens, aber auch des Reiches ist grenzenlos. Noch niemals, soweit man denken kann, ist ein Angehöriger der vornehmen Klassen für Geldunterschlagungen und brutales Benehmen gegen die Armen derart exemplarisch bestraft worden. Der braunschweigische Gesandte zu Berlin schreibt an seinen Hof: »Dies Exempel werden sich alle in Eid und Pflicht stehenden (Staats-)Diener zum beständigen Merkmal vorzustellen haben...« Ganz gewiß. Vor allem aber wird nun auch dem letzten Beamten in Preußen klarwerden, daß der König Betrügereien an den Einwanderern, die sich in den neuen Verhältnissen noch nicht auskennen und um so mehr auf die Akkuratesse und Seriosität der Staatsdiener angewiesen sind, niemals dulden wird. Die grausame Hinrichtung des einzelnen ist die blutige Garantieerklärung für das Wohl Zehntausender.

Am 1. September erläßt Friedrich Wilhelm ein amtliches Schreiben an den Reichstag zu Regensburg, in welchem er den verfolgten Salzburger Protestanten das Königreich Preußen als Zufluchtsland anbietet. Wenige Tage später, am 5. September, ergeht aus Wien ein kaiserliches Mandat voller scharfer Androhungen an die Stadt Regensburg, in dem sie vor allzu großer Toleranz und vor Zusammenarbeit mit dem »Bauerngesindel, das sich unter dem Namen der Religion zusammenrottet«, gewarnt wird. Am selben Tag läßt Erzbischof Firmian erneut verkünden, bei den »Aufrührern« im Salzburger Land handele es sich mitnichten um Lutherische, sondern um gefährliche Sektierer, Schwärmer und Fanatiker.

Am Dienstag, dem 11. September, trifft Sophie Dorothea mit dem königlichen Hofstaat um sechzehn Uhr in Wusterhausen ein, um an der alljährlichen Jagdsaison teilzunehmen. Der König, der im Tabakskollegium rauchend am Fenster gesessen und gewartet hat, klopft die Pfeife aus und steht auf, als er die Kalesche der Königin erblickt, geht ihr entgegen und gibt mit seinem Schnupftuch heimlich ein Signal. Daraufhin donnern plötzlich zahlreiche Kanonen, die versteckt postiert sind, mit einem ohrenbetäubenden Salut los. Die Königin und ihre Hofdamen erleiden fast einen Nervenschock unter dem unvermuteten Getöse, während Friedrich Wilhelm dröhnend lacht und sich vor Vergnügen auf die Schenkel klopft. Er ist bester Laune, denn er hat einen guten Einfall gehabt und am Tag zuvor einen Sonderkurier nach Regensburg abgefertigt, der sich auch ins Salzburgische begeben und dort mit den Bauern reden soll, um sich ein Bild von ihrer »wahren Religiosität« wie auch von ihren äußeren Lebensumständen zu machen.

Das Corpus Evangelicorum, unter dem Vorsitz Sachsens, ruft den Kaiser an und bittet angesichts der unhaltbaren Zustände im Erzbistum Salzburg, den verfolgten Protestanten das Emigrationsrecht zu gewähren. Der Soldatenkönig fordert in einem Schreiben vom 15. September, man solle noch einen Schritt weitergehen und für den Fall, daß der Salzburger Erzbischof nicht endlich zur Vernunft käme, androhen, die evangelischen Reichsfürsten würden in ihren Territorien zu entsprechenden Vergeltungsmaßnahmen gegen katholische Kirchen und Klöster schreiten. Es heißt darin:

Nachdem der Vertreter Salzburgs sich dem preußischen Reskript (vom 1. September) gegenüber derart impertinent verhalten hat, dürfte es nunmehr angebracht sein, ihm folgenden Gesichtspunkt deutlich zu machen: Die evangelischen Stände und Fürsten des Reiches hoffen zwar, daß der Kaiser die grausame Unterdrückung der Protestanten abstellt. Wenn aber der Salzburger Erzbischof mit seinen Verfolgungsexzessen fortfahren sollte, dann werden die evangelischen Fürsten und Stände solches ihre eigenen katholischen Untertanen empfinden lassen.

Das bringt die Dinge in Bewegung. Die katholischen Kirchenvorstände in Nord- und Ostdeutschland befürchten von der Drohung des unberechenbaren Preußenkönigs das Schlimmste und wenden sich händeringend an ihre Glaubensbrüder in Österreich. Auch in Wien wünscht man keinen internationalen Skandal; es ist ja gerade die Zeit, in der sich der Kaiser so angelegentlich um die weltweite Anerkennung seiner Pragmatischen Sanktion müht. So setzt der Wiener Reichshofrat den Salzburger Erzbischof, der nichts davon wissen will, seine »Ketzer« in Frieden zu lassen, unter massiven Druck.

Firmian, der von allen Seiten bedrängt wird, denkt sich eine Falle für seine unbelehrbaren Untertanen aus. (Die zweite Falle schon, denn die Bekenntnislisten waren ja bereits ein schmutziger Trick.) Für den 22. Oktober werden alle Salzburger Schützen, also die wehrfähigen Männer des Landes, zu einer großen Musterung befohlen. Kaum sind sie versammelt, umstellen dreitausend kaiserliche Reiter, die in Hinterhalten verborgen waren, den Platz. Unter Androhung der Todesstrafe werden die überraschten Schützen gezwungen, ihre Waffen niederzulegen. Nun ist von den Salzburger Emigranten kein Widerstand mehr zu erwarten, und Firmian kann drei Wochen später sein berüchtigtes Auswanderungspatent bekanntmachen lassen. Darin werden alle Bewohner des Salzburger Landes, die sich nicht zum römisch-katholischen Glauben bekennen wollen, bei schwerer Leibes- und Lebensstrafe des Landes verwiesen. Der Erzbischof hat aus einer Auswanderungs-Erlaubnis einen Vertreibungs-Befehl gemacht! Die Ausweisung betrifft alle Personen, die dreizehn Jahre oder älter sind; Kinder bis zum zwölften Lebensjahr dürfen nicht mitgenommen werden.

(Die Mütter sollen also aus Verzweiflung um ihre Kinder die Männer unter Druck setzen, sich zu unterwerfen!) Sämtliche Nichtbesitzenden – Knechte, Mägde, Arbeiter, Hirten, Beamte, Beschäftigte beim Hütten- und Bergbau etc. – sollen binnen acht Tagen »mit Sack und Pack« das Land verlassen, spätestens jedoch bis zum 30. November, oder sie verfallen der Kerkerstrafe. Alle Bürger und Meister verlieren sofort ihre Bürger- und Meisterrechte. Die Besitzer von Häusern und Grundstücken haben »dank besonderer fürstlicher Gnade« zwei bis drei Monate für den Versuch Zeit, ihr Eigentum zu verkaufen. Dann müssen auch sie sich aus dem Staube machen.

In der gesamten evangelischen Welt, im Norden des Reiches, in England, den Generalstaaten und den skandinavischen Ländern, erklingt ein Aufschrei der Empörung, als das Schandpatent des Erzbischofs Firmian bekannt wird. Das Corpus Evangelicorum protestiert. In den evangelischen Städten des Reiches sammelt man für die Salzburger. Bittgebete steigen für sie gen Himmel.

Zur selben Zeit, Mitte November, trifft Friedrich Wilhelms Sonderkurier wieder in der Heimat ein und bringt zwei Vertreter der Salzburger Protestanten mit: Peter Hildensteiner und Niklas Forstreuter. Der König schickt die Hofprediger Roloff und Reinbeck zu ihnen. Sie sprechen mit den beiden Bauern und erstatten dem König am 21. November schriftlichen Bericht, in dem sie unter Amtseid erklären, es handele sich bei den Salzburgern um gute evangelische Christen und aufrechte Lutheraner. Damit sind die »Schwärmer«-Vorwürfe Firmians entkräftet, und Friedrich Wilhelm hat nun nicht nur das Recht, sondern sogar die Pflicht, sich unter Bezugnahme auf die Bestimmungen des Westfälischen Friedens für die Verfolgten im Salzburgischen einzusetzen. Das sagt er auch den beiden Bauernvertretern, die in ihrer aufrechten, unverstellten Art einen vorzüglichen Eindruck auf ihn machen und die er nach Strich und Faden über die Lebensgewohnheiten ihrer Landsleute ausfragt.

Am 23. November diktiert der König ein scharf gehaltenes Schreiben an den Regensburger Reichstag, in dem er darauf aufmerksam macht, im katholischen Dom zu Minden (preußisches Territorium) könnte demnächst protestantisch gepredigt werden, wenn der Salzburger Erzbischof nicht endlich Einsicht zeige und den Westfälischen Frieden respektiere. Doch unglücklicherweise beginnen zu dieser Zeit die großen Berliner Hoffestlichkeiten aus Anlaß der Vermählung der ältesten Tochter, Prinzessin Wilhelmine, mit dem Markgrafen von Bayreuth, die sich einen Monat hinziehen. Der König widmet sich ausschließlich den illustren Gästen. Am ersten Weihnachtsfeiertag wird Friedrich Wilhelm – wahrscheinlich infolge der unmäßigen Festschmausereien und wilden Trinkgelage – krank. Für dreieinhalb Wochen ist er praktisch außer Gefecht gesetzt, so daß insgesamt zwei Monate vergehen, in denen nichts zur Fortführung der Salzburger Angelegenheiten geschieht.

Um so mehr geschieht im Machtbereich Firmians, im Salzburger Land. Am 30. November erscheinen schwerbewaffnete Soldaten in den Dörfern und nehmen fast tausend Knechte und Mägde gefangen, die sich noch nicht zur Auswanderung entschlossen haben, weil die Bauern, bei denen sie in Dienst und Brot stehen, ja bis Mitte Januar oder Mitte Februar Frist haben, ihre Höfe und Grundstücke zu verkaufen. Ohne jegliches Gepäck, oft nur mangelhaft bekleidet, so werden die Inhaftierten in die Stadt Salzburg getrieben, wo sie vierzehn Tage auf ihre Auswanderungspapiere warten müssen. Halb verhungert und halb erfroren werden sie Mitte Dezember an die bayerische Grenze geschafft. Doch der Kurfürst von Bayern führt mit dem Salzburger Erzbischof langwierige Verhandlungen über die Transport- und Verpflegungskosten der Ausgewiesenen auf bayerischem Territorium. Ende Dezember treibt man sie mit dem Abschiedsgruß »Geht zum Teufel« über die Grenze. Dann beginnt, in grimmigster Kälte, das mühselige Wandern quer durch das südliche Bayern. Endlich erreichen die Ausgestoßenen Kaufbeuren, die erste Stadt mit gemischtkonfessioneller Einwohnerschaft, deren evangelische Bewohner sich liebevoll der Vertriebenen annehmen.

Ein Sturm des Entsetzens und des Mitleids geht durch das protestantische Europa, als Ende Januar 1732 die Kunde von den skandalösen Ereignissen eintrifft. Die Könige von Dänemark und Schweden protestieren beim Reichstag. Friedrich Wilhelm I. ruft am Freitag, dem 2. Februar 1732, das Generaldirektorium zu einer Sondersitzung in Berlin zusammen. Die Minister tragen in aller Ausführlichkeit die eingegangenen Informationen vor, aus denen eindeutig hervorgeht, daß

Erzbischof Firmian sich wie ein Wüterich aufführt und daß die Salzburger Protestanten verloren scheinen. Sie blicken auf den König, der mit zusammengebissenen Zähnen zuhört, und sagen: »Bei Religionsbeschwerden sieht man sich überall im Reich nach dem König von Preußen um!« Friedrich Wilhelm erhebt sich. Er erklärt: »Alle Protestanten, die der Erzbischof außer Landes haben will, soll er in der Zeit von einem Jahr entlassen und dann in mein Land schicken! Ich werde ihnen höchst obligieret (wohlgewogen) sein.« Dann diktiert er sein berühmtes Einwanderungspatent vom 2. Februar 1732, das ihm einen unvergänglichen Ehrenplatz unter den Herrschern der Geschichte verschafft.

Einleitend versichert der preußische König in längeren Ausführungen, daß er den bedrängten Glaubensgenossen im fernen Salzburger Land aus christlichem Erbarmen und herzlichem Mitleid seine Hand biete. Das Patent beschränkt sich aber nicht auf humanitär-ideologische Verkündigungen, sondern entpuppt sich sehr bald als ein wohlüberlegter Katalog praktischer Hilfsmaßnahmen:

1) Der Salzburger Erzbischof wird unmißverständlich aufgefordert, seine protestantischen Untertanen friedlich, ohne jegliche Diskriminierung, und mit all ihrer beweglichen Habe gemäß den Bestimmungen der Reichsverfassung außer Landes ziehen zu lassen (für den Fall der Verweigerung oder Beeinträchtigung werden zwischen den Zeilen Gegenmaßnahmen angedroht).
2) Bereits von dem Tage ihres Entschlusses an, sich nach Berlin zu begeben, sollen die Salzburger überall als preußische Staatsbürger respektiert werden (damit sie auf dem langen Marsch nach Preußen nicht als »Staatenlose« neuen Schikanen ausgesetzt sind).
3) Alle Reichsfürsten und -stände werden aufgefordert, den Emigranten freien Durchzug durch ihre Territorien zu gewähren. Sondergesandte des Preußenkönigs werden an allen betroffenen Höfen oder in den freien Reichsstädten gemeinsam mit den dortigen Beamten exakte Marschtabellen erstellen, um die Durchzüge terminlich wie lokal zu kanalisieren.
4) Königliche Marschkommissare werden den Salzburgern entgegenreisen, um sie sicher über eine Entfernung zu geleiten, die – je nach Marschdisposition – 750 bis 1 000 Kilometer beträgt.

5) Jedem männlichen Emigranten sollen täglich vier, jeder Frau drei, jedem Kind zwei Gute Groschen als Reisespesen ausgezahlt werden, und zwar bis zum Erreichen des Zielortes, ob die Marschdauer nun fünfzig oder fünfundsiebzig Tage beträgt.
6) Jedem Einwanderer werden vom König die Vorteile garantiert, die er bereits in seinem Patent von 1721 verkündet hat.
7) Diejenigen Immigranten, die bereit sind, sich als Bauern in der Provinz Ostpreußen anzusiedeln, erhalten darüber hinaus kostenfrei eine komplette Ausstattung mit Vieh, Ackergerät und Saatgetreide.
8) Den Einwanderern wird die verbriefte Zusage gegeben, daß ihnen in der neuen Heimat Kirchen erbaut und daß ihnen protestantische Geistliche zur Verfügung stehen werden.

Am 10. März überreicht Geheimrat Danckelmann das Patent seines Königs dem Salzburger Gesandten in Regensburg. Zugleich wird bekannt, daß den katholischen Kirchen und Klöstern in den preußischen Regionen Magdeburg, Halberstadt und Minden bedeutet worden ist, wessen sie sich zu versehen haben, falls der Salzburger Erzbischof nicht seine Grausamkeiten gegen die Protestanten seines Landes unverzüglich einstellt. Auch in Wien verstärkt man den diplomatischen Druck auf Firmian, der nun einsieht, daß er gezwungen ist nachzugeben. Er läßt die »Ketzer« ziehen, nicht ohne sie beim überstürzten Verkauf ihrer Besitztümer noch kräftig schröpfen zu lassen.

Jetzt endlich können die Salzburger ihr Ränzel schnüren und ihren langen Marsch in das »gelobte Land« des Preußenkönigs antreten. Nach Eintreffen der preußischen Marschkommissare setzen sich die Kolonnen in Bewegung, mit Sack und Pack, Pferd und Wagen, Frauen und Kindern. (Der Soldatenkönig hat durchgesetzt, daß auch die Kinder unter dreizehn Jahren auswandern dürfen.) Auf verschiedenen Marschrouten geht es nach Preußen: den Rhein hinab durch Westfalen, den Main entlang über das Vogtland oder an den Ufern der Werra durch das Thüringische. Wo die vertriebenen Salzburger erscheinen, spielen sich herzzerreißende Szenen der Solidarität und des Erbarmens ab. Die Evangelischen empfangen die Vertriebenenzüge mit Glockengeläut und frommen Kirchenliedern. Auch die jüdischen Gemeinden zeigen sich behilflich; der Rabbiner der Synagoge zu Halberstadt verlangt durch Aushang, es solle sich niemand von den Juden unterstehen, bei Geschäften mit den Salzburgern den geringsten Profit zu nehmen.

Am 30. April 1732 kommen die ersten 843 Salzburger Einwanderer gegen achtzehn Uhr in Berlin an. Der braunschweigische Gesandte berichtet drei Tage später an seinen Hof:

> Sie hatten sämtlich Gesangbücher in ihren Händen und sangen geistliche Lieder wie ›Herr Gott, Dich loben wir‹ oder ›Was Gott tut, das ist wohlgetan‹ oder ›Wer nur den lieben Gott läßt walten‹ mit der größten Andacht. Ihnen folgten etwa dreißig Wagen, jeweils mit vier Pferden bespannt, worauf ihre Invaliden und ihre armseligen Bündel gefahren wurden. Das herzbewegende Spektakulum trieb den meisten Menschen die Tränen aus den Augen und bewog sie, diesen armen Vertriebenen milde Gaben zu reichen, so daß sogar die Juden ihre mildtätige Hand auftaten und auch mitleidige Soldaten...

Selbst Sophie Dorothea bewirtet die Immigranten während der nächsten Tage in ihrem Schloß Monbijou, läßt Geld und Bibeln unter sie verteilen. Der Hofmaler Pesne malt das Porträt eines hübschen Salzburger Mädchens in Tracht für die Gemäldesammlung der Königin. Die Berliner treiben regelrechten Kult mit den Einwanderern. Bäurischer Silberschmuck kommt in Mode, die Berliner Damen tragen spitze, folkloristisch verzierte Hüte nach dem Beispiel der Salzburgerinnen. Der Soldatenkönig nimmt das Ereignis von der ernsten Seite. Ein Augenzeugenbericht besagt, daß er lange vor dem Schloß unter den Salzburgern stand und ihren Erzählungen lauschte, wobei ihm »die Tränen über die Wangen heruntergerollet«.

Von Berlin ziehen die Neuankömmlinge unter Führung ihrer Marschkommissare weiter nach Stettin. Dort liegen Schiffe bereit, um sie nach Ostpreußen zu transportieren.

Unentwegt marschieren Salzburger Vertriebenentrecks von Süden nach Nordosten, der preußischen Staatsgrenze entgegen. (Friedrich Wilhelm hat durchgesetzt, daß der Salzburger Erzbischof die Auswanderungsfrist bis zum 15. April 1733 verlängern mußte.) Ursprünglich hatte man in Berlin mit zwei- bis dreitausend Immigranten gerechnet. Als der Strom der Salzburger nicht abreißt – jeden Monat passieren an die viertausend Einwanderer Berlin –, kommen den Ministern des Generaldirektoriums allmählich Bedenken. Der Soldatenkönig schreibt jedoch an den Rand einer warnenden Eingabe: »Gottlob! Was thut Gott dem Hause Brandenburg für Gnade an! Denn dieses gewiß von Gott kommt.«

Nie hat man Friedrich Wilhelm in seiner Herrscherzeit glücklicher und zufriedener gesehen als in diesen Tagen. Immer wieder hämmert er seinen Beamten ein, daß Menschen der größte Reichtum eines Landes seien und daß deren Wohlfahrt der einzige Sinn allen Regierens sei. Man solle sich der göttlichen Gnade würdig erweisen und zehntausend Salzburger in Preußen aufnehmen. Für solchen Zweck spiele Geld keine Rolle, denn dem Staat würde die Einwanderung zum »Plus« ausschlagen. Was die Salzburger angeht, verfügt er in seiner kurz angebundenen Art: »Die Manufakturisten nach der Neumark; die Ackersleute nach Ostpreußen.« Doch so schematisch geht das nicht. Der Soldatenkönig würde gern einen Teil der Einwanderer auch im Magdeburgischen und Halberstädtischen ansiedeln. Aber er hat den Heranziehenden nun einmal öffentlich versprochen, sie dürften sich ihre Zielorte in der neuen Heimat frei auswählen. Und die bedächtigen Salzburger haben sein Einwanderungspatent vom 2. Februar sorgsam studiert. Sie wollen fast alle nach Ostpreußen; teils um der versprochenen Sonderrechte willen, teils um zusammenbleiben zu können. Der König fügt sich.

Ende September haben bereits 16848 Salzburger Berlin passiert, und man vernimmt, daß noch mehr als achttausend auf dem Anmarsch durch Süddeutschland sind. Ja, aus dem Berchtesgadener Land drängen weitere tausendzweihundert Protestanten nach Preußen, und die Zahl der flüchtigen Böhmen, die beim Preußenkönig Schutz vor religiöser Bedrückung suchen, überschreitet Ende des Jahres die Grenze von zweitausend. »In Gottes Namen«, verfügt der König, »alle annehmen.« Man schätzt, daß die preußischen Marschkommissare allein im Jahre 1732 mehr als fünf Millionen Groschen an Reisespesen auszahlen.

Insgesamt wandern vom Frühjahr 1732 bis Frühjahr 1733 ca. 30000 Flüchtlinge in Preußen ein (angesichts der Bevölkerungsverhältnisse ist das etwa so, als wenn die Bundesrepublik binnen eines Jahres 900000 Flüchtlinge aufnehmen müßte!). Das ist beispiellos für das 18. Jahrhundert und nur mit der Emigration nach Nordamerika zu vergleichen. Keiner der Vertriebenen wird an den preußischen Grenzen abgewiesen. »Wenn sie auch nichts an Vermögen mitbringen«, schreibt der König, »so soll doch für ihr Auskommen gesorgt werden.« Und er beläßt es nicht bei Worten. Sein Gesandter am Regensburger Reichstag, der energische Freiherr von Plotho, setzt den Salzburger Behörden in seinem Auftrag so lange zu, bis Erzbischof Firmian zähneknirschend die Summe von vier Millionen Gulden für die Emigranten herausrücken muß, um die er sie beim hastigen Verkauf ihrer Höfe betrogen hat (eine Million Gulden verbleibt ihm noch als Erpresser-Gewinn).

Friedrich Wilhelm wendet sich nun mit ganzer Kraft seiner Provinz Ostpreußen zu, die die Pest vor mehr als zwanzig Jahren entvölkert hat. Er ordnet an, daß die gelernten Handwerker unter den Salzburgern hauptsächlich in die ostpreußischen Städte Königsberg, Gumbinnen, Insterburg, Tilsit und Memel kommen sollen, während die Bauern in den umliegenden Dörfern, in den Kreisen Heiligenbeil und Balga, in der Gegend um Preußisch-Eylau und an den Masurischen Seen anzusiedeln sind. In den sechs Jahren bis 1738 steckt er mehr als sechs Millionen Taler in das gigantische Aufbauwerk, das er der Provinz zuteil werden läßt. 1713, als er den Thron bestieg, waren in Ostpreußen sechs Städte und 322 Dörfer durch die Pest verödet und entvölkert gewesen. Jetzt entstehen neu: sechs Städte, 332 Dörfer (im Schnitt zu zweihundert Einwohnern) und neun Domänengüter. Etwa 180000 Morgen wüstes Land werden kultiviert; ausreichend für dreitausend neue Bauernwirtschaften. Überall sieht man die Salzburger Einwanderer in ihren malerischen Trachten bei der Arbeit; beim Akkern und Roden, beim Hämmern und Bauen. Jeder zehnte Bewohner Ostpreußens ist ein Eingewanderter, jeder zwanzigste entstammt den Tälern und Dörfern des fernen österreichischen Alpenlandes.

Wie nicht anders zu erwarten, geht die Neuansiedlung in der Praxis nicht ohne Rückschläge und Reibungen vor sich. Den Salzburgern sagt das schwere Essen in ihrer neuen Heimat gar nicht zu, und die strengen ostpreußischen Winter lassen sie vor Kälte erschauern. Bald erwacht in ihnen das Heimweh nach den majestätischen Bergen, den grünen Matten, den lieblichen Tälern und nach den geranienumrankten, anheimelnden Holzhäusern des Salzburgerlandes. Die alten Einwohner zeigen sich auch nicht immer von der besten Seite. Zwar ist die Gastfreundschaft der Ostpreußen berühmt, aber ihre Sturheit, ihre Harthörigkeit ist nicht minder gefürchtet. Sie sind neidisch auf die Vorrechte, die man den Einwanderern eingeräumt hat, und über die Kröpfe, die so manchen Salzburger Hals verunzieren, reißen sie rohe Witze. Der tatkräftige Minister von Görne, der jetzt für Ostpreußen zuständig ist, schildert dem König in seinen Berichten diese Friktionen, meint jedoch begütigend, später würden sich alle schon aneinander gewöhnen, zunächst aber müsse das alteingesessene Publikum jemanden haben, »auf den es losgehen kann«; so seien nun einmal die Menschen. Da kommt er bei Friedrich Wilhelm schlecht an. »Losgehen?« schreibt der wütend an den Rand des Berichts: »Es geht auf mir los! Ich übernehme alles!«

Der Soldatenkönig läßt sich durch momentane Rückschläge in seiner Fürsorgepolitik für die Kolonisten nicht irre machen. Und im Ganzen genommen ist die Neuansiedlung von großartigem Erfolg begleitet. Die Einwohnerzahl Ostpreußens vermehrt sich kontinuierlich, aus einem Pestland wird eine blühende Provinz. Die Zahl der neugegründeten Dörfer steigt bis 1740 auf knapp fünfhundert. Die vernachlässigten Landschaften Natangen (südlich Königsberg) und Masuren, in denen die heidnischen Ureinwohner, die baltischen Pruzzen, hundert Jahre lang blutigen Widerstand gegen die Christianisierung geleistet hatten, blühen sichtlich auf. Insterburg und Gumbinnen, bis 1728 verödete Ruinennester, erleben einen derartigen Aufschwung, daß dort selbständige Kriegs- und Domänenkammern errichtet werden müssen. Der Steuerertrag der Provinzhauptstadt Königsberg steigt in acht Jahren um vierzig Prozent, auf jährlich 140000 Taler.

1739, ein Jahr vor seinem Tod, besichtigt Friedrich Wilhelm zum letzten Mal Ostpreußen. In seiner Begleitung befindet sich der siebenundzwanzigjährige Sohn, Kronprinz Friedrich, der diese Reise brummig, zynisch und schlechtgelaunt angetreten hat. Denn das kennt er schon von früheren Besichtigungstouren: Nun heißt es wieder, hinter dem dicken, schwitzenden König von einem Kuh- oder Pferdestall in den anderen kriechen, über die lehmbedeckten Felder und Äcker stolpern, stundenlang mit den analphabetischen Bauern über Aussaat und Ernte, über das Salz für die Kühe, über das Heu für die Gäule diskutieren, mit dem schnaufenden Vater endlos über das platte Land fahren, von Dorf zu Dorf, von einem Weiler zum anderen. Aber schon nach wenigen Wochen, am 27. Juli 1739, setzt sich der Thronfolger eines Abends in seinem Quartier hin, um einen enthusiastischen Brief an seinen berühmten Freund Voltaire in Frankreich zu schreiben. Ja, ihm, Friedrich, sind auf dieser Reise vor Staunen fast die Augen aus dem Kopf gefallen, er hat die Provinz Ostpreußen beinahe nicht wiedererkannt. Hier gäbe es für ihn später keine Aufgabe mehr. Denn hier ist ein Wunder geschehen, und zwar nach dem Wirken und Willen eines einzigen Mannes! Und so schildert er dem großen Voltaire, der seinen Vater immer nur als »Vandalen« bezeichnet, das neue Antlitz der Provinz Ostpreußen, in der jetzt mehr als 500 000 Menschen leben, das mehr Städte und Dörfer als vor den Zeiten der Pest besitzt, dessen wüste Gegenden durchgehend kultiviert sind, auf dessen saftigen Wiesen stattliche Herden weiden. Dieses Ostpreußen, das vor zehn oder zwölf Jahren noch ein armseliger Landstrich war, öde, heruntergewirtschaftet, verkommen, sei jetzt reicher und fruchtbarer als irgendeine andere Gegend Deutschlands, schreibt er. Und das alles, fährt Friedrich fort, sei einzig und allein auf den König zurückzuführen: »Er hat es nicht nur befohlen, sondern selbst der Ausführung vorgestanden, alles persönlich entworfen und vollzogen, keine Anstrengung, keine Mühe und Sorgfalt, keine Versprechungen und Belohnungen, keine noch so großen Summen gescheut, um einer halben Million denkender Wesen ein menschliches Dasein und ein Glück zu schaffen, das sie ihm allein verdanken.«

Das Urteil des Sohnes über den ungeliebten Vater stellt der Wohlfahrts- und Toleranzpolitik Friedrich Wilhelms I. ein unanfechtbares Zeugnis aus. Die leidenschaftlichste Fürsorge des Soldatenkönigs galt den Flüchtlingen, den Verfolgten; nicht den Reichen, den Bevorteilten, sondern den in Not geratenen Menschen jeglicher Herkunft.

Aber steckte dahinter nicht auch ein gerüttelt Maß an staatspolitischer Berechnung? Entschleiert sich seine großzügige religiöse Toleranzpolitik bei näherem Hinsehen nicht als handfeste preußische Bevölkerungspolitik? »Je mehr Menschen, desto lieber«, schrieb er noch kurz vor seinem Tod, am 11. März 1740.

Friedrich Wilhelm machte nie ein Hehl daraus, daß er bestrebt war, sein ideelles Engagement für die Verfolgten nach Möglichkeit zum materiellen Nutzen seines Staates fruchtbar zu machen. Es wäre gut für die Menschheit, wenn es mehr Herrscher in der Geschichte gegeben hätte, die so »praktisch« dachten, die die Klugheit und die Toleranz miteinander verbanden. Der Soldatenkönig hätte niemals wie sein intellektueller Sohn von »denkenden Wesen« und von deren »Glück« gesprochen. Über solche hochtrabenden Worte hatte er schon bei Leibniz gegrinst, diesem »Kerl, der nicht mal zum Schildwachestehen taugte«. Nein, seine Welt war die des Praktizierens, die des Machbaren. Er berechnete angestrengt, wieviel ihn die Verfolgten, die er unter seinen Schutz nahm, wohl kosten würden und wieviel »Plus« sein Sohn und dessen Nachfolger später einmal mit Hilfe dieser neu zugewanderten Menschen für den Staat herauswirtschaften würden.

So war er, anders konnte er nicht. Und so wollte er sein, bis an sein Ende.

Aber das Gebot der Toleranz war für ihn kein leeres Stroh. Friedrich Wilhelm I., so eifrig er seinen protestantischen Überzeugungen huldigte, duldete in seinem Staat keinen Gewissenszwang. Er hielt streng darauf, daß seine katholischen Untertanen in keiner Hinsicht benachteiligt wurden, was immer ihm auch die protestantische Kirchenbürokratie Übles souffliieren mochte. Er trug Sorge dafür, daß katholische Geistliche regelmäßig die Standorte der Regimenter besuchten, um mit den Soldaten, die römisch-katholischen Glaubens waren, mindestens einmal monatlich Gottesdienst zu halten. Er hielt es mit dem Wort seines Freundes, des Dessauers, der einmal gesagt hatte: »Ein Soldat ohne christlichen Glauben ist ein rechter Matz.« Und wie für den militärischen so für den Zivilbereich! Das klingt heutzutage alles so selbstverständlich. Damals, zu Beginn des 18. Jahrhunderts, war das in ganz Europa eine völlig singuläre Haltung der Toleranz.

Und auch in seiner Einwanderungspolitik, ja in seiner gesamten Außenpolitik ließ er sich nicht ausschließlich von Nützlichkeitserwägungen leiten. Wo immer der Fanatismus gegen Andersgläubige Furore machte, meldete sich der Preußenkönig sogleich zu Wort. Als der polnische Starost von Unruh 1715 in Berlin als Flüchtling ankam, den man in seiner katholischen Heimat wegen eines Buches, das die Verfehlungen einer intoleranten Kirche aufdeckte, zum Tode durch das Fallbeil verurteilt hatte, bot ihm der Soldatenkönig nicht nur Schutz und Hilfe. Er nutzte die Gelegenheit, die englische Öffentlichkeit über den Fall Unruh zu alarmieren und die Regierung in London für eine gemeinsame Protestaktion zugunsten der Dissidenten in Polen zu gewinnen. Er intervenierte – erfolglos – für die unterdrückten Protestanten in Ungarn, er verwandte sich – erfolgreich – beim König von Sardinien zugunsten der verfolgten Waldenser. Einen freisinnigen Prediger, den der Deutsche Orden abgesetzt und vertrieben hatte, führte er wieder in Amt und Würden ein.

Es kann nicht bestritten werden: Dem Soldatenkönig, Friedrich Wilhelm I., ist es zu danken, daß die Gewissensfreiheit des Menschen, die sich damals in seinen religiösen Überzeugungen ausdrückte, in Preußen von Staats wegen respektiert, daß dieses sein Preußen zum ersten Toleranzstaat in der Geschichte wurde. Das gilt es festzuhalten! Und der Soldatenkönig hat selbst von der »Sache des Gewissens« gesprochen, als er sich für Menschen einsetzte, die weder seine Untertanen noch potentielle Einwanderer Preußens waren:

Im Jahre 1728 erfuhr er, daß sich in Schlesien, das zu der Zeit noch österreichisch war und dem Kaiser in Wien unterstand, ein empörender Vorfall ereignet hatte. Auf kaiserlichen Befehl war der schlesische Gutsbesitzer von Kessel vorübergehend verhaftet und zu tausend Dukaten Geldstrafe verurteilt worden. Dieser Kessel hatte 1726, nach dem berühmten Vorbild des Hallenser Waisenhauses von August Hermann Francke, in der Nähe von Oels ein öffentliches Waisen- und Krankenhaus errichtet, in welchem bereits ein Jahr später mehr als hundert hilfsbedürftige Personen auf Kessels Kosten gepflegt und versorgt wurden. Da der Gutsbesitzer zwei evangelische Frankeschüler als Leiter eingesetzt hatte, hatte die katholische Geistlichkeit, insbesondere die schlesische Jesuitenschaft, nicht geruht, bis Kessel im Dezember 1727 verhaftet und die Anstalt geschlossen wurde, während die

Kranken und Waisen mitten im Winter kurzerhand auf die Straße geworfen wurden.

In höchster Erregung griff Friedrich Wilhelm zur Feder, um für die Unglücklichen in Schlesien zu intervenieren. Er schrieb an Seckendorff, der große Mühe hatte, die in fliegender Hast hingeworfenen Zeilen zu entziffern:

> Ich deklariere hiermit, daß ich mich in die Angelegenheiten der großen Herren nicht einmischen werde, insonderheit nicht in die des Kaisers, da ich zu großen Respekt davor habe. Aber es handelt sich um eine *Sache des Gewissens*. Deshalb bitte ich Sie, mein Schreiben umb Jesu willen gleich nach Wien weiterzusenden, damit der Kaiser Gnade und Barmherzigkeit walten lassen kann. Des Kaisers Intention mag ja gut sein. Aber die Jesuiten sind dem zuwider, diese Vögels, die dem Satan Raum geben und sein Reich vermehren wollen! Gott gebe seinen Segen und lenke des Kaisers Herz.

Der Wirt

Am 28. April 1731 erfuhr Graf Manteuffel, Sachsens langjähriger Gesandter in Berlin, der gerne von sächsischen in preußische Dienste übergetreten wäre und sich gerade zur Ordnung privater Angelegenheiten im Magdeburgischen aufhielt, der Preußenkönig Friedrich Wilhelm I. sei in der Gegend eingetroffen, um das Domänengut Schartau zu inspizieren. Manteuffel sagte sich, daß dies eine gute Gelegenheit sei, dem Soldatenkönig zwanglos näherzukommen. Er schickte seinen Sekretär Uechtritz nach Schartau, mit der Anfrage, ob er wohl dem Monarchen seine Aufwartung machen dürfe. Friedrich Wilhelm ging mit Uechtritz ins Rauchzimmer des Gutshofes, präsentierte ihm eine Pfeife Tabak, hörte die Botschaft wohlwollend an, klopfte dem Sekretär kameradschaftlich auf die Schulter und ließ dem Grafen bestellen, er sei am nächsten Tag zum Mittagbrot herzlich willkommen, wenn er mit einer Schüssel Erbsen und Speck vorlieb nehmen würde.

So kam es zum Schartauer Mittagessen am 29. April 1731, dessen Verlauf und Umstände Graf Manteuffel einen Tag später in einem Brief an Grumbkow ausführlich beschrieben hat. Wie sonst kein zeitgenössisches Dokument läßt es uns einen Blick auf den zweiundvierzigjährigen Soldatenkönig tun, der sich anschickt, das letzte Jahrzehnt seines Lebens und seiner Regierungszeit zu begehen. Friedrich Wilhelm war in dieser Zeit allerbester Laune. Er hatte soeben den Widerstandswillen seines Sohnes gebrochen (Kronprinz Friedrich lebte, unter ständiger Beobachtung, zurückgezogen in Küstrin); er hatte die englischen Intrigen seiner Frau und der Prinzessin Wilhelmine zunichte gemacht (von der Doppelheirat war keine Rede mehr); und er glaubte sich in herzlichem Einvernehmen mit seinem »Freund«, dem deutschen Kaiser. Wie durch ein Vergrößerungsglas können wir den merkwürdigen Mann anhand des Manteuffel-Berichtes als Wirt betrachten.

Um elf Uhr vormittags kam Graf Manteuffel in Schartau an. Er traf den König in Gesellschaft der Herren von Buddenbrock, von Dockum und von Möllendorff, zu denen sich bald noch Oberst Graf Dohna, Oberst Walrawe, der Erbauer der Festung Magdeburg, und zwei Majore gesellten. Man war soeben von der Jagd gekommen, und Friedrich Wilhelm schmunzelte über das ganze Gesicht: er hatte einen Hasen, einen Fasan und elf Rebhühner geschossen. Er schüttelte Manteuffel kräftig die Hand, entschuldigte sich für das einfache Essen, mit dem sie sich begnügen müßten, und lief ins Gutshaus, wo er sich gründlich wusch, auch neue Kleider anlegte. Dann ging es gemeinsam in den Speisesaal, an einen blankgescheuerten viereckigen Holztisch, auf dem Silbergeschirr mit dem Monogramm des Königs stand, zu dem ländliche Bestecke aus Horn und Holz recht eigenartig kontrastierten.

»Hört man, Kinderchens«, rief der König, sich an den Tisch setzend, »Ihr müßt vorlieb nehmen!« Friedrich Wilhelm band sich eine blütenweiße Serviette vor die Brust, und sogleich erschienen riesige Schüsseln mit Erbsen und Rauchfleisch sowie mit Karpfen in Kirschsauce. Buddenbrock brachte aus einem gewaltigen Humpen einen Toast auf den König aus. Friedrich Wilhelm gab schmunzelnd Bescheid, dann hieben alle tapfer ein. Nach den herzhaften »Vorgerichten« kamen große Platten mit Rindfleisch, gebratenen Hasen, Fasanen, Birk- und Rebhühnern auf den Tisch. Dazu gab es Rheinwein, und der König brachte einen Toast »auf alle braven Offiziers und Soldaten« aus.

Die Stimmung bei Tisch war die allerfröhlichste. Der König, glücklich, sich ohne jeden Etikettezwang im Kreise von Männern, von Soldaten, ungezwungen und natürlich geben zu können, animierte seine Gäste, den exzellenten Wein nicht zu schonen. Er selbst trank auf die Gesundheit König August des Starken von Sachsen-Polen. Dann wandte er sich an Manteuffel, der links neben ihm saß, und es entspann sich folgender Dialog:

König (vertraulich): »Er (August der Starke) ist doch ein braver Herr, den ich von Herzen liebe und ästimiere (wertschätze). Gott vergebe es den Schurken, die ihn bisweilen verführen! Gott weiß, daß ich ihm mein Tage nichts zuwider getan habe (es gab zu der Zeit Verstimmungen zwischen dem Berliner und Dresdner Hof). Er wird sich auch schon wieder bekehren... Sag Er, was meint Er dazu?«

Manteuffel (ironisch): »Ich habe noch nicht gehört, daß er gesündigt hat. Also wird er wohl auch keiner Bekehrung bedürfen.«

König (auflachend): »Nun, nun, Er will nicht sprechen! Aber Er hat ja recht. Ich verdenke es Ihm gar nicht, daß Er seines alten Herrn Partei nimmt...

Aber Er weiß recht gut, wie es dort [in Dresden] zugeht! Und noch besser als ich...«

Manteuffel, gewiegter Diplomat, hielt sich bedeckt. Er lächelte und schwieg vorsichtig.

König (schulterklopfend): »Na ja, Du Teufel willst man nicht sprechen! Verstehe, verstehe...

Ja, wenn nur die Blitzfranzosen nicht wären! Es würde alles in der Welt gut gehen. Das Kanaillenpack ist mir aber spinnefeind! Und Ihm auch: Hört Er wohl? Aber ich, ich schere mich nicht darum. Ich halte es mit Kaiser und Reich!... Diese Blitzfranzosen! Hol sie alle der Teufel.«

Friedrich Wilhelm hob den Humpen und brachte seinen liebsten Trinkspruch aus: »Auf Germania teutscher Nation! Ein Hundsfott, der's nicht von Herzen meint!« Danach wandte sich das Gespräch praktischen Fragen der Landwirtschaft, des Festungsbaues und schließlich der Religion zu.

Manteuffel schloß seinen Bericht an Grumbkow mit den Worten: »Wir blieben vier Stunden lang bei Tische. Nach dem Essen saß man tabakrauchend noch bis neun Uhr beisammen. Dann kamen frische Heringe mit Zwiebeln und Gurken, später nochmals die Pfeife und endlich ›Gute Nacht‹, so daß ich erst gegen Mitternacht nach Hause kam.«

Mit derselben Mischung von Derbheit und Schläue, Naivität und Gewaltsamkeit, mit der Friedrich Wilhelm das Gespräch mit einem fremden Diplomaten führte, regierte er seinen Staat. Besonders das letzte Jahrzehnt von 1731 bis 1740 ließ jene Eigenschaften an ihm hervortreten, die ihm den Ruf eines »großen Wirtes« einbrachten. Denn wie ein patriarchalischer Hausvater, der Heim und Hof seiner Familie in Ordnung zu halten hat, faßte er sein königliches Regentenamt für Preußen auf. Im Verständnis der damaligen Zeit, für die sich das Potentatentum im funkelnden Glanz goldgeschmückter Kronen und Zepter widerspiegelte, war Friedrich Wilhelm kaum ein richtiger Monarch. Im Grunde war er weniger der König als vielmehr der Gutsbesitzer, der Hauswirt von Preußen.

Nichts veranschaulicht das besser als folgender Brief des Soldatenkönigs:

Wenn auf einem Domänen-Amte eine neue Brauerei angelegt werden soll, welche 2000 Thaler kostet und 1500 Thaler Pacht gibt, so müssen die Zinsen des Kapitals zu fünf vom Hundert mit 100 Thalern in Abzug gebracht werden, so daß 1400 Thaler Ertrag bleiben. Wenn nun aber dadurch in einer benachbarten Stadt an der Accise [den Verbrauchssteuern] 1400 Thaler ausfielen, so würde nichts gewonnen, sondern noch die 2000 Thaler verloren sein, weil sie nur 5 Procent tragen und die Gebäude, das Brauereigeräth und die Brauer unterhalten werden müssen, wodurch ich schließlich noch Schaden hätte. Wenn dagegen ein renoviertes Brauhaus jährlich 200 Thaler einbringt und nur 100 Thaler an der Accise verloren gehen, so bleiben mir noch 100 Thaler Profit. Solche Verbesserungen lasse ich mir gefallen.

Wenn irgend jemand auf der Welt, so hat dieser Mann den Sinn des Satzes begriffen: »Der Teufel steckt im Detail.« Im Dezember 1722 hatte er seine Pracht-Instruktion diktiert, jenes unvergleichliche Grundgesetz eines zentralisierten, durchrationalisierten Staates. Im folgenden Jahrzehnt hatten sich seine Impulse und Intentionen allmählich an der Basis durchgesetzt, war aus seinen Ideen und Befehlen das real existierende Preußentum geworden. Friedrich Wilhelm aber hatte sich niemals mit dem Grundsätzlichen zufriedengegeben. Unablässig inspizierte und visitierte er, ein lebendes Kontrollinstrument, seine Mitarbeiter. Und diese seine Kontrolle galt den praktischen Einzelheiten, galt den geringfügigsten Details. Wozu er seinen »genialen« Sohn prügeln mußte, die Anschauung des Großen aus dem Studium des Kleinen zu gewinnen, die Beurteilung des Ganzen aus der Kenntnis der Einzelheit zu schöpfen, das machte die mühevolle Tagesarbeit Friedrich Wilhelms aus. Er wünschte keine Bla-bla-bla-Berichte der Pächter seiner Domänen-Güter, die den Zustand oder den Fortschritt der Wirtschaften in allgemeinen Rosenfarben schilderten. Das, was er konkret von ihnen erfahren wollte, war nach seinen eigenen Worten: »ob in den Kuhställen fleißig Stroh eingestreut wird, ob auf den Vorwerken nächst den Misthaufen auch Mistpfützen angelegt werden und ob der Mist zu gehöriger Zeit auf das Feld gefahren« würde. Es ging ihm um Nutzeffekt und Wirtschaftlichkeit, aber ebenso um Sauberkeit und Hygiene. In jedem und allem waren seine ökonomischen Anordnungen zugleich pädagogische, volkserzieherische Argumente.

Wer denkt da nicht unwillkürlich an die Großmutter, an Luise Henriette von Oranien, die sich einst um jedes Oranienburger Detail ereifert hatte! Der Enkel tat es ihr in allem gleich. Bereits in den Jahren 1718 bis 1724 hatte er das große havelländische Bruch bei Friesack durch Abzugskanäle trockenlegen lassen. Mit der Zeit gewann er 15000 Morgen vorzüglicher Wiesen und Felder. Als etliche Kuhherden aus Ostfriesland angekommen waren, gestaltete er das Amt Königshorst zu einer Muster-Milchwirtschaft um. Jetzt, zu Beginn des Jahres 1731, war es soweit, daß Friedrich Wilhelm mit seinem Königshorster Butter- und Käsehandel ein unentbehrlicher Zulieferant für die Hauptstadt Berlin geworden war, daß ihm die Muster-Milchwirtschaft ein jährliches Plus von 14000 Talern bescherte. Und nun erging der Befehl, daß »ordentliche« Bauernmädchen aus der Mark Brandenburg und aus Pommern nach Königshorst geschickt würden, damit sie dort die holländische Milchwirtschaft erlernen sollten. Königshorst also als eine erste Form von Lehr- und Ausbildungsbetrieb für neuzeitliche Landwirtschaftsmethoden.

Die »Kontribution«, der jährliche Steuerertrag der Domänen-Güter, der 1724 knapp 2,9 Millionen Taler betragen hatte, war inzwischen auf 4,5 Millionen Taler angewachsen, und das konnte man nun wahrhaft als »Plusmachen« bezeichnen. Möglich war das nur, weil der König unablässig antrieb, inspizierte und kontrollierte. Alles konnte er nicht selbst begutachten; so waren denn jahrein, jahraus Sonderkommissare des Generaldirektoriums unterwegs, die ihre kritischen Beobachtungen notierten: über den Zustand der Gebäude, die Anlage der

Ställe, die Düngung der Felder, die Fütterung von Kühen, Schafen, Schweinen, Pferden etc. Schlug man dem König neue Grundstücke zum Ankauf vor, so mußte es sich um beträchtliche Arrondissements handeln, auf denen eine effektive Großraumbewirtschaftung möglich war, oder er schrieb an den Rand: »Ich verlabbre nicht mein Geld durch kleinen Kauf.« Wurden ihm Neuerungsvorschläge gemacht und er konnte sich einen guten Zinsertrag ausrechnen, so war ihm keine Summe zu groß für Zukunftsinvestitionen. Um so härter und unflexibler verhielt er sich bei Rückschlägen und Unglücksfällen. Hilfegesuche von Domänenpächtern versah er mit der Randbemerkung: »Abweisen. Ein ander Jahr ist wieder *Plus*.« Als der Pächter in Pyrehne meldete, durch die Viehseuche habe er 68 Stück Vieh verloren, wofür ihm 406 Taler aus der Berliner Kasse zu vergüten seien, schrieb Friedrich Wilhelm: »200 Thaler. Der Kerl hält mehr Vieh als zum Mist nötig. Er hofft beim Viehsterben zu profitieren.«

Der fast manische Hang zum Plusmachen verleitete ihn zu gravierenden Fehlern. So las er eines Tages ein Buch unter dem aufsehenerregenden Titel *Experimental-Ökonomie*, das ein gewisser Eckart verfaßt hatte und in dem unter anderem ein neues Mittel beschrieben wurde, wie man bei drastischer Holzeinsparung zugleich das lästige Rauchen der Öfen verhindern könne. Das war was für Friedrich Wilhelm! Über den enormen Verbrauch an Heizungsmaterial in den Schlössern hatte er sich schon längst geärgert, und daß die Kamine nicht richtig zogen, das war schon seit seinen Kindertagen ein Dauerthema in der Familie gewesen. Er ließ sogleich nach dem Autor des Buches fahnden, einem windigen Projektemacher, der sich bis dahin seinen Lebensunterhalt als Fasanenwärter in Braunschweig und Blaufärber im Anhaltinischen verdient hatte. Als Eckart in Berlin ankam und die Kamine des Schlosses tatsächlich mit einigen praktischen Handgriffen zum besseren Ziehen brachte, war Friedrich Wilhelm schon begeistert. Als Eckart auch noch die Feuerung der königlichen Bierbrauerei reparierte, kannte sein Zutrauen zu dem selbstbewußt auftretenden Praktikus keine Grenzen mehr. Er machte ihn zum Kriegs- und Domänenrat, schickte ihn als königlichen Kommissar durchs Land, ließ ihn die Kassenbücher der Domänen- und Stadtverwaltungen kontrollieren und steifte ihm bei alledem nachhaltig den Rücken.

Eckart, der sich bald vor Hochmut und Einbildung nicht mehr lassen konnte, sich überall als engster Vertrauter des Monarchen gerierte und mit der »Plus«-Philosophie seines königlichen Auftraggebers schwadronierte, entwickelte sich mit der Zeit zur Landplage. Die Oberpräsidenten von Pommern und Ostpreußen protestierten gegen sein anmaßendes Gebaren, das Volk verhöhnte ihn als »Herrn Kaminrat« oder »Herrn Plusmacher«. Es half alles nichts; das Vertrauen des Königs in den Windmacher war nicht zu erschüttern. Dabei hätte er allen Grund gehabt, seiner eigenen Gutgläubigkeit und Menschenkenntnis zu mißtrauen. War er doch in seinen ersten Regierungsjahren, 1717 bis 1720, den Einflüsterungen eines Ungarn namens Clement erlegen, der ihm ein Mordkomplott des kaiserlichen Hofes gegen ihn, den Soldatenkönig, eingeredet hatte. Friedrich Wilhelm hatte damals nur mit Pistolen unter dem Kopfkissen geschlafen und war vor Mißtrauen gegen seine Umgebung fast dem Wahnsinn verfallen, bis der Dessauer eine Aussprache erzwungen und Clements abenteuerliche Behauptungen als reines Lügengespinst entlarvt hatte. Doch auch jetzt wieder hielt der Monarch in unerschütterlicher Treue an einem Menschen fest, der es nicht verdiente. Friedrich Wilhelm argwöhnte eben ständig, daß die vornehme blaublütige Gesellschaft einem Selfmademan aus dem Volke ans Leder wolle. Zwar schrieb er an Eckart: »Gehet aufrecht, und thut was recht ist, und nehmet auch nicht zu viel *Plus*«, aber der lachte nur darüber. Wußte er doch ganz genau, daß der König ihn ausgesandt hatte, um den Geist des »Plusmachens« in die entferntesten Beamten- und Verwaltungsstuben des preußischen Staates zu tragen. Ein Zuviel, so dachte Eckart, möchte nicht schaden, und auf noch so berechtigte Empfindlichkeiten und Beschwerden wurde vom König letztendlich immer wieder gepfiffen. (Erst der Sohn, Friedrich der Große, enthob Eckart 1740 aller Ämter und verwies ihn des Landes.)

Doch ungeachtet mancher Mißgriffe trieb Friedrich Wilhelm durch sein konsequentes, oft übertriebenes, insgesamt aber erfolgreiches Insistieren in puncto Verbesserung der Bewirtschaftungen die Einkünfte des Staates aus dem Domänen-Sektor jährlich um 100 000 Taler nach oben, bis zu 4,5 Millionen Talern pro Jahr. Das waren etwa sechzig Prozent seiner Staatseinnahmen. Den Rest von vierzig Prozent (ca. 3 Millionen Taler) gewann er aus den Verbrauchssteuern, der sogenannten »Akzise«, die an den Toren der Städte auf alle Art von transportierten Waren erhoben wurde.

Auch darin war er mit persönlichem Beispiel vorangegangen. Bereits wenige Wochen nach seiner Thronbesteigung, am 20. Mai 1713, hatte er verordnet, daß alle Waren und Lebensmittel, die in den Schlössern zu Berlin und Potsdam verbraucht wurden, an den Stadttoren nach den üblichen Akzisesätzen versteuert werden mußten. Es gab also keine steuerliche Sonderregelung für die Familie des Monarchen. Jeder königliche Küchenwagen mußte streng visitiert, »geschmuggelte« Güter mußten unnachsichtig konfisziert werden.

Es waren weniger die Verbrauchssteuern, die Akzise selbst, die die Bürger unerträglich belasteten, als vielmehr die rigorosen Methoden, mit denen sie eingetrieben wurden. Jeder Reisende hatte sich an den Stadttoren strengen Visitationen zu unterwerfen und seine gesamte Barschaft anzugeben. Das kostete Zeit und das kostete Nerven, denn der Ton der Akzisebeamten war grob-militärisch. Alle Frachtwagen wurden angehalten, die Wagenladungen gründlich »gefilzt«. Da half kein Bitten und kein Klagen: jede Kiste, jeder Korb, jeder Warenballen wurde geöffnet oder versiegelt, und dann ging es ab – auf den Schubkarren unhöflicher Stadtknechte – zum städtischen Packhof, wo Visitatoren mit grimmigen Schnauzbärten langatmige Fragen nach dem Woher und Wohin stellten, bis sie sich endlich, endlich bequemten, den Akzisebescheid auszufertigen. (Es ging also etwa so penetrant zu, wie in den letzten Jahrzehnten an den Zonen-Grenzübergängen zur DDR.)

Doch wenn es nur das gewesen wäre. So ging es schließlich an allen Stadttoren und Grenzschranken des damaligen zersplitterten Deutschen Reiches zu. Aber auch in den Städten selbst waren die Gewerbetreibenden und Kaufleute vor den Schnüffeleien der Akzisebeamten nicht sicher. Jede Woche einmal fand bei Fleischern und Bäckern eine penible Untersuchung der Vorräte statt, die sie in ihren Kellern oder Speichern gelagert hatten, um Schmuggelgut auf die Spur zu kommen. Wer Müller war und Mehl hortete, mußte sich das Spioniersystem sogar täglich gefallen lassen. Dabei war die Schnüffelei ziemlich überflüssig, denn durch die Stadttore kam nichts heraus und nichts herein, was nicht sorgfältig registriert worden wäre. Die Zugtiere vor den Bauernwagen wurden einzeln aufgeschrieben, damit nur ja kein Pferd oder Ochse unversteuert in den Stadtmauern bleiben konnte. Die Bürgerschaft klagte denn auch immer wieder über die unerträglichen Steuerschikanen, aber niemand war bereit, mit dem König mal ein mannhaftes Wort zu sprechen. Beamtenbestechungen fruchteten wenig, denn der Soldatenkönig achtete darauf, daß die Akzisebeamten und Torschreiber häufig von Tor zu Tor, von Stadt zu Stadt versetzt wurden, um allen »Durchstechereien und Gevatterschaften« von vornherein den Boden zu entziehen.

Berlin, die Hauptstadt, litt am ärgsten unter Friedrich Wilhelms harschem Kontrollsystem. Von 1730 bis 1738 entstand rund um die Stadt eine sechs Meter hohe Zollmauer, die westlich der Spree zwischen Unterbaum und Oberbaum und sodann vom Brandenburger Tor zum Potsdamer, Hallischen, Cottbusser, Köpenicker und Schlesischen Tor verlief. In den Augen des Königs erfüllte diese Berliner Mauer eine Doppelfunktion: sie sollte den Schmuggel von Waren *in* die Stadt und die Desertion von Soldaten *aus* der Stadt verhindern.

So hart und unnachgiebig Friedrich Wilhelm das verhaßte Akzisesystem handhabte, so ergebnisreich schlugen sich die Steuereinnahmen im Staatsetat nieder. In Königsberg stiegen die Akziseabführungen von 1728 bis 1738 um 40000, in Berlin – im selben Zeitraum – sogar um 84000 Taler. Im Jahr 1724 hatte das Gesamtaufkommen des preußischen Staates an Akziseeinnahmen, Fluß- und Grenzzöllen 2,1 Millionen Taler betragen. In wenigen Jahren stieg es auf 3 Millionen Taler. Das war eine Steigerung um fast fünfzig Prozent. Auch hier hatte das verdammte »Plusmachen« sich also gelohnt.

Das Akzisewesen (oder -unwesen) war ein integrierter Bestandteil des damals in fast ganz Europa herrschenden Merkantilsystems, dessen ökonomischer Glaubensgrundsatz darin bestand, die eigene Wirtschaft nach Kräften zu fördern und die ausländische Einfuhr nach Möglichkeit zu drosseln. Es war also das Gegenteil freihändlerischer Wirtschaftskonzepte und könnte – mit einem modernen Begriff – als »Autarkiestreben« bezeichnet werden. In der Tat gab es für ökonomisch unterentwickelte Staaten wie Preußen kein anderes Rezept, wollte man nicht die staatliche Unabhängigkeit einbüßen (lediglich England und Holland, die beiden Staaten mit großen Flotten, Kolonialreichtümern und Kapitalien, vermochten damals freihändlerische Wege einzuschlagen, dank ihrer Markt- und Handels-Dominanz). Die große Frage war lediglich: Hob man zuerst die eigene Industrieproduktion an, um sodann, wenn der inländische Bedarf autark gesättigt werden konnte, die Einfuhr ausländischer Waren abzuschnüren – oder begann man umgekehrt das staatliche Aufbauwerk mit Einfuhrverboten, um damit die Bevölkerung zu zwingen, die eigenen Bedürfnisse durch eigener Hände Arbeit zu befriedigen.

Der Soldatenkönig hat lange geschwankt, welchen der beiden merkantilistischen Wege er einschlagen sollte. Schließlich entschied er sich für das zweite Verfahren, um es dann – seinem Charakter entsprechend – mit aller Härte und Konsequenz zu exekutieren. Er wählte damit den schwereren, aber auf lange Sicht wohltätigeren Weg. Denn seine Wirtschaftspolitik wurde so zugleich Erziehungspolitik! Friedrich Wilhelm I. verlangte seinen Untertanen – koste es, was es wolle – den Aufstieg zur modernen, selbstbewußten Nation ohne fremde Hilfe ab: zu einer Nation selbsttätiger Produzenten. Wenn er dem Generaldirektorium wiederholt schriftlich einschärfte, »soviel nur möglich alle Gattungen von Wollen-, Eisen-, Holz- und Ledermanufacturen, die noch nicht im Lande vorhanden«, in Preußen zu etablieren, so drückte er damit den höchsten Sinn seiner Nationalökonomie aus: ausländische Kunst- und Handelserzeugnisse fernzuhalten und dadurch eine eigenstaatliche Produktion von gleicher Qualität zu erzwingen.

Zum Paradebeispiel dieser Wirtschaftspolitik wurde die Förderung der preußischen Wollindustrie. Gleich nach der Thronbesteigung hatte Friedrich Wilhelm eine staatliche Untersuchungskommission eingesetzt. Ihr Gutachten vermittelte ein düsteres Bild der Wollweberei in den Marken. Es wurden kaum noch Tuche im Lande hergestellt. Als Ursachen nannte der Bericht die hemmungslose Ausfuhr brandenburgischer Rohwolle auf fremde Märkte sowie die grenzenlose Furcht der Wollweber vor den Werbeoffizieren der Armee. Friedrich Wilhelm experimentierte in den ersten sechs Jahren mit Freistellung der Wollweber vom Militärdienst, mußte aber schließlich erkennen, daß die preußische Wollproduktion sich nur dann zu beachtlicher Quantität wie Qualität entwickeln ließ, wenn der Export von Rohwolle staatlicherseits rigoros gestoppt wurde. Ein Ausfuhrverbot für Wolle traf aber fast ausschließlich die Gutsbesitzer, die Junkerklasse, und der Soldatenkönig machte sich ein Gewissen daraus, seinem landeseigenen Adel, der ihm das Offizierskorps und die Beamtenschaft stellte, wirtschaftlich »das Messer am Halse zu setzen«. Doch was half es? Das Gesamtwohl des Staates stand diesem König, wenn es denn zum Schwur kam, über den jeweiligen Standesinteressen. Also wurde am 24. Mai 1719 von allen Kanzeln ein königliches Edikt verlesen, daß niemand – auch kein Adliger! – hinfort noch Rohwolle ins Ausland verkaufen dürfe. Bei Übertretung des Verbots sollte der Betroffene die Wolle, den Wagen, die Pferde und das Geschirr verlieren sowie für jedes beschlagnahmte Pfund Wolle einen Taler Strafe zahlen. Das schlug durch. Kein Pfund Rohwolle ging mehr über die preußischen Grenzen.

Schon vorher hatte Friedrich Wilhelm den entscheidenden Schritt zugunsten einer eigenständigen preußischen Wollherstellung getan, als er sich zur Produktions-Zentralisierung entschloß und das Berliner »Lagerhaus« begründete. Unter der verdienstvollen Leitung des Geheimrats Kraut, dessen Wiege neben einem Webstuhl gestanden hatte, war es dem Berliner »Lagerhaus« binnen dreier Jahre gelungen, die Grundausstattung der Armee an Hosen, Röcken und farbigen Aufschlägen im Gesamtumfang von dreitausend Tuchen (ein Tuch gleich 20 Meter Länge) pro Jahr aus eigener Kraft zu decken. Friedrich Wilhelm hatte nachgeholfen, indem er es den Regimentern zur Pflicht machte, nur inländische Uniformtuche anzukaufen, was ab 1720 problemlos wurde, als die spanische Wolleinfuhr durch brandenburgische Rohstoffe ersetzt werden konnte. 1738 war das Berliner Lagerhaus in der Verfassung, von den 8736 Tuchen, die das inzwischen verdreifachte Heer jährlich benötigte, 5500 Stück zu liefern, also mehr als sechzig Prozent. Der Rest von knapp vierzig Prozent wurde in kleineren Städten des Königreiches angekauft, allerdings in Berlin zugerichtet und geschoren. Friedrich Wilhelm war selbst damit noch nicht zufrieden. Er schrieb: »Das ist es eben, was nicht recht ist. Diese 3236 Stück (also die vierzig Prozent) sollen auch in Berlin gemacht werden! Dann wird das Klagen über Brotmangel aufhören. Denn das Lagerhaus ist dazu da, daß es Berlin mit unterhalten soll.« Als frühindustrielle Form eines staatlichen Arbeitsbeschaffungs-Programmes würden wir heute diesen

Gedanken des Königs definieren. Und in der Tat: Als Friedrich Wilhelm I. 1740 starb, waren rund 5000 Berliner Arbeiter im »Lagerhaus« beschäftigt. Konkret hieß das folgendes: Bei einer Gesamteinwohnerzahl von 80000 Köpfen, von denen 20000 für den Militärstand und dessen Angehörige abzuziehen waren, existierte etwa ein Drittel der Berliner Bevölkerung von dieser Industrieschöpfung des Soldatenkönigs! Bereits sechs Jahre zuvor, 1734, hatte die preußische Textilausfuhr ins Ausland 44000 Tuche zu 24 Ellen (Elle = 85 cm) betragen; also fast eine Million Meter an Tuchen.

Zur Wollindustrie kam sehr bald die Waffenindustrie. Der Große Kurfürst hatte den Bedarf seiner Armee vornehmlich aus der Fabrik der Familie Engels in der Grafschaft Mark gedeckt. Sein Enkel holte nun die westdeutschen Waffenspezialisten nach Berlin und errichtete große Gewehrfabriken in Spandau und Potsdam, die sofort reüssierten und bald in der Lage waren, die Bewaffnung und Ausrüstung der preußischen Armee sicherzustellen. Das war nicht zuletzt das Verdienst der Herren Splittgerber und Daum, zweier umsichtiger Geschäftsleute, deren Händen Friedrich Wilhelm die Geschäftsführung der Gewehrfabriken überantwortete. Er subventionierte das Unternehmen mit einem umfangreichen zinslosen Kredit aus der Kronprinzen-Schatulle und besprach sich fast täglich, vormittags auf dem Paradeplatz, mit den beiden Kaufleuten. Diese nahtlose Kooperation zwischen Regierungschef und Unternehmern führte dazu, daß in Preußen zahlreiche Fabriken, Kupfer- und Messing-Manufakturen gegründet wurden, schließlich sogar eine Spiegelmanufaktur in Neustadt an der Dosse (Mark Brandenburg), die sich in Kürze Weltruf errang. Konsequent verbot der Soldatenkönig in einer Parallelaktion die Einfuhr der betreffenden Fabrikate beziehungsweise Rohstoffe aus dem Ausland und erzwang damit eine schnelle Niveau-Anhebung der inländischen Produktion.

Mit Wolle und Waffen bewies Friedrich Wilhelm seine glückliche ökonomische Hand. Nicht ganz so gut erging es ihm mit dem Tabakanbau. Der große Kurfürst hatte bereits 1676 an mehrere Handelsjuden eine Tabak-Konzession in den Marken erteilt. 1686 wurde das Monopol aufgehoben, und in den nächsten zwanzig Jahren befand sich die Tabak-Konzession in den Händen wechselnder Interessenten, wobei die Anweisung des Hofes galt, das platte Land habe seinen Tabakbedarf aus dem Lande zu decken, während die Berliner ihren Tabak aus Hamburg und Leipzig beziehen durften, der an den Stadttoren mit einem Groschen pro Pfund versteuert wurde.

Als Friedrich Wilhelm I. 1713 sein königliches Amt antrat, hatte sich das Rauchen in der männlichen Bevölkerung Europas schon derart durchgesetzt, daß es jeder Regierung klar sein mußte, welch lukrative Einnahmequelle sich für den Staat aus der Besteuerung des »blauen Dunstes« ergab. Der Soldatenkönig erhöhte die Tabaksteuer denn auch unverzüglich auf das Doppelte, 1719 auf das Dreifache, ja 1739, ein Jahr vor seinem Tod, schraubte er die Tabaksteuer auf fünf Groschen pro Pfund.

Das betraf den ausländischen, den importierten Tabak. Was die inländische Produktion anging, erteilte der König 1719 den beiden jüdischen Oberhof- und Kriegsfaktoren Moses und Elias Gompert die Konzession zum Tabak-Herstellungsmonopol, wofür sie sich verpflichten mußten, einen »langen Kerl« im Wert von 1300 Talern zu stellen und jährlich 20000 Taler an die Rekrutenkasse zu überweisen.

1724 wurde das Tabakmonopol wieder aufgehoben und die Fabrikation inländischer Tabake freigegeben. Das Publikum bevorzugte jedoch entschieden die Importe, die aus Leipzig und Hamburg über die Grenze kamen. Die Produktion preußischen Pfeifentabaks reüssierte nicht (Zigarren und Zigaretten waren damals noch unbekannt). Lediglich in Brandenburg an der Havel gelang es, mit der Zeit erstklassige einheimische Fachkräfte heranzuziehen, die ausländische Tabake in hoher Qualität verarbeiteten. 1736 schließlich gründete Samuel Schock aus Straßburg in der zweiten preußischen Residenzstadt, Potsdam, eine Schnupftabakfabrik, deren Erzeugnisse sich bald auch die Auslandsmärkte eroberten und deren prominentester Abnehmer Friedrich der Große werden sollte.

Von Straßburg nach Potsdam: Das war damals fast eine Weltreise, und man fragt sich, wie viele Wochen Samuel Schock, mit Sack und Pack, für diese Wegstrecke benötigt haben mag. Der Zustand der Landstraßen war in ganz Europa erbärmlich, und auch der Soldatenkönig hat für Straßenbau und Straßenerneuerung keinen Groschen springen lassen. Es mußte fast noch ein Jahrhundert vergehen, bis zu Napoleon I., bis der wachsende internationale Warenverkehr und die

Bedürfnisse imperialer Eroberungsheere eine Modernisierung des Straßensystems bewirkten.

Immerhin förderte Friedrich Wilhelm das preußische Postwesen, das er dem energischen, weitblickenden Postrat Grabe anvertraute. Den Postillionen wurde Pünktlichkeit zur Pflicht gemacht, später ging man sogar dazu über, ihnen exakte Zeittabellen an die Hand zu geben. Das von allen Seiten begrüßte System der »Extraposten« wurde eingerichtet. Der Staat mühte sich, die Beförderung von Personen und Paketen dem privaten Bereich zu entziehen. 1719 erging ein Verbot, Pakete unter zwanzig Pfund Gewicht anders als mit der königlichen Post zu versenden, wodurch für das Publikum endlich Versandsicherheit eintrat.

Das waren beachtliche und begrüßenswerte Fortschritte, aber das alles änderte nichts an der damals üblichen rohen Behandlung der Reisenden durch rüde Postknechte. Begann die Sonne zu sinken, so machten die Postillione irgendwo unterwegs, ganz nach Willkür, Station, spannten die Pferde aus und bedeuteten den Passagieren mit groben Worten, sie müßten sich selbst für die Nacht eine Bleibe suchen. Mußte von einer Post auf die andere umgeladen werden, setzte es mürrische Worte, und wer sich beschwerte, konnte stunden-, machmal tagelang warten, bis er von den verschworenen Postillionen mit seinem Gepäck berücksichtigt wurde. Von Höflichkeit im Umgang mit den Menschen keine Spur. In den Städten verbot sich solches Benehmen, da der König, der immer wieder ein »galantes« und pünktliches Verhalten bei der Post anmahnte, hier alles erfuhr. Aber unterwegs? In einem Reskript des Generaldirektoriums vom 25. April 1729 hieß es über die Postzustände auf dem Wege von Stadt zu Stadt: »... nachdem verlautet, daß solches alles bis heute von schlechtem Effect gewesen und daß sich die Passagiere seit einiger Zeit von neuem teils über der Postmeister schlechtes Benehmen, teils über der Postillione brutale Aufführung beschweren, und daß diese Beschwerden an Sr. Majestät höchste Person kommen dürften...« Man fürchtete also lediglich den Zorn des Königs! Ansonsten blieb auf den Landstraßen, auf dem Wege von Stadt zu Stadt, alles beim alten.

Die Stadtgemeinden selbst durften sich besonderer Fürsorge Friedrich Wilhelms erfreuen. Im Jahre 1713 hatten sich die Städte und Städtchen der Mark Brandenburg noch in derselben traurigen Verfassung befunden, in der sie der Dreißigjährige Krieg hinterlassen hatte. Überall und unübersehbar hatten sich leere Stellen, niedergebrannte Gebäude oder verfallene Ruinen dem Auge des neuen Herrschers präsentiert. In der großflächigen Mark Brandenburg lebten 1713 – abgesehen von der Residenzstadt Berlin – nur 40000 Menschen hinter Stadtmauern, das Zehnfache dagegen auf dem Lande. Der Soldatenkönig hatte sogleich seinen Willen kundgegeben, alle brandenburgischen Städte in kürzester Frist auf den Vorkriegsstand zu bringen. In einem Patent vom 20. November 1721 wurde den Stadtverwaltungen angekündigt, daß sämtliche »wüsten Stellen«, die nicht innerhalb eines Jahres mit neuen Häusern bebaut sein sollten, durch den Staat enteignet und sodann verpachtet würden.

Befehle allein konnten es nicht machen. Der König entschloß sich zu Sondermaßnahmen, die an den »nervus rerum«, also an das liebe Geld gingen. Er unterdrückte den Sparsamkeitsfimmel und öffnete den Städten weit seine hilfreiche Hand. Die Stadt Lüchen bekam aus des Königs Schatulle 26000, die Stadt Templin 30000 Taler. Das waren Geschenke, die an die einzige Bedingung geknüpft waren, das Geld ausschließlich zum Häuserbau zu verwenden. Die Stadt Stendal, in der mehr als einhundert Gebäude in Trümmern lagen, erhielt noch großzügigere Unterstützung. Wer ein neues Haus errichtete, bekam kostenloses Baumaterial und bares Kapital zur Entlohnung der Arbeitskräfte. Für alle Städte des Königreiches Preußen galt, daß jeder Bauherr anfangs zwölfeinhalb, dann fünfzehn und schließlich sogar dreiundzwanzig Prozent der Baukosten staatlicherseits ersetzt bekam. (Auf dem Lande blieb es bei zwölfeinhalb Prozent.) Darüber hinaus durfte er für sechs bis acht Jahre mit völliger Steuerfreiheit rechnen.

Mit derselben Energie, mit der Friedrich Wilhelm den Wiederaufbau betrieb, widmete er sich dem Neuaufbau der Städte. Potsdam, ursprünglich ein unbedeutendes Fischernest mit 400 Einwohnern an der Havel, verdankt ihm seine Stadtexistenz, ja ist die ganz persönliche Schöpfung des Königs. Am Ende der Regierungszeit des Soldatenkönigs zählte Potsdam 20000 Einwohner und war zur zweiten Residenzstadt Preußens aufgestiegen. Friedrich Wilhelm machte diesen seinen Lieblingsort zu einem preußischen Sparta: Kasernen, Gewehrfabriken, Garnisonkirchen, Exerzierplätze, Reitbahnen, Kommandanten- und Offiziersgebäude, Invaliden- und Waisenhäuser schossen aus dem Boden. Alle in schnurgeraden Straßen aneinandergereiht, gaben sie dem idyllischen Flecken in einer der schönsten Landschaften Deutschlands ein unverwechselbar militärisches Gepräge. Aber zugleich wurde Potsdam auch eine Stadt des Handwerks und des Gewerbefleißes. Für die aus den Niederlanden herbeigezogenen Samt- und Seidenweber baute der König ein »holländisches Viertel«, mit Häusern aus roten Ziegelsteinen und hohen Giebeln, um das sich malerische Kanäle im Stile holländischer Grachten zogen.

Nicht weniger verdankt Berlin diesem König. 1350 neue Häuser sind während der Regierungszeit Friedrich Wilhelms I. in der preußischen Hauptstadt hochgezogen worden; davon tausend allein im Stadtteil Friedrichstadt. Bereits 1723 hatte der König, der sich vom ersten Tage an mit der Berliner Stadtplanung beschäftigte, in einer Kabinettsordre befohlen, ein Konzept zur Erweiterung der Friedrichstadt, in der nur dreihundert Häuser standen, auszuarbeiten. Zunächst war kein Geld da. Doch am 8. November 1728 berichtete der braunschweigische Gesandte seinem Hof: ». . . haben Se. Majestät auf der Friedrichstadt verschiedene zu bebauende Plätze in höchsteigener Gegenwart abstecken lassen.« 1730 begannen die Bauarbeiten, und Jahr für Jahr, bis zu seinem Tod, hatte Friedrich Wilhelm die Genugtuung, mehr als hundert neue Häuser besichtigen zu können.

So entstand der berühmteste Stadtteil Berlins. Weltbekannte spätere Namen wie Opernplatz, Gendarmenmarkt, Friedrich-, Wilhelm-, Leipziger- und Charlottenstraße, Pariser, Wilhelm- und Leipziger Platz gehörten zum Areal der Friedrichstadt. Innerhalb Berlins erstand eine vielgegliederte Welt für sich: in die Wilhelmstraße zog der begüterte Landadel und gruppierte sich um das Palais Venezobre – in der Lindenstraße, rund um das Kollegienhaus (heute Berlin-Museum), wohnten die Geheimräte – und um die 1735 errichtete Bethlehemskirche siedelten sich die aus Böhmen eingewanderten Textilwerker an. Als Friedrich Wilhelm 1740 starb, standen mehr als 1300 Häuser in der Friedrichstadt, in denen ca. 26000 Menschen lebten, mehr als dreißig Prozent der gesamten Berliner Einwohnerschaft.

Freilich, die Methoden, die der Soldatenkönig beim Ausbau der

Friedrichstadt anwandte, waren – um es gelinde auszudrücken – eigenartig. Er ließ sich Einwohnerlisten vorlegen, und da er jeden Angehörigen der begüterten Klassen kannte, wies er mit dem Finger auf einen bestimmten Namen und erklärte kategorisch: »Der Kerl hat Geld; soll bauen!« Da half kein Zetern und kein Klagen. Ein Befehl des Königs war wie das Amen in der Kirche.

Mit dem Ausbau der Friedrichstadt hatte Friedrich Wilhelm einen knorrigen Soldaten, den Oberst von Derschau beauftragt, der nicht lange fackelte und sich nicht den Deut darum scherte, daß die Gegend um die spätere Friedrichstraße aus beinahe unergründlichem Sumpf bestand. Der König hatte befohlen, und nun sollten diese zivilistischen »Blackscheißer« gefälligst zusehen, wie sie mit ihren Bauarbeiten zurechtkamen. Geheimrat von Nüßler beschwor den Oberst, er solle sich den schrecklichen Morast einmal ansehen, dort könne man beim besten Willen nicht bauen, das würde viel zu teuer werden. Derschau knurrte ihn an: »Der König will gebaut haben. Punktum! Er wird auch, wenn Sie es verlangen, einen Befehl an Ihren Schwiegervater ausfertigen lassen, daß er Ihnen einige Tausend Taler zum Hausbau dazugibt. Der hat ja genug davon ...« Nüßler replizierte erschreckt: »Um Gottes Willen! Dann würde ich mir die ewige Feindschaft meines Schwiegervaters zuziehen ...« Der Oberst fixierte ihn durchdringend, sagte achselzuckend: »Nun, dann bauen Sie eben auf Ihre Kosten« und ging davon. Nüßler wandte sich an die Königin, die ihm auch zu helfen suchte – vergeblich. Schließlich schrieb er an den König persönlich und bekam am 1. Februar 1733 den knappen Bescheid: »Der Geh. Rath Nüßler soll ohne Räsonnieren auf der ihm angewiesenen Stelle in der Friedrichstadt ein Haus bauen oder Sr. Majestät Allerhöchsten Ungnade gewärtig sein.« Also mußte gebaut werden, obwohl die von Derschau bezeichnete Stelle ein Fischteich war, aus dem noch beim Rammen große Karpfen herausgezogen wurden. Die Bäume, die eingerammt werden mußten, waren teilweise achtzehn Meter lang und kosteten pro Stück an die zwanzig Taler. Es entstand ein prächtiges neues Haus in der Friedrichstadt. Aber Herrn von Nüßler dürfte es etwa 12 000 Taler gekostet haben.

Solche unfeinen Praktiken trafen nicht nur Geheimrat Nüßler. Alle kamen dran; und zwar je reicher und vornehmer desto mehr. Der König schonte auch nicht seine persönlichen Freunde. Die Generäle von Truchseß und von der Schulenburg, die Geheimräte von Klinggräff und Matthias, der Minister von Happe, der Oberlandjägermeister Graf Schwerin, Graf Dönhoff etc.: sie alle mußten in der Friedrichstadt bauen, und für sie gab es keine kostenlosen Baumaterialien. Das Ergebnis dieser Brachialaktion auf Sumpf und Sand war glänzend. In der Wilhelmstraße und am Wilhelmplatz entstanden repräsentative Adelspaläste nach italienischen Vorbildern, die Berlin das Flair einer kommenden Weltstadt gaben.

So wurde gebaut: in Berlin, in Potsdam, in allen Städten und Städtchen des Königreiches. Überall in Preußen hörte man den Klang der Hämmer, der Meißel und Spaten. Mit Ausnahme der Adelspaläste in der Wilhelmstraße entstanden durchweg Profanbauten: Bürgerhäuser und Schulen, Kasernen und Festungsbauten, Hospitäler und Armenhäuser. Alles ohne großen Pomp und Schmuck, einfach und sparsam, ganz den praktischen Zwecken des Lebens verschrieben.

Für Kunst und Wissenschaft hatte dieser König keinen Sinn. Gelehrsamkeit verachtete er, wenn sie nicht unmittelbar den Bedürfnissen des Volkes zugute kam. Die schönen Künste, die Malerei, die Architektur, die sein Vater, Friedrich I., nach Kräften gefördert hatte, waren in den Augen Friedrich Wilhelms nichts als »Allotria«, unnützes Zeug, von dem man keinen praktischen Gewinn hatte und an dem sich nur die besserwisserischen Intellektuellen delektierten. Die Berliner Akademie der Wissenschaften, die Leibniz, dieser »närrische Kerl«, und seine Mutter Sophie Charlotte mit soviel Ruhm begründet hatten, verfiel unter dem Soldatenkönig zur Bedeutungslosigkeit. Warum er jährlich 1 000 Taler für die königliche Bibliothek ausgeben sollte, ging Friedrich Wilhelm nicht in den Kopf. 60 Taler für den Bibliotheksdiener, der die Folianten abstaubte, gut, das mochte gerade noch hingehen; Reinlichkeit mußte sein. Aber der Rest von 940 Talern wurde gestrichen. Was sollte der ganze »Quark« an dickleibigen Wälzern? Er, der König, las regelmäßig die Bibel, Kreuzbergers *Christliche Morgenandachten* und im übrigen nur staatliche Denkschriften und Statistiken beziehungsweise die Manöver- und Exerzierreglements seiner Armee. War das nicht genug? 1734 wurden für den Ankauf neuer Bücher vier Taler, 1735 ganze fünf Taler bewilligt. Die königliche Bibliothek vermochte im Winter den Lese- und Arbeitssaal nur zu heizen, indem sie heimlich Doubletten an Privatleute verkaufte.

Ja, aus dem Spree-Athen Friedrichs I. und Sophie Charlottes war nun ein Spree-Sparta geworden. Die kostbaren Gemälde, die einst der Große Kurfürst und Friedrich I. gesammelt hatten, ließ Friedrich Wilhelm abschätzen und freute sich unbändig, als er vernahm, die seien gut und gerne eine Tonne Goldes wert. Bravo, da hatte er also eine stille Staatsreserve, falls mal Seuchen oder Hungersnöte kommen sollten! Danach ließ er sie weghängen und sah sie nie wieder an. Der französische Hofmaler Antoine Pesne war der einzige, dem er das Gehalt aus den Zeiten des Vaters nicht gestrichen hatte. Aber das auch nur deshalb, weil es nun einmal unumgänglich war, fremden Potentaten hin und wieder, zu feierlichen Anlässen, Porträts seiner Familie zum Geschenk machen zu müssen. Ansonsten beschäftigte er lediglich die Gebrauchsmaler Weidemann, Merk und Degen, denen er persönlich die Aufträge erteilte: Degen hatte die Schlachtensiege des Großen Kurfürsten zu verewigen – Merk mußte die Jagdhunde und die von Friedrich Wilhelm erlegten Wildschweine oder Hirsche abmalen (so groß und so bunt wie möglich) – Weidemann schließlich war ein Leben lang damit beschäftigt, die »langen Kerls« des Königs in Lebensgröße zu porträtieren.

Um die Universitäten seines Landes – Königsberg, Halle, Frankfurt/Oder – bekümmerte sich der Soldatenkönig herzlich wenig. Lediglich die theologischen und medizinischen Fakultäten fanden Gnade vor seinen Augen, da sie sich dem Seelen- und dem Körperheil der Menschen widmeten. Den Professoren verlieh er manchmal den Geheimratstitel, dachte aber nicht daran, ihre kärglichen Honorare aufzubessern, so daß sie sich über gelehrte Gutachten oder die Promotionsgebühren ein schmales Zubrot verdienen mußten. Versäumten sie jedoch ihre Vorlesungen – selbst, wenn nur ein einziger Studiosus im Hörsaal saß –, so bedrohte sie der König mit Geldstrafen. Sie sollten gefälligst ihren Dienst verrichten, nicht anders als jeder brave Soldat seiner Armee.

Nicht viel besser erging es den Gymnasien. Friedrich Wilhelm pfiff auf die gehobene Bildung, die den Sprößlingen begüterter Familien eingetrichtert wurde. Daß das Joachimsthalsche Gymnasium zu Berlin seinen Ruf als gediegene Pflanzstätte humanistischer Traditionen festigen und einen beträchtlichen Ausbau seiner Gebäudekomplexe vornehmen konnte, lag nicht am Soldatenkönig: das Gymnasium verfügte über unantastbare Fonds, die verschiedenen Stiftungen des Großen Kurfürsten entstammten. Als das Cöllnische Gymnasium beim großen Brand der Petrikirche ein Raub der Flammen wurde und man den König um einen Zuschuß von 3000 Talern für den Neuaufbau bat, gab er keinen Groschen, überwies der Schulverwaltung lediglich eine »wüste Stelle« als Bauplatz. Die Schüler mußten jahrelang mit einigen Nebenräumen im Rathaus vorliebnehmen, unter ihnen ein gewisser Johann Joachim Winckelmann, ein Schusterjunge aus Stendal, der 1735 als Achtzehnjähriger auf das Cöllnische Gymnasium kam, nachmittags mit dem Hut in der Hand auf Berlins Straßen singen gehen mußte, um sich ein paar Pfennige zu verdienen, und der später als Begründer der wissenschaftlichen Archäologie weltberühmt werden sollte.

Die Musen und die Wissenschaften, sie führten ein kümmerliches Dasein im Staat des Soldatenkönigs. Alles, was Geld kostete und keinen unmittelbaren Nutzeffekt hatte, sah er als überflüssigen Luxus an, als ein Ingredienz jener verhaßten, aufgeblasenen Prunkwelt des Vaters, der er a priori den Kampf angesagt hatte. Literatur, Architektur, Ästhetik, der ganze »schöne Schein« des Daseins, alles dies existierte während seiner Regierungszeit nur im Geheimen, in den Salons der Königin, in den Kabinetten des Kronprinzen und der Prinzessin Wilhelmine, vom König argwöhnisch beobachtet. Preußen war unter Friedrich Wilhelm I. ein Exerzierplatz, auf dem militärische Kommandos und Peletonsalven erschallten, ein Arbeitsplatz, auf dem alles die Ärmel aufkrempelte und werktätig die Hände regte, vor allem aber eine Art Gutshof, dessen großer Wirt den Tagesablauf unter das ausschließliche Gesetz der Ökonomie stellte.

Erst in den letzten fünf Jahren seines Lebens nahm seine Gelehrten-Feindlichkeit allmählich ab. Ausschlaggebend für diese Wandlung waren die heilsamen Erfahrungen, die er im »Fall Wolff« machen mußte. Christian Wolff, von dem wir ja schon anläßlich der merkwürdigen Professoren-Disputation auf der Frankfurter Universität gehört haben, ein gebürtiger Breslauer, hatte seit 1706 an der Universität Halle den Lehrstuhl für Mathematik und Philosophie inne. Er zeichnete sich dadurch aus, daß er als erster Professor mathematische Fachvorlesungen in deutscher Sprache hielt. Er schuf das philosophische System des Rationalismus in Deutschland und machte weltweit Furore, indem er die Logik, die Metaphysik, das Naturrecht, ja im Grunde alle philosophischen Postulate in streng mathematischen Sätzen zu begründen suchte. Seine Schriften und Bücher waren Ansammlungen von Weitschweifigkeiten, in umständlichstem Deutsch geschrieben und für niemanden genießbar. Aber mit der kalten Prägnanz seiner Vorlesungen errang er sich einen philosophischen Ruf, wie ihn vorher nur Leibniz und nachher nur Kant besaßen. Seine Lehre eroberte alle Universitäten, und die Studenten, berauscht vom Geist der anbrechenden Aufklärung, stürmten seine Vorlesungen. So konnte nicht ausbleiben, daß die lieben Kollegen – an der Spitze der Theologe Joachim Lange und der Dekan August Hermann Francke – eifersüchtig Rache brüteten. Als Wolff 1721 eine Vorlesung über die hohe Moral der Chinesen hielt, womit er natürlich der europäischen Gesellschaft den Spiegel vorhalten wollte, wurde ihm von der Kollegenschaft Nichtachtung der christlichen Sittenlehre vorgeworfen. Lange und Franke richteten im Namen der theologischen Fakultät eine Beschwerdeschrift an den König, in der sie behaupteten, den Studenten werde durch Wolff ein Ekel vor dem Wort Gottes beigebracht.

Friedrich Wilhelm verstand den ganzen intellektuellen Streit nicht und schob die Sache vor sich her. Unglücklicherweise kamen jedoch zu dieser Zeit die Generäle von Natzmer und von Löben von Halle nach Berlin. Sie berichteten abends im Tabakskollegium, der Wolff verteidige in seinen Vorlesungen Leibnizens Lehre von der prästabilierten Harmonie zwischen Leib und Seele. Bei der Erwähnung des Namens Leibniz verfinsterte sich schon das Gesicht des Königs. Diesen »närrischen Kerl«, der 1716 gestorben war, hatte er in seiner Kindheit gut genug gekannt. Das war jener »Kerl« gewesen, der mit seinem gelehrten Getue das weiche Herz seiner Mutter dem Christentum abgewandt, der immer nur nach dem »Warum des Warum« gesucht und von welchem er, Friedrich Wilhelm, gemeint hatte, er könne nicht einmal ein Gewehr präsentieren. Als die beiden Generale auch noch erklärten, nach der Lehre der prästabilierten Harmonie sei kein Mensch für seine Handlungen verantwortlich, weil alles vorherbestimmt sei, und also könne sich auch ein Soldat, wenn er desertiere und wieder eingefangen werde, mit der prästabilierten Harmonie herausreden, denn die Desertion sei ihm ja vorherbestimmt gewesen, da schlug der Soldatenkönig krachend mit der Faust auf den Tisch. Das fehlte ihm gerade noch, daß sich die Faulpelze, Drückeberger und Deserteure mit Herrn Leibniz entschuldigten! Voller Wut diktierte er am 8. November 1723 eine Kabinettsordre an die Universität Halle, in der er die Wolffschen Vorlesungen untersagte und mit den Worten schloß: »Wie Ihr denn auch besagtem Wolff anzudeuten habt, daß er 48 Stunden nach Empfang dieser Ordre die Stadt Halle und alle Unsere königlichen Lande bei Strafe des Stranges räumen soll.«

Wolff verließ das Land und fand in Marburg eine neue Professur. Aber der Streit war damit nicht erledigt; er erhitzte die Gemüter in den folgenden zehn, zwölf Jahren. In Berlin war es vor allem Probst Reinbeck, der sich für die Wolffsche Lehre einsetzte. 1732 fand er Fühlung zum Grafen Manteuffel, der uns das Essen in Schartau geschildert hat, inzwischen nach Berlin übergesiedelt war und dort eine »Gesellschaft der Wahrheitsfreunde« gegründet hatte. Die Königin, der Kronprinz und der Kammergerichts-Präsident Cocceji sympathisierten mit den Rehabilitations-Bestrebungen zugunsten des vertriebenen Philosophen, ja, es gelang sogar, den Alten Dessauer und General Grumbkow für Wolffs Schicksal zu interessieren. Dadurch kam das Thema erneut in das Tabakskollegium. Anfang 1736 rang sich Friedrich Wilhelm, der sich nun als Opfer einer Hallensischen Intrige sah, dazu durch, eine fünfköpfige Kommission unter dem Vorsitz Coccejis einzusetzen, die den Auftrag bekam, Wolffs philosophische Schriften vorurteilsfrei zu prüfen.

Das Urteil fiel glänzend aus, und der Soldatenkönig bereute seinen Übereifer. Er wollte das Unrecht wiedergutmachen und bot Wolff die Rückkehr nach Preußen an. Er sollte den Geheimratstitel und ein festes Gehalt von zweitausend Talern bekommen; es wurde ihm sogar freigestellt, als Professor nach Halle oder Frankfurt/Oder zu gehen. Wolff, der dem plötzlichen Sinneswandel nicht recht traute, fand immer neue Ausreden und blieb in Marburg. (Erst unter dem Sohn kehrte er wieder zurück.) Friedrich Wilhelm verdoppelte seine Anstrengungen, den Verbannten zurückzuholen. Er änderte allmählich seine Einstellung zu den Gelehrten, so daß Kronprinz Friedrich am 21. Dezember 1738 an Camas schreiben konnte, sein Vater spreche nun von den Wissenschaften als von lobenswerten und nützlichen Dingen. In der Tat ging Friedrich Wilhelm daran, sich selbst mit der Wolffschen Philsophie auseinanderzusetzen. Er besorgte sich einen von Gottsched verfaßten Auszug aus Wolffs Werken, und der Kronprinz berichtete verwundert dem Gesandten Suhm, sein Vater lese darin »täglich drei Stunden«. So verwunderlich war das aber nicht, denn Friedrich Wilhelm, der nun auch Wolffs Buch *Vernünftige Gedanken von dem gesellschaftlichen Leben der Menschen* studierte, war unter anderem auf den Satz gestoßen: »Daß das Geld im Lande bleibt, das ist der lapis philosophorum (Stein der Weisen).« Nichts konnte geeigneter sein, den Soldatenkönig von der praktischen Vernunft des Herrn Wolff wie dem Wert der Philosophie generell zu überzeugen! Wenn die Herren Philosophen sich mit ihren Gedanken nicht mehr im Wolkenkuckucksheim bewegten, wenn sie sich vielmehr anschickten, die real existierende Welt zu interpretieren, wenn sie den Schritt von der unnützen Metaphysik zur konkreten Staatsphilosophie unternahmen, dann waren sie seine Leute. Am 7. März 1739 forderte Friedrich Wilhelm in einem königlichen Dekret die Studenten der Theologie im Königreich Preußen auf, »sie sollen sich bei Zeiten in der Philosophie und einer vernünftigen Logik, als zum Exempel des Professors Wolff, recht festsetzen«.

Das Verhalten des Soldatenkönigs in Sachen Wolff, seine Lernfähigkeit und seine innere Wandlung entsprangen ohne Frage seiner tief empfundenen Gerechtigkeitsliebe, die hinter der Fassade des Despotismus und der Gewalttätigkeit von früh an in ihm angelegt war. Aber vom persönlichen Streben nach Gerechtigkeit zur Herrschaft des Rechts im Staate war ein himmelweiter Weg. Das Wort von den Menschen- und Freiheitsrechten war noch nicht erfunden, wurde erst ein halbes Jahrhundert nach dem Tode Friedrich Wilhelms artikuliert. In der ersten Hälfte des 18. Jahrhunderts war das Rechtsbewußtsein in allen Staaten äußerst schwach entwickelt. Wohl gab es bei einigen wenigen Gebildeten noch Erinnerungen an die aufgeklärten Postulate der großen Philosophen und Staatsmänner der Antike (deren Schriften gerade jetzt erst wiederentdeckt wurden), wonach Gerechtigkeit mit der Herrschaft des Gesetzes identisch sein müsse, vor der sich auch die

Mächtigen im Interesse der Gesamtheit zu beugen hätten. Im Großen Deutschen Bauernkrieg und in der Reformation Martin Luthers war für einen kurzen geschichtlichen Augenblick sogar das alte germanische Freiheitsprinzip wieder aufgeleuchtet. Doch unter der erstickenden Decke einer tausendjährigen christlichen Dogmatisierung, die den Nacken des Menschen unter das Joch einer niemals zu kritisierenden Obrigkeit gezwungen hatte, war von den Rechten des einzelnen kaum irgendwo die Rede.

Der fürstliche und der feudale Absolutismus hatten die Verhältnisse in den letzten zweihundert Jahren weiter verschärft. Im tonangebenden Land Europas, in Frankreich, herrschte eine tyrannische Willkür dem Volke gegenüber, daß man getrost von einem Sklavenhalter-Staat sprechen konnte. Wer arm war, durfte früher sterben oder in den Kerkern schmachten. Jeder Bürger (von den rechtlosen Bauern gar nicht zu reden) konnte von der Straße weg verhaftet und auf unbestimmte Zeit ins Gefängnis geworfen werden, wenn ein beliebiger Kanzlist auf Druck von oben einen Namen in das Formular des Königs einsetzte. Solche Formulare sind uns erhalten geblieben; sie lauteten: »Herr..., ich sende Euch diesen Brief, um Euch zu befehlen, in mein Schloß Bastille (also das Gefängnis) den Herrn... einzuliefern und ihn dort festzuhalten, bis auf weiteren Befehl von meiner Seite. Außerdem bitte ich Gott, daß er Euch, Herr..., in seinen heiligen Schutz nehme. Geschrieben am... Louis.«

Das war Willkürherrschaft in Reinkultur. Aber erscholl denn nicht wenigstens von jenseits des Kanals, von den britischen Inseln, der Ruf der Freiheit und der Gerechtigkeit, nachdem dort bereits 1688/89 die »Declarations of Rights« und die »Bill of Rights« verkündet worden waren?

Die »glorreiche Revolution« der Briten, sie hat letztlich zu nichts anderem geführt als zu einer brutalen, kaum verhüllten Klassendiktatur über das Volk. An die Stelle des Königtums war die Parlamentsherrschaft getreten: Landadel und Londoner Großbourgeoisie hatten nach Entmachtung der Krone gesellschaftspolitisch halbe-halbe gemacht. Diese »Demokratie« verkörperte die Herrschaft der Wenigen, der Reichen; von drei Millionen mündigen Einwohnern des Landes waren nur zehn Prozent, die Begüterten, wahlberechtigt. Die Parlamentssitze wurden zu einem festem Preis im kleinen Kreis verschachert. Preßkommandos der Royal Navy streiften fast täglich durch die Gassen der Hafenstädte und zwangen die Passanten zum Dienst auf den Schiffen der englischen Flotte, auf denen Peitsche und Galgen regierten, auf denen die Disziplinarstrafen noch erheblich grausamer waren als in der preußischen Armee, obwohl kaum Desertionsgefahr bestand.

Vier Fünftel des britischen Inselreiches gehörten 7000 Adligen. Die Arbeiter lebten schlechter als die Sklaven in der Antike und wurden zusammen mit ihren Arbeitsstellen in freier Marktwirtschaft verkauft. Ein englischer Bischof erklärte: »Das Volk hat mit den Gesetzen nichts zu tun, als ihnen zu gehorchen!« Die gesamte britische Verwaltung lag in den Händen des Adels. Sie war Sache ehrenamtlicher Friedensrichter, und Friedensrichter war immer ein adliger Großgrundbesitzer. Mit der Justiz stand es verzweifelt. Ihr Allheilmittel war die Todesstrafe. Auf über hundert Verbrechensarten stand der Strang. Der Strafvollzug war barbarisch. Den Hochverrätern wurden bei lebendigem Leib die Gedärme herausgerissen; die toten Körper wurden geviertelt.

So oder ähnlich waren damals die Rechtsverhältnisse in Europa. Die Untertanen der Könige, der Parlaments- und Adelscliquen sahen demütig und schicksalsergeben in ihren Herrschern die obersten Richter, die willkürlich über Leben und Tod entscheiden konnten, und jeden Sonntag segnete die Priesterschaft aller Konfessionen diese Zustände von den Kanzeln als »gottgewollt« ab. Kein Wunder, daß der preußische Soldatenkönig als eingefleischter Absolutist ein sehr gebrochenes Verhältnis zur Rechtspflege in seinen Staaten hatte. Theoretisch-intellektuell war ihm die Skandalösität der Justizverhältnisse durchaus bewußt. Bereits als Kronprinz hatte er am 10. März 1710 an den Minister von Katsch geschrieben: »Die schlimme Justiz schreit gen Himmel! Und wenn ich's nicht remediere (bessere), lade ich selbst die Verantwortung auf mich.« Doch die Konsequenz, die er als König aus dieser Erkenntnis zog, lautete: mehr Gerechtigkeit durch schärfere Strafen. (Sein aufgeklärter Sohn, Friedrich der Große, ging später den entgegengesetzten Weg: durch Milderung des Strafmaßes mehr soziale Gerechtigkeit in der Rechtsprechung.) So fuhr Friedrich Wilhelm I., ungeduldig und jähzornig, wie er war, überall als Berserker mit dem Krückstock dazwischen, und während es in seinem Kopf fortschrittlich dachte, handelte er in der Realität wie ein unumschränkter Despot. Während er einerseits bereits 1714, ein Jahr nach seiner Thronbesteigung, alle Hexenverfolgungen verbieten und die Pfähle, an denen die »Hexen« verbrannt worden waren, zerschlagen ließ, verschärfte er andererseits die Strafen, vor allem für Diebstahl und Unterschlagung, wo immer es ging. Ein junger Mann, der ein paar Rebhühner gestohlen hatte, wurde zu sechs Jahren Zwangsarbeit in Ketten verurteilt. Und als der hochmütige Herr von Schlubhut, von dem wir bereits gehört haben, sich vor dem Soldatenkönig auf seine Adelsprivilegien berief und vollen finanziellen Ersatz für die von ihm unterschlagenen Deputatgelder der westdeutschen Einwanderer anbot, schrie Friedrich Wilhelm ihn hochrot an: »Ich will Dein schelmisches Geld nicht haben!« und ließ ihn hängen.

Diebstahl und Unterschlagung betrachtete er eben als Versündigung am Allgemeinwohl, als frevlerischen Übergriff auf die finanziellen Grundlagen der Gesellschaft, des Staates. Mit derselben Strenge ahndete er Mord und Tötung, getreu dem biblischen Grundsatz, daß Blutschuld nur mit dem Tode bezahlt werden könne. Ein Oberst, der seinen Bruder im Duell getötet, es hinterher tief bereut und den König in Form eines Psalms um Gnade für sich angefleht hatte, bekam in einem königlichen Zweizeiler die unerbittliche Antwort:

> Brudermord und Blutvergießen
> muß man mit dem Tode büßen.

So schärfte Friedrich Wilhelm immer wieder höchstpersönlich die Strafurteile seiner Richter. Sein sozialer Gerechtigkeitssinn ging Hand in Hand mit seinem brutalen Despotismus. Wir wissen ja aus dem Fall des Leutnants Katte von seinem unvergeßlichen Credo, es sei besser, daß ein Mensch stürbe, als daß die Gerechtigkeit aus der Welt käme.

Von biblischen Grundsätzen ließ er sich auch bei der Behandlung der jüdischen Minderheit leiten. Von Rassismus oder sozialem Hochmut den Juden gegenüber war bei Friedrich Wilhelm keine Spur. Aber die Juden waren »die Mörder des Herrn Jesus«, und sie sollten froh sein, wenn sie in Preußen geduldet wurden. Persönlich hatte er nichts gegen sie. Dem Bankier Moses Levi Gompert, der die Fourage-Belieferungen der Armee während des pommerschen Feldzugs hervorragend gemanagt hatte, wurde 1717 der Titel eines Oberhof- und Kriegsfaktors zuerkannt, verbunden mit dem Recht, »einen Degen zu tragen«. Sechs Jahre später beschränkte der König den Handel der Juden auf den Verkauf alter Möbel und Kleidungsstücke, verbot ihnen per Dekret, mehr als zwölf Prozent Zinsen zu nehmen. Die Judenschaft hielt sich nicht daran, und 1728 setzte Friedrich Wilhelm fest, daß sie jährlich 20000 Taler in die Berliner Rekrutenkasse beziehungsweise an das Potsdamer Militärwaisenhaus zu zahlen habe. Überaus zornig wurde er, als er erfuhr, daß der Münzjude Veit bei seinem Tod einen Schuldenbetrag von 100000 Talern hinterlassen hatte, der nicht mehr eingetrieben werden konnte. Er ließ alle Berliner Juden in die Synagoge zusammenrufen, wo sie Oberrabbiner Jablonsky mit dem großen Bannfluch belegen mußte, was allerdings auf die Versammelten einen eher komischen Eindruck machte. 1730 erließ der Soldatenkönig ein Generalprivilegium, das der preußischen Judenschaft endlich halbwegs geregelte und erträgliche Verhältnisse garantierte. Aber zugleich konnte er es nicht lassen, die Anhänger des mosaischen Glaubens dadurch zu ärgern, daß sie die von ihm erlegten Wildschweine aufkaufen mußten.

Zwischen Theorie und Praxis klaffte eben ein unüberbrückbarer Gegensatz, was Friedrich Wilhelms Verhältnis zur Justiz, zur Rechtspflege anging. Wir wissen ja, daß er bereits am 4. März 1713 gefordert hatte, eine »schnelle, unparteiische, mit reinen Händen, gleich für arm und reich, hoch und niedrig« zu administrierende Justiz in Preußen einzurichten. Einen Monat später sprach er zum ersten Mal von der Schaffung eines umfassenden, Allgemeinen »Landrechts« für den Gesamtstaatsverband, und am 18. Juni 1714 forderte er die juristische Fakultät der Universität Halle schriftlich auf, sich »wegen Abfassung einiger Konstitutionen zum Landrecht« Gedanken zu machen.

Das war gewiß sensationell. In einer Zeit, in der allenthalben in der Welt nur Despotismus und Willkür herrschten, an ein Allgemeines Landrecht für den Gesamtstaat heranzugehen, das setzte den Preußenkönig historisch unter die fortschrittliche Avantgarde. Aber es fehlte Friedrich Wilhelm an der intellektuellen Schulung und Durchbildung, um die vernünftigen Absichten mit Umsicht und Geduld in gesellschaftspolitische und juristische Praxis umzusetzen; die Ausführung seiner Ideen blieb dem großen, aufgeklärten Sohn vorbehalten. Überdies stellte Friedrich Wilhelm seinen Reformplänen mit verfehlter Personalpolitik selbst ein Bein. Er hatte in dem Präsidenten des Berliner Kammergerichts, dem Geheimrat von Cocceji, einen hervorragenden Mann, der über genügend Kapazität an Geist, Wissen und Energie verfügte, um das schwere Reformwerk in Gang zu setzen (und der es ja dann auch unter dem Sohn angepackt hat). Der Soldatenkönig schätzte Cocceji sehr, denn bereits 1722 schrieb er für seinen Sohn nieder: »Plotho tauget nichts. Macht Cocceji zum Präsidenten (des Geheimen Justizrates) an Plothos Platz und gebet ihm die Direction aller Eurer Justiz, denn er ist ein redlicher, habiler Mensch.« Aber er konnte sich doch nie entschließen, den Edlen von Plotho als Justizminister abzulösen und nach Hause zu schicken.

Dennoch hat Friedrich Wilhelm I., dessen Justizwesen zu seinen Lebzeiten nie gründlich durchreformiert wurde, seinem Sohn und damit den künftigen Generationen ein unschätzbares Vermächtnis hinterlassen, indem er den Grundstein legte, auf dem Friedrich der Große das Gebäude des »Allgemeinen Preußischen Landrechts« errichten konnte. Noch am 1. März 1738 teilte Friedrich Wilhelm dem Generaldirektorium mit, daß er den Herrn von Cocceji beauftragt habe, »dafür zu sorgen, daß ein beständiges und ewiges Landrecht verfertiget, daß das konfuse und theils auf unsere Lande nicht anwendbare ius Romanum abgeschafft und daß die unzählige Menge von Edicten gedachtem (neuem) Landrecht einverleibet werde«. Das war der Startschuß für das große Reformwerk, das Preußen zum ersten Rechtsstaat Europas machte. Zwei Jahre später, 1740, gingen der Sohn und Cocceji an die Arbeit. Aber der Vater war es, der seinen eigenen Satz wahrgemacht hatte: »Ein Quentchen Mutterwitz ist mehr wert als ein Zentner Universitätsweisheit.«

Das größte historische Verdienst erwarb sich der Soldatenkönig mit seiner Revolution des Volksschulwesens. Zur damaligen Zeit kümmerte sich keine Regierung Europas um Wissen und Bildungsstand der unteren Volksschichten, die ja der Zahl nach fast die Gesamtheit der Gesellschaft ausmachten. Voltaire sprach von »neunzig Prozent Analphabeten«, von Menschen, die weder lesen, schreiben noch rechnen konnten, denen also – wie wir heute sagen würden – jeden Bewußtseins ermangelte. Das Schulwesen für die Armen und Unterprivilegierten, soweit es das überhaupt gab, lag seit Jahrhunderten traditionell in den Händen der Kirchen. Sie förderten zwar immer wieder einzelne »Subjekte«, die geeignet schienen, nach entsprechender Ausbildung in den Kirchendienst zu treten. An geistiger Durchdringung breiter Volksschichten, am Kampf gegen das Analphabetentum war jedoch niemand interessiert. Im Gegenteil. Hatten nicht die zweihundert Jahre zurückliegenden Zeiten der Reformation und des Großen Deutschen Bauernkrieges erwiesen, daß die Massen unruhig und aufsässig wurden, wenn man sie mit dem geschriebenen und gedruckten Wort bekannt machte? Volksbildung stand nirgendwo auf den Programmen der Herrschenden.

Der Soldatenkönig war der einzige Monarch seiner Zeit, der das Schulwesen als *Volksschulwesen* begriff. Bereits 1716 hatte er angeordnet, daß bei sämtlichen Regimentern der Armee Feldprediger einzusetzen seien, die allen Rekruten – ohne Ausnahme – das Lesen und Schreiben beizubringen hätten. So wurde das Heer in dem Augenblick, in dem das Kantonreglement eine erste Form von landeseigener Wehrpflicht schuf, zur »Schule der Nation«.

Ein Jahr später, am 23. Oktober 1717 – ein unvergeßliches historisches Datum – folgte das Edikt über die Schul*pflicht* in Preußen, insbesondere auf dem platten Lande. Das geschah in Gestalt einer »generellen Verordnung«, die an sämtliche Konsistorien und Kirchenbehörden »in allen Landen« erging. Darin wurde festgelegt, daß die Eltern ihre Kinder vom fünften bis zwölften Lebensjahr in die Schule schicken mußten, und zwar im Winter täglich, im Sommer dagegen, wenn die Kinder zur Feldarbeit benötigt wurden, wenigstens ein- oder zweimal in der Woche. Die Eltern hatten für den Schulunterricht jedes Kindes pro Woche sechs Pfennige zu zahlen; für die Mittellosen sollte die Ortsarmenkasse einspringen.

Das königliche Edikt vom Oktober 1717 hat Geschichte gemacht; ja, es erfüllte – wenn überhaupt irgend etwas auf der Welt – den Begriff einer »Revolution von oben« mit Leben. Es machte Preußen mit einem Schlag zum fortschrittlichsten Staat Europas! Wenn man hundertfünfzig Jahre später, 1866, als Bismarck und Moltke über Österreich triumphierten, gesagt hat, bei Königgrätz habe der preußische Volksschullehrer gesiegt, wenn der französische Militärbevollmächtigte in Berlin in den Jahren von 1866 bis 1870 in seinen Berichten der Regierung in Paris klarzumachen suchte, daß Preußens Armee und Bevölkerung die gebildetste Nation Europas repräsentierten, so war das vom Grund her auf jenen denkwürdigen Tag des Jahres 1717 zurückzuführen. Mit seinem Einwanderungspatent vom 2. Februar 1732 und mit seinem Schuledikt vom 23. Oktober 1717 wurde Friedrich Wilhelm zum ersten Beschützer und Beförderer der Menschenrechte im 18. Jahrhundert.

Freilich, die praktischen Widrigkeiten und Schwierigkeiten, die sich der preußischen Schulrevolution in den Weg stellten, waren immens. Es gab ja kaum Schulgebäude auf den Dörfern; niemand hatte daran bisher die geringste Anteilnahme bekundet. Es bedurfte schon der ganzen Gewaltsamkeit des Soldatenkönigs, um die Hindernisse beiseite zu räumen. Die Gutsherrschaften wurden streng angehalten, auf ihre Kosten Schulgebäude zu errichten und die Besoldung der Lehrer zu tragen. In den Domänenregionen ließ der König Schulhäuser auf Staatskosten erbauen. Die Baumaterialien wie Holz, Steine, Kalk stellte er kostenlos zur Verfügung; die Anfuhren mit Pferd und Wagen gingen zu Lasten der Dorfgemeinden.

Doch nun trat von allen Seiten der Gegenschlag ein. Alle Beteiligten leisteten erbitterten Widerstand. Die Eltern sahen im Schuledikt des Königs einen Eingriff in ihr Verfügungsrecht über die Kinder; sie waren gar nicht daran interessiert, daß die Kinder klüger als sie selber wurden, und sie waren schon gar nicht gewillt, auf ihre Kinder, die für sie die billigsten Arbeitskräfte waren, an den Wochentagen Verzicht zu leisten. Die Kirchenfunktionäre erblickten im Edikt einen unzulässigen Übergriff des Staates auf ihr geheiligtes Privilegium der Volksbeeinflussung, das ihnen in Jahrhunderten von niemandem streitig gemacht worden war. Ja, sogar das Generaldirektorium machte Front gegen die Schulpflicht des Königs, die Unsummen von Talern und Baumaterialien verschlang. In diesem Kampf gegen alle stand Friedrich Wilhelm I. – wie eigentlich immer – völlig allein.

Als er 1718 Ostpreußen inspizierte, mußte er feststellen, daß bis dahin so gut wie nichts geschehen war. Die Basis, das Volk, murrte; der politische Überbau – Kirche, Adel, Ministerialbürokratie – schoß quer. Am 2. Juli 1718, soeben von der Inspektionsreise zurückgekehrt, erließ er eine tiefernste Kabinettsordre, in der er feststellte: »Das Landvolk befindet sich in einem höchst deplorablen (beklagenswerten) Zustand alles Wissens und Thuns.« Er forderte die Behörden nachdrücklich auf, »mit zusammengesetzten Kräften doch endlich der Unwissenheit abzuhelfen«. Ein unvergeßliches Wort, das in den Geschichtsbüchern mit goldenen Lettern erscheinen sollte.

Ächzend und knirschend, unwillig und nur aus Furcht vor dem jähzornigen, unberechenbaren Monarchen setzte sich nun der Gesellschafts- und Staatsapparat in Bewegung. Friedrich Wilhelm machte allen mit seinem geschwungenen Krückstock Beine. Königliche Schulkommissionen bereisten die Provinzen und machten exakte Erhebungen über die jeweiligen lokalen beziehungsweise regionalen Voraussetzungen für das große Volksbildungsunternehmen. Liest man diese Berichte an den König, so unterscheiden sie sich in nichts an Genauigkeit und Sachkenntnis von modernen sozio-statistischen Untersuchungen.

Der Ministerrat zu Berlin und die Kammern in den Provinzen leisteten dennoch passiven Widerstand, beeinflußt und angetrieben von den unaufhörlichen Meckereien der Kirchenfunktionäre und der Gutsherren. Man qualifizierte die Schulrevolution als eine ökonomische Schädigung des Staatsganzen, wies immer wieder auf die enormen Kosten hin. Mit solchen Argumenten glaubte man auf den königlichen Hauswirt, dem es doch so sehr auf das »Plusmachen« ankam, Eindruck machen zu können. Doch nun erwies es sich schlagend, daß Friedrich Wilhelms Revolution von oben mitnichten nur eine Sache der Ökonomie, des platten Materialismus war. »Dieses ist alles nichts!« antwortete der König zornig am 31. Januar 1722 auf die finanziellen Vorhaltungen der Minister. »Denn wenn ich baue und verbessere das Land und mache keine Christen, so hilft mir alles nichts...« Mit diesem Satz postulierte Friedrich Wilhelm I., daß es ihm primär nicht um eine ökonomische, sondern um eine *pädagogische* Revolution in Preußen ging. Denn unter »Christen« waren nach dem damaligen Sprachgebrauch Menschen zu verstehen, die lesen und schreiben, rechnen und beten konnten, sprich: ein eigenes Bewußtsein hatten.

Der Kampf um die preußische Schul-Revolution ging weiter, und nie hat der Soldatenkönig in seinen Anstrengungen nachgelassen. 1732 trat unter Vorsitz des Geheimrats von Kunheim eine königliche Kommission von Regierungsbeamten und Geistlichen in Königsberg zusammen, um einen Schulgründungsplan zu entwerfen (»principia regulativa oder General-Schul-Plan, nach welchem das Landesschulwesen im Königreich Preußen eingerichtet werden soll«). Der König bestätigte durch Reskript vom 26. Februar 1734 die »Principia«, die am 1. April 1736 Gesetzeskraft erhielten, und überwies aus seiner Schatulle 90000 Taler für weitere Schulbauten. Sechs Jahre zuvor war er auf die Idee gekommen, dem Mangel an ausgebildeten Lehrkräften dadurch abzuhelfen, daß er jedes Jahr hundert Studenten der Theologie aus dem Hallischen Waisenhaus August Hermann Frankes anwarb, die dort bereits in der Unterrichtung der Waisenkinder moderne pädagogische Erfahrungen gesammelt hatten. 1735 gründete Pastor Schinmeier mit Hilfe des Königs ein ähnliches Seminar in Stettin, und am 5. Dezember 1736 wurde eine Parallel-Anstalt durch den Abt Steinmetz auf Befehl Friedrich Wilhelms in Magdeburg errichtet.

Nun ging es sichtlich vorwärts. Hofprediger Schultz aus Königsberg konnte bereits am 30. Juli 1736 an den König berichten, daß eintausenddreihundert Kinder in den Königsberger Armenschulen täglich durch fünfundsechzig Studenten der Theologie kostenlos unterrichtet würden. »Die armen Leute«, fuhr er fort, »die früher zu Hunderten auf den Gassen bettelten, werden nicht nur mit dem nötigen Unterhalt versorgt, sondern mehr als 800 von ihnen werden im Christentum in den Kirchen unterrichtet. Seit zwei Jahren ist niemand mehr von den jungen Leuten ohne vorgängigen nöthigen Unterricht im Christentum und im Lesen konfirmiert worden. Allein binnen drei Jahren sind 40000 Exemplare des Gesangbuches unter die Leute gebracht worden...«

Eineinhalb Jahrzehnte schweren Kampfes waren nötig gewesen, bis zwischen 1734 und 1736 der große Durchbruch erfolgte, bis niemand mehr offen wagte, sich der Schul-Revolution des Königs entgegenzustellen. Der Weg zur Beseitigung des Analphabetentums war gewiß noch lang und mühselig, erstreckte sich noch über ein halbes Jahrhundert. Doch der Anfang war gemacht, den Massen die »Unwissenheit«

zu nehmen. Zusammen mit der Wehrpflicht und der religiösen Gewissensfreiheit war die Schulpflicht unverzichtbare Voraussetzung für das Entstehen einer »mündigen« Nation. Eine einzige Zahl genügt, um die Bedeutung dieses Jahrhundertwerks des preußischen Soldatenkönigs kenntlich zu machen: Bei seinem Regierungsantritt 1713 gab es 320 Dorfschulen in der Provinz Ostpreußen (das hieß: auf 1500 Menschen kam eine Schule). Ein Vierteljahrhundert später, 1738, waren es 1480; jetzt kam auf 400 Menschen eine Schule.

Der große Wirt Friedrich Wilhelm I. warf also nicht nur – wie zweihundertfünfzig Jahre lang immer wieder behauptet wurde – für sein Steckenpferd, die Armee, das Geld aus dem Fenster hinaus. Namhafte Summen des Staatshaushalts gingen Jahr für Jahr in die Schulpolitik und in die Finanzierung der großen Einwanderungswelle, die in seiner Regierungszeit insgesamt 135000 bis 150000 Menschen nach Preußen brachte, das ihnen Hort und Heimat vor Verfolgung und Intoleranz wurde.

Von 1722 bis 1727 und von 1732 bis 1738 investierte der Soldatenkönig jährlich fünfzehn Prozent der Staatseinnahmen in den Wiederaufbau einer einzigen Provinz, Ostpreußen. Dennoch steigerte er den Staatsetat, dem er jährlich zwei Drittel für Armee, Rüstungs- und Wollindustrie entnahm, kontinuierlich.

Die Bevölkerung seines Staates wuchs um mehr als vierzig Prozent, um 750000 Köpfe: von 1750000 auf 2500000. Auf die einzelnen Provinzen Preußens verteilt, ergab sich folgende Bevölkerungszunahme:

	1713	1740
Mark Brandenburg	ca. 500000	ca. 700000
Ostpreußen	ca. 450000	ca. 650000
Pommern	ca. 250000	ca. 350000
Mitteldeutschland	ca. 200000	ca. 300000
westliche Gebiete	ca. 350000	ca. 500000

Kennzeichnend für den Aufschwung des Landes war insbesondere die Zunahme der städtischen Bevölkerung, in deren Händen Industrie,

Handel und Gewerbe lagen. Beweis: 1713 lebten in den Marken etwa 500000 Menschen, davon zwanzig Prozent, also 100000, in den Städten. 1740 lebten in den Marken etwa 700000 Menschen, davon dreißig Prozent, also 210000, in den Städten. Während die Landbevölkerung von 400000 auf 500000 Köpfe gestiegen war und sich damit um fünfundzwanzig Prozent vermehrt hatte, war die Stadtbevölkerung von 100000 auf über 200000 Köpfe gewachsen, was eine Verdoppelung bedeutete.

Das war die Frucht der unablässigen Bemühungen Friedrich Wilhelms I., das durch die Katastrophe des Dreißigjährigen Krieges heruntergewirtschaftete Land wieder emporzubringen. Er beging dabei mancherlei Fehler, die seinem ungestümen Temperament, seiner despotischen Energie entsprangen. So hatte er 1714 angeordnet, alle durch den Krieg herrenlos gewordenen Bauerngrundstücke müßten binnen sechs Monaten wieder besetzt und unter den Pflug genommen werden. Das war natürlich ganz unmöglich. Man konnte nicht in einem halben Jahr wiedergutmachen, was in hundert Jahren verdorben worden war. Friedrich Wilhelm sah seine Übereilung ein und ging mit langfristigen Perspektiven an die Neubesiedlung des Landes. Von allen Kanzeln ließ er verkünden, daß jeder, der sich bei den Behörden meldete, sofort einen wüsten Hof mit ausreichend Grund und Boden erhalten könnte; kostenlos. 1724 ordnete er an, im ganzen Land die alten Kataster aus der Zeit vor dem Dreißigjährigen Krieg hervorzusuchen. Jedes Dorf sollte mindestens wieder soviel Einwohner haben, wie es hundert Jahre zuvor, 1624, besessen hatte.

Mit Umsicht und Sachkenntnis, mit Beharrlichkeit und Leidenschaft, mit Krückstock und Befehl, ohne ausländische Kredite und Anleihen, völlig aus eigener Kraft und Energie hob Friedrich Wilhelm I. das Niveau seines Landes und seiner Menschen. Jeder Neuansiedler mußte so viel Acker, Wiesen und Weiden erhalten, daß er mit seiner Familie auskömmlich leben und – nach einigen Freijahren – Steuern an den Staat zahlen konnte. Diese Kombination von Sozial- und Steuerpolitik ergänzte er durch Schutzmaßnahmen für die Mittellosen. Denn dem Adel, dem er ehrenvolle Aufgaben in Armee und Verwaltung zuwies, wurde nicht gestattet, herrenloses Bauernland zu erwerben. Kam es in einigen Fällen doch vor, daß ein paar Hufen Bauernland zu

Junkerland wurden, dann bestand Friedrich Wilhelm darauf, daß die Gutsherren die normalen bäuerlichen Lasten und Abgaben tragen mußten.

So sah man diesen König tagein, tagaus an seinem großen Werk, das Land wiederaufzurichten, aus ihm einen rationalen Staat zu machen, es als »Amtmann Gottes« oder als »großer Wirt« streng, rücksichtslos gegen hoch und niedrig, despotisch und ungeduldig, mit nie versagendem Eifer zu regieren. Für jeden Bauern, Büdner, Kossäten, den er auf wüstliegendem Land ansetzen, für jeden Einwanderer, den er in seinen Staat aufnehmen konnte, dankte er ehrfürchtig Gott – und hatte es doch alles selbst zustande gebracht! Mit derselben Hingabe betrieb er die Urbarmachung der weitgedehnten Sümpfe und Brüche, ganzer wüstliegender Regionen. Nicht nur Ostpreußen verwandelte er in ein Paradies. Das Luch im Havelland, eine siebenhundert Quadratkilometer große Sumpffläche zwischen Havel und Rhin, ließ er mittels zweier Haupt- und zahlreicher Nebenkanäle entwässern. Ein Gebiet etwa so groß wie Gesamtberlin wurde so zu fruchtbarem Weide- und Ackerland, auf dem Tausende von Familien angesiedelt wurden, die hier eine neue Existenz fanden.

In einem seiner Briefe an den Alten Dessauer schrieb Friedrich Wilhelm: »Parol' auf dieser Welt ist nichts als Müh' und Plage.« Gemüht und geplagt, für sein Land und für sein Volk, hat sich der Soldatenkönig wahrhaftig. Als er starb, hinterließ er seinem Nachfolger einen Staatsschatz von beinahe zehn Millionen Talern und keinen Pfennig Schulden; eine Armee von 75000 Mann, mit der er so gut wie keine Kriege geführt hatte; und zweieinhalb Millionen Menschen, die vor ihm zitterten und von denen ihn keiner liebte, die aber alle ihr auskömmliches Brot und ihre Arbeit hatten.

Genau fünfzig Jahre nach dem Tod des »großen Wirts«, im Jahre 1790, erschien in Jena die deutsche Übersetzung eines französischen Buches, das zwei Jahre zuvor in London herausgekommen war und weltweit Aufsehen erregt hatte. Es stammte aus der Feder eines der führenden Köpfe der französischen Revolution, des berühmten Grafen Mirabeau, und hieß *De la Monarchie prussienne*. Was Mirabeau, selber ein Revolutionär, darin über den preußischen Staat schrieb – und zwar als scharfer, kritischer Beobachter –, ist bis heute das Beste, was über das Werk Friedrich Wilhelms I. und seines Sohnes gesagt worden ist, aus tiefer Sachkenntnis und unter Berücksichtigung der gegebenen historischen Verhältnisse:

> Die preußische Monarchie verdient die Teilnahme jedes denkenden Menschen. Sie ist ein schönes und großes Kunstwerk, an welchem geniale Künstler Jahrhunderte hindurch gearbeitet haben. Sie hat treffliche Einrichtungen. Der Geist der Ordnung und Regelmäßigkeit ist ihr innewohnend. Denkfreiheit und religiöse Duldung sind herrschend. Bürgerliche Freiheit ist hier beinahe so weit gewährt, als es in einem der unumschränkten Herrschaft eines Einzigen unterworfenen Lande möglich ist, in welchem die Überreste der Barbarei noch einen großen Teil des Bauernstandes zur Knechtschaft (Leibeigenschaft und Hörigkeit) verurteilen. Sie besitzt ein Militärsystem, welches nur weniger Veränderungen bedarf, um ein vollkommenes zu sein. Sie hat endlich dem gesamten Europa das Beispiel einer Gesetzgebung aufgestellt, dem noch keine andere sich nähert. Mit dem Untergange Preußens würden alle diese Wohltaten schwinden und in Vergessenheit geraten, würde die Regierungskunst in ihre Kindheit zurückfallen.

Epilog

Seit 1728, seit seinem vierzigsten Lebensjahr, war Friedrich Wilhelm I. ein von schweren Krankheiten heimgesuchter Mann, und es muß wirklich wundernehmen, wie er noch ein Dutzend Jahre in seinem königlichen Amt durchgehalten hat. Fast jeder dieser Tage war voll »Müh' und Plage«.

1734 hatten die Ärzte mit ihm experimentiert. Um ihn von der Wassersucht zu befreien, hatten sie tiefe Einschnitte an den Füßen vorgenommen. 1739, auf der Inspektionsreise durch Ostpreußen, brachen die längst verheilten Narben wieder auf, und ein schwerer Fieberanfall machte den König fast unbeweglich. Unter Schmerzen und Stöhnen brachte man ihn nach Berlin zurück. An seine gewohnte Jagdsaison in Wusterhausen war nicht zu denken. Die Mediziner schüttelten bedenklich die Köpfe; sie glaubten nicht, daß der Monarch den Winter überstehen könnte.

Im Oktober raffte sich Friedrich Wilhelm noch einmal auf, ließ sich in der Kalesche nach Potsdam bringen. Er hatte so große Schmerzen und so gewaltiges Übergewicht, daß man ihn kaum in den Wagen heben konnte. Aber er wollte noch einmal sein Potsdamer Leibregiment sehen. Auf dem Lustgarten, zwischen Schloß und Garnisonkirche, nahm er den Vorbeimarsch der Truppe ab. Zuerst kamen die Trommler und Pfeifer. Sie spielten den Dessauer Marsch: »So leben wir, so leben wir, so leben wir alle Tage.« Dann paradierten die Gardegrenadiere, in langsamem Schritt, Seitenrichtung, Vordermann, jeder Kerl über 1,85 Meter hoch. Der König, der sich schwer auf seinen Krückstock stützte, winkte ihnen zu. Dann hob man ihn in den Wagen. In diesem Augenblick sah ihn der Freiherr von Bielfeld, ein Hofkavalier des Kronprinzen: »Er soll in seiner Jugend ein sehr gefälliges Äußeres gehabt haben, doch ist auch nicht eine Spur davon geblieben. Seine Augen sind zwar schön, aber sein Anblick ist fürchterlich. Die Farbe des Gesichts schattiert in Rot, Blau, Gelb und Grün. Der dicke Kopf steckt tief in den Schultern; die ganze Figur ist kurz und gedrängt.«

Der todkranke Mann wurde wieder nach Berlin geschafft. Der Winter 1739/40 wurde einer der strengsten des Jahrhunderts. Der Wein in den Kellern verwandelte sich in Eis, die Vögel erfroren scharenweise auf Dächern und Bäumen. Bis in den April 1740 hielt der klirrende Frost an.

Der Soldatenkönig verbrachte die Tage unter ständig zunehmenden Qualen. Er fühlte den Tod kommen. Im Februar schrieb er dem Dessauer: »Ich gedenke zu sterben.« Obwohl er kaum noch das Bett verlassen konnte, hörte er nicht auf zu arbeiten. »Könige«, sagte er, »müssen mehr als andere Menschen aushalten können.« In seinen Mußestunden malte er (»in tormentis pinxit«), oder er zimmerte kleine Kästchen aus Lindenholz. Er schlug so laut mit dem Hammer zu, daß man es unten auf dem Schloßplatz hörte.

Der März brachte eine leichte Besserung. Friedrich Wilhelm ließ sich in sein geliebtes Tabakskollegium fahren. Eines Abends trat – unangemeldet – der Kronprinz ein. Alles erhob sich ehrerbietig von den Plätzen, obwohl es seit langem zu den ungeschriebenen Gesetzen des Tabakskollegiums gehörte, daß niemand aufstand, selbst dann nicht, wenn der König kam. Friedrich Wilhelm war außer sich. Man flirtete also bereits mit der »aufgehenden Sonne«! Er ließ sich sofort auf seinem Rollstuhl ins Schlafzimmer fahren und der zurückgebliebenen Gesellschaft den Befehl zum Auseinandergehen überbringen.

Im April, als die Kälte nachließ, ließ er sich nach Potsdam bringen. Er wußte, daß er Berlin nicht wiedersehen würde (»Lebe wohl, Berlin! In Potsdam will ich sterben.«), und stiftete hunderttausend Taler für die Armen. Kaum im Potsdamer Schloß, ließ er die Prediger Roloff und Cochius kommen. Sie mußten ihm täglich vorbeten, und Friedrich Wilhelm sprach die Worte mit lauter Kommandostimme nach.

Immer wieder rief er nach Sophie Dorothea, seinem geliebten »Fiekchen«. Sie mußte am Bett sitzen und seine Hand halten. Löste sie Propst Roloff ab, dann kam es zu ernsten religiösen Gesprächen. Roloff hielt dem König mit nachdrücklichen Worten all seine Gewalttätigkeiten und Ungerechtigkeiten vor, erinnerte ihn immer wieder daran, daß er mit seinen Verschärfungen der Urteile nicht vor den Menschen, wohl aber vor Gott schwer gesündigt habe. Friedrich Wilhelm zeigte sich tief erschüttert, ließ alles über sich ergehen, drohte weder mit der Faust noch mit dem Stock. Roloff berichtete: »Der König ist sehr gelassen gewesen und hat, was die Er- und Bekenntnis der Sünde betrifft, Expressiones (heftige Formulierungen) gebraucht, die nicht stärker sein können. Er ist auch bei Aufzählung der Sünden in solche Einzelheiten gegangen, daß ich ihn gebeten, davon zu abstrahieren (abzulassen), weil bei uns die Ohrenbeichte nicht üblich sei.«

Roloff war mit der Einsicht des Königs zufrieden. Versuchte er aber, den König zur Reue zu bewegen, zu dem Eingeständnis, daß er ein großer Sünder vor dem Herrn gewesen sei, dann protestierte Friedrich Wilhelm und sagte, er sei seiner Frau immer treu gewesen, und außerdem dürfe man Könige nicht wie einfache Privatleute beurteilen. Mit Roloffs Worten: »Sobald ich jedoch auf die Sinnesänderung kam, erat altum silentium (schwieg er ganz stille) und kam wieder darauf zurück, daß die Könige vor den Particuliers (Privatleuten) etwas voraus hätten. Er versuchte immer wieder, seine Taten zu rechtfertigen.«

Roloff und Cochius machten dem König klar, daß er allen seinen Feinden vergeben müsse, wenn er die ewige Seligkeit gewinnen wollte. Er brummte eine Weile vor sich hin, erklärte sich schließlich einverstanden, schloß aber sogleich seinen Schwager, Georg II. von England, von der Versöhnungsbereitschaft aus. Er schlug mit der flachen Hand auf die Bettdecke und rief, diesem Hundsfott, diesem »Komödianten« könne er beim besten Willen nicht verzeihen; der habe ihm zuviel Leid angetan. Die Prediger blieben unnachgiebig, und schließlich gab der Soldatenkönig sein Einverständnis, daß Sophie Dorothea ihrem Bruder schreiben dürfe, er habe sich auf dem Totenbett mit ihm ausgesöhnt. »Aber sie soll ihm erst schreiben«, rief er zornig, »wenn ich tot bin, wenn ich ganz tot bin!«

In der Nacht vom 26. zum 27. Mai schickte die Königin einen reitenden Boten nach Rheinsberg zu ihrem Sohn. Sie ließ ihm sagen, mit dem Vater ginge es zu Ende. Kronprinz Friedrich jagte nach Potsdam, wo er mittags anlangte. Er sah den König auf dem Schloßplatz im Rollstuhl, sprang vom Pferd und eilte auf seinen Vater zu. Friedrich Wilhelm brach in Tränen aus, als er seinen Sohn sah. Er streckte die

Arme aus und umarmte ihn. »Ich habe immer Dein Bestes gewollt«, brachte er schluchzend heraus. »Ich habe Dich immer väterlich geliebt, auch wenn ich streng gegen Dich war...«

Sonnabend, den 28. Mai, verbrachten Vater und Sohn in Klausur; nur in Gegenwart des Ministers von Podewils. Der König gab dem Nachfolger einen detaillierten Überblick über die Verhältnisse des preußischen Staates. Kronprinz Friedrich durfte das Schriftstück lesen, das der König vor beinahe zwanzig Jahren testamentarisch für ihn aufgesetzt hatte, an welchem kein Wort zu ändern war und das Wesen und Willen dieses Monarchen unübertrefflich ausdrückte. In seinen wichtigsten Punkten lautete dieser Extrakt der Einsichten, Erfahrungen und Erkenntnisse des preußischen Soldatenkönigs:

1. Mit Gott, dem Allerhöchsten, stehe ich gut. Ich habe von meinem zwanzigsten Lebensjahr an mein ganzes Vertrauen auf Gott gesetzt, den ich stets um gnädige Erhörung angefleht habe. Er hat auch mein Gebet ständig erhört, und ich bin versichert, durch die Gnade Jesu Christi selig zu werden. Alle groben und innerlichen Sünden, die ich begangen habe, sind mir von Herzen leid. Doch ich habe stets daran gearbeitet, mich zu bessern, soviel als menschenmöglich, und so werde ich mit Gottes Hilfe beharren bis an mein seliges Ende. Dazu verhelfe mir der Heilige Geist und Jesus Christus. Amen.

2. Alle Regenten, die Gott vor Augen und die keine Mätressen (besser zu nennen: Huren) haben und die ein gottgefälliges Leben führen, die wird Gott mit seinem Segen beglücken. Also bitte ich meinen lieben Successor, selbst ein gottseliges reines Leben zu führen und seinem Land und seiner Armee mit gutem Exempel voranzugehen, nicht mit Saufen und Fressen, wovon ein unzüchtiges Leben kommt. Deshalb rate ich Euch: Mätressen, Operas, Komödien, Redouten, Ballette und Maskeraden zu unterdrücken und nicht selber ein so gottloses Leben anzufangen.

3. Hütet Euch vor den Flatteurs und Schmeichlern, die Eure Feinde sind und Euch immer nach dem Munde reden werden. Ihr müßt sie nicht anhören, sondern platt abweisen. Denn sie verführen Euch zum Bösen und schaden Eurer Armee und Euren Ländern.

4. Wenn ich meinen Geist zu Gott gebe und sterbe, soll mein Successor alles versiegeln und alle Schlüssel an sich nehmen. Dann müßt Ihr in den ersten sechs Wochen den Staatsetat in eine neue Verfassung bringen, so wie ich es nach meines Vaters Tode auch in sechs Wochen getan habe. Ihr müßt die einzelnen Etats ganz genau durchgehen. Bei allen Ausgaben müßt Ihr kürzen. Bei den Herren Ministern müßt Ihr anfangen. Wer beispielsweise 200 Taler im Monat hat, den setzt auf 120 oder 150 Taler. Dadurch werdet Ihr an Ausgaben viel einsparen. Ihr müßt das alles allein tun, damit die ganze Welt weiß, daß es von Euch kommt und von niemand anderem. Wenn dann ein Jahr vorbei ist, könnt Ihr denjenigen Mitarbeitern eine Zulage geben, die sich in Eurem Dienst ausgezeichnet haben. Und arbeiten müßt Ihr, so wie ich es immer getan habe! Denn ein König, der mit Ehre in dieser Welt regieren will, muß seine Angelegenheiten alle selber verrichten. Die Regenten sind zur Arbeit erkoren. Und wenn Ihr, mein lieber Successor, alles in Ordnung haben werdet, dann wird es so leicht gehen wie ein Musikstück! Leider sind die meisten großen Herren gottlos, lassen ihren Ministern den Willen, beladen sich mit Mätressen und Fleischeslüsten. Aber ich habe das feste Vertrauen zu meinem lieben Successor, daß er meinem Beispiel folgen wird.
5. Ich bitte Euch inständig, den Offizieren, Unteroffizieren und Soldaten meiner Regimenter von ihrem Sold und ihren Zulagen nichts abzuziehen. Tut Ihr das, so gebe ich Euch meinen Segen. Tut Ihr es nicht, so gebe ich Euch meinen Fluch.
6. Eure Herren Minister werden allerlei Intrigen spinnen. Sie werden Euch sagen, daß der Etat es nicht verträgt, eine so formidable Armee zu unterhalten. Überschlagt die jährlichen Kosten, und Ihr werdet sehen, daß der Etat ausreicht, und daß der König in Preußen, der selber alles regiert, eine gute Sache ist, wenn er sich nicht von den Ministern an der Nase herumführen läßt. Wer dagegen räsonniert, ist Euer Feind. Sie werden sich doch alle zu Euch bekehren! Denn die Disposition, die ich Euch gemacht habe, ist gut und ist ohne Belastung der Bürgerschaft und ohne Rückgang der Akzise möglich.
7. Was die Finanzen angeht, so müßt Ihr nach meinem Tod nicht die

alten Sachen aufspüren, ob dieser oder jener mich betrogen hat. Denkt nicht an das Alte, denkt an das Neue! Nach einem Jahr müßt Ihr einen neuen Etat machen, und Ihr dürft nur das ausgeben, was im Etat steht. Die Armee und die Beamten müßt Ihr immer pünktlich bezahlen. Auch was Ihr im Ausland kauft, muß sofort bezahlt werden. Das verschafft Euch in der Welt Achtung. Gott sei Dank, ich bin keinem Menschen etwas schuldig! Macht auch Ihr keine Schulden, und gebt nicht mehr aus als Ihr einnehmt.

8. Was die Religion angeht, so bin ich und werde ich mit Gottes Hilfe als Reformierter selig sterben. Dennoch glaube ich, daß die Lutheraner, die gottesfürchtig leben, genauso gut selig werden wie die Reformierten. Der Unterschied stammt nur von den Zänkereien der Prediger. Haltet Reformierte und Lutherische in gleicher Würde. Tut beiden Religionen gleich viel Gutes und macht keine Unterschiede. Dafür wird Euch Gott segnen. Wo es nötig ist, baut Kirchen und Schulen. Tut den Armen Gutes und lasst in Eurem Land niemanden Not leiden. Helft, soviel Ihr nur könnt! Gott wird es Euch tausendfältig vergelten. Allen Konsistorien müßt Ihr befehlen, daß die Reformierten und die Lutheraner auf den Kanzeln keine Kontroversen anzetteln. Sie sollen auf den Kanzeln nur das reine Wort Gottes verkünden. Vor allem dürfen sie sich nicht in weltliche Angelegenheiten mischen, was sie gern tun! Denn sie wollen sich gern als Päpste aufspielen und in unseren Glauben hineinregieren.

9. Denkt an die Manufakturen, mein lieber Successor. Erhaltet sie und fördert sie nach Kräften. Ihr müßt die Manufakturen vermehren, vor allem in Ostpreußen. Haltet Euch an meine Edikte, daß keine ausländischen Wollenwaren in den Staat eingeführt werden. Vornehme wie geringe Leute sollen sich nicht in ausländische Tuche kleiden, sondern nur in solche, die im Lande fabriziert werden. Geht darin selbst mit gutem Beispiel voran. Dann werdet Ihr erleben, wie Eure Länder florieren und Eure Steuern zunehmen.

10. Unser Haus hat eine legitime Anwartschaft auf die Nachfolge in Jülich-Berg, Ostfriesland und Mecklenburg. Die Anwartschaft ist klar im Geheimen Archiv. Wenn während Eurer Regentschaft einer dieser Anwartschaftsfälle eintreten sollte, dann müßt Ihr Eu-

ren Anspruch mit aller Macht verteidigen und dürft nie nachlassen! Kurfürst Friedrich Wilhelm hat eine rechte Blüte in unser Haus gebracht. Mein Vater hat die königliche Dignität geschaffen. Ich habe Land und Armee in Ordnung gebracht. An Euch, mein lieber Successor, ist es, das, was Eure Vorfahren geschaffen haben, zu erhalten, und die Länder, auf die wir Anspruch haben, zu gewinnen, da sie unserm Haus von Gott und Rechtes wegen zustehen.

11. Betet zu Gott und fanget nie einen ungerechten Krieg an! Wozu Ihr ein Recht habt, davon laßt nicht ab. Deshalb bitte ich Euch um Gottes Willen, die Armee wohl zu erhalten, sie ständig stärker und schlagfertiger zu machen, sie aber mitnichten für Geld oder Subsidia zu vermieten. Haben die andern Euch nötig, so werden sie Euch geben, was Ihr verlangt. Haben sie Euch aber nicht nötig, so sitzet mit Eurer Armee stille und wartet ab. Die höchste Wohlfahrt eines Regenten ist es, wenn sein Land gut bevölkert ist. Das ist der rechte Reichtum eines Landes. Deshalb, mein lieber Successor, bitte ich Euch nochmals, keinen ungerechten Krieg anzufangen. Denn Gott hat ungerechte Kriege verboten! Und Ihr müsset einmal Rechenschaft ablegen für jeden Menschen, der in einem ungerechten Krieg sein Leben lassen mußte.

12. Mein lieber Successor, hiermit gebe ich Euch nochmals meinen väterlichen Segen und wünsche Euch, daß Ihr allezeit Gott vor Augen habt, Eure Länder mit Gerechtigkeit und Gottesfürchtigkeit regiert, daß Ihr stets getreue und gehorsame Untertanen haben möget sowie einen starken Arm und eine siegreiche Armee gegen alle Feinde, und daß es Euch, mein lieber Successor, und Euren Nachkommen wohlergehen möge bis an das Ende der Welt und daß alle Eure Provinzen florieren mögen von Stunde zu Stunde. Dazu verhelfe Euch der allmächtige Gott durch Jesum Christum. Amen.

Euer getreuer Vater bis zum Tode
Friedrich Wilhelm.

Die Lektüre des Schriftstücks machte einen unvergeßlichen Eindruck auf den Sohn. Sodann sprach der Vater ausführlich über die einzelnen Provinzen des Staates. Er begann mit Ostpreußen, verbreitete sich über Pommern, Brandenburg, Magdeburg, Halberstadt und schloß mit den preußischen Gebieten im Rheinland und in Westfalen. Seine Ausführungen waren teils volkswirtschaftlicher, teils pädagogisch-psychologischer Art, wenn er die typischen Eigenschaften der einzelnen Volksstämme schilderte. Sehr sorgfältig charakterisierte er seinem Nachfolger die Vorzüge und Schwächen der Minister wie Kraut, Grumbkow, Görne. Cocceji erhielt höchstes Lob, und der König legte seinem Sohn nachdrücklich die Schaffung eines Allgemeinen Landrechts für Preußen ans Herz. Zum Schluß behandelte er die Fragen der Außenpolitik, sprach über Rußland, Polen, Sachsen, Hannover, Schweden, Holland, England, Frankreich, über die zu beobachtende Politik gegenüber Kaiser und Reich. Und das alles trug der todkranke, schmerzgeplagte Mann – nach dem Zeugnis seines Sohnes – »mit klarstem Verstand und größter Ruhe« vor. Der Kronprinz nahm zu allem sofort Stellung, und der Vater erkannte – jetzt, in diesem letzten Augenblick! –, welch ungeheure politische Begabung in diesem achtundzwanzigjährigen Menschen zutage trat. »Gott tut mir große Gnade an«, sagte er zu den eintretenden Ministern und Generälen, »daß er mir einen so braven Sohn gegeben hat.« Der Kronprinz küßte ihm die Hände. Aber Friedrich Wilhelm entzog sie ihm, umarmte den Sohn und rief unter Tränen aus: »Mein Gott! Ich sterbe zufrieden, weil ich einen so würdigen Sohn und Nachfolger habe...«

Am 29. Mai diktierte Friedrich Wilhelm zu Händen seines Sohnes eine detaillierte Anweisung, die exakt festlegte, was mit ihm unmittelbar nach Eintritt des Todes zu geschehen habe. Es ist dies eines der merkwürdigsten Dokumente der Weltgeschichte, ein unübertreffliches Monument unverstellter Selbstcharakterisierung:

Mein lieber Sohn!
Die nachstehende Instruktion drückt aus, wie ich will, daß Ihr es mit meinem Leib halten sollt, wenn der Allerhöchste mich aus dieser Zeitlichkeit zu sich genommen hat. Und zwar will ich folgendes:
1. Sobald ich tot bin, soll mein Körper abgewaschen, mit einem reinen Hemd bekleidet und auf einen hölzernen Tisch gelegt werden. Danach soll man mich barbieren, gründlich rein machen, mit einem Laken zudecken und 1 bis 4 Stunden liegen lassen.

2. Mein Leib soll in Gegenwart des Generalleutnants v. Buddenbrock, des Obristen v. Derschau, des Majors v. Bredow, der Kapitäne v. Printzen und v. Haake und des Leutnants v. Winterfeldt sowie aller hier anwesenden Regimentschirurgen, auch meiner Kammerdiener, geöffnet und gründlich examiniert werden, woran ich eigentlich gestorben bin und wie es in meinem Leibe aussieht. Ich verbiete aber aufs Äußerste, daß bei Leib und Leben nichts von mir herausgenommen werden soll. Danach soll mein Körper überall recht sauber gewaschen und mir die beste Uniform, die ich habe, ordentlich angezogen werden. Worauf man mich in einen unbeschlagenen Sarg legen, den Sarg zuschrauben und die Nacht über stehen lassen soll.
3. Sofort bei meinem Tod sollen die Soldaten meines Leibregiments neue Montierungen und neue Hüte bekommen.
4. Am folgenden Tag sollen sich die Bataillone meines Regiments formieren. Das erste Bataillon macht Front zum Schloß, der rechte Flügel steht am Wasser, wo die Mauer anfängt. Alles soll complett sein, und jeder Grenadier soll 3 Patronen bekommen. An die Fahne gehört Flor, und die Trommeln sollen mit schwarzem Tuch überzogen sein.
5. Der Leichenwagen, der aus dem Berliner Marstall genommen werden soll, muß an der grünen Treppe stehen; und zwar die Köpfe der Pferde nach dem Wasser zu. In den Leichenwagen sollen mich acht Kapitäns von meinem Regiment tragen. Sobald dies geschehen ist, treten sie wieder in Reih' und Glied. Sobald der Wagen herunterfährt, wird der Totenmarsch geschlagen. Die Hautboisten blasen das bekannte Lied: ›O, Haupt voll Blut und Wunden‹. Meine beiden Söhne Wilhelm und Heinrich bleiben beim Regiment. Ihr als mein ältester Sohn nebst dem kleinen Ferdinand marschiert in Uniform hinter dem Wagen; desgleichen die Generals und Offiziers sowie die beiden Feldprediger Cochius und Oedsfeld.
6. Hierauf soll meine Leiche in die Kirche getragen werden, und zwar durch die Tür, durch welche ich sonst gegangen bin. Der Sarg wird kurz vor dem Gewölbe niedergesetzt, worauf die Hautboisten sich hören lassen. Mein Capellmeister Ludovici soll die Orgel spielen.

Von den Generals und Offiziers werden schon welche sein, welche mir die letzte Ehre erweisen und mich in die Gruft tragen werden.
7. 24 sechspfündige Canonen, von Berlin gebracht, sollen mit Geschwindschüssen zwölfmal feuern, und zwar Feuer auf Feuer. Alsdann gibt ein Bataillon nach dem anderen Feuer.
8. Die Grenadiers bringen die Fahnen dahin, wo Ihr, mein lieber Sohn, befehlen werdet. Jeder Grenadier soll das gewöhnliche Biergeld haben, so wie in der Exerzierzeit.
9. Den anwesenden Generals und Offiziers soll das beste Faß Rheinwein zu trinken gegeben werden, wie überhaupt an diesem Abend nichts als guter Wein getrunken werden soll.
10. Vierzehn Tage darauf soll in allen Kirchen über den Leichentext gepredigt werden: ›Ich habe einen guten Kampf gekämpft‹. Dann wird das Lied gesungen: ›Wer nur den lieben Gott läßt walten‹. Von meinem Leben und Wandel, von meinen Aktionen und Personalien soll nicht ein Wort geäußert, dem Volk aber gesagt werden, ich hätte solches ausdrücklich verboten, mit der Beifügung, daß ich als ein großer und armer Sünder gestorben sei, der aber bei Gott und seinem Heiland Gnade suchte. Überhaupt soll man mich in den Leichenpredigten nicht verächtlich machen, aber auch nicht loben.

Mein lieber und treuer Sohn, ich zweifle nicht, daß Ihr diesen meinen letzten Willen in allen Stücken vollkommen erfüllen werdet, und ich bin bis in den Tod

Euer treuaffektionierter Vater
Friedrich Wilhelm.

Am 30. Mai ließ sich der König im Rollstuhl in die Gemächer der Königin und der Kinder fahren, wo er von ihnen herzlichen Abschied nahm. Wieder in seinem Schlafzimmer, sagte er zu seiner Umgebung: »Ich habe mein Herz jetzt von allem losgerissen, was mir lieb gewesen; von meiner Frau, meinen Kindern, meiner Armee, von meinem Staat, von der ganzen Welt.« Er hatte alles in gehörige Ordnung gebracht und erwartete den Tod.

Zur Ablenkung ließ er sich den Choral »Warum sollt' ich mich doch grämen?« vorsingen. Als die Stelle kam »Nackend werd' auch ich hinziehen«, unterbrach er mit den Worten: »Nein, das ist erlogen! Ich will in der Montur begraben sein.« Man stellte ihm vor, daß es im Jenseits wohl keine Armee gäbe. Erstaunt rief er aus: »Wie? Was? Sapperment! Wieso?« Die Antwort, im Himmel brauche man keine Soldaten, schlug ihn sichtlich nieder.

Am Morgen des 31. Mai, am Fenster sitzend, mit Blick auf den Marstall, befahl er plötzlich, seine besten Reitpferde herauszuführen. Er forderte den Alten Dessauer und den General von Haake auf, sich die schönsten Exemplare als Andenken auszusuchen. Als die Stallknechte nicht die vorschriftsmäßigen Schabracken auflegten, drohte er mit der Faust und rief wütend: »Wenn ich bloß gesund wäre, wie wollte ich die Schurken durchprügeln! Geh' doch jemand hinunter und hau' ihnen die Hucke voll...«

Man brachte ihn zu Bett. Erschöpft winkte er den Kronprinzen und den Minister Podewils heran und flüsterte, er sei nun nicht mehr König, er übergebe das Amt an seinen Sohn, der Major von Bredow solle es den anwesenden Offizieren und Beamten laut verkünden. Podewils erklärte, dazu sei es nötig, eine formelle Abdankungsurkunde aufzusetzen. Der König antwortete nicht.

Gegen elf Uhr trat eine Ohnmacht ein. Wieder zu sich gekommen, befahl Friedrich Wilhelm den Feldprediger Cochius zu sich, der ihm vorbeten mußte. Er umarmte noch einmal seine Frau. Daraufhin fragte er den Oberchirurgen seines Leibregiments, wie lange er noch zu leben habe. Der nahm seine Hand und sagte nach einer Weile: »Eine halbe Stunde noch; der Puls steht schon stille.« Der König stieß den Arm in die Höhe und rief: »Er soll aber nicht stille stehen!«

Zur Ablenkung führte man die Dienerschaft in neuen Livreen durchs Zimmer. Friedrich Wilhelm schüttelte den Kopf: »O, Eitelkeit, Eitelkeit.«

Er ließ sich einen Handspiegel bringen, betrachtete sorgfältig sein schrecklich aufgedunsenes Gesicht, zeigte mit der Hand auf die Brust und sagte: »Bis hierher bin ich schon tot.« Er seufzte. Plötzlich richtete er sich im Bett auf, ballte die Faust und rief auf berlinisch: »Tod, ick jraule mir nich vor dir!«

Der Kronprinz führte die Königin aus dem Zimmer und kehrte sofort zurück. Die Ohnmachtsanfälle häuften sich. Zuletzt flüsterte der

König: »Herr Jesus, Dir leb' ich, Dir sterb' ich. Du bist mein Gewinn...« Gegen vierzehn Uhr verschied er. Es war Dienstag, der 31. Mai 1740.

Friedrich Wilhelm I. starb im zweiundfünfzigsten Lebensjahr. Er hatte siebenundzwanzig Jahre als König in Preußen regiert.

Der Sohn stand stumm neben dem Sterbebett. Tränenlos starrte er auf den toten Vater. In seinen Denkwürdigkeiten sollte er über ihn schreiben: »Bis zum letzten Augenblick bewahrte er eine bewunderungswürdige Gegenwart des Geistes. Wie ein großer Staatsmann ordnete er die Angelegenheiten des Reiches. Wie ein Arzt beobachtete er den Verlauf seiner Krankheit. Dem Tod schaute er in's Auge wie ein Held.«

DIE FAMILIE DES SOLDATENKÖNIGS

Friedrich I.
1657–1713
Kurfürst von Brandenburg und König in Preußen

⚭ **Sophie Charlotte**
1668–1705
Prinzessin von Hannover

Georg I.
1660–1727
Kurfürst von Hannover und König von England

⚭ **Sophie Dorothea**
1666–1726
Prinzessin von Celle

Friedrich Wilhelm I.
1688–1740
König in Preußen

⚭ **Sophie Dorothea**
1687–1757
Prinzessin von Hannover

Wilhelmine	Friedrich II., der Große	Friederike Luise	Philippine Charlotte	Sophie	Ulrike	August Wilhelm	Amalie	Heinrich	Ferdinand
1709–1758	1712–1786	1714–1784	1716–1801	1719–1765	1720–1782	1722–1758	1723–1787	1726–1802	1730–1813

Bibliographie

Arnheim, F., *Der Hof Friedrichs des Großen*, Erster Teil, Berlin 1912.

Beneckendorf, K. F., *Charakterzüge aus dem Leben König Friedrich Wilhelms I.*, Wiesbaden 1782.

Bleckwenn, H., *Das altpreußische Heer*, Osnabrück 1969.

Braubach, M., *Prinz Eugen von Savoyen*, 5 Bde., München 1965.

Büsch, O., *Militärsystem und Sozialleben im alten Preußen*, Berlin 1962.

Carlyle, Th., *Geschichte Friedrichs II. von Preußen*, 6 Bde., Berlin 1858–1869.

Carstens, F. L., *Die Entstehung Preußens*, Köln–Berlin 1968.

Consentius, E., *Die Berliner Zeitungen bis zur Regierung Friedrichs des Großen*, Berlin 1904.

Craig, G. A., *Die preußisch-deutsche Armee*, Königstein 1980.

Droysen, J. G., *Geschichte der preußischen Politik*, Berlin 1855–1886.

ders., *Friedrich Wilhelm I.*, 2 Bde., Leipzig 1869.

Fassmann, D., *Leben und Thaten des allerdurchlauchtigsten und großmächtigsten Königs von Preußen*, Hamburg–Breslau–Frankfurt 1735–1741.

Feuchtwanger, H. J., *Preußen. Mythos und Realität*, Frankfurt/M. 1972.

Förster, Fr. Chr., *Urkundenbuch zur Lebensgeschichte Friedrich Wilhelms I.*, 2 Bde., Potsdam 1834/35.

ders., *Friedrich Wilhelm I., König in Preußen*, 3 Bde., Potsdam 1834/35.

ders., *Preußens Helden in Krieg und Frieden*, 3 Bde., Berlin 1852–1859.

Frey, L. u. M., *Friedrich I., Preußens erster König*, Graz–Wien–Köln 1984.

Haffner, S., *Preußen ohne Legende*, Hamburg 1978.
Haffner, S., Venohr, W., *Preußische Profile*, Berlin 1986.
Hartung, F., *König Friedrich Wilhelm I., der Begründer des preußischen Staates*, Berlin 1942.
Heckscher, E. F., *Der Merkantilismus*, 2 Bde., Jena 1932.
Hinrichs, C., *Der Kronprinzenprozeß*, Hamburg 1936.
ders., *Friedrich Wilhelm I., König in Preußen*, Darmstadt 1974.
Hintze, O., *Die Hohenzollern und Ihr Werk*, Berlin 1915.
Immich, M., *Geschichte des Europäischen Staatensystems von 1660 bis 1789*, München–Berlin 1905.
Jany, C., *Geschichte der Preußischen Armee*, 4 Bde., Osnabrück 1967.
Kathe, H., *Der »Soldatenkönig«*, Berlin-Ost 1976.
Klepper, J., *Der Vater*, Stuttgart 1977.
Koch, H.-J., *Geschichte Preußens*, München 1980.
Koenigswald, H. v., *Preußisches Lesebuch*, München 1967.
Koser, R., *Friedrich der Große als Kronprinz*, Berlin 1886.
Lavisse, E., *Die Jugend Friedrichs des Großen*, Berlin 1919.
Lodge, R., *Great Britain and Prussia in the 18th century*, London 1923.
Matthias, K., *Die Mecklenburger Frage in der ersten Hälfte des 18. Jahrhunderts*, Halle 1885.
Mermaz, L., *Die Hohenzollern*, Lausanne 1970.
Merten, D., *Der Katte-Prozeß*, Berlin 1980.
Mirabeau, H. G., *Geheime Geschichte des Berliner Hofes*, Berlin 1900.
Mittenzwei, I./Herzfeld, E., *Brandenburg–Preußen 1648–1789*, Berlin-Ost 1987.
Morgenstern, S. J., *Über Friedrich Wilhelm I.*, Osnabrück 1978.
Nelson, W. H., *Die Hohenzollern*, München–Wien–Zürich 1972.
Paulig, F. R., *Friedrich Wilhelm I.*, Frankfurt/Oder 1909.
Ranke, L. v., *Zwölf Bücher preußischer Geschichte*, 3 Bde., München 1930.
Ribbe, W. (Hrsg.), *Geschichte Berlins*, Erster Band, Berlin 1987.
Rosinski, H., *Die deutsche Armee*, Düsseldorf–Wien 1970.
Scheuner, V., *Der Staatsgedanke Preußens*, Köln–Graz 1965.
Schilling, H., *Der Zwist Preußens und Hannovers 1729 bis 1730*, Halle 1912.

Schmoller, G., *Deutsches Städtewesen in älterer Zeit*, Bonn–Leipzig 1922.
Schneider, R., *Die Hohenzollern*, Frankfurt/M.–Hamburg 1958.
Schoeps, H.-J., *Preußen. Geschichte eines Staates*, Berlin 1966.
ders., *Preußen und Deutschland*, Berlin 1967.
Schumacher, B., *Geschichte Ost- und Westpreußens*, Königsberg 1937.
Sternaux, L., *Potsdam. Ein Buch der Erinnerung*, Berlin 1961.
Stratemann, W., *Vom Berliner Hofe zur Zeit Friedrich Wilhelms I.*, Berlin 1914.
Uhle-Wettler, F., *Höhe- und Wendepunkte deutscher Militärgeschichte*, Mainz 1984.
Vehse, E., *Preußische Hofgeschichte*, 4 Bde., München 1913.
Venohr, W., *Fritz der König*, Bergisch Gladbach 1981.
ders., *Fridericus Rex. Portrait einer Doppelnatur*, Bergisch Gladbach 1985.
Venohr, W., Haffner, S., *Preußische Profile*, Berlin 1986.
Volz, G. B. (Hrsg.), *Die Werke Friedrichs des Großen*, 12 Bde., Berlin 1913–1914.
Wilhelmine von Bayreuth, *Memoiren*, Leipzig 1923.

Personenregister

Albini, Kardinal unter Clemens IX. 77f.
Alexander der Große 14
Alexis, Willibald 12
Alte Dessauer, der siehe Leopold I. von Anhalt-Dessau
Amalie, Tochter Friedrich Wilhelms I. 263, 288, 369
Amalie von Braunschweig-Hannover 234, 245
Ammianus Marcellinus 10
Andreä, Lehrer des Kronprinzen Friedrich 266
Ariosti, Attilia 79
August II., der Starke 66, 77, 142, 225, 257, 260, 269f., 322
August Wilhelm, Sohn Friedrich Wilhelms I. 122, 262, 281, 285, 365, 369

Barfuß, Johann Albrecht von 56, 85
Bartholdy, Christian Friedrich von 69f., 110f.
Berchem siehe Matthias
Bismarck, Otto Fürst von 13, 211, 224

Blaspeil, Johann Moritz Freiherr von 104
Bodt, Jean de 34
Borck, Minister Friedrich Wilhelms I. 248, 256
Bouhours, Abbé 47
Brechtel, Oberprokurator 57
Bredow, Major von 365, 367
Buddenbrock, Wilhelm Dietrich von 283, 322, 365
Bülow, Frau von, Oberhofmeisterin Sophie Charlottes 80, 84

Carlyle, Thomas 131
Caroline von Ansbach 82
Cayard, Ingenieur Friedrichs III. 34
Christian Ludwig, Markgraf 63
Clemens IX., Papst 77
Cocceji, Samuel Freiherr von 125, 342, 348, 364
Cochius, Christian 358f., 365, 367
Corelli, Arcangelo 79
Cramer, Friedrich 47ff., 58
Créqui, François de Bonne 31

Danckelmann, Eberhard Freiherr von 44, 47, 55ff., 69, 85, 103, 109, 264, 312
Derschau, Christian Reinhold von 289, 293, 337, 365
Dessauer, der siehe Leopold I. von Anhalt-Dessau
Dockum, Martin Arend von 297, 322
Dohna, Alexander Graf von 44, 46, 55, 58, 81, 99f., 104, 210, 266, 322
Dohna, Christoph von 77f.
Dönhoff, Alexander Graf von 117, 179, 184, 338
Duhan de Jandun, Jacques Egide 266, 281f.

Eckart, Berater Friedrich Wilhelms I. 326f.
Eggenberg, Karl von 182ff.
Einsiedel, Major von 130
Elisabeth II. 9
Elisabeth Christine von Braunschweig-Bevern 253ff., 295
Ernst August von Hannover 42
Eugen von Savoyen 32, 72, 94, 96, 141, 161f., 230, 238ff., 251f., 255ff., 268, 283
Eversmann, Kammerdiener Friedrich Wilhelms I. 239, 297

Faßmann, David 128, 188f.
Feidelin, Paolina 80
Ferdinand, Sohn Friedrich Wilhelms I. 263, 276, 365, 369

Ferdinando, Sänger 79
Finkenstein, Albert Conrad Graf von 82, 265
Firmian, Leopold Anton Eleutherius Graf 300f., 306ff., 315
Flauß, General 129
Flemming, Feldmarschall 64
Föhse, Anneliese 95
Fontane, Theodor 12, 17
Forcade, General 304
Förster, Fr. Chr. 10
Forstreuter, Niklas 309
Francke, August Hermann 237f., 319, 341
Franz von Lothringen 259
Friederike Luise, Tochter Friedrich Wilhelms I. 121, 262, 369
Friedrich I. 20f., 25, 27ff., 35, 41ff., 50–78 passim, 86f., 90, 92f., 96, 99ff., 105, 107, 122, 124, 134, 146, 163, 224, 338f., 369
Friedrich III. siehe Friedrich I.
Friedrich der Große 9f., 12, 16f., 28, 40, 43, 60, 72, 90, 93, 99, 115, 121, 125, 162, 165, 169f., 174, 178, 180, 197, 204, 207, 221, 228, 233f., 236f., 245f., 248, 242ff., 257, 260–296 passim, 316, 321, 327, 333, 345, 348, 359f., 367ff.
Friedrich Ludwig, Herzog von Glocester 234
Friedrich Ludwig, Sohn Friedrich Wilhelms I. 262

Friedrich Wilhelm, der Große Kurfürst 20ff., 27f., 35, 37f., 40f., 55, 65f., 71, 142, 222f., 226, 303, 332, 339
Friedrich Wilhelm, Sohn Friedrich Wilhelms I. 262
Fuchs, Paul von 69

Gaismair, Michael 299
Georg I. 233, 235, 240, 244, 369
Georg II. 10, 33, 82, 90, 142, 178, 244f., 251, 359
Gerbet, Gustav Friedrich 280, 282f.
Gompert, Elias 333
Gompert, Moses 333, 346f.
Gorbatschow, Michail 14f.
Görne, Friedrich von 202f., 215, 316, 364
Goethe, Johann Wolfgang von 12
Großer Kurfürst siehe Friedrich Wilhelm
Grumbkow, Friedrich Wilhelm von 127, 132, 186, 202f., 232, 239ff., 243, 246ff., 254ff., 258, 269, 277f., 280, 289, 291, 298, 321, 323, 342, 364
Gundling, Jacob Paul 127, 186ff., 239, 241, 243, 287

Haake, Kapitän von 365, 367
Händel, Georg Friedrich 58, 185
Hamel, Franz du 63
Happe, Minister 298, 338
Harbou, Thea von 10

Harrach, Erzbischof 299f.
Heinrich, Sohn Friedrich Wilhelms I. 263, 276, 281, 365, 369
Henriette von Hessen-Kassel, erste Frau Friedrichs III. 41
Hessig, von, Bürgermeister von Berlin unter Friedrich III. 58
Hildensteiner, Peter 309
Hille, Christoph Werner 286
Hinrichs, Carl 11
Hotham, Sir Charles 245ff., 276f.
Hünecke, Kriegsrat 286

Ilgen, Heinrich Rüdiger von 104, 206, 220, 222, 235, 237, 240f., 244

Jannings, Emil 10
Jettau, Gardeoberst von 56
Jürgas, Major von 129f.

Kalckstein, Christoph Wilhelm von 265, 270
Kamecke, Ernst Boguslaw von 104
Kamecke, Frau von, Oberhofmeisterin Sophie Dortheas 280f.
Karl II. 70
Karl VI. 77, 230f., 233, 249f., 257
Karl XII. 108, 222, 226f., 260
Katharina I. 236
Katsch, Christoph von 203ff., 240f., 345

Katte, Hans Hermann von 16, 277ff., 283ff., 290, 346
Klepper, Jochen 10
Klinggräff, Joachim Wilhelm 338
Kraut, Christian Friedrich von 107, 146, 202f., 220, 364
Kreuz, Ehrenreich Bogislav 198, 202f., 220
Kugler, Franz 10

Lange, Joachim 341
Lange, Matthäus 299
Lefort, Kammerherr Peters I. 53f.
Leibniz, Gottfried Wilhelm 40, 42, 61ff., 77ff., 84, 318, 338, 341
Lenin, Wladimir Iljitsch 14
Leopold I., deutscher Kaiser 29ff., 69f.
Leopold I. von Anhalt-Dessau 94ff., 127, 131f., 134f., 146, 162f., 226, 228, 274, 283, 286, 288, 318, 327, 342, 355, 358, 367
Leopold II. Maximilian 274
Lepel, General von 289
Lichtenstein, Fürst von 259
Liepmann (-affäre) 105ff.
Lincoln, Abraham 13
Lindener, Erzieher August Wilhelms 285
Linger, Christoph von 163
Löben, General von 341
Lottum, General von 94
Louvois, General 30

Ludwig XIV., der »Sonnenkönig« 24f., 29f., 40, 43, 51, 65f., 68, 70, 93, 223, 260
Luise Henriette, erste Gemahlin des Großen Kurfürsten 33, 37ff., 47, 58, 81, 131, 196, 325
Luther, Martin 299, 344

Manteuffel, Ernst Christoph Reichsgraf von 107, 321ff., 342
Mao Tse-tung 14f.
Mardefeld, russischer Sonderbotschafter 271
Maria Theresia 230, 259
Marx, Karl 13, 16
Matthias, Hauptrentmeister Friedrich Wilhelms I. 107, 338
Melac, General 30
Memhardt, Johann Gregor 33f.
Menzel, Adolph von 10
Mirabeau, Honoré Gabriel de Riqueti 13, 355
Mitterrand, François 9
Möllendorf, Hauptmann von 322
Möller, Hoffiskal 56
Morgenstern, Jakob Salomon 189f.
Mosel, Generalmajor von der 279
Moser, Johann Jakob 191f.
Mozart, Wolfgang Amadeus 181
Mylius, Christian Otto 280, 282

Napoleon I. 13, 153, 333
Natzmer, Karl Dubislaw von 94, 142, 341
Natzmer, von, Kammerjunker 289
Noltenius, Arnold 266
Nüßler, Geheimrat von 337

Obdam, von, holländischer Gesandter 63
Oedsfeld, Hofprediger 365
Orselska, Anna Catharina Gräfin 270

Pesne, Antoine 313
Peter I. 52ff., 74, 79, 99, 108, 124ff., 141, 147, 177, 181, 186, 206, 222, 225, 228, 236, 260, 281
Philipp II. 281
Philippine Charlotte, Tochter Friedrich Wilhelms I. 121, 262, 369
Plotho, Ludwig Otto Edler von 315, 348
Podewils, Heinrich Graf von 360, 367
Pöllnitz, Frau von, Hofdame Sophie Charlottes 44, 59, 80ff.
Pöllnitz, von, Kammerherr 125ff.
Printzen, Ludwig Freiherr von 103f., 365
Prokopius 10

Rebeur, Jean Philippe 58
Reichardt, Buchbindermeister 117f.
Reichenbach, preußischer Gesandter in London 239, 247
Reinbeck, Hofprediger 309, 342
Reinhardt, Steuerrat 11
Robinson, britischer Sondergesandter 251f.
Rocoulle, Marte du Val de 263ff.
Rohwedel, von, Kammerjunker 289
Roloff, Probst 192, 194f., 309, 358f.
Rutowski, Friedrich August Graf von 140

Sanden, Bernhard von 75
Schlippenbach, von, Oberhofmundschenk 104
Schlubhut, von, Domänen-Kammerrat 306, 346
Schlüter, Andreas 34, 50, 101
Schock, Samuel 333
Schönäs, Regina 80
Schulenburg, Achaz Graf von der 82, 282f., 338
Schwerin, Kurt Christoph Graf von 117, 338
Seckendorff, Friedrich Heinrich Graf von 127, 132, 141, 161, 165, 210, 238–247, 249, 251f., 254ff., 268f., 271, 276f., 283, 303, 320

Sophie von Hannover 42, 53, 61, 64, 176
Sophie, Tochter Friedrich Wilhelms I. 121, 262, 288, 369
Sophie Charlotte, Mutter Friedrich Wilhelms I. 18, 25, 31, 33, 40ff., 50, 52f., 55, 58ff., 66, 73–86, 90, 116, 125, 178, 302, 338f., 369
Sophie Dorothea, Gemahlin Friedrich Wilhelms I. 17, 90f., 97ff., 115f., 121f., 171ff., 184, 234ff., 241, 244ff., 253, 258, 262, 269, 275, 277, 280f., 307, 313, 358f., 369
Sophie Dorothea, Frau Georgs I. 369
Staupitz, Johannes von 299
Steinhoff, Hans 10
Stosch, Geheimer Rat von 76
Sturm, Johann Sigismund 111
Suhm, Ulrich Friedrich von 142, 274, 343

Tettau, General von 103
Thurn, Graf von 302
Toland, John 78f.
Tosi, Antonio 80
Truchseß, General von 338
Truchsess von Waldburg 306

Uechtritz, Sekretar Manteuffels 321
Ulrike, Tochter Friedrich Wilhelms I. 122, 262, 294, 369

Unruh, Starost von 319
Ursinus von Bär, Benjamin 75, 99

Viebahn, Franz Moritz von 298
Viereck, Adam Otto von 298
Voltaire 10, 214, 317

Wallenstein, Albrecht Eusebius Wenzel von 226
Walrawe, Oberst 322
Wartenberg, Johann Kasimir von Kolb 56, 74, 85ff., 91ff., 96, 100, 104
Wartensleben, Alexander Hermann Baron von 96
Wegely, Johann Georg 148
Weizsäcker, Richard von 9
Wilhelm III. von Oranien 27, 32, 51, 66, 69
Wilhelmine, Tochter Friedrich Wilhelms I. 10, 93, 97, 115, 121, 159, 172, 233f., 236f., 245ff., 262, 264ff., 269ff., 275ff., 280f., 285, 287f., 292ff., 310, 321, 340, 369
Winckelmann, Johann Joachim 340
Winterfeldt, Leutnant von 365
Wolden, Gerhard Heinrich von 288f.
Wolf, Pater 70
Wolff, Christian 191, 340ff.
Wreech, Oberst von 292

Bildnachweis

(Die Numerierung bezieht sich auf die Reihenfolge der Bilder.)

1 und 5: Verwaltung der Staatlichen Schlösser und Gärten, Berlin; Photos: Jörg P. Anders, Berlin

2–4, 6, 8: Bildarchiv Preußischer Kulturbesitz, Berlin

7 (oben): Staatliche Schlösser und Gärten, Potsdam

Übersichtskarte: Preußen 1713

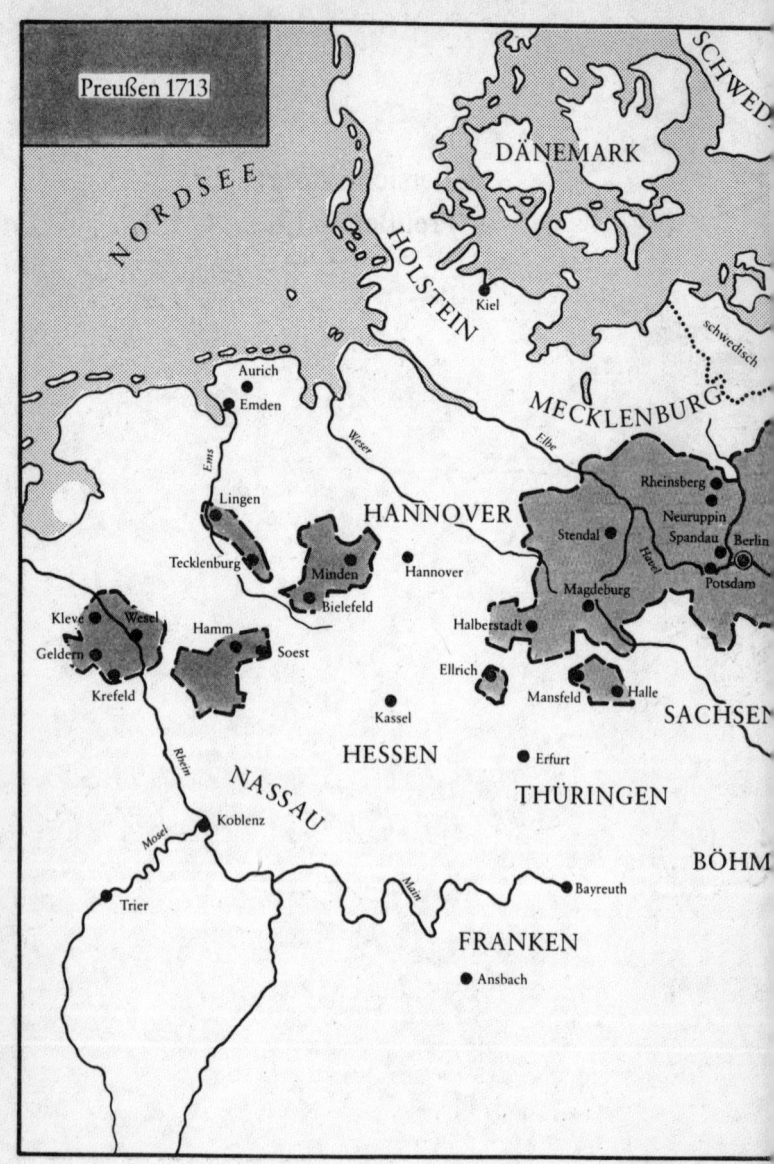

Wolfgang Venohr

Stauffenberg

Symbol der
deutschen Einheit

Ullstein Buch 33126

»Eine politische Biographie von höchster gesamtdeutscher Aktualität« nennt Wolfgang Venohr sein Stauffenberg-Buch. Darin zeichnet er nach über dreißigjähriger Recherche-Arbeit ein neues, gänzlich überraschendes Bild des Widerstandskämpfers – ein politisches Bild, das eine Unzahl westlicher und östlicher, linker wie rechter Stauffenberg-Legenden zurechtrückt.

Zeitgeschichte